国家林业和草原局普通高等教育"十三五"规划教材

审计学基础

史　元　主编

中国林业出版社
·北京·

图书在版编目（CIP）数据

审计学基础/史元主编. —北京：中国林业出版社，2020.1
国家林业和草原局普通高等教育"十三五"规划教材
ISBN 978-7-5219-0393-5

Ⅰ. ①审… Ⅱ. ①史… Ⅲ. ①审计学－高等学校－教材 Ⅳ. ①F239.0

中国版本图书馆 CIP 数据核字（2019）第 274092 号

中国林业出版社·教育分社

策划编辑：田 苗	责任编辑：曹鑫茹 田 苗	责任校对：苏 梅
电　　话：（010）83143560	传　　真：（010）83143516	

出版发行	中国林业出版社（100009　北京西城区德内大街刘海胡同 7 号）
	E-mail：jiaocaipublic@163.com　电话：（010）83143500
	http://www.forestry.gov.cn/lycb.html
经　销	新华书店
印　刷	三河市祥达印刷包装有限公司
版　次	2020 年 1 月第 1 版
印　次	2020 年 1 月第 1 次印刷
开　本	787mm×1092mm　1/16
印　张	21.5
字　数	520 千字　　数字资源　230 千字（课件 13 个）
定　价	55.00 元

未经许可，不得以任何方式复制或抄袭本书之部分或全部内容。

版权所有　侵权必究

《审计学基础》编写人员

主　编　史　元
副主编　王宇慧　刘　毅　张　宁　潘　颖
参　编　（按姓氏笔画排序）
　　　　勾德明　杜孝森　赵丹丹　高　兴

前　言

本教材由长期从事审计教学与研究的一线专业教师编写，全面介绍我国审计体系的基本理论，紧扣我国最新出台并实施的审计准则，充分考虑我国高等院校教育的现状和专业特点，体现审计学科的系统性、科学性和审计科研成果的先进性、前瞻性，注重将审计理念传授给学生，并按审计学的内在逻辑规律编排教材内容。

本教材遵循审计学科教学规律，理论由浅入深，且每章配有学习目标、本章小结、思考题，既适合高等院校会计学专业学生作为教材，又适合广大会计、审计实务工作者作为业务参考书和自学教材。

本教材共分13章，各章的编写人员分别是：东北农业大学经济管理学院史元（第1章）；哈尔滨商业大学会计学院刘毅（第2、3章）；哈尔滨商业大学会计学院王宇慧（第4、5章）；北京农学院经济管理学院张宁（第6、7章）；北京农学院经济管理学院勾德明（第8章）；北京农学院经济管理学院杜孝森（第9章）；哈尔滨学院经济管理学院潘颖（第10、11章）；黑龙江八一农垦大学经济管理学院赵丹丹（第12章）；黑龙江八一农垦大学经济管理学院高兴（第13章）。

本教材的顺利出版，得益于各相关院校和作者们的精诚合作，也得益于哈尔滨商业大学王宇慧老师和东北农业大学会计学专业的李琳、罗云研究生的精心校对，在此一并致谢！

尽管我们力求谨慎、准确，但书中难免疏漏之处，欢迎广大读者和各位同仁批评指正。

编　者
2019年3月

目 录

前 言

第1章　总论 (1)
1.1　审计的产生和发展 (1)
1.2　审计的性质和目标 (7)
1.3　审计的职能和任务 (14)
1.4　审计的地位和作用 (16)
1.5　审计学科体系 (19)
本章小结 (24)
思考题 (25)

第2章　审计分类 (26)
2.1　审计的基本分类 (26)
2.2　审计的其他分类 (32)
本章小结 (34)
思考题 (34)

第3章　审计准则和依据 (35)
3.1　审计准则 (35)
3.2　审计依据 (44)
本章小结 (49)
思考题 (49)

第4章　审计组织和审计人员 (50)
4.1　审计组织体系概述 (50)
4.2　政府审计机关与审计人员 (53)
4.3　内部审计机构与审计人员 (56)
4.4　社会审计组织与审计人员 (59)
4.5　国际审计组织 (66)
本章小结 (69)
思考题 (70)

第5章　审计方法和技术 (71)
5.1　审计方法概述 (71)

5.2　审计的一般方法 …………………………………………………（73）
　　5.3　审计基本技术 ……………………………………………………（78）
　　5.4　审计辅助技术 ……………………………………………………（79）
　　5.5　审计抽样方法 ……………………………………………………（83）
　　本章小结 ………………………………………………………………（104）
　　思考题 …………………………………………………………………（105）
　　计算分析题 ……………………………………………………………（105）
第6章　审计工作程序 ………………………………………………………（107）
　　6.1　审计工作程序概述 ………………………………………………（107）
　　6.2　政府审计工作程序 ………………………………………………（108）
　　6.3　内部审计工作程序 ………………………………………………（116）
　　6.4　社会审计工作程序 ………………………………………………（121）
　　本章小结 ………………………………………………………………（123）
　　思考题 …………………………………………………………………（125）
第7章　审计证据和审计工作底稿 …………………………………………（126）
　　7.1　审计证据 …………………………………………………………（126）
　　7.2　审计工作底稿 ……………………………………………………（134）
　　本章小结 ………………………………………………………………（150）
　　思考题 …………………………………………………………………（151）
第8章　审计报告 ……………………………………………………………（152）
　　8.1　审计报告概述 ……………………………………………………（152）
　　8.2　政府审计报告 ……………………………………………………（154）
　　8.3　内部审计报告 ……………………………………………………（160）
　　8.4　社会审计报告 ……………………………………………………（163）
　　本章小结 ………………………………………………………………（184）
　　思考题 …………………………………………………………………（185）
第9章　审计工作管理 ………………………………………………………（186）
　　9.1　审计工作管理概述 ………………………………………………（186）
　　9.2　审计工作计划管理 ………………………………………………（187）
　　9.3　审计工作质量管理 ………………………………………………（192）
　　9.4　审计工作信息管理 ………………………………………………（198）
　　9.5　审计工作档案管理 ………………………………………………（202）
　　本章小结 ………………………………………………………………（206）
　　思考题 …………………………………………………………………（207）
第10章　审计职业道德和法律责任 …………………………………………（208）
　　10.1　审计职业道德概述 ………………………………………………（208）
　　10.2　政府审计职业道德 ………………………………………………（209）
　　10.3　内部审计职业道德 ………………………………………………（213）

10.4　社会审计职业道德 …………………………………………………（217）
　　10.5　审计法律关系与法律责任 …………………………………………（222）
　　本章小结 …………………………………………………………………（228）
　　思考题 ……………………………………………………………………（229）

第 11 章　政府审计 …………………………………………………………（230）
　　11.1　政府审计概述 …………………………………………………………（230）
　　11.2　财政审计 ………………………………………………………………（235）
　　11.3　金融审计 ………………………………………………………………（241）
　　11.4　国有企业审计 …………………………………………………………（245）
　　11.5　经济责任审计 …………………………………………………………（252）
　　本章小结 …………………………………………………………………（255）
　　思考题 ……………………………………………………………………（256）

第 12 章　内部审计 …………………………………………………………（257）
　　12.1　内部审计概述 …………………………………………………………（257）
　　12.2　内部控制评审 …………………………………………………………（262）
　　12.3　经营与管理审计 ………………………………………………………（266）
　　12.4　战略审计与风险管理审计 ……………………………………………（272）
　　本章小结 …………………………………………………………………（285）
　　思考题 ……………………………………………………………………（286）

第 13 章　社会审计 …………………………………………………………（287）
　　13.1　社会审计概述 …………………………………………………………（287）
　　13.2　财务报表审计 …………………………………………………………（293）
　　13.3　资产评估和管理咨询 …………………………………………………（296）
　　13.4　验资和税务代理 ………………………………………………………（300）
　　13.5　其他鉴证业务 …………………………………………………………（312）
　　本章小结 …………………………………………………………………（328）
　　思考题 ……………………………………………………………………（329）

参考文献 ………………………………………………………………………（330）

课件

第1章 总 论

【学习目标】
1. 了解审计的起源、产生和发展及其学科体系。
2. 明确审计的目标、任务及其地位与作用。
3. 掌握审计的定义、性质和职能。

1.1 审计的产生和发展

1.1.1 审计产生和发展的社会基础

（1）审计起源的不同观点

审计作为一种独立性的经济监督活动，是伴随着人类生产和生活的发展而产生的。对于审计产生的根源，审计学者们众说纷纭。对此，我们将主要观点概括如下：

①审计源于会计　会计是通过记账、算账、报账等一系列程序对企业、机关单位或其他经济组织的经济活动进行连续、系统、全面地反映和监督。而审计是对于会计记录和报告内容的准确性、真实性进行审查。因此，审计是顺应会计发展需要而产生的。

②审计源于财政监督的需要　财政是国家为实现其职能，并以其为主体而对社会产品或国民收入（或GDP）的一种分配。对其进行财政监督是满足统治者巩固政权的需要。由此，财政收支的检查与监督逐渐被重视起来，政府审计应运而生。

③审计源于经济监督的需要　审计和会计虽同根却不同源，二者的根本性质是不同的。会计是出于对经济业务的实质进行确认、计量、记录、报告而产生的。而审计是出于对经济监督的需要而产生的。

以上三种观点都是结合当时的经济背景所提出的，都有其存在的历史依据，然而以上观点都是对于审计来源表面现象的描述，并未触及到审计来源的本质。溯其根本，审计的产生与社会经济发展背景是紧密相连的，随着所有权与经营权的分离，所有者需要借助审计机构来对受托者的经营绩效进行有效考评并获得反馈。

（2）审计起源的实质

随着生产力水平的不断提升，社会财富日益增多，剩余的生产产品逐渐集中在少数人手中，当资源财产的所有者不能直接经营和管理其所拥有的财富时，就需要授权和委托他人进行经营和管理，这就导致了所有权与经营权的分离，进而产生了受托经济责任关系。所有者为了保护自身财产的安全并实现公司利益最大化需要引进独立的第三方对受托人的受托履行情况进行监督，这才是审计产生的根源。

受托经济责任关系产生审计的同时，也形成了审计关系。所谓审计关系就是构成审计三要素之间的经济责任关系。第一关系人是承担审计工作的人，称为审计人。审计人受所有者的委托，对受托责任方的受托履约情况进行监督和审查，并将审计结果向所有者或者委托方进行定期报告。第二关系人是接受审计监督的人，称为被审计人。被审计人接受所有者的委托，对公司所有的资源进行整合和运营，履行经济责任。同时，被审计人具有配合审计人进行审计工作的义务。第三关系人是授权或委托审计、接受审计报告的人，称为审计授权人或委托人。总体来说，审计关系就是第三关系人（委托方）委托了第一关系人（审计机构）对第二关系人（受托管理者）进行有效监督的一个过程。

1.1.2 政府审计的产生和发展

1.1.2.1 西方政府审计的产生和发展

随着社会生产力的提高和现代商品经济的发展，西方政府审计也随之产生。西方政府审计的出现最早可追溯到奴隶制度下的古埃及、古罗马和古希腊时期。有关资料表明，在这一时期，就已经出现了官厅审计机构并实施政府审计的迹象。在公元前3000年左右，古埃及的国家最高代表法老就设置了"记录监督官"和"谷物仓库监督官"的专职官员，对全国各机构和官吏履行职责的情况和财政收支记录进行监督，这种专职官员的出现就是早期西方政府审计的雏形。公元前443年，古罗马选举出监督官和财务官协助配合元老院进行国家管理工作，在元老院下设审计机构对即将卸任的官员进行审计，核查其在位期间是否有舞弊行为。监督官是由元老院、百人团会议选举产生，财务官则由人民大会选举产生，二者职责相互独立。监督官具有一定的独立审计职能，财务官负责国库记录与审计，且卸任时向元老院报送审查账目。此外，在审计方法上采用账目听证会（auditus）的形式，审计（audit）一词就是从中衍生出来的。在2000多年前，古希腊的雅典城邦通过最高权力机构选举产生审计官和审计助理，对卸任官员在位期间的廉洁情况进行审查，并通过审计证明其无贪污受贿情况后才允许离职，这在一定程度上也促进了政府审计的发展。

在资本主义时期，随着社会经济的发展和资产阶级国家政权组织形式的完善，审计逐渐成为政治民主化的一种重要手段。欧洲的许多国家于19世纪都在《宪法》或特别法令中规定了审计的发展地位，确立政府审计机关的职权、地位和审计范围，并授权独立地对财政、财务收支进行监督。现代资本主义国家，大多实行议会制的政治制度，即立法、行政、司法三权分立的国家政权组织形式，其中议会为国家最高的立法机关，并对政府行使包括财政监督在内的监督权。为了监督政府的财政收支，切实执行财政预算法案，以维护统治阶级的利益，西方国家大多在议会下设立专门的审计机构，由审计或国会授权，对政府及公营企业、事业单位的财政财务收支进行独立的审计监督。美国在1919年前并未设立独立的财政监督机构，只在财政部设有审计官进行审计工作。直到1919年后，才将政府账目的审计职能从财政部中分离出来，并于1921年公布了《预算和会计法》，建立了美国最高的审计机关——审计总局，并由审计总局管理美国政府的公共款项、向国会提供信息和参考意见、协助国会委员会开展工作。美国的总会计局是世界上最典型的隶属于国会的审计机关，其审计长由国会提名，经参议院同意，总统任命。但审计总局和审计长在总统管辖之外独立行使审计监督权。值得一提的还有英国政府审计的演变情况。英国的政府审计具有悠久的历史，是近代审计的发源地。英国的王室财政审计制度早在13世纪就正式建立起来了，至今已有770多年的历史。在11世纪和12世纪，英王一直把持国家的财政大权，在威廉一世时代和亨利一世时代，封建统治者在财政部门内设置了审计监督部门，即上院（收支监督局）和下院（收支局）执行审计监督。1215年，英国《大宪章》的颁布，使英王的权力受到了制约，从而奠定了英国政府审计制度的政治基础。1785年，根据《检查和审计国王公共账目的法案》，决定取消国库审计官，组建五人审计委员会。1834年，颁布了修订审计制度的法案，特别审计院长负责国库公款的监督，院长系终身职务。1861年，开始在众议院设决算审查委员会，第一次真正建立了统一的、独立的审计机构。此外，还有法国等其他国家也建立了司法型审计体制、行政型审计体制等。这些审计体制都保证了政府审计的独立性和权威性，以便审计机构行使审计监督权。

第二次世界大战后，审计体制又有了进一步的发展和完善，人们把经济监督和经济管理相互结合，开始从传统的财务审计逐渐向现代的"3E"审计、绩效审计过渡，有效地推动了审计体制的科学化、现代化。

1.1.2.2 我国政府审计的产生和发展

我国审计历史源远流长，从政府审计发展过程看一般可划分为三个阶段：古代审计、近代审计和现代审计。

（1）古代阶段的政府审计

我国政府审计古代阶段是从公元前11世纪至1840年。西周时期"宰夫"职位的出现是我国政府审计的发端。据《周礼·天官·宰夫》记载，"宰夫"的职责在于掌管朝堂仪式，考核百官业绩，报上级予以惩处，并对财政收支进行考核监督，此类考核的结果作为评判百官执政情况的体现。可见，"宰夫"的出现是我国财政财务收支审计和经济责任审计思想的雏形。"宰夫"这一监管官职作为一种监督职能单独被分离出来，独立于单纯进行核算的部门和会计部门，体现出西周时期统治阶级就已经意识到不相容职位相分离的重要性。该职位虽然有着很强的独立性和权威性，但仍有很多不足。其不足在于：一是并没有建立起完善的审计监督制度和管理模式，审计方法停留在表面，随意性强；二是"宰夫"不是独立行使职权的官员，仅仅居于"下大夫"，职位过低，不能保证审计权利的实现。

秦汉时期开始，审计才逐渐被独立分设出来。秦朝建立了御史制度，御史大夫对国家的财政工作进行监管和检查，同时，由其辅佐皇帝的政治管理。到了汉朝，秦朝的御史制度得以保留，并在此基础之上，赋予了御史大夫"上计"之职，并通过制定"上计律"来进一步明确御史大夫之职，从而增强对国家财政收支的审计监督。上计制度和御史制度代表了秦汉时期审计工作进展程度，也代表了我国古代审计的萌芽状态。

到了隋唐时期，"比部"正式成为了一个隶属于刑部的独立机构，并且其有关配员等相关资源配备齐全，从而使得对国家财政工作的监管完全隶属于司法系统下。"比部"的设立使得我国古代审计日趋完善，审计思想得以进一步成熟。因此，隋唐时期的"比部"与御史制度对促进古代审计的发展，发挥了巨大的作用。

在宋朝，"比部"被取消。然而，到了宋朝元丰年间，又参照隋唐时期的监管机制，恢复了"比部"并使其重新隶属于刑部。在北宋初期将其改为"诸军诸司专勾司"，又在南宋将其改为"审计院"。由此，"审计"一词成为了代表我国财政监管的专有名词。

在元朝，由于"比部"不能充分发挥其有效职责而被取消，并由"户部"代替"比部"

来实施审计职责。因此，审计在元朝处于衰落时期。然而到了明朝，"比部"又得以恢复，但因为其虚有其名，形同虚设，不久又被取消，并通过新设都察院来对财政工作进行审计。在清朝，明朝的都察院得以继续沿用，并充当了当时国家最高的监督机构。

（2）近代阶段的政府审计

我国政府审计近代发展阶段为1840—1949年。1912年，辛亥革命以后，北洋政府与国务院下设了"中央审计处"，并在各个省市设置审计分处，公布了《审计处暂行规定》《暂行审计规则》《执行规则》等审计法规。在1914年，更改"审计处"为"审计院"，并且颁布了《审计法》和《审计法实施规则》。在国民革命战争时期，1925年7月，建立的省港罢工委员会中就设有"审计局"，主要审核所属部门的开支项目。1928年，国民政府颁布《审计法》，次年颁布《审计法组织法》，保留审计院。并于1931年改"审计院"为"审计部"，隶属检察院。土地革命战争时期，中华苏维埃政府于1934年根据《苏维埃共和国中央苏维埃组织法》设立中央审计委员会。在抗日战争与解放战争时期，陕甘宁等革命根据地也建立了审计机构开展战争时期的审计工作。在这一时期的审计工作对维护革命纪律保证战争供给都起到了积极的作用。

（3）现代阶段的政府审计

我国政府审计自1949年后逐渐进入了现代阶段。中华人民共和国成立初期主要遵从向苏联学习的方针政策，因此并未设立独立的审计机构，而是以会计取代了审计。一方面由会计对其所进行的财务处理负责、监督；另一方面由税务、财政等部门对其进行监督。但这两方面的监督并不能适应当时社会发展的需要，双方都没有切实行使其监督的职能。在后期的经济体制改革中，人们开始逐渐认识到建立完善的审计制度、审计方法的必要性。1982年12月5日，第五届全国人民大会第五次会议通过了修改的《中华人民共和国宪法》（以下简称《宪法》），规定我国建立审计机关。1983年9月，国务院设立了我国最高审计机关——审计署。全国县以上各级政府相继成立各级审计机关，从此政府审计呈现出了蓬勃发展的新局面。1984年12月17日，中国审计学会成立。1985年8月，国务院公布了《国务院关于审计工作的暂行规定》，同年10月又公布了《审计工作试行程序》。1988年12月，国务院颁布了《中华人民共和国审计条例》（以下简称《审计条例》）。1994年8月，第八次全国人大常委会第九次会议通过了《中华人民共和国审计法》（以下简称《审计法》），对审计监督的基本原则、审计机关职责、审计程序、审计机关权限、法律责任等做了全面规定。1995年7月19日，以国务院181号令发布了《中央预算执行情况审计监督暂行办法》，加强了财政监督。1996年12月发布并于1997年1月1日起开始执行38个审计执行文件。1997年国务院又发布了《中华人民共和国审计法实施条例》。2005年9月30日，国务院常务会议讨论通过了《中华人民共和国审计法修正案（草案）》。

经过了20多年审计政策方法的积极调整实践，我国的现代审计发展取得了巨大的进步，也收集了很多宝贵的建议。随着经济全球化发展，审计作为一种监督职责逐渐显现出其重要作用。

1.1.3 内部审计的产生和发展

内部审计就是审计主体对本单位内部活动所实施的审计监督。它是与政府审计、社会审计此类外部审计相对而言的。内部审计是由于企业规模的扩大，不能满足内部经济监督的需要而产生的。

1.1.3.1 西方内部审计的产生和发展

在西方国家，内部审计的起源可以追溯到古代和中世纪。庄园审计、宫廷审计、行会审计和寺院审计都属于内部审计，它们是由于受托经济责任关系和授权管理而产生的，目的是为了实现经济组织中的内部监督。20世纪，资本主义经济不断发展，生产和资本高度集中，涌现出大量的股份公司和托拉斯式的大型垄断企业，企业分支机构遍布全国各地，致使企业内部只能采取分级、分散的管理体制。为了满足统一管理，需要大型联合企业内部必须设置专门的机构和人员，由最高管理当局授权对其所属分支机构的经营业绩进行独立的内部审计监督，近代内部审计由此产生。

第二次世界大战之后，资本主义经济空前发展，竞争更加激烈，企业为了在竞争中生存、发展，十分重视加强内部经济监督，实行事前预防性控制，现代内部审计因内部控制的加强而逐渐发展起来。美国内部审计分为政府内部审计和企业内部审计两个方面，政府内各部门和地方政府都设有稽核长执行内部审计。到20世纪30年代，许多大中型企业也设立了内部审计，由此，内部审计逐渐被政府和企业重视起来。

1.1.3.2 我国内部审计的产生和发展

我国早期的皇室审计、寺院审计均属于内部审计的范畴。现代内部审计在民国时期的铁路、银行系统等方面有了较为健全的内部稽核制度。在中华人民共和国成立初期，我国一些大型公司内部也曾设有内部审计部门。一些中型企业也设有专职的审计人员。1953年开展向苏联学习时撤销了这一部门。我国社会主义内部审计是从1983年以后逐步建立起来的，为了全面开展审计工作，根据国务院国发〔1983〕130号文件的精神，国家审计署开始筹划我国内部审计工作并选择重点企业开始试点。1985年12月，公布了《审计署关于内部审计工作的若干规定》，进一步明确了在暂行规定中所阐述的内部审计问题，后来在《审计条例》中，又严格规定了内部审计的机构设置、隶属关系及审计范围等。这使得我国内部审计得以稳步发展起来。在内部审计初步实践的基础上，1987年4月在北京正式成立了中国内部审计学会，从此，我国内部审计的学术研究活动也开展起来。1994年通过的《审计法》第二十九条规定：国务院各部门和地方人民政府各部门、国有的金融机构和企业和事业组织应当按照国家有关规定建立健全内部审计制度。并根据《审计法》的要求，于1995年7月14日颁布了《审计署关于内部审计工作的规定》。随着我国经济体制改革的深入和内部审计的迅速发展，2003年3月4日，又重新颁布了《审计署关于内部审计工作的规定》。审函〔2004〕32号《审计法修订征求意见稿》第三十一条规定：国务院各部门和地方人民政府各部门、国有及国有资产占控股地位或者主导地位的企事业单位和金融机构，应当按照国家有关规定进行行业管理。审计机关对内部审计工作进行业务指导和监督。根据《审计法》修改意见，国务院国有资产监督资产委员会于2004年8月公布了《中央企业内部审计管理暂行办法》，明确规范了中央企业的内部审计工作。

20多年来，内部审计机构通过对会计部门工作的监督强化了单位内部管理控制制度，及时发现了问题，纠正了错误，堵塞了管理漏洞，减少了损失，保护了资产的安全与完整，提高了会计资料的真实、可靠性。因此，内部审计在企业改善管理、挖掘潜力、降低生产成本、提高经济效益等方面都起到了积极的促进作用。此外，内部审计是基于受托经济责任的需要而产生和发展起来的，是经营管理分权制的产物。随着企业单位规模的扩大，管理层次增多，对各部门经营业绩的考核与评价是现代管理不可缺少的组成部分。通过内部审计，可以对各部门活动做出客观、公正的审计结论和意见，起到评价和鉴证的作用。

1.1.4 社会审计的产生和发展

1.1.4.1 西方社会审计的产生和发展

在西方，随着资本主义经济的发展，社会审计也不断发展。16世纪末，地中海沿岸的商品交易不断发展，出现了许多合伙人筹资委托他人进行经营贸易的商业运作模式，由此导致了财产所有权和经营权的分离，对经营管理者受托经济责任履行情况进行监督也成为了必然。在那时，部分财产所有者通过聘请有经验的会计工作者承担这项监督检查工作，这便是社会审计的萌芽。1720年，英国发生一起著名的南海公司破产案，查尔斯·斯内尔受聘对南海公司的会计账目进行审查并出具了一份该公司存在虚假会计记录进行舞弊行为的审查报告，这是最早的由民间人员从事社会审计的开端。

英国工业革命推动了西方资本主义商品经济的发展，产业规模逐渐扩大，不断涌现出以发行股票筹集资本为特征的股份公司，使得公司的所有权和经营权进一步分离，对经营管理者权力的制约成为了英国当时社会的主要需求，因此，现代社会审计制度应运而生。到了1853年，在苏格兰的爱丁堡创立了世界上第一个职业会计团体——爱丁堡会计协会，随后英国实行了特许会计师制度，取得会计师资格必须要经过考试和实践测试。会计师除从事审计业务外也兼办编制财务报告、税务代理、财务和管理咨询等业务。英国成为当时社会审计发展的中心，但是早期的英国社会审计并没有形成完整的理论和方法体系，只是对大量的账目记录进行逐笔审核。这种详细审计的方法，后来被人们称为英国式审计。

美国独立战争后，一方面，英国巨额资本流入了美国，另一方面，英国社会审计的蓬勃发展也对美国社会审计的发展产生了巨大影响。由此，1886年纽约公布了《公证会计师法》，1887年成立了"美国公共会计师协会"，该称谓于1957年又发展为"美国注册会计师协会"（AICPA），成为了世界上最大的社会审计团体。美国的审计模式是立足于资产负债表审计，主要以企业信用为目的进行审计，而并非是为了维护投资者的利益，突破了英国式的详细审计方法，从而建立了美国式的信用审计。1929年的经济危机致使美国大量企业关闭，企业股东和债权人蒙受了大量损失，因此，美国企业的筹资来源从向银行贷款转移到证券市场，促进了证券市场的迅速发展。美国政府出于保护投资者的动机，于1933年公布了《证券法》，次年公布了《证券交易法》，规定上市公司必须向证券交易所提供经过注册会计师审查、鉴证的财务报告（即资产负债表和损益表）。从此，美国的审计方式从资产负债表审计演变为财务报表审计，美国开创了财务报表审计的新时代，由此世界社会审计的中心从英国转移到了美国。20世纪之后，社会审计的理论日趋完善，也涌现了如四大会计师事务所等国际性会计公司，并不断推动着社会审计的发展。

1.1.4.2 我国社会审计的产生和发展

我国的社会审计出现的相对较晚。在20世纪，随着民族工商业的不断发展，为了保证企业的顺利发展和竞争市场的有效性，社会审计应运而生并得以重视、发展。北洋政府1918

年颁布了《会计师章程》,1921年在上海开始设立会计师事务所,并接收外部的审计工作,之后又颁布了《会计师注册章程》《会计师复验章程》《会计师章程》等,规范了社会审计的业务范围和要求。1929年国民政府颁布的公司法以及后来实施的税法和破产法,都对我国社会审计的发展产生了有力的推动作用。1949年,中华人民共和国成立以后,社会审计被取消。在中国共产党第十一届三中全会以后,为了适应时代的发展,并满足商品经济的需求,又于1979年恢复注册会计师制度。1980年我国财政部颁布了《关于成立会计顾问处的暂行规定》,同年5月筹备的上海公证会计师事务所于次年正式开业,承办审计和会计服务业务。我国1985年公布的《中华人民共和国会计法》第二十条规定:经国务院财务部或者省、自治区、直辖市人民政府的财政部门批准的注册会计师组成的会计师事务所,可以按照国家有关规定承办查账业务。这是1949年以来,第一次通过法律形式对注册会计师的地位和任务做出的规定,这无疑又一次肯定了注册会计师在企业发展中的重要作用。1986年,国务院又颁布了《中华人民共和国会计师条例》,1993年10月31日全国人大常委会通过了《中华人民共和国注册会计师法》,并于1994年1月1日正式实施。1995年财政部批准发布了《中国注册会计师独立审计基本准则》《独立审计具体准则》第1号~第7号、《独立审计实务公告》第1号。这些法规准则的颁布有力的推动了我国注册会计师工作的发展及其规范化进程。

近年来中国注册会计师行业在中国注册会计师协会和中国注册审计师协会联合、清理整顿、脱钩改制、自立监管、诚信建设、自律体制建设等方面做了大量的工作并取得了卓越的成就。

1.2 审计的性质和目标

1.2.1 审计的性质

审计的性质即审计的本质特征,也是审计区别于其他事物的根本属性。明确审计的性质对深刻理解审计理论与实务有重要意义。一些学者认为,审计来源于会计,二者本质是相同的,但事实上二者之间也存在着一定的差异。因此在掌握审计的性质时,要注意区分会计与审计的区别与联系。二者的联系在于:审计是以会计为基础的,即审计是以会计凭证、会计账簿等会计资料以及有关财政收支为审查对象的,没有会计作为基础,审计工作无法进行。二者的区别在于:一是产生的前提不同。会计是为了加强经济管理,顺应对劳动耗费和劳动成果进行核算和分析的需要而产生的;审计是因经济监督的需要,也是为了确定经营者或其他受托管理者的经济责任的需要而产生的。二是两者性质不同。会计是经营管理的重要组成部分,主要是对生产经营或管理过程进行反映和监督;审计则处于具体的经营管理之外,主要对财政、财务收支及其他经济活动的真实、合法和效益进行审查,具有外在性和独立性。三是两者对象不同。会计的对象主要是资金运动过程,也即是经济活动价值方面;审计的对象主要是会计资料和其他经济信息所反映的经济活动。四是方法程序不同。会计方法体系由会计核算、会计分析、会计检查三部分组成,包括了记账、算账、报账、用账、查账等内容,其目的是为管理和决策提供必需的资料和信息;审计方法体系由规划方法、实施方法、管理方法等组成,其目的是为了完成审计任务。五是职能不同。会计的基本职能是对经济活动过程的记录、计算、反映和监督；审计的基本职能是监督。

由此可见，审计的本质是一种经济监督活动，存在着会计不具有的经济监督职能。经济监督是监察和督促各机关、企业、事业单位和组织在国家财经法规和有关规章制度所允许的范围内从事其经营活动和业务活动。具体地讲，就是以国家和有关机构发布的法律、法令、规章制度、计划和指令为依据，对各机关、企业、事业单位和组织的财务收支、税金的征收和缴纳、各项基金的形成和使用与结算、信贷业务的处理等进行检查，确认其会计资料和其他有关资料是否正确和真实，其所反映的经济活动及其结果是否合法、合理和有效。经济监督对维护市场的有效运行发挥了重要的调节作用。审计作为一种监督机制，具有以下三方面特征。

1.2.1.1 独立性特征

国内外审计实践经验表明，审计在组织上、人事上、财政上、工作上均具有独立性。为确保审计机构独立的行使审计监督权，审计机构必须是独立的专职机构，应单独设置，并要求与被审计单位没有组织上的隶属关系。为确保审计人员能够实事求是地检查、客观公正地评价与报告，审计人员与被审计单位应当不存在任何经济利益关系，不参与被审计的单位的经营管理活动；如果审计人员与被审计单位或者审计事项有利害关系，应当回避。因此，独立性是审计监督最本质的特征。这里所说的审计独立性是指审计人员公平公正不偏不倚地进行审查，并表达意见的状态。它要求审计机构和审计人员在进行审计工作时不受其他因素的干扰。

1977 年，最高审计机关国际组织发布了作为指导世界各国财政监督的方针《利马宣言——审计规则指南》，其中的第二部分专门从三个方面阐述了政府审计的"独立性"：

①最高审计机关只有独立于被审计单位和不受外来影响的情况下，才能够客观有效地完成审计任务，这就需要最高法院等立法机构提供充分的法律保护，以保证最高审计机关的独立性和权威性不受侵害。

②虽然审计机关是国家整体的一部分不可能单独存在，但必须赋予它在职能上和组织上的独立性，使其不受该单位的影响。

③最高审计机关在财政上应当独立，最高审计机关为完成任务所需经费应得到提供和保证。

《中华人民共和国宪法》第九十一条规定：审计机关在国务院总理领导下，依照法律规定独立行使审计监督权，不受其他行政机关、社会团体和个人的干涉。《审计法》第五条也按照宪法的规定对审计独立性的要求进行重述。

我国《注册会计师法》第六条规定：注册会计师和会计师事务所依法独立、公正执行业务，受法律保护。

我国《审计署关于内部审计工作的规定》在涉及有关内部审计独立性的条款中，指出：内部审计机构在本单位主要负责人的领导下，依照国家法律、法规和政策，以及本部门本单位的规章制度，对本单位及所属单位的财政、财务收支及其经济效益进行内部审计监督，独立行使内部审计监督权，对本单位领导负责并报告工作。

以上可以看出从我国宪法到具体的法律法规均明确规定审计人员在进行审计监督工作时应保持独立性，且该独立性受法律保护。

审计的独立性主要体现在如下几个方面：

①组织上的独立性　审计机构必须是独立于被审计单位之外的专设机构，不能与被审计单位存在任何组织上、经济上的关联。

②人员上的独立性　从事审计人员与被审计单位之间不存在任何血缘关系、经济利害关系，且审计人员不应参与被审计单位的经济管理活动。

③工作上的独立性　审计人员在进行审计工作时应客观公正、不偏不倚，通过收集审计证据独立的得出审计结论，不应受到其他行政机关、社会团体和个人的干涉。

④经费上的独立性　审计单位应具有独立的经费来源，以保证其工作的独立性。

1.2.1.2　权威性特征

审计的权威性是保证有效行使审计权的必要条件。审计的权威性包括审计组织的独立性地位和审计人员的独立职业问题。

为了有效保证审计组织独立的行使审计监督权，各国国家法律对实行审计制度、建立审计机关以及审计机构的地位和权力都做了明确的规定。这样就能够使得审计组织具有了法律的权威性。

我国实行审计监督制度《宪法》中明文规定：国家实行审计监督制度。国务院和县级以上地方人民政府设立审计机关。审计机关依照法律规定的职权和程序进行审计监督。

审计人员依法执行业务时，受法律保护，任何组织和个人不得拒绝、阻碍审计人员依法执行职务，不得打击报复审计人员。审计机关负责人，在没有违法、失职或者其他不符合任职条件的情况下，不得随意撤换。审计机关有要求报送资料权、检查权、调查取证权、采取临时强制权、建议主管部门纠正其有关规定权、通报权、发布审计结果权、对拒绝或者阻碍审计工作的单位或个人处理和处罚权、对违反国家规定的财政收支行为的处理权和处罚权以及给予有关负责人员行政处分的建议权等。

法律还规定审计人员应当具备与其从事的审计工作相适应的专业知识和业务能力。审计人员应当执行回避制度和负有保密的义务，审计人员办理审计事项应当客观公正、实事求是、廉洁奉公。审计人员滥用职权、徇私舞弊或者泄露所知悉的国家秘密构成犯罪的依法追究刑事责任；未构成犯罪的给予行政处分。这些都体现了我国审计的权威性。

根据我国审计法规的要求，被审计单位应当严格执行审计决定。对于被审计单位未按规定要求和期限执行审计决定的，应当采取措施责令执行；对拒不执行的被审计单位可以申请法院强制执行。由此可见，我国审计机关的审计决定具有法律效力，这也充分地显示了我国审计的权威性。我国社会审计也是经过有关部门批准登记注册的法人组织，其审计报告对外也具有法律效力。我国内部审计机构也是根据法律规定设置的，在单位内部也具有较高的地位和相对的独立性，这些都充分体现了它们同样具有法定地位和权威性。

1.2.1.3　公正性特征

审计的公正性特征反映了审计工作的基本要求。从某种意义上说没有公正性也就没有权威性。审计人员理应站在第三者的立场上进行实事求是的检查，做出不带任何偏见的、符合客观实际的判断，并做出公正的评价和进行公正的处理，以正确地确定或解除被审计人的经济责任。审计人员只有同时保持独立性、公正性才能够取得审计授权人或委托人以及社会公众的信任，才能真正树立审计权威的形象。

1.2.2　审计的定义

审计发展至今，早已超越了传统的查账的范畴，它涉及对各项工作的经济性、效率性和效果性的查核。1972年，美国会计学会的《基本审计概念说明》中对审计的定义：审计是为了查明经济活动和经济现象的表达与所达标准之间的一致程度而客观地收集和评价有关证据，并将其结果传达给有利害关系的使用者的有组织的过程。

在我国的审计实践中，国内审计界学者在对审计这一概念下定义时仁者见仁，智者见智。其中有代表性的有：

1989年，中国审计学会贵州安顺会议讨论确定的审计定义：审计是由专职机构和人员，依法对被审计单位的财政、财务收支及其有关经济活动的真实性、合法性、效益性进行审查，评价经济责任，用于维护财经法纪，改善经营管理，提高经济效益，促进宏观调控的独立性的经济监督活动。

中国注册会计师《独立审计基本准则》中的审计定义：独立审计是指注册会计师依法接受委托对被审计单位的会计报表及其相关资料进行独立审查并发表审计意见。

1995年，国家审计署做出的审计定义是：审计是独立检查会计账目，监督财政、财务收支真实、合法、效益的行为。

2003年6月，中国内部审计协会发布《内部审计准则》对审计的定义：内部审计是指组织内部的一种独立客观的监督和评价活动，它通过审查和评价经营活动及内部控制的适当性、合法性和有效性来促进组织目标的实现。

2007年，《中国注册会计师审计准则第1101号——财务报表审计的目标和一般原则》对审计概念的描述：财务报表审计的目标是注册会计师通过执行审计工作，对财务报表的下列方面发表审计意见：一是财务报表是否按照适用的会计准则和相关的会计制度的规定编制；二是财务报表是否在所有重大方面公允反映被审计单位的财务状况、经营成果和现金流量。

2011年，国际内部审计协会对内部审计的定义：内部审计是一种独立、客观的确认和咨询活动，旨在增加价值和改善组织的运营。它通过应用系统的、规范的方法，评价并改善风险管理、控制及治理过程的效果，帮助组织实现其目标。

审计的一般定义是从审计的性质为基础结合审计的关系、对象、目的、目标，对于不同社会制度和不同国家共性方面的表述。综上所述，审计的定义表述为：审计是资源财产的拥有者或主管者授权或委托专门机构或人员，对于资源财产经营管理人承担和履行的经济责任，以及由此而引起的经济活动的真实性、合法性、效益性进行审查，并向授权人或委托人提出报告，以维护授权人或委托人权益的具有独立性的经济监督。

1.2.3 审计的意义

审计在经济监督体系中占有重要地位，这是我国社会主义市场经济发展的客观要求，也是保证其健康发展的需要。因此，审计制度的实施在我国具有重要意义。

（1）实施审计监督是适应社会化大生产的客观需要

我国的社会主义生产是社会化的生产，而社会化生产必须要求加强管理和监督，而这些是不以人的意志为转移的客观规律。马克思曾经指出："过程越是按社会的规模进行，越是失去纯粹个人的兴致，作为对过程的控制和观念总结的簿记就越是必要"，因此，簿记对资本主义生产，对比对手工业和农民的分散生产更为必要，簿记对公有制社会化大生产比对私有制的规模生产更为必要。"从广义上来理解这段话，它实则指的是经济监督。在社会化大生产的条件下，财产的所有者和经营者很难是同一个人，即他们不可能同时直接参与生产经营的各个环节。因此，加强经济监督就成为了财产所有者实现控制的必要手段。审计是加强监督管理的不可或缺的重要部分，它为保证社会化生产有序进行发挥了重要作用。

（2）实行审计监督是完善社会主义市场经济体制的需要

我国社会主义市场经济体制还在不断完善之中，为保证经济市场的有序运行，要求所有生产经营者都必须要遵循市场规律，遵守市场秩序。企业作为自负盈亏的经济实体，既要在市场经济中得以自我约束，认真履行各项社会责任和经济责任，还要充分地利用各种资源，提高企业经济效益，从而促进自身的发展，并实现价值最大化。同时，从宏观上来说，企业的生产经营活动也属于社会整体利益和国家宏观经济的一部分。促进企业经济行为的合法性、合理性就显得尤为重要。所以，通过实行审计监督对被审计单位的财政收支进行审查，是保证社会主义市场经济体制逐步完善的重要环节。

（3）实行审计监督是促进被审计单位改善经营管理的需要

审计是受授权人或委托人的委托对被审计单位的经营管理情况进行审查，从而督促被审计单位改善经营管理、开源节流，促进其更好地利用资源财产，提高企业的经济效益。而评价企业的经济效益是审计活动的主要内容之一。因此，通过审计可以帮助管理者找到增产、增效的途径，进而提高企业的竞争能力。

（4）实行审计监督是维护国家利益、严肃财经法纪的需要

加强国家法制，依法审计，查处损害国家利益的行为是审计工作的重要内容。通过审计工作，可以发现贪污、受贿、漏税、造假账、投机倒把等违法行为，并对这些行为进行严肃处理，从而达到维护国家利益、严肃财经法纪的需要。

（5）实行审计监督是提高会计管理质量和水平的需要

企业的一切经营活动都需要会计加以反映，会计核算的真实准确性以及能否恰当地反映经济事项的本来面目，反映了会计人员水平高低和会计质量管理的好坏。通过对会计工作的审计，可以发现企业是否按照有关会计制度处理会计事项，并对认真按照有关规定进行会计工作的单位给予肯定，对出现违法行为的企业给予一定惩罚，从而促进其提高会计管理质量和会计人员水平。

1.2.4 审计的目标

审计目标是指人们通过审计实践活动所期望达到的理想境界或最终结果，是审计对象的具体化，也是对审计对象本质属性的高度概括。

1.2.4.1 审计目标的演变

从审计关系理论中可以看出，审计是经过授权委托后才可以实施的一种行为，因此审计目的在相当大的程度上取决于审计授权人和委托人的要求，而审计目标则是适应审计授权人或委托人的审计目的的需要而形成的。为了适应社会的要求，其目标也在不断变化。

在20世纪之前，企业形式多为家族作坊式，内部控制制度混乱，会计工作中多有舞弊行为。这时为了保证企业安全和所有者的利益，将审计目标确定为查错防弊，采用详细审

计的办法,将所有的会计资料进行逐一审查,从中发现技术性的差错和人为性的舞弊行为,以满足委托人的需要,这一查错防弊阶段被称为详细审计阶段。英国工业革命后,竞争不断加剧,企业规模不断扩大,企业财产所有权和经营权逐渐分离,因此对于所有者和其他投资者来说,亲自审查受托经济责任履行情况是十分困难的,这时产生了一个新的职业——职业会计师,由他们审查经营管理者的舞弊欺诈行为,这一阶段的审计目标也可看作是查错防弊阶段。

20 世纪初至 30 年代,美国的信贷业务迅速发展,世界的经济中心逐渐从英国向美国转移。银行和贷款人需要经过审查贷款企业的资产负债表来确定企业的信用状况。为了适应银行和贷款人的需求,美国开始实施资产负债表审计,并逐渐取代了英国式的以差错防弊为主要目的的详细审计,这一阶段被称为资产负债表审计阶段。在这一阶段,审计的主要目标是审查被审计单位的资产负债表项目余额的真实可靠,确定其偿债能力、财务状况。1912 年,著名的审计学家罗伯特·H·蒙哥马利在《审计理论与实践》中指出:审计的主要目标为通过企业所有者、投资者等利害关系人委托审计人员查清企业的实际财务状况和偿债能力,而非单纯检查舞弊行为。

20 世纪 30 年代后,企业的筹资渠道从单一的银行贷款方式逐渐转向以股票和债券为主的证券市场。此外,20 世纪 30 年代初爆发的经济危机导致了大批企业破产,使得投资者不再仅关注于企业的财务状况,进而更加关注企业的盈利能力。企业的经营目标也逐渐转向为追求利润最大化。审计人员的审计中心也从资产负债表审计转移到财务报表审计。因此,这一时期的审计阶段也被称为财务报表审计阶段。此时的审计目标也由信贷情况的审查向财务报表的真实性和公允性过渡。美国也颁布了一系列的重要的法律文件,如《独立审计师对财务报表的鉴定》等,对公司财务报表的审计做出了明确的规定,正式确立了财务报表审计的地位。

20 世纪 90 年代以来,经济全球化引发的经济业务日趋复杂,导致原有的财务报表审计已经不能满足社会各界对审计信息的需要。审计的目标从单纯的验证数据的合理性转向审核大量的非财务信息。在进行财务审计的同时,也要对被审计单位的经营绩效、内部控制进行审查。由此可见,审计目标是随着社会环境和经济环境的不断变化而变化的。

1.2.4.2 审计目标的结构体系

审计目标体系作为一个强大的整体系统,具有很强的层次性,它包括总体目标和具体目标。审计总体目标是指审计主体在审计实际工作中所要达到的最终目标,而审计具体目标则是指审计总体目标的具体化。

1)审计总体目标

(1)政府审计的总体目标

《宪法》第九十一条明确规定:"国务院设立审计机关,对国务院各部门和地方各级政府的财政收支,对国家的财政金融机构和企业事业组织的财务收支,进行审计监督。"根据《宪法》制定的《审计法》中进一步明确了审计机关要对国家财政收支的真实性、合法性和效益性,进行审计监督。因此,可以将政府审计的总体目标界定为对各级财政收支的真实性、合法性和效益性进行有效评价。真实性是指财政收支及其有关的经济活动是否真实发生、确实存在;在有关会计资料中是否得以反映,是否符合客观实际;有无任意增加、减少、隐瞒等虚假行为。合法性是指财政收支及其有关的经济活动是否遵循了相关法律、法规和有关制度的规定。效益性是指财政收支及其有关经济活动的经济效益和效果，即该经济活动是否能够节约开支、提高运用效率。

政府审计的这三个目标是相互独立的，但又是不可相互替代的。每个审计目标都具有其独特的内涵，因此在审计工作中要将三者进行有机结合。

（2）独立审计的总体目标

独立审计的总体目标是对被审计单位的会计报表的公允性、合法性出具审计意见。注册会计师通过搜集审计证据，对会计报表的公允性和合法性出具审计意见。所谓合法性，是指被审计单位的会计报表是否符合《企业会计准则》和相关会计制度的规定；所谓公允性，是指被审计单位的会计报表是否公允地反映了被审计单位的财务状况、经营成果。

将独立审计的总体目标设定为注册会计师对会计报表出具审计意见，是为了满足会计报表使用者了解、掌握被审计单位的财务状况和经营成果，进而有利于改善被审计单位的经营管理。

（3）内部审计的总体目标

内部审计是由各单位内部设置的专门机构或人员实施的审计。内部审计主要是监督审查本单位的财务收支情况。我国内部审计的总体目标是：对本单位及所属单位的财政收支状况以及有关经济活动进行全面审查和评价。内部审计机构和内部审计人员是一个独立部门，他们进行审计工作不受其他部门或人员的干涉。

2）审计具体目标

（1）真实性和公允性审计具体目标

真实性和公允性就是指对被审计单位的财政收支以及有关经济管理活动的相关会计资料的真实性和公允性进行审查和评价。在审计工作中由于财务报表是审计业务的主要内容，所以对财务报表编制的真实性和公允性以及是否符合相关会计制度的要求进行有效审查是十分必要的。在审计实务中，对财务报表审计的具体目标包括以下几项：

①总体的合理性　审计人员要对会计报表的公允性进行审查，首先就需要对会计报表总体的合理性进行评价。此外，还需要对会计报表中各账户记录的正确性、账户余额的合理性等进行有效评价。

②金额的真实性　审计人员要对财务报表中所列示的账户余额是否真实存在进行审查，如果在报表上填列未发生的业务，就会形成一笔虚构的业务，因此，对财务报表的金额进行有效审查体现了审计目标的真实性。

③业务的完整性　审计人员要对企业所有已经发生的经济业务是否全部记录在报表中进行审查，如果某项已发生的业务并未被记录在账户之中，则说明该财务记录是不完整的，就会构成一笔漏记的业务。因此，审计人员在进行审计工作时，要对单位发生的业务是否被完整的给予记录负责。

④资产的所有权　资产的所有权目标是指列入财务报表的资产和负债确实属于被审计单位所有或者所欠。

⑤计量的正确性　审计人员应当对被审计单位会计报表中各项目中的计价是否合理以及是否计入了正确的账户和会计期间进行审查和评价。

⑥恰当的反映和披露　审计人员应当对被审计单位的所有会计信息是否在会计报表中得以正确的列示进行审查和评价，并对财务状况说明书以及会计报表附注中所列示的内容与相关法律法规以及相关会计准则是否一致进行有效审核。

（2）合法性和合规性审计具体目标

合法性和合规性审计就是通过对被审计单位的财务收支的经营管理活动是否合法、合规进行审查。其目的在于评价该经营管理活动是否符合制度要求、法律政策，是否存在违法乱纪行为，是否保护各经营主体之间的利益关系，是否推进整个国民经济健康有序协调发展。

合法性和合规性审计具体目标主要侧重于与审计标准的相符一致。审计人员将审计事项或活动与审计标准进行比较。因此，合法性和合规性审计具体目标也要根据审计标准的不同而具体考虑。如审计人员在评价内部控制制度时可以确立如下审计目标：内部控制能否保护资产的安全与完整，能否保证财务会计报告的正确性，会计程序和控制程序能否符合国家及政府制定的相关方针和政策，同时减少资源的浪费，保证资源的合理配置。

（3）效益性审计具体目标

效益性审计具体目标在于评价被审计单位的财务活动和经营活动是否符合客观发展规律，各种资源的利用是否讲究效率和经济，制定的经营方案是否可行，内部控制是否健全，并找出其存在问题，提出建设性的意见，提高经济效益。在审计实务中，效益性审计具体目标的内容主要包括以下几项：

①适当性　即评价资金的投入或费用与未来的收入相比是否合理恰当，投资是否可行，如对某一具体方案进行评价时，要审查其各项指标在财务上和经济上是否是最优方案、切实可行。

②经济性　即评价项目投入或费用与资金投入相比是否有所超支或节约，节约和超支是由主观原因造成的，能否避免和调整。如果在管理上存在漏洞，能否采取措施进行弥补。

③效率性　即评价实际资金投入或费用是否获利及获利的频率。这一目标的审计常使用相关指标分析其运行效率，如成本利润率等指标。

④效果性　即评价实际效果与预期效果相比是否理想。例如，在某一项目结束后，将各项财务指标和经济指标的实际发生数与预期设计时的各项指标进行逐一比对，确认其是否达到预期效果。

⑤环境性　即评价投资的外部环境是否有利于该项目。如某一项目在立项时应当考虑该地区的人文状况、公共设施、地理位置、资源情况等。

上述经济性、效果性和效率性三者的英文单词的第一个字母均为 E 开头，即效益性审计也可称为"3E"审计，加上适当性和环境性，有时也称为"5E"审计。

1.3　审计的职能和任务

1.3.1　审计的职能

职能是指事物本身内在的功能。审计职能是审计自身所具有的内在功能，是审计满足社会需求的能力表现。审计职能并不是一成不变的，它是随着外部环境的变化而不断变化的，我国审计界对审计职能的观点主要有两种：

一种是"单一职能论",该观点认为审计具有经济监督职能;另一种观点是"多种职能论",该观点认为审计除审计监督这一基本职能外还具有鉴证、评价等其他职能。

（1）经济监督职能

审计的经济监督职能主要是指通过审计来对被审计单位的经济活动的规范性进行督促和检查,对相关经济责任者的受托经济责任履行情况进行审查,同时借以揭露违法乱纪、查明错误舞弊、判断管理缺陷和追究经济责任等。审计工作的核心内容是通过对被审计单位的经济活动的审查并通过与相应标准的对照,进而对被审计单位经济活动的真实合法性进行有效评价,这些都体现了审计的经济监督职能。

审计的这种监督职能,政府审计体现的比较明显。

（2）经济鉴证职能

审计的经济鉴证职能是指审计机关和审计人员对被审计单位的会计报表以及其他相关会计资料的真实性、合法性、公允性、合规性进行检查和验证,并出具审计意见,从而有利于审计的授权人或委托人以及社会公众得到关于被审计单位的确切信息,并做出进一步的决策判断。

审计的经济鉴证职能主要包括鉴定和证明两个部分。例如,会计师事务所接受企业的委托对其投入资本进行验资,并对其年度财务报表进行审查,然后出具验资报告和查账报告等,这些均属于审计的经济鉴证职能。

审计的这种鉴证职能,社会审计体现的比较明显。

（3）经济评价职能

审计的经济评价职能是指审计机关和审计人员对被审计单位的经济活动及有关会计资料进行审查,进而分析出存在的问题,寻求改善管理、提高效益的途径。

审计的经济评价职能主要包括评定和建议两个部分。例如,审计人员通过审查评定被审计单位的经营决策、方案是否切实可行,评定被审计单位内部控制制度是否有效,评定被审计单位的会计资料是否真实可靠等。并根据这些评定的结果提出改善经营管理的建议。

审计不仅仅具有上述职能,在经济迅速发展的今天,审计职能必然是要随着时代的发展不断发展的,不可能停滞不前。

审计的这种经济评价职能,内部审计体现的比较明显。

1.3.2 审计的任务

（1）审计任务概述

审计任务是指审计人员根据委托人或授权人的审计目标而完成的审计工作,审计任务受多种因素制约,如审计对象、审计职能和社会条件等。审计对象指的是审计的客体,表明审计监督的特定对象,审计任务不能超越这一范围。审计职能是指在审计主体方面确定审计任务的依据,审计任务的确定,必须在其职能范围内。社会条件制约指的是从事审计工作的背景,是审计工作进行的前提。因此,根据审计委托人或授权人的需求不同,在以上三个条件的限制下,审计任务也会随之变化。

（2）政府审计的主要任务

政府审计的主要任务是对国家机构、国有企业、事业单位等企业和接受国家财政补贴的相关单位进行审计监督。其审计监督的主要内容包括：

①国家财政预算的执行情况。
②银行信贷的执行情况。
③单位财务计划的执行情况。
④基础建设和更新改造项目的执行情况。
⑤国家财产的管理情况。
⑥预算外资金的收支情况。
⑦国际往来项目的财务收支情况。
⑧与财政财务收支相关的各种经营活动。
⑨侵害国家财产等有损国家利益的行为。
⑩党政机关和国有企业、事业单位领导人员经济责任审计的有关事项。
⑪国家法律、法规规定的其他审计事项。

（3）内部审计的主要任务

内部审计指的是在单位内部设立有关内部监督的职位，使其独立地行使审计职权，同时将审查结果对本单位、本部门的负责人进行报告。内部审计的主要任务是依照本单位负责人的要求，对本单位从事的一系列活动进行内部监督。其主要任务在于：

①对本单位及其所属机构的财务收支情况以及有关经济活动进行内部审查。
②对本单位预算内、预算外，资金管理和使用情况进行核查。
③对本单位领导人员的任期经济责任进行评估。
④对本单位固定资产投资项目进行审计。
⑤对本单位及其所属机构内部控制和风险管理的有效性进行评估。
⑥对本单位及其所属单位的经济效益情况进行评价。
⑦与本单位及其所属机构产生业务的其他审计事项。

（4）社会审计的主要任务

社会审计的主要任务是指审计人员接受授权人和委托人的委托从事与审计有关的活动。其主要业务有：

①财务收支的审计查证事项。
②经济案件的鉴证事项。
③注册资金的验证和年检。
④建立账簿和财会制度，提供有关会计、财务、税务、咨询等有关服务。
⑤培训审计、财务、会计人员。

1.4 审计的地位和作用

1.4.1 审计的地位

审计的地位是指审计在一定的政治、经济环境中所处的位置。审计的地位与它的性质紧密相联。

经济监督体系是国民经济管理体系中的重要组成部分，审计作为经济监督体系中的组成部分，是一种较高层次的监督，它在国民经济活动中负有监督任务，责任重大。目前，我国的经济监督体系可分为三个层次。第一层次是部门和单位内部会计监督、内部审计监督；第二层次是政府各经济监督部门的监督；第三层次是审计机关的审计监督。从国内外审计的历史和现状来看，审计按不同主体可划分为政府审计、内部审计和社会审计，并相应地形成了三类审计组织机构，共同构成审计监督体系。

我国在《宪法》中的第九十一条规定："国务院设立审计机关，对国务院各部门和地方各级政府的财政收支，对国家的财政金融机构和企业事业组织的财务收支，进行审计监督。审计机关在国务院总理领导下，依照法律规定独立行使审计监督权，不受其他行政机关、社会团体和个人的干涉。"同时，第一百零九条也规定："县级以上的地方各级人民政府设立审计机关。地方各级审计机关依照法律规定独立行使审计监督权，对本级人民政府和上一级审计机关负责。"此外，与内部审计和社会审计有关的一系列法律、法规、准则等也都相继出台，这一切都说明了我国已经把审计放在了与国家经济发展相适应的重要地位。

1.4.1.1 政府审计是经济发展的推动力

政府审计属于上层建筑的范畴，在经济发展中居于宏观调控的地位。经济基础决定上层建筑，上层建筑反作用于经济基础。因此，政府审计与社会经济发展的关系十分密切。中华人民共和国的审计制度正是基于改革开放、发展经济的需要而建立的。随着社会主义市场经济体制的确立，政府审计的任务是"围绕中心、服务大局、依法审计、突出重点"。"围绕中心"就是围绕国家经济建设中心，"服务大局"就是审计要服务于国家经济体制改革大局。

1.4.1.2 内部审计是审计监督的基础

内部审计地位是指内部审计在整个审计体系中所处的地位。资本主义国家内部审计是资本家根据经营管理的需要自行建立的。社会主义国家的内部审计则是根据国家的要求和部门、企业的需要设置的。我国的内部审计机构不仅要对本单位的领导负责，而且还要对上级审计组织和国家审计机关负责，并有责任协助国家审计机关开展工作。它是外部审计或全面审计的基础。

内部审计的基本目的不是单纯为了防止舞弊，发挥防护的作用，而是要对各部门的业绩进行考核，并提出改进的意见，发挥建设性的作用。内部审计不仅要做好事后审计，还要做好事先、事中审计，协助领导有效地管理企业。因此，内部审计也是加强企业管理与监督，促进经济效益提高的重要措施，内部审计在我国审计体系中处于十分重要的地位。

1.4.1.3 社会审计是经济监督工作的重要补充

社会审计组织可以接受国家机关、全民所有制企业事业单位、城乡集体组织和个人委托，承办各种法定业务。在承办审计和查证业务时，也执行一定的经济监督任务。社会审计是审计体系中不可缺少的组成部分。按照我国具体情况，审计体系内政府审计机关占主导地位，社会审计组织应是非主导地位或称为从属地位。所谓从属地位是相对于国家审计机关的主导地位而言的，没有审计机关的支持、关心与扶助，就不会有社会审计的今天。

1.4.2 审计的作用

审计的作用通常理解为行使审计职能、完成审计任务、实现审计目标后所获得的实际结果所产生的作用。早期的审计，其主要任务是审查会计账目、纠正错误、揭发弊端；而后，审计为了满足社会上会计信息使用者的需要，还负担着向社会提供客观公正的审计报告的任务。20世纪下半叶以来，审计的作用也体现在经济方面，主要体现在国家经济运行绩效和市场经济资源配置效率层面上。此外，除经济领域外，又逐渐拓展到社会、政治、法律、文化、道德、心理等方面，审计都发挥了经济的防护性作用，为维护国家经济安全、国家政治安全等方面发挥了重要的建设性作用。

1.4.2.1 审计的制约作用

①揭露背离损害国家利益的经济行为　审计监督规范了市场主体的经济行为，使其在法律、道德和公众利益的轨道上有规则地运行，不至于偏离目标，损害国家经济安全。

②降低虚假信息源所导致的经济风险　通过监控经济信息源的虚实，改变信息不对称的状况，以保证与经济运行相关信息的真实可靠，最终降低由于信息不对称所导致的经济运行风险。

③克服因竞争因素引发的市场秩序混乱　通过审计监督，维护有序的市场经济秩序，克服市场自发性、盲目性、短期性和功利性等负面效应，协调各经营主体之间的利益关系，营造良好的市场环境。

④揭露和查处违反市场规律的违法行为　通过审计监督，维护市场经济法制，及时揭露和查处各种违法乱纪行为，树立法律权威，抑制经济活动中非法与非理性行为，揭露经济生活中的各种不正之风，促进廉政建设。

⑤打击各种贪污盗窃等的经济犯罪活动　通过审计监督，发现和查明行贿、受贿、偷税、骗税、走私、造假账等各项经济犯罪行为。通过查证与鉴定由具有行政纪律监察职能的法院、检察机关进行侦查，以充分发挥审计的特有作用。

1.4.2.2 审计的促进作用

①提高经济管理水平和经济效益　通过财政财务审计和经济效益审计能够发现影响经济效益的各种因素，并针对该因素提出切实可行的方案，有利于提高被审计单位的物质技术条件和人员管理能力，进一步提高经济效益。

②提高公司的内部治理能力和风险管理能力　通过审计监督完善公司内部治理制度，促进现代企业的建立健全。通过对内部控制制度的审计和评价，可以发现制度本身存在的问题和履行情况，并向有关方面反馈信息，以促进内部治理能力和风险管理能力的进一步提升。

③促进社会经济秩序的健康有效运行　审计作为一个监督部门，能够发现经济活动中一些不正当的违法乱纪和扰乱市场秩序的行为。审计人员向有关领导和管理部门进行报告，并提出改进措施和意见，有利于维护市场秩序的有效运行。

④妥善处理好各利益关系内部的各种矛盾　审计监督中可以发现各地区、行业、部门之间存在着各种矛盾，这些矛盾的存在使得某些个人甚至单位获得了不正当的经济利益，也挫伤了一部分人的积极性，进一步损害了国家的利益。正确协调各种利益关系，兼顾效率和公平，有利于保证国家经济平稳运行。

1.5 审计学科体系

1.5.1 审计学科体系的构成

审计学是研究审计产生和发展规律的学科，涉及审计的性质、审计关系、审计对象和方法等一系列理论问题。审计学是随着审计实践的发展而发展的，在封建时期，仅存在着一些具有类似审计职能的官职，并未出现科学合理的审计理论体系。随着经济不断发展，英国出现了以纠错防弊为核心的详细审计制度。20 世纪以后，美国又出现了资产负债表审计。经济危机后，美国又在资产负债表审计之上提出了财务报表审计。随着科学技术的推动，又出现了抽样审计、电算化系统审计等科学审计理论。

审计学发展至今，已经成为一门具有综合性应用的学科，它不仅具有很强的理论性，而且还具有实践性和应用性。通过审计实践活动总结并概括了许多审计实践中可以应用的规律。审计学是一门独立的学科，一般由审计学原理、部门审计学、审计史、国际审计学、比较审计学和审计技术学等学科组成。审计学原理体现的是审计学的普遍规律，主要介绍了审计学的基本概念、原理和一般规律，对于研究审计学科具有指导作用。部门审计学可按国家机构的各个部门进行划分，如财政审计学、金融审计学、工业审计学、商贸审计学、行政事业审计学等。审计史则囊括中西方审计发展的主要历程。国际审计学主要研究我国审计与国外审计实务中存在的主要差异，同时探讨国际间审计制度存在的差异及后果。审计技术学主要研究各种审计方式、方法和手段。

1.5.2 审计学科的主要流派

1.5.2.1 西方审计学科的主要流派

审计理论从不断摸索、奠基、发展到最终应用，经历了反复的修订和补充。各种审计理论的出现使得审计理论研究日益丰富，从而使得审计理论体系不断完善。

（1）皮克斯利、迪克西与现代注册会计师审计理论

英国是世界上最早产生特许注册会计师（Charted Certified Accountants，CCA）的国家。其审计方法是通过详细审计方法发现账务处理差错和舞弊行为。其中最具代表性的人物是 19 世纪英国的皮克斯利和迪克西，他们提出的审计理论为民间审计的产生奠定了必要的基础。

弗朗西·威廉·皮克斯利（1852—1933）是 1880 年苏格兰威尔士特许会计师协会的创始人之一，他于 1881 年出版了世界上第一部有关审计理论基础和实务的著作——《审计人员——他们的义务和职责》。在此书中，他详细地论述了选举审计人员的方法、相关的审计基础理论、审计法规、审计人员的权利和义务、审计人员的地位、审计报告等内容。这是审计科学理论从无到有迈出的第一步。

劳伦斯·罗伯特·迪克西（1864—1932）是伦敦经济学院兼职讲师和伯明翰大学会计学教授，拥有着丰富的理论和实践经验，于 1892 年著《审计学——审计人员的实务手册》。此书是根据当时的公司法和法院判决案例编著而成,同时体现了英国详细审计思想的精华，

在当时引起了强烈反响。此书不仅指导了英国注册会计师的审计实践,也为审计理论的进一步发展奠定了基础。

（2）莫茨和夏拉夫的《审计理论结构》

罗伯特·K·莫茨（Robert Kuhn Mautz）是美国著名的审计学家和教育家。莫茨的学术成就卓越，其中与他的学生侯赛因·A·夏拉夫（Hussein A. Sharaf）合作的于1961年出版的《审计理论结构》最为著名，被认为是世界上第一部将审计理论作为一门独立的学科，并加以论述的重要著作。

该著作是莫茨和夏拉夫用哲学思想进行理论研究的成果，详细地阐述了他们对审计理论学科的独特见解。本书包括了审计理论的探索、审计假设、审计方法论、审计理论中的概念、证据、应用的审计关注、独立性、道德行为和审计的展望等。《审计理论结构》将审计不再看作是技术性的实务操作，而是将它提升到了理论境界。美国会计学会（AAA）对该书进行了进一步的深化，对审计理论构建体系的各个部分进行了详细的阐述。其发表的论文《基本审计概念说明》是迄今为止对审计定义的最具有权威性的指南，标志着审计理论的正式确立。

对审计理论结构的研究到目前为止还存在着很多分歧，但是后人对审计理论的研究多是以这本书为基础。目前所研究的审计假设、审计目标、绩效审计等都是从莫茨的研究中延伸出来的。因此说莫茨和夏拉夫教授是审计理论学科体系的开拓者。

（3）罗伯特·希斯特·蒙哥马利及其《蒙哥马利审计学》

在20世纪时，世界的经济发展中心逐渐由英国转移到了美国。美国创立了最完善的注册会计师（Certified Public Accountants，CPA）制度和审计准则体系。其中，以罗伯特·希斯特·蒙哥马利（Robert Hiester Montgomery，1872—1953）最具有代表性，由此开始了对审计新思想、新方法、新范围和新理论的探索。

罗伯特·希斯特·蒙哥马利，他既是英国式审计理论的继承者，同时也是美国式审计的开拓者。他于1912年出版的《审计理论与实践》，使得美国拥有了属于自己的审计理论框架。至今为止该书已修订出版了12次，它标志着注册会计师审计理论与实践的最高成就。

（4）维克多·Z·布瑞克与现代内部审计理论

维克多·Z·布瑞克（Victor Z. Brank）是美国公司审计师和大学教授，他于1941年出版了第一部关于内部审计理论与实务的专著《内部审计——程序的性质、职能和方法》，这是世界上第一部系统地对内部审计进行论述的书籍，同时也是宣告内部审计学科诞生的著作。该书对内部审计理论与实践问题以及内部审计的性质和范围进行了详细的描述，如内部审计服务结构、内部审计项目要素，同时对成本考虑等进行了探索，提高了详细审计工作绩效，使会计人员能够更深刻的理解内部审计，从而更有利于促进企业发展。该书共发行了4个版本。在1986年还出版了继续教育版，它代表了内部审计理论与实践的最高成就。

（5）劳伦斯·索耶的《现代内部审计实务》

现代内部审计之父劳伦斯·索耶（Lawrence B. Sawyer）在1973年出版了《现代内部审计实务》。该书的出现促进了内部审计形成了一个较为完整的理论体系。

索耶是一位律师、作家、会计师和内部审计师。他发表过近百篇学术论文，出版过数本学术专著，如《现代内部审计实务》《现代内部审计》和《内部审计手册》等。《现代内部审计实务》的修订版在 1981 年由内部审计师协会正式出版，该书共 25 章，对内部审计技术、方法、报告、管理等事项进行了详细的介绍，对内部审计理论的完善做出了巨大贡献。

（6）尚德尔的《审计理论——评价、调查和判断》

尚德尔（Schandl）在 1978 年编著了《审计理论——评价、调查和判断》。他是在莫茨和夏拉夫的基本思想的基础上，从基本原理开始对评价过程、判断、调查逐一进行详细研究，并建立了相关的审计概念，通过分析这些概念之间的联系进一步加强了审计理论的结构性。

尚德尔将审计定义为："人类为了建立对某种标准的遵循性而进行的评价过程，其结果是得出一种意见。"尚德尔从信息论的角度对审计理论进行了全方位的研究，探讨了审计原则及主要组成并将审计理论的范围扩大，奠定了现代"3E"审计的基础。

审计理论的发展历程主要经历了"英国式"和"美国式"的探索阶段，莫茨和夏拉夫教授的奠基阶段、美国《基本审计概念说明》的确立阶段、尚德尔教授的实证理论应用阶段，在每一个阶段的经典著作都对审计理论的完善发挥了重要的作用。

1.5.2.2 我国审计学科的发展现状

我国对审计理论的研究相对较晚，直到 20 世纪初才逐步开始。我国审计理论的研究，可以分为以下三个阶段：

20 世纪初至 40 年代末，这一阶段为我国审计理论研究的初始阶段。在这一阶段，涌现了谢霖、潘序伦、徐永祚等审计理论的探索者，在这些审计理论学者的不断探索与研究下，我国的审计理论取得了丰硕的成果。注册会计师事业也得到了快速发展。

20 世纪 50 年代初至 70 年代末，这一阶段为我国审计理论研究的停滞阶段。由于中华人民共和国刚刚建立，经济体制受到苏联模式等因素的影响，在这一阶段，我国处于无审计的状态，因此审计理论研究也属于停滞状态。

20 世纪 80 年代至今，是我国审计理论研究的振兴阶段。在这一阶段，随着我国逐渐恢复了审计制度以及审计事业的迅速发展，审计理论研究也取得了重大成果。1984 年，中国审计学会的成立标志着我国审计理论研究进入了一个崭新的阶段。为了适应经济体制改革的变化，我国相关学者努力探索了审计基本理论以及相关课题研究，使得我国的审计理论研究不断得以丰富。

（1）审计基础理论方面的研究

关于审计基础理论方面的研究十分广泛，主要获得的成就包括：

①对于审计产生的动因的研究，目前已有 10 多种观点，但是普遍为人们所接受的是受托经济责任观。

②对于审计本质的研究，主要是集中在查账论、方法过程论、经济监督论、国家治理论等。

③对于审计基本特征及独立性的研究，主要包括独立性的意义、含义、理想模式等方面，以及政府审计、注册会计师审计和内部审计的独立性问题的研究。

④对于审计理论体系的研究，目前已有的研究范围主要包括审计目标模式、审计本质模式、审计假设模式、审计动因模式等。

⑤对于审计对象的研究，主要包括审计单位论、经济活动论、受托经济责任论及信息论等观点。

⑥对于审计职能的研究，目前已有的观点可以大致分为：单一职能论、多职能论、层次论、体系论。

（2）审计应用理论方面的研究

我国的审计理论主要包括：财务审计、财政审计、金融审计、经济责任审计、环境审计、税务审计、舞弊审计、人力资源审计等。虽然我国对一些审计理论的研究起步较晚，但是经过多方努力，研究深度不断加大，相关审计理论日趋丰富。

1.5.3 审计学相关交叉学科

1.5.3.1 审计学的学科定位与属性

随着我国改革开放和经济建设的不断发展以及我国审计署1983年的正式成立，标志着审计成为了国家治理的重要组成部分，成为了建设中国特色社会主义社会的重要保证力量。同时，随着审计理论的不断发展、审计对象范围的不断加大，审计已经成为越来越重要的部门和职业。因此，审计学的学科定位和地位以及其属性越来越被人们所关注。

（1）审计学科定位的现状

改革开放以来，我国教育部先后于1987年、1993年、1998年、2001年进行了4次大规模的本科学科目录和专业设置调整工作。在1987年进行了第一次修订，专业种数由1300多种调整到了671种。在1993年进行了第二次修订，专业种数改为504种。在1998年进行了第三次修订，本科专业目录的学科门类达到了12个，专业类71个，专业种数由504种调整到了249种。在2001年的上半年完成了第四次的修订。

在我国的国家标准GB/T 138745—1992《学科分类与代码》中，审计学与会计学一并列在"经济学"的学科门类下，在《普通高等学校本科专业目录》中审计学与会计学一并列在"管理学"门类下的工商管理类。

研究生学科分类的方法是在学科门类下设一级学科，一级学科下设二级学科。《授予博士、硕士学位和培养研究生的学科专业目录》的二级学科中没有审计学，在研究生《学位授予和人才培养学科目录》（2011年版）中才有审计学科，仍然归属于"经济学类"。

可见关于审计学科的定位还是一个值得研究的问题，随着2018年，教育部等六部门出台《关于实施基础学科拔尖计划2.0的意见》，审计学科建设及其定位无疑将越来越准确和科学。

（2）关于审计学科定位与属性的研究

对于审计学的学科定位、专业特质和学科属性等的研究，理论界存在着多种认识，主要包括：

①审计学从属于会计学　在最初审计曾以会计的一部分而存在，审计与会计存在着千丝万缕的联系。例如，人们已经习惯于将民间审计人员称作注册会计师；将注册会计师行业称作会计职业。审计的发展与会计学的分离类似于细胞分裂的过程，认为审计与会计存在着血缘关系，审计仅仅是会计的延伸等，从而论述审计只能是会计学的一个分支。

②审计学是一门独立的学科　莫茨和夏拉夫教授是现代审计理论学科体系的奠基者，他们认为把审计当作会计的分支是完全错误的。审计与会计相关，但是审计并不是会计的一部分。国内有的学者（尹平，2007）认为：审计学具有独立学科的全部要件，有着与相关学科明显的区分度。还有的学者（刘华，2003）认为：审计学有着从属于会计学的表述，但把审计看作是会计的分支是完全错误的，审计学应当获得独立的发展。

③审计学是应用性边缘学科　国内的学者认为：审计是一门应用科学，也是一门边缘科学。它虽与会计学、统计学、企业管理学等学科有着紧密的联系，但也存在着本质的区别。

④审计学科有其独自体系　有学者（李凤鸣，王会金，2001）认为审计是一个独立的学科，是任何学科均不能替代的一门独立的学科，同时相关研究还指出：审计学科主要研究对象是审计理论、审计方法、审计制度等审计活动。因此，现代审计学科有其独立体系。

1.5.3.2　审计学科与相关学科的联系

科学或学科的交叉，既是科学发展的创新点，也往往是学科发展的难点。实践是检验真理的唯一标准。科学是实践检验的总结，审计学是对审计实践活动在理论上的概括、反映和科学总结，并以该理论指导审计的时间活动，因此，审计学科与相关学科的有关知识也是相互交融、相互发展的。

（1）审计学科的发展需要知识融合与多学科支撑

随着我国审计事业的蓬勃发展，对审计人才的培养以及审计学科建设等方面都提出了新要求。不同的审计对象要求审计人员采用不同的审计方法和技术，采取不同的审计管理方式，不同的审计内容、审计目标要求审计人员具备多元化的知识结构，要求具备相应的学科知识。可见，审计对象的复杂性和审计内容的广泛性都对审计人才以及审计机构提出了更高的要求，审计学专业人才培养需要更加强大的、综合性的多学科体系支撑。

（2）审计学科专业培养的是适应社会需求的复合型人才

随着审计学科体系的发展推动了现代审计实务的发展，审计工作从传统的财政财务审计转向了包含经济责任审计、内部控制审计、管理审计、绩效审计等更为宽泛的审计方向。在目前的审计人才培养过程中，高校在学科建设和课程内容上都为多门学科的交叉和融合搭起了平台。

据统计，我国大多数财经院校都开设了审计学专业，并强调知识的融合和综合发展，强调要跨学科、跨行业的学习，培养审计实践能力。南京审计学院审计专业，本科人才培养目标是：注重培养具备管理学、会计学和审计学基本知识和基本技能，熟练掌握政府审计、注册会计师审计、内部审计的基本程序，能在会计师事务所从事审计和会计咨询工作，在企业、行政事业单位从事会计核算管理和内部审计工作、会计教学与科研工作的应用型高级专业人才。

（3）从相关学科视角分析审计的产生和发展

从审计的产生和发展来看存在着多种观点，如查账观、财政监督观、国家治理观、民主法治观。我们也可从另一层面认识审计学及审计学科，如委托代理理论、信息理论、行为理论。

①**审计需求的代理理论** 委托代理理论是现代管理理论的基础。该理论认为：在股份有限公司的经营过程中，经理与股东签订了有激励因素的契约，要求经营者按照契约追求自己的正当利益，以使股东利益最大化，即所谓的所有权与经营权的分离。然而，经营者和股东是两个不同的利益主体，有着各自的利益驱动因素。经营者的行为可能会偏离股东的目标，加上信息不对称的影响，需要有公正客观的第三方即审计人员来评价经营者业绩。经理人员也需要审计证明自身的经营效果。因此，审计成为了联系股东和管理者之间利益的纽带。

②**审计需求的信息理论** 信息论指的是在决策时，由于要使资源配置达到最佳效果，需要可靠、充足的信息。这一理论又可分为两个派别：信息传递理论和信息系统理论。信息传递理论认为：由于企业和消费者存在信息不对称，经营者需要将自己产品的情况传递给消费者，为了保证信息的可靠性，需要有一个独立的第三方加以证实。这个第三方所提供的服务指的是审计。信息系统理论认为：投资者往往根据公开披露的审计报告进行投资决策，因此，审计报告的可靠与否具有重大意义。

③**审计需求的行为理论** 该理论认为：审计行为通过组织规则的形式影响企业的各级职员的行为动机，同时，通过在企业内部设立审计部门，有利于加强经营者内部控制，进一步促进企业发展。

④**相关学科理论在审计学中的广泛应用** 事实上审计与众多学科的理论及方法都有所交叉，常见的有：经济学、管理学、法学、计算机科学等。例如，CPA查账、鉴证报表需要大量的财务会计知识，审计测试和抽样方法是以博弈论、概率论、数理统计为基础的，审计结果的形成更离不开职业道德、法律理论。

1978年以来，审计在社会经济中的作用越来越重要，传统的外部审计监督已经远远不能满足企业的需要。现代企业制度的双层代理理论、企业风险管理理论和公司治理理论等已经成为风险导向审计模式的重要理论依据。

综上所述，审计学的发展离不开会计学、法学、管理学、经济学、哲学等相关理论的支撑，因此审计学科需要逐渐向学科综合的方向发展。

▲ 本 章 小 结

审计发展至今，早已超越了传统的查账的范畴，现代审计是资源财产的拥有者或主管者，授权或委托专门机构或人员，对于资源财产经营管理人承担和履行的经济责任，以及由此而引起的经济活动的真实性、合法性、效益性进行审查，并向授权人或委托人提出报告，以维护授权人或委托人权益的具有独立性的经济监督。

审计的性质即审计的本质特征，也是审计区别于其他事物的根本属性。审计作为一种监督机制，具有独立性特征、权威性特征和公正性特征。审计目标是指人们通过审计实践活动所期望达到的理想境界或最终结果，是审计对象的具体化，也是对审计对象本质属性的高度概括。

审计职能是审计自身所具有的内在功能，是审计满足社会需求的能力的表现。审计的职能包含经济监督职能、经济鉴证职能、经济评价职能。审计任务是指审计人员根据委托人或授权人的审计目标而完成的审计工作，审计任务的确定，必须在其职能范围内。

审计的地位是指审计在一定的政治经济环境中所处的位置。通过审计可以发现被审计单位生产经营过程中存在的问题，并对此提出建议，从而促使企业的内部控制系统更加完善、健全。审计的作用通常理解为行使审计职能、完成审计任务、实现审计目标后所获得的实际结果所产生的作用。

审计学发展至今，已经成为一门具有综合性应用的学科，它不仅具有很强的理论性，而且还具有实践性和应用型。审计学的发展离不开会计学、法学、管理学、经济学、哲学等相关理论的支撑，因此审计学科需要逐渐向学科综合的方向发展。

思 考 题

1. 什么是审计的定义？审计与会计有何联系和区别？
2. 什么是审计产生的客观基础？
3. 什么是审计的本质？
4. 怎样理解受托经济责任关系和审计关系？
5. 我国审计具有哪几种职能？为什么说经济监督是审计的基本职能？
6. 什么是审计的任务和审计的作用？
7. 我国的政府审计经历了哪几个发展阶段？
8. 社会审计和内部审计是怎么发展起来的？
9. 西方审计有哪些流派？
10. 英国、美国的政府审计、社会审计是怎样发展的？
11. 现代审计和传统审计相比发生了哪些变化？
12. 研究审计历史，对发展我国社会主义审计事业有哪些启示？

第 2 章 审 计 分 类

【学习目标】
1. 了解审计分类的目的和意义、审计分类的方法。
2. 明确政府审计、社会审计和内部审计的联系和区别。
3. 掌握审计的基本分类、其他分类。

2.1 审计的基本分类

按照一定的标准,将性质相同或相近的审计活动归属于一种审计类型的做法,即为审计分类。对审计进行科学的分类,有利于加深对各种不同审计活动的认识,探索审计规律;有利于更好地组织审计工作,充分发挥审计的作用。研究审计的分类,是有效地进行审计工作的一个重要条件。

2.1.1 按审计主体的不同分类

审计主体是指执行审计的专职机构或专职人员,即审计活动的执行者。按审计主体,可以将审计划分为政府审计、内部审计和社会审计。

2.1.1.1 政府审计

(1) 政府审计机构

根据《中华人民共和国宪法》的规定,我国实施的政府审计是行政审计模式,即政府审计机构是设立在国务院及各级政府之下,由国务院及各级政府直接领导的。审计署是我国最高的国家审计机构,在国务院总理的领导下,主管全国的审计工作,对国务院负责并向其汇报工作。县级以上的地方各级人民政府设立审计机构,地方各级审计机构依照法律规定独立行使审计监督权,对本级人民政府和上一级审计机构负责。

政府审计的主要特点是法定性和强制性,拥有和管理国有资产的单位,都必须依法接受国家审计的监督。审计机关做出的审计决定,被审计单位和有关人员必须执行。审计决定涉及其他有关单位的,这些单位应当协助执行。

(2) 政府审计人员

政府审计人员是指在各级政府审计机关中从事审计的领导人员和专业人员。政府审计人员基本上属于国家公务员,他们的职称一般分为高级审计师、审计师和助理审计师三级。

我国审计署的审计长是领导和组织全国审计工作的最高行政长官,是国务院的组成成员之一,根据我国法律,其人选必须由国务院总理提名并经全国人民代表大会表决通过,由国家主席任免,审计署副审计长由国务院任免。地方各级审计机关负责人是本级政府的组成成员，由本级人民代表大会任免，其副职由本级人民政府任免。政府审计专业人员主要由熟悉会计、财务、审计、税务等业务的专职人员构成，同时由于政府审计的范围和内容极其广泛，因此，政府审计人员也包括一部分工程技术、法律和计算机专业的人员，必要时也可通过聘请兼职人员来满足某些特殊审计项目的需要。

（3）政府审计对象

政府审计是由政府审计机关代表政府依法进行的审计。政府审计主要监督检查各级政府及其部门的财政收支及公共资金的收支、运用情况。根据《中华人民共和国国家审计准则》的阐述："审计机关对依法属于审计机关审计监督对象的单位、项目、资金进行审计。审计机关按照国家有关规定，对依法属于审计机关审计监督对象的单位的主要负责人经济责任进行审计。""审计机关依法对预算管理或者国有资产管理使用等与国家财政收支有关的特定事项向有关地方、部门、单位进行专项审计调查。审计机关进行专项审计调查时，也应当适用本准则。"最初的政府审计是随着国家管理事务中经济责任关系的形成，为了促使经济责任的严格履行而诞生的。现代意义上的政府审计是近代民主政治发展的产物。按照民主政治的原则，人民有权对国家事务和人民财产的管理进行监督。因此，各级政府机构和官员在受托管理全民所有的公共资金和资源的同时，还要受到严格的经济责任制度的约束。这种约束方式就表现为政府审计机构对受托管理者的经济责任进行监督。因此，政府审计担负的是全民财产的审计责任。

2.1.1.2 内部审计

（1）内部审计机构

内部审计是由各部门、各单位内部设置的专门机构或人员实施的审计。内部审计主要监督检查本部门、本单位的财务收支和经营管理活动。目前世界各国内部审计机构的设置因领导关系不同而大体分为三种类型：

①受本单位总会计师或主管财务的副总经理领导。
②受本单位总经理领导。
③受本单位董事会领导。

从审计的独立性、权威性来讲，领导层次越高，越有保障。我国目前的内部审计部门一般由本部门、本单位的主要负责人领导，业务上接受当地政府审计机构或上一级主管部门审计机构的指导。相对外部审计而言，内部审计的独立性较弱。

（2）内部审计人员

内部审计人员是指在单位内部专门从事审计工作的人员。因此，内部审计的独立性相对弱化。这就使得内部审计机构对审计人员的素质要求更高，尤其是在职业道德方面更重要。

内部审计人员的配置数量、知识结构要求以及工作范围等，在很大程度上取决于设置内部审计机构的要求。但对内部审计机构的负责人的任免与调动，必须征得上级主管部门和审计机构的同意。内部审计人员的构成也包括一部分工程技术、法律和计算机专业的人员，同时这些人员更应熟悉本单位、本部门的管理制度、生产特点、工艺流程等，才能够较好地发挥内部审计的作用。

内部审计机构和审计人员的主要工作职责是对本部门或本单位的财政财务收支、经营管理活动等进行审核和评价，查明其真实性、正确性、合法性、合规性和有效性，提出意见和建议。

（3）内部审计对象

内部审计对象是指内部审计行为的客体。一般说来，是指本单位的会计资料及其所反映的经济活动。内部审计的对象随着社会的发展和经济管理的要求不同而变化。在现代化生产和经营过程中，由于新技术与新工艺以及现代管理技术的应用，内部审计的范围也逐渐由会计领域向管理领域渗透，并与管理科学相互结合，形成了以促进改善经营管理，提高经济的经济效益审计，因此，内部审计对象也扩展到本部门或本单位的各职能部门的生产经营和管理活动。

（4）现代企业内部审计工作内容

①财务收支审计　主要是评价和监督企业是否做到资产完整、财务信息真实及经济活动收支的合规性、合理性及合法性，对会计记录和报表分析提供资料真实性和公允性证明。

②经济责任审计　是评价企业内部机构、人员在一定时期内从事的经济活动，以确定其经营业绩、明确经济责任，这里包括领导干部任期经济责任审计和年度经济责任审计。

③经济效益审计　审计重点是在保证社会效益的前提下以实现经济效益的程序和途径为内容，对企业的经营效果、投资效果、资金使用效果做出判断和评价，其中基建工程预决算审计应为重中之重。

④内部控制制度评审　主要是对企业内部控制系统的完整性、适用性及有效性进行评价。

⑤开展明晰产权的审计　审计明晰其产权归属，避免造成国有资产、集体资产流失或其他有损企业利益的行为。

⑥其他审计　结合企业自身行业特点，开展对经营、管理等方面的审计工作。

2.1.1.3　社会审计

（1）社会审计组织

社会审计是由注册会计师接受委托有偿进行的审计活动，也称为民间审计或注册会计师审计。在我国，社会审计是由经政府有关部门审核批准的注册会计师组成的会计师事务所进行的审计，会计师事务所是注册会计师的工作机构，注册会计师必须加入会计师事务所才能接受委托办理业务。会计师事务所不附属于任何机构，自收自支、独立核算、自负盈亏、依法纳税，因此，在业务上具有较强的独立性、客观性和公正性，并且为社会所认可。

（2）社会审计人员

社会审计人员为注册会计师，注册会计师是指取得注册会计师证书并在会计师事务所执业的人员，通常是指项目合伙人或项目组其他成员，有时也指其所在的会计师事务所。

根据《注册会计师法》及《注册会计师全国统一考试办法》的规定，具有下列条件之一的中国公民，可报名参加考试：一是高等专科以上学历；二是会计或者相关专业（指审计、统计、经济）中级以上专业技术职称。注册会计师考试划分为专业阶段考试和综合阶段考试。考生在通过专业阶段考试的全部科目后，才能参加综合阶段考试。专业阶段考试科目包括会计、审计、财务成本管理、公司战略与风险管理、经济法、税法6个科目，专业考试每科 60 分及以上者为单科合格，单科成绩合格者，其合格成绩在取得单科成绩合格凭证后的连续 4 次考试中有效。专业阶段考试全科合格者，可以参加综合阶段考试。综合测试合格者，取得由全国考试委员会统一印制的全科合格证书。取得全科合格证书后，便可申请加入中国注册会计师协会成为非执业会员。参加注册会计师全国统一考试成绩合格，并在中国境内从事审计业务工作 2 年以上者，可以向各省、自治区、直辖市注册会计师协会申请成为执业注册会计师。省级注册会计师协会负责注册会计师的审批，受理的注册会计师协会应当批准符合法律规定条件的申请人的注册，并报财政部备案。

除有规定的不予注册的情形外，受理申请注册的省级注册会计师协会应当准予注册。不予注册的情形有：

①不具有完全民事行为能力的。

②因受刑事处罚的。

③因在财务、会计、审计、企业管理或者经济管理工作中犯有严重错误受行政处罚、撤职以上处分的。

④自行停止执行注册会计师业务满 1 年的。

（3）社会审计对象和业务范围

根据《中华人民共和国注册会计师法》的规定，注册会计师审计的对象为一切以盈利为目的的组织，委托会计师事务所依法承办审计业务和会计咨询、会计服务业务。此外，注册会计师还根据委托人的委托，从事审阅业务、其他鉴证业务和相关服务业务。

2.1.2 按审计目的和内容的不同分类

审计按照目的和内容不同分为 3 类，包括财政财务审计、财经法纪审计和经济效益审计。

（1）财政财务审计

财政财务审计，也称为传统审计，在西方国家叫作财务审计或依法审计。它是指对审计单位财政财务收支活动和会计资料是否真实、正确、合法和有效所进行的审计。财政财务审计的主要内容是财政财务收支活动，目的是审查财政财务收支活动是否遵守财经方针、政策、财经法令和财务会计制度、会计原则，是否按照经济规律办事，借以纠正错误，防止弊病，并根据审计结果，提出改进财政财务管理、提高经济效益的建议和措施。财政财务审计不仅要审核检查被审计单位的会计资料，而且要审核检查被审计单位的各项资金及其运动。财政财务审计，按照对象不同，又可分为财政预算审计、财政决算审计和财务收支审计。财政预算审计，主要是指对财政预算编制、预算收入与支出的执行情况以及组织平衡所进行的审计；财政决算审计，主要是指对年终财政收入决算、支出决算、财政结余、预算外资金所进行的审计；财务收支审计，是指对企事业单位的财务收支活动所进行的审计。西方财务审计，随着社会经济形势的变化，根据法律的规定和投资者、经营者的需要，先后曾以详细审计、资产负债表审计和财务报表审计 3 种不同形式出现。

（2）财经法纪审计

财经法纪审计是对国家政府机关和企事业单位严重违反财经法纪行为所进行的专案审计。对严重违反国家现金管理、结算制度、信贷制度、成本费用开支范围、税利上交规定等所进行的审计，均属于财经法纪审计。财经法纪审计的重点是审查和揭露各种舞弊、侵占社会主义资财的事项，审查和揭露使国家和集体财产造成重大损失浪费的各种失职渎职行为。其主要目的是检查国家方针、政策、法令、制度、执行法规和财经纪律的执行情况，揭露违法乱纪现象。其任务是审查被审计单位贯彻执行财经法纪情况及存在问题，彻底查明各种违法乱纪案件，并根据审计结果，提出处理建议和改进财政、财务管理的意见。财政财务审计和财经法纪审计是我国国家审计机关主要的审计目标。

财经法纪审计既可以单列一类，也可以认为是财政财务审计的一个特殊类别。因为进行财经法纪审计要涉及财务问题，而进行财务审计又必然地要涉及法纪问题。一般是在财务审计中对案情比较重大的违反法纪事件专门立案审查，这样有助于集中精力，查明要害问题，同时也有利于进行专案处理，追究经济责任。我国的财经法纪审计类同于国外的弊端审计和法规审计。弊端审计，是指以检查、鉴定被审计单位或个人是否有弊端行为为目的的一项专门审计；法规审计，即指法令、规章审计，它的目的是要确定政府工作人员是否遵守法令、执行政策、方针和规章制度。法规审计在18世纪的政府审计中已经开始使用，现在它经常与效率、效益审计结合在一起，用来检查政府部门各单位的工作成果。

（3）经济效益审计

经济效益审计，是以审查评价实现经济效益的程度和途径为内容，以促进经济效益提高为目的所实施的审计。经济效益审计的主要对象是生产经营活动和财政经济活动能取得的经济效果或效率，它通过对企业生产经营成果、基本建设效果和行政事业单位资金使用效果的审查，评价经济效益的高低，经营情况的好坏，并进一步发掘提高经济效益的潜力和途径。经济效益审计，不仅是国家审计的一项重要目标，更重要的是内部审计的主要目标和日常工作的内容。根据我国国情的需要，实施效益审计，有利于促进国民经济各部门、各企事业单位以及各级政府机关和科研单位围绕提高经济效益和工作效益改进自己的工作，加强内部控制，实现最佳管理；有利于改善社会主义经济各方面的关系，维护正常的经济秩序；也利于提高财务审计的质量和巩固财经法纪审计的成果。

我国的经济效益审计，类似于国外的绩效审计或"三E"审计，包括了经营审计和管理审计部分内容。"三E"审计，是指经济性审计、效率性审计和效果性审计。对财务支出是否节约或浪费所进行的审计，为经济性审计。所谓经济性，是指以最低的支出和耗费开展经营活动，尽量节约，避免浪费。通过经济性审计，可以揭示被审计单位财政财务活动的恰当程度及其遵纪守法情况。效率性审计，主要是指对投入与产出之间关系所进行的审计。通过该种审计，借以评价成本与盈利的情况，判明被审计单位的经济活动是否经济有效。其审计的主要内容是：判明被审计单位在管理和利用资源上是否经济有效；查明不经济、效率低的原因；检查是否遵守有关提高效率的法规等。效率审计，最终要揭示被审计单位管理结构的合理性和管理职能发挥的有效性，进一步寻求有利于提高效率的办法和措施。由于该种审计主要采用货币计量单位，以价值的形式计算比较，所以也称为价值审计。效果性审计，是指对计划目标完成情况所进行的审计，即审查产出是否达到了预期的效果，是否获得了理想的效益。效果性审计也称经营审计或经济效果审计。经营审计一般称为业务经营审计，是对企业供、产、销等业务经营活动进行的审核检查，以进一步挖掘潜力，提高经济效益的一种审计。管理审计，则是审核检查管理能力和水平，评价管理素质的一种经济效益审计。虽然业务经营审计和管理审计其根本目的是一致的，甚至不少人认为它们是一回事，实践中无法分别，其实它们有不同的侧重点。业务经营审计，主要是审查业务经营活动和生产力各要素的利用情况，也即是对企业的物质条件和技术条件的审查，具有直接性；管理审计，则主要审查管理组织机构的合理性、管理机能的有效性，以促进生产力各要素的有效配合，具有间接性。经营审计一般是由内部审计发展来的，它是业务审计的扩大化形式；管理审计产生于20世纪30年代，应用于60年代至70年代，它是从财务审计和内部审计发展而来的，其范围和技术更趋于综合性、绩效性与管理性。

财政财务审计和经济效益审计虽然有联系，但也有明显的区别，而且这种区别不仅仅表现在审计的具体内容上，还表现在审计的目的、依据、时间、执行者和方法等方面。从财政财务审计和经济效益审计比较中可以看出：前者的目的在于查明财务收支和经济核算资料的真实性、正确性和合理性，进行经济公证，借以确定和解脱经济责任，主要用于查错防弊，以保护原则为主；后者的目的在于确定经济效益并做出评价，借以寻求提高经济效益的途径，以建设性原则为主。前者审计以会计法、财政财务制度、财经法纪和财务活动事实为主要依据；后者除此之外，还要以业务、技术经济效益考核标准和经济活动事实为依据。财政财务审计以事后审计及定期审计为主；经济效益审计则以事前、事中审计为主，定期审计与经常性审计相结合。财政财务审计主要由专业审计人员进行，主要使用审查书面资料和证实客观事物的方法；而经济效益审计，不仅是由专业审计人员进行，还要有工程技术等方面的内行专家参加，同时还要运用现代管理的一些先进方法。

在经济体制改革中，有些部门和单位还提出了"经济责任审计"的概念，即是指以审查经营者应负经济责任为主要目的的审计。具体地说，它是审计人员根据国家的有关法律、法规，审查国家与企业、企业与企业、企业与劳动者个人相互之间以及有关的行政领导和法定代表人履行应承担的经济职责和任务情况，查明违法乱纪及失职行为，分清责任，做出客观公正评价，提出改善经营或追究处理的建议。经济责任审计的具体内容主要是审查企业使用国家资金、财产情况及国家财产的安全完整情况；审查企业完成指令性计划情况及经济效益的真实合法性；审查企业行政领导人（法定代表人）有无失职和不法行为；确定或解除法定代表人的经济责任。审计从其一产生，就包括了监督与监察活动，通过对物的检查去考核管物的人，而不是审物论物。我国经济责任审计主要有经营承包责任审计、租赁审计、厂长（经理）经济责任审计或破产责任审计等。在我国干部考核制度改革中，所引进的经济审计的做法，实质上主要是引进经济责任审计，即对经济部门的干部进行聘任前、任职中和离任前的经济责任审计。中办发〔1999〕20号文件，对县级以下党政领导干部任期经济责任审计和国有企业及国有控股企业领导人员任期经济责任审计做出了暂行规定。为了加强对党政领导干部的管理和监督，正确评价领导干部任期经济责任，促进领导干部勤政廉政，在县级以下党政领导干部（即党政机关、审判机关、群众团体和事业单位的党政正职领导干部，乡、民族乡、镇的党委、人民政府正职领导干部）任期届满，或者任期内办理调任、转任、轮岗、免职、辞职、退休等事项前，对其任职期间所在部门、单位财政收支、财务收支真实性、合法性和效益性及有关经济活动进行审计，以确定或解除其应负的主管责任和直接责任。为了加强对国有企业及国有控股企业领导人员的管理和监督，正确评价企业领导人员任期经济责任，促进国有企业加强和改善经营管理，保障国有资产保值增值，在企业领导人员（法定代表人）任期届满，或者任期内办理调任、免职、辞职、退休等事项前，以及在企业进行改制、改组、兼并、出售、拍卖、破产等国有资产重组的同时，对其任职期间所在企业的资产、负债、损益的真实性、合法性和效益性及有关经济活动进行审计，以确定或解除其应负的主管责任和直接责任。因为无论什么样的经济责任审计，都离不开财务审计和经济效益审计所涉及的内容；同时，无论什么样的审计，最终都需要追究经济责任问题。因此，没有必要单列一类经济责任审计。

2.2 审计的其他分类

2.2.1 按照审计主体与被审计单位的隶属关系分类

审计按照审计主体与被审计单位的隶属关系分类，可分为内部审计和外部审计。

（1）内部审计

内部审计是部门、单位实施内部监督，依法检查会计账目及其相关资产，监督财政收支和财务收支真实、合法、效益的活动。我国国务院各部门和地方人民政府各部门、国有的金融机构和企事业组织，以及法律、法规、规章规定的其他单位，依法实行内部审计制度，以加强内部管理和监督，遵守国家财经法规，促进廉政建设，维护单位合法权益，改善经营管理，提高经济效益。

根据新修订的《会计法》第37条规定，会计机构内部建立稽核制度。稽核是稽查和复核的简称。它由专职或兼职的会计人员承担会计稽核工作，对会计机构本身会计核算工作进行一种自我检查或审核，其目的在于防止会计核算工作中所出现的差错和有关人员的舞弊。稽核工作的主要内容包括稽核工作的组织形式和具体分工；稽核工作的职责、权限；审核会计凭证和复核会计账簿、会计报表的方法。稽核工作可分为全面稽核和重点稽核，事前审核和事后复核，日常稽核和临时稽核。会计稽核制度不同于单位的内部审计制度，单位审计制度是由在会计机构之外另行设置的内部审计机构或审计人员对会计工作进行再检查的一种制度。

（2）外部审计

外部审计是指独立于政府机关和企事业单位以外的国家审计机构所进行的审计，以及独立执行业务会计师事务所接受委托进行的审计。由于这种审计是由本部门、本单位以外的审计组织以第三者身份独立进行的，所以具有公证、客观、不偏不倚的可能，因而具有公证的作用。我国财政、银行、税务部门为了做好其本职工作，而对其管辖区各单位的业务（如税利上缴和信贷资金使用情况等）所进行的检查，不属于审计，更谈不上是外部审计，而只是经济监督中的财政监督、税务监督和信贷监督。企业主管部门的审计机构对所属单位进行审计，从形式上看是外部审计人员所进行的审计，但从行业系统上看，仍然属于内部审计。因为主管部门和所属企业总是有经济利益上的联系。外部审计虽然能不受干扰地进行彻底审查，具有较大的强制性，但不够及时，在大多数情况下均属于事后审计。

内部审计和外部审计总体目标是一致的，两者均是审计监督体系的有机组成部门。内部审计具有预防性、经常性和针对性，是外部审计的基础，对外部审计能起辅助和补充作用；而外部审计对内部审计又能起到支持和指导作用。由于内部审计机构和外部审计机构所处的地位不同，它们在独立性、强制性、权威性和公证作用方面又有较大的差别。

2.2.2 按审计时间不同分类

按审计实施时间相对于被审单位经济业务发生的前后分类，审计可分为事前审计、事中审计和事后审计。

（1）事前审计

事前审计是指在被审单位经济业务实际发生以前进行的审计。这实质上是对计划、预算、预测和决策进行审计，如国家审计机关对财政预算编制的合理性、重大投资项目的可行性等进行的审查；会计师事务所对企业盈利预测文件的审核；内部审计组织对本企业生产经营决策和计划的科学性与经济性、经济合同的完备性进行的评价等。开展事前审计，有利于被审单位进行科学决策和管理，保证未来经济活动的有效性，避免因决策失误而遭受重大损失。

（2）事中审计

事中审计是指在被审单位经济业务执行过程中进行的审计。例如，对费用预算、经济合同的执行情况进行审查。通过这种审计，能够及时发现和反馈问题，尽早纠正偏差，从而保证经济活动按预期目标合法合理和有效地进行。

（3）事后审计

事后审计是指在被审单位经济业务完成之后进行的审计。大多数审计活动都属于事后审计。事后审计的目标是监督经济活动的合法、合规性，鉴证企业会计报表的真实、公允性，评价经济活动的效率和效果。

2.2.3 按实施审计的周期性不同分类

按实施审计的周期性不同分类，审计还可分为定期审计和不定期审计。

（1）定期审计

定期审计是审计机构按照预定的间隔周期进行的审计，审查的对象主要是单位的财务报表和决算资料等。实行定期审计，有利于审计工作的经常化、制度化。如注册会计师对股票上市公司年度会计报表进行的每年一次审计、国家审计机关每隔几年对行政事业单位进行的财务收支审计等。

（2）不定期审计

不定期审计是审计机构出于需要而临时安排进行的审计，如国家审计机关对被审单位存在的严重违反财经法规行为突击进行的财经法纪专案审计；会计师事务所接受企业委托对拟收购公司的会计报表进行的审计；内部审计机构接受总经理指派对某分支机构经理人员存在的舞弊行为进行审查等。

2.2.4 按审计执行地点不同分类

按审计执行地点不同可分为报送审计和就地审计。

（1）报送审计

报送审计也称送达审计，是指被审计单位按照审计机关的要求，将需要审查的全部资料，按时送交审计机关所进行的审计。实行报送审计，有助于审计机关对被审计单位进行经常性的审计监督，并有助于严肃财经纪律，提高审计机关的权威性。

（2）就地审计

就地审计是指审计机构委派审计人员到被审单位进行现场审计，以全面调查和掌握被审计单位的情况，做出准确的审计结论。

本章小结

对审计进行科学的分类，加深对各种不同审计活动的认识，探索审计规律；有利于更好地组织审计工作，充分发挥审计的作用。审计的基本分类包括两种分类，按审计主体不同分为政府审计、社会审计和内部审计；按照内容不同可以分为财经法纪审计、经济效益审计和财政财务收支审计。政府审计、社会审计和内部审计各自分工明确，共同构成我们国家的审计监督体系。各类审计在新的环境下工作的内容和重心都发生了变化，我们要随时关注国家政策和形势，以更好地发挥审计监督职能。

思考题

1. 为什么要进行审计的分类？审计分类的意义是什么？
2. 审计的基本分类方法有哪些？审计按主体不同分为哪些类型？
3. 政府审计、社会审计和内部审计的区别和联系是什么？
4. 审计的其他分类有哪些？
5. 现阶段内部审计工作内容发生了哪些变化？结合时代背景浅谈内部审计的重要作用。

第 3 章　审计准则和依据

【学习目标】
1. 理解审计准则和依据的含义和区别。
2. 明确国际审计准则体系框架、审计依据的分类。
3. 掌握我国审计准则体系的框架和内容。

3.1　审 计 准 则

审计准则是审计理论的重要组成部分，它反映了审计工作的客观规律和基本要求，是人们在长期的审计实践中摸索、总结出来的，它既是一个经济范畴，又是一个历史范畴。它是从理论上对审计实践的总结，反过来又指导审计实践，服务于审计实践，成为指导审计工作的原则和规范。

3.1.1　审计准则的含义和作用

3.1.1.1　审计准则的含义

审计准则，又称审计标准，或称执业准则，是专业审计人员在实施审计工作时，必须恪守的最高行为准则，它是审计工作质量的权威性判断标准。

审计准则的概念理解：

①审计准则是制约审计人员的行为准则。审计人员在工作过程中，围绕审计任务，在选择和确定工作时，应明确哪些是可以做的，哪些是不能做的；哪些是应该加强和深入去做的，哪些是可以只作了解的。审计准则正是起到衡量标准的作用。

②审计准则既对审计人员的素质提出要求，同时也对社会提供审计工作质量保证。一般的审计准则无不对审计人员的业务技能和品德操行提出一个较高的标准，而且把独立性视为审计工作的灵魂。这对树立审计人员在社会上的公正、正直、客观形象有重要的作用。

③审计准则是通过审计人员执行审计程序体现出来的。所以，一般的审计准则都对审计人员的素质、业务能力、工作行为和态度提出严格要求。

④审计准则是审计人员签署最终审计意见时的客观保证。一般来说，审计人员在形成审计意见之后，会主动地与被审计单位交换意见，然后才签发自己的审计报告，其目的是希望较快地解决问题。但是，如果双方发生意见分歧，审计准则就为审计人员的意见提供了客观上的保证。

在西方国家，审计准则是 20 世纪 40 年代才开始出现的。那时，由于各个企业的会计处理方法不统一，所以在公司组织兴起之后，注册会计师进行审计工作，需要对企业会计处理方法有统一的标准,才能证明财务报表是否公允合法,这就是会计准则兴起的原因。注册会计师有了会计准则,对其审计工作提供了不少方便。但是,各个注册会计师对审计工作的进行,往往由于审计程序、审计方法、审计内容和审计报告的编写等方面存在不统一的情况,导致审计工作的质量难以衡量,于是在注册会计师之间就产生了对一个包含统一的审计工作程序、方法、要求等内容的审计准则的需要。美国在1947年就开始研究和制定审计准则;日本在1964年也制定了审计准则;国际会计师联合会的国际审计实务委员会于1980年颁布了《国际审计准则》;澳大利亚、加拿大、德国等国已经颁布和实施了审计准则;我国于1996年1月1日起实施《中国注册会计师独立审计准则》。

总之,审计准则的实质就是社会对审计工作所寄予的期望。一个国家的审计准则无疑反映出这个职业在该国的地位,在根本上制约着审计职能的发挥和这一职业的发展。

3.1.1.2 审计准则的作用

审计准则的实施使审计人员在从事审计工作时有了规范和指南,便于考核审计工作质量,推动了审计事业的发展。审计准则的主要作用有:

① 实施审计准则可以赢得社会公众的信任 注册会计师在财务报表审计报告中,一般均要写明"我们的审计工作是根据审计准则的要求进行的",这也就是向委托单位的股东、债权人、未来投资者以及银行等有关方面表明,审计工作已达到了规定的质量标准,审计结论是可以充分信赖的。

② 实施审计准则可以提高审计工作质量 审计准则中一般都规定有审计人员的任职条件及其在工作中应保持的态度、审计工作的基本程序和方法,以及审计报告的撰写方式和要求等,这就可以促使审计人员谨慎工作,依准则办事,有助于提高审计工作质量。

③ 实施审计准则可以维护审计组织和人员的合法权益 审计准则中规定了审计人员的工作范围,审计人员只要能按照审计准则的要求办理,就算是尽到了职责。当审计委托人与审计人员对审计意见发生纠纷,审计人员受到不公正的指责和控告时,即可运用审计准则维护自己的合法权益。

④ 实施审计准则可以促进国际审计经验交流 审计准则是审计实践经验的总结和升华,已成为审计理论的一个重要部分。审计准则的实施和发展,促进了审计理论水平的提高。通过各国审计准则的协调,便于开展国际审计经验交流。特别是国际审计准则的制定和协调工作,对世界审计经验和学术交流都起到了重要的推动作用。

3.1.2 审计准则的结构内容

从现行的世界各国的审计准则来看,其内容大体上包括一般准则、工作准则和报告准则三个部分。有些国家和国际组织所制定的审计准则虽然章节和标题不一,但主要内容都不外乎上述三大部分。西方国家的审计准则大都是以美国的审计准则为蓝本加以补充、修正而成的;国际组织和地区组织制定的审计准则,以国际会计师联合会的国际审计实务委员会制定的《国际审计准则》最具代表性。所以,下面主要介绍美国的民间审计准则和国际审计准则。

3.1.2.1 美国的民间审计准则

美国的民间审计准则称为《一般公认审计准则》,从1947年就开始研究和制定,最终由美国注册会计师协会于 1972 年正式颁布。它主要适用于民间审计所从事的财务报表审计。这个准则除为美国民间审计所遵循外，对民间审计领域以外的各种审计，对其他国家乃至国际审计准则的建立，都产生了巨大的影响。

早在 1947 年 10 月，美国注册会计师协会就提出了《审计准则试行方案》。在该方案中明确指出审计准则与审计程序的区别。审计程序是必须执行的，即必须实施的行为，而审计准则仅是关于实施行为质量的衡量尺度，以及运用审计程序必须达到的目标。这一准则在 1954 年进行了修订补充，形成了三部分，共 10 条。这 10 条一般公认审计准则一直沿用至今。审计准则的第一部分为一般准则，共 3 条，主要对人提出要求；第二部分为工作准则，共 3 条，主要是指出实施审计行为的准则；第三部分为报告准则，共 4 条，主要是对审计报告提出要求。

一般公认审计准则的内容如下：

（1）一般准则

包括：

①审计应由经过充分技术培训并精通审计实务的人员担任。

②审计人员在执行工作时，必须保持独立的意志和态度。

③在执行审计工作和撰拟审计报告时，应保持职业人员应有的严谨态度。

（2）工作准则

包括：

①审计工作必须妥善地进行计划安排，如有助理人员，必须加以监督和指导。

②应适当地研究和评价现行的内部控制系统，以确定可信赖的程度，并以此作为决定审计程序和测试范围的依据。

③运用检查、观察、查询、函证等方法，获取充分而确切的证据，作为对所审核的财务报表发表意见的合理根据。

（3）报告准则

包括：

①审计报告应说明财务报表是否按照一般公认的会计准则编制。

②审计报告应说明本期所使用的会计准则是否与上期一致。

③除非报告中另有说明，财务报表中所提供的资料应被视为合理和充分。

④审计报告应就整个财务报表发表意见，或断然表明不能发表意见。如属后者，应说明理由。在任何情况下，财务报表一经审计人员签署，即应在报告中明确表示审核的性质与其所负责任的程度。

美国注册会计师协会根据《一般公认审计准则》的框架，至今已发布 100 多个具体审计准则。

3.1.2.2 国际审计准则

第二次世界大战以后，国际经济进入一个新的发展阶段。国际商品、资金、技术、知识、劳动力、信息的交流，达到了前所未有的规模。各国在经济上相互依存、相互促进的关系日益明显。经济关系的国际化使得民间审计走出国界，参与国际市场竞争。为了使审计报告和被审计的财务报表能够取得各有关国家社会公众的信任，需要协调审计准则和实务，消除各国审计准则和实务中的分歧，所以需要一套适用于各国的审计准则。为了适应这种新形势的需要，协调各国审计组织并组织处理国际审计问题，一些国际性组织开始着手研究制定国际审计准则，目前已取得的主要成果是《国际审计准则》。

《国际审计准则》为国际会计师联合会所颁布。国际会计师联合会是世界上的主要民间审计组织，成立于1977年10月7日，代表澳大利亚、加拿大、法国、日本、墨西哥、荷兰、菲律宾、爱尔兰等49个国家的63个职业审计团体。该协会下设国际审计实务委员会，代表联合会的理事会负责拟订并颁布《国际审计准则》。自1980年6月开始，已先后颁布了数十项《国际审计准则》文件。这些文件可分为一般准则、工作准则和报告准则三个部分。

（1）一般准则

一般准则是关于审计人员资格条件和执业行为的准则，主要包括以下几方面的内容：

①对审计人员应具备的技术条件所作的规定　包括：专业知识——审计人员从事审计工作必须具备的学历和职业培训；实践经验——要求具有一定年限的工作经验并通过专门考试；工作能力——审计人员应具备的分析、判断和表述能力。

②对审计人员应具备的身份条件所作的规定　主要是要求审计人员必须具备超然、独立的立场，在陈述与表达意见时持公正态度等。

③对审计人员应具备的职业道德条件所作的规定。

（2）工作准则

工作准则是审计人员在执行财务报表审计过程中应遵守的准则，主要包括以下几方面的内容：

①对规划审计计划所作的规定　包括：审计计划的可行性研究；审计的工作程序；审计的人员与工作分工，等等。

②对确立审计范围所作的规定　包括：审计财务报表；了解、研究内部控制系统，确定扩大、深入检查或采用其他审计方法的时间和范围，等等。

③对获取审计证据所作的规定　包括：采用各种有效的方法以获取充分适当的证据；充分考虑审计对象的重要性、风险程度及其他影响因素，为审计财务报表和提出公正的审计意见提供合理的依据，等等。

④对实施审计行为所作的规定　包括执行审计的必要条件和手续；实际执行的审计业务，等等。

在《国际审计准则》中，有关工作准则的说明和解释占了相当大的比例。工作准则涉及面广，执行起来弹性较大，因而往往需要根据不同的情况加以判断。

（3）报告准则

报告准则是审计人员编制审计报告、选择表达方式和记载必要事项的准则，主要包括以下几方面的内容：

①对审计报告应记载事项的规定。

②对发表审计意见的规定。

③对补充记载事项的规定。

④对审计报告报送对象及报送时间的规定。

《国际审计准则》任何时候都可以应用于民间审计的审计进程中。这就是说，在对任何单位的财务会计资料进行独立的检查时，不论这个单位是否以盈利为目的，不论其规模大小，也不论其法定组织形式，凡进行的独立检查是以发表审计意见为目的，均适合使用《国际审计准则》。在适当的情况下，《国际审计准则》也可应用于审计人员的其他有关活动。

近年来，国外出现了一系列上市公司财务欺诈案，致使投资者遭受重大损失，严重动摇了社会公众对民间审计组织和人员的信任。因此，世界银行及其他国际组织极力促使国际会计师联合会更加积极地关注公共利益问题，扮演监管角色，国际会计师联合会对此给予了积极的回应。1978 年，国际会计师联合会将国际审计实务委员会改组为国际审计与鉴证准则理事会（International Auditing and Assurance Standards Board）。国际审计与鉴证准则理事会的目标主要包括：针对财务报表制定审计准则和指南，使其能够在世界范围内被注册会计师、政府、证券监管者等所接受，从而加强公众对全球审计职业的信心；针对财务信息和非财务信息制定鉴证准则；发布关于审计和鉴证业务的其他文告，促使公众了解注册会计师的作用和责任。

国际审计与鉴证准则理事会已将审计纳入鉴证业务，将注册会计师的业务分为鉴证业务和相关服务。鉴证业务的对象主要包括财务报表和财务信息、非财务信息、系统与过程、行为等。针对财务报表的鉴证业务，有财务报表审计和审阅业务；针对财务信息的鉴证业务，有财务信息审核业务。上述业务提供的保证程度有所不同，审计提供的保证程度最高。相关服务针对的对象是财务信息，包括商定程序以及信息编制业务，两者不提供鉴证意见。为了重树社会公众对注册会计师行业的信心，降低审计风险，提高审计质量，国际审计与鉴证准则理事会正在修订和起草一系列审计准则。

3.1.2.3 中国注册会计师执业准则

我国的审计准则作为规范注册会计师执行审计业务的权威性标准，对提高注册会计师的执业质量，降低审计风险，维护社会公众利益具有重要的作用，其建设经历三个阶段。

1）制定执业规则阶段（1991—1993 年）

中国注册会计师协会成立后，非常重视执业规则的建设。1991—1993 年，先后发布了《注册会计师检查验证会计报表规则（试行）》等 7 个执业规则。这些执业规则对我国注册会计师行业走向正规化、法制化和专业化起到了积极作用。

2）建立审计准则体系阶段（1994—2005 年）

1993 年 10 月 31 日，第八届全国人民代表大会常务委员会第四次会议通过《中华人民共和国注册会计师法》，规定中国注册会计师协会依法拟订执业准则、规则，报国务院财政部门批准后施行。经财政部批准同意，中国注册会计师协会自 1994 年 5 月开始起草独立审计准则。到 2005 年，中国注册会计师协会先后制定了 6 批独立审计准则，包括 1 个准则序言、1 个独立审计基本准则、28 个独立审计具体准则和 10 个独立审计实务公告、5 个执业规范指南，此外，还包括 3 个相关基本准则（职业道德基本准则、质量控制基本准则和后续教育基本准则），共计 48 个项目。

3）与国际审计准则趋同阶段（2006—2010 年）

为完善中国注册会计师审计准则体系，加速实现与国际准则趋同，中国注册会计师协会遵循科学、民主、公开的准则制定程序，经过艰苦而卓有成效的工作，拟订了 22 项新准则，并对 26 项已颁布的准则进行了必要的修订和完善，已于 2006 年 2 月 15 日由财政部发布。这 48 个准则项目已自 2007 年 1 月 1 日起在所有会计师事务所施行。这些准则的发布标志着我国已建立起一套适应社会主义市场经济发展要求，顺应国际趋同大势的中国注册会计师执业准则体系。中国注册会计师执业准则体系具体包括：注册会计师业务准则和会计师事务所质量控制准则。注册会计师业务准则包括鉴证业务准则和相关服务准则。注册会计师业务准则由鉴证业务基本准则统领。

中国注册会计师鉴证业务基本准则：

（1）中国注册会计师审计准则

①一般原则与责任

中国注册会计师审计准则第1101号——财务报表审计的目标和一般原则。

中国注册会计师审计准则第1111号——审计业务约定书。

中国注册会计师审计准则第1121号——历史财务信息审计的质量控制。

中国注册会计师审计准则第1131号——审计工作底稿。

中国注册会计师审计准则第1141号——财务报表审计中对舞弊的考虑。

中国注册会计师审计准则第1142号——财务报表审计中对法律法规的考虑。

中国注册会计师审计准则第1151号——与治理层的沟通。

中国注册会计师审计准则第1152号——前后任注册会计师的沟通。

②风险评估以及风险应对

中国注册会计师审计准则第1201号——计划审计工作。

中国注册会计师审计准则第1211号——了解被审计单位及其环境并评估重大错报风险。

中国注册会计师审计准则第1212号——对被审计单位使用服务机构的考虑。

中国注册会计师审计准则第1221号——重要性。

中国注册会计师审计准则第1231号——针对评估的重大错报风险实施的程序。

③审计证据

中国注册会计师审计准则第1301号——审计证据。

中国注册会计师审计准则第1311号——存货监盘。

中国注册会计师审计准则第1312号——函证。

中国注册会计师审计准则第1313号——分析程序。

中国注册会计师审计准则第1314号——审计抽样和其他选取测试项目的方法。

中国注册会计师审计准则第1321号——会计估计的审计。

中国注册会计师审计准则第1322号——公允价值计量和披露的审计。

中国注册会计师审计准则第1323号——关联方。

中国注册会计师审计准则第1324号——持续经营。

中国注册会计师审计准则第1331号——首次接受委托时对期初余额的审计。

中国注册会计师审计准则第1332号——期后事项。

中国注册会计师审计准则第1341号——管理层声明。

④利用其他主体的工作

中国注册会计师审计准则第1401号——利用其他注册会计师的工作。

中国注册会计师审计准则第1411号——考虑内部审计工作。

中国注册会计师审计准则第1421号——利用专家的工作。

⑤审计结论与报告

中国注册会计师审计准则第1501号——审计报告。

中国注册会计师审计准则第1502号——非标准审计报告。

中国注册会计师审计准则第1511号——比较数据。

中国注册会计师审计准则第1521号——含有已审计财务报表的文件中的其他信息。

⑥特殊领域

中国注册会计师审计准则第1601号——对特殊目的审计业务出具审计报告。

中国注册会计师审计准则第1602号——验资。

中国注册会计师审计准则第1611号——商业银行财务报表审计。

中国注册会计师审计准则第1612号——银行间函证程序。

中国注册会计师审计准则第1613号——与银行监管机构的关系。

中国注册会计师审计准则第1621号——对小型被审计单位审计的特殊考虑。

中国注册会计师审计准则第1631号——财务报表审计中对环境事项的考虑。

中国注册会计师审计准则第1632号——衍生金融工具的审计。

中国注册会计师审计准则第1633号——电子商务对财务报表的影响。

（2）中国注册会计师审阅业务准则

中国注册会计师审阅准则第2101号——财务报表审阅。

（3）中国注册会计师其他鉴证业务准则

中国注册会计师其他鉴证业务准则第3101号——历史财务信息审计或审阅以外的鉴证业务。

中国注册会计师其他鉴证业务准则第3111号——预测性财务信息审计的审核。

（4）中国注册会计师相关服务准则

中国注册会计师相关服务准则第4101号——财务信息执行商定程序。

中国注册会计师相关服务准则第4111号——代编财务信息。

（5）会计师事务所质量控制准则

会计师事务所质量控制准则第5101号——业务质量控制。

4）与国际审计准则全面趋同阶段（2012年至今）

中国注册会计师审计准则体系自2007年正式实施以来，总体运行情况良好。但由于当前审计环境发生了重大变化，注册会计师审计实务面临一些新问题和新困难。同时，我国审计准则也需要和国际准则实行持续全面趋同。中国注册会计师协会2009年开始着手研究并启动中国审计准则的修订工作。2010年11月1日，由财政部发布修订后的38项中国注册会计师执业准则，并自2012年1月1日起施行。

本次修订充分借鉴国际审计准则最新成果，修订后将实现与国际审计准则的持续全面趋同。国际审计准则明晰项目涉及37项准则。这37项国际审计准则与我国现行33项审计准则相对应。本次修订我们将这33个项目全部纳入修订范围。修订过程中，借鉴国际审计准则的项目，对这33项准则进行了重新调整，调整后的准则项目是37个，实现了与国际审计准则的一一对应。此外，本次修订还包括我国特有的前后任注册会计师的沟通准则。因此本次修订后公布的审计准则共38项。

在审计准则的内容上，我国审计准则体系充分采用了国际审计准则所有的基本原则和核心程序，在审计的目标与原则、风险的评估与应对、审计证据的获取和分析、审计结论的形成和报告，以及注册会计师执业责任的设定等所有重大方面，均与国际审计准则保持一致。修订后的审计准则体系具有以下特点：

①提高准则理解和执行的一致性　本次修订充分借鉴了国际审计与鉴证理事会明晰项目的成果，除对 16 项准则的内容进行实质性修订外，还对全部 38 项审计准则按照新的体例结构进行了改写。新的体例表现在以下方面：

一是科学设定审计工作目标。每项准则都单设一章"目标"，明确提出注册会计师执行该准则时应实现的目标，发挥"目标"对注册会计师审计工作的导向作用，体现了目标导向的审计准则制定原则。

二是明确审计工作要求。每项准则中都单设一章"要求"，"要求"是注册会计师实现目标的规定动作，统一以"注册会计师应当"表述。

三是重塑结构。修订后的准则由以下五部分构成："总则""定义""目标""要求"和"附则"。原审计准则中的解释说明材料作为应用指南。修订后的整套审计准则为 12 万字，缩减了篇幅，解决了"要求"淹没在冗长的审计准则中的问题。

按照新的体例结构改写后的审计准则体系，有利于提高审计准则理解和执行的一致性，有利于监管机构开展更有针对性的监管。

②全面体现风险导向审计　突出强调风险导向审计是我国 2006 年审计准则的一大特点。本次修订审计准则，进一步强化了风险导向审计的思想，除修订核心风险审计准则外，对其他审计准则也做出修改，将风险导向审计理念全面彻底地贯彻到整套审计准则中。例如，对关联方、会计估计、公允价值、对被审计单位使用服务机构的考虑等准则，强化重大错报风险的风险识别、评估和应对，摆脱原来的审计程序导向思维；对函证、分析程序等准则，从风险识别、评估和应对的高度要求注册会计师考虑是否实施及如何实施这些程序；对特殊目的审计报告类准则，在描述注册会计师所做审计工作时强调风险导向审计思想等。本次修订后，风险导向审计的理念将充分体现到整套审计准则体系中的每项审计准则中，避免了准则体系的内在不一致。

③增强识别舞弊风险的有效性　对关联方、会计估计和公允价值、集团会计等舞弊高发领域，本次修订审计准则既进一步明确了工作要求，又细化了对注册会计师的指导，要求注册会计师合理运用职业判断，按照风险导向审计的要求，识别、评估和应对这些领域的舞弊风险。本次修订使审计准则体现了先进实务经验，增强了注册会计师发现舞弊的能力，提高了审计的有效性。

④加强与治理层有效沟通　公司治理层和注册会计师在健全完善公司治理结构中都扮演着重要的角色，两者在对管理层编制的财务报表进行监督方面具有共同的关注点。本次修订审计准则，一方面规范了治理层在监督财务报告方面的职责和作用，对管理层与治理层在财务报告方面的职责做出明确区分；另一方面，要求注册会计师就审计工作中遇到的重大困难、对被审计单位会计处理质量的看法、审计过程中发现的错报、违反法律法规行为、舞弊等及时与治理层沟通。（同时，要求注册会计师向治理层和管理层恰当通报注册会计师在审计过程中识别出的，根据职业判断认为足够重要从而值得治理层和管理层各自关注的内部控制缺陷。

⑤增强对小型企业审计的相关性　本次修订的审计准则取消了原有的《中国注册会计师审计准则第 1621 号——对小型被审计单位审计的特殊考虑》，在每项应用指南中增加"对小型被审计单位的特殊考虑"部分。这种做法将显著增强对审计小型被审计单位的指导力度，有效提高审计准则的适用性。

2015 年年初，国际审计与鉴证准则理事会发布新修订的审计报告系列准则，改革现行审计报告模式，特别是引进了关键审计事项部分。2016 年为与国际审计准则趋同，最新修订了 11 项审计准则，其中最为重要的是审计报告准则，为满足资本市场改革发展对高质量会计信息的要求，提高公众公司审计报告的信息含量，在审计报告中增加了关键审计事项段。我国此次修订审计报告相关准则，是与国际审计准则的持续趋同，这有助于弥合审计报告使用者的"期望差距"。新修订的 11 项准则如下：

中国注册会计师审计准则第 1521 号——注册会计师对其他信息的责任。

中国注册会计师审计准则第 1504 号——在审计报告中沟通关键审计事项。

中国注册会计师审计准则第 1503 号——在审计报告中增加强调事项段和其他事项段。

中国注册会计师审计准则第 1502 号——在审计报告中发表非无保留意见。

中国注册会计师审计准则第 1501 号——对财务报表形成审计意见和出具审计报告。

中国注册会计师审计准则第 1341 号——书面声明。

中国注册会计师审计准则第 1332 号——期后事项。

中国注册会计师审计准则第 1324 号——持续经营。

中国注册会计师审计准则第 1301 号——审计证据。

中国注册会计师审计准则第 1131 号——审计工作底稿。

中国注册会计师审计准则第 1111 号——就审计业务约定条款达成一致意见。

3.1.2.4　中国国家审计准则

中国国家审计准则的研究和制定，始于 20 世纪 90 年代。1996 年审计署发布了 38 个审计规范，2000 年审计署修订、发布了《中华人民共和国国家审计基本准则》和一系列通用审计准则、专业审计准则，2004 年审计署颁布了《审计机关审计项目质量控制办法（试行）》。这一时期，国家审计准则体系由一个国家审计基本准则、若干个通用审计准则和专业审计准则构成。这种体系结构比较零散，相关准则间的内容存在交叉，不利于审计人员系统学习和掌握。

2010 年 9 月，审计署审计长刘家义签署第 8 号中华人民共和国审计署令，公布新修订的《中华人民共和国国家审计准则》。修订后的《中华人民共和国国家审计准则》包括总则、审计机关和审计人员、审计计划、审计实施、审计报告、审计质量控制和责任、附则，共 7 章。修订后的国家审计准则将于 2011 年 1 月 1 日起施行。

此次修订，将原有国家审计基本准则和通用审计准则规范的内容统一纳入国家审计准则，形成一个完整单一的国家审计准则。并在国家审计准则下研究开发国家审计指南，进一步细化相关审计业务操作的具体要求。

3.1.2.5　中国内部审计准则

为了适应内部审计的最新发展，更好地发挥内部审计准则在规范内部审计行为、提升内部审计质量方面的作用，中国内部审计协会对 2003 年以来发布的内部审计准则进行了全面、系统的修订。经中国内部审计协会第六届常务理事会审议通过，自 2014

年 1 月 1 日起施行。

内部审计准则的主要内容包括：

第 1101 号——内部审计基本准则。
第 1201 号——内部审计人员职业道德规范。
第 2101 号内部审计具体准则——审计计划。
第 2102 号内部审计具体准则——审计通知书。
第 2103 号内部审计具体准则——审计证据。
第 2104 号内部审计具体准则——审计工作底稿。
第 2105 号内部审计具体准则——结果沟通。
第 2106 号内部审计具体准则——审计报告。
第 2107 号内部审计具体准则——后续审计。
第 2108 号内部审计具体准则——审计抽样。
第 2109 号内部审计具体准则——分析程序。
第 2201 号内部审计具体准则——内部控制审计。
第 2202 号内部审计具体准则——绩效审计。
第 2203 号内部审计具体准则——信息系统审计。
第 2204 号内部审计具体准则——对舞弊行为进行检查和报告。
第 2301 号内部审计具体准则——内部审计机构的管理。
第 2302 号内部审计具体准则——与董事会或者最高管理层的关系。
第 2303 号内部审计具体准则——内部审计与外部审计的协调。
第 2304 号内部审计具体准则——利用外部专家服务。
第 2305 号内部审计具体准则——人际关系。
第 2306 号内部审计具体准则——内部审计质量控制。
第 2307 号内部审计具体准则——评价外部审计工作质量。

3.2 审计依据

审计是一项客观、公正的工作，提出审计意见，做出审计结论，必须有明确的依据。审计依据是提出审计意见、做出审计结论的衡量尺度。有依据的审计意见和结论才能令人信服，被人们接受。

3.2.1 审计依据的含义

所谓审计依据，就是对所查明的事实与现行的各种规定进行比较、分析、判断和评价，据以提出审计意见和建议，做出审计结论的客观标准。

审计依据与审计准则是两个既有联系又有区别的概念。审计准则解决如何进行审计的问题，是审计人员行动的指南和规范；审计依据则是解决审计人员根据什么标准去判别被审计单位的财务状况、经营成果和现金流量的合法或非法，公允或非公允，并据以做出审计结论、提出审计意见和建议的根据。

在整个审计工作过程中，都存在一个评价判断问题，特别是在审计工作从实施阶段转入完成阶段，必须对被审计单位的经济活动及其结果进行评价、判断，做出正确的结论，提出有益的意见和建议。在审计实施阶段，按照审计准则的要求，把被审计单位的被审计项目、问题和情况查实了、查清了，证据确凿了，如何对这些查清、查实了的被审计事项进行评价，判断它们是否真实、合法、合理，是否有效及有效的程度，这就必须有一套合适的审计依据。审计人员根据审计依据提出审计意见，做出审计结论，才能令人信服，取信于社会公众，才能提高审计组织和审计人员的威望，有利于审计事业的发展。因此，审计人员在实施审计行为时，除了要根据审计准则进行审计工作之外，还需要一套科学、合理的审计依据。

目前，我国财政财务审计的依据比较明确，而经济效益审计的审计依据正在探索之中。开展财政财务审计，审计人员在审计工作结束时对被审计单位的财务报表及其反映的财务收支和经济活动的合法性、公允性做出评价判断时，必须有一套判断是非、高低、优劣、合法与非法的标准。由于经济活动是错综复杂的，所以审计依据也应是多方面的，如会计准则是判断财务报表和会计记录公允性、合法性的依据；各项财经法规是评价经济活动合法性的依据；各种经济指标如资产负债率、流动比率、速动比率、资本金利润率等，是评价企业偿债能力和盈利能力等财务状况优劣的依据。由此可见，审计依据对于被审计单位进行客观地判断和评价，具有重要的意义。

3.2.2 审计依据的种类

由于审计的目的不同，所以各种类型的审计所遵循的审计依据也不相同。不同种类的审计依据有不同的用途，进行适当的分类，有利于审计人员选用。

审计依据可以按不同标准进行分类。如按其来源，可分为被审计单位自己制定的审计依据和外部各单位制定的审计依据；按其性质、内容，可分为宪法、法律、法规、政策、规章制度、预算、计划、经济合同、业务规范、技术经济标准及会计准则等。但是，从审计实施看，审计依据主要是按审计目的进行分类，可以分为评价经济活动合法性的审计依据、评价经营管理活动效益性的审计依据和评价内部控制系统有效性的审计依据。

（1）评价经济活动合法性的审计依据

这类审计依据主要包括：

①国家颁布的宪法、法律和各种财经法规　法律是指由国家立法机关颁布的，由国家强制执行的行为规则。在我国，用作审计依据的除宪法外，主要有民法、经济合同法、涉外经济合同法、外商投资企业法、各种所得税法、会计法、公司法、企业破产法、民事诉讼法等。此外，还有财务会计报告条例、企业会计准则等国务院及其所属部门颁发的规范性文件。国际机构制定的各种适用的经济法规则是涉外经济审计的重要审计依据。

②地方颁布的财经法规和主管部门颁布的各种财经法规　地方财经法规是由地方各级立法机构和人民政府依照国家颁布的经济法规，结合本地区的实际情况加以制定的；国务院各主管部门和地方各级主管部门，也可根据本部门的实际情况制定有关的经济政策、指示和规定。这些都是审计的依据。

③规章制度　规章制度包括两种：一种是政府主管部门和上级单位制定的规章制度，如行业性的财务管理制度及各种管理办法等；另一种是被审计单位根据国家财经法规、地

方财经法规并结合本企业生产经营管理的特点自行制定的规章制度。这些也是审计依据的重要组成内容。

（2）评价经营管理活动效益性的审计依据

除合法性审计外，现代审计的另一个重要活动领域是对委托单位的经营管理活动的效益性进行评价。这方面的审计依据主要有：

①可比较的历史数据　可比较的历史数据包括两种：一种是反映被审计单位经营管理活动效益性的历史数据，如资本金利润率、存货周转率、应收账款回收率等，可以用作判断和评价被审计期间经营管理活动效益性好坏的依据；另一种是与被审计单位同行业中的经营性质、规模与其相近的单位的历史数据，可以将可比较单位的有关资料和数据作为判断和评价被审计单位经营管理活动效益性好坏的重要依据。

②计划、预算和经济合同　被审计单位编制的计划和预算、被审计单位与其他单位签订的经济合同等的完成与否，都是判断被审计单位经济管理活动效益性好坏的重要依据。

③业务规范、技术经济标准　被审计单位制定的原材料消耗定额、能源消耗定额、工时定额、生产设备利用定额、废品率、各种技术标准、产品质量标准等，都可以作为判断和评价被审计单位经营管理活动效益性的重要依据。

（3）评价内部控制系统有效性的审计依据

审计人员在进行审计时，首先要审查和评价被审计单位的内部控制系统，这是现代审计的一个重要特征。评价内部控制系统有效性方面的审计依据主要有：

①内部管理控制制度　内部管理控制制度是指根据规定的经营方针，为合理而有效地进行经济活动而建立的各种控制制度，主要包括预算控制制度、信息管理制度、责权控制制度等。这些制度是否科学、有效地实施，是评价内部控制系统有效性的重要依据。

②财务报告内部控制制度　建立财务报告内部控制制度，设置凭证的传递程序、账簿的核对制度、实物的盘点制度等。这些都是为了保证财务报告资料的正确性和可靠性而建立的控制制度。这些制度是评价内部控制系统有效性的又一重要依据。

③内部审计制度　内部审计具有控制的功能，它既要检查和评价其他各项内部控制系统的质量与效果，同时它本身又作为整个内部控制系统的一个组成部分，与其他各项内部控制一起，共同实现内部控制的各项目标。因此，内部审计制度也成为评价内部控制系统有效性的依据。

3.2.3　审计依据的特点

审计依据既不是捉摸不定的，又不是固定不变的。在一定的时间、地域和范围内，它是明确的和可行的，但审计依据会随着形势的发展、时间的推移而发展变化。因此，掌握审计依据的特点，有利于更好地开展审计工作。审计依据的特点主要有：

（1）层次性

根据适用范围和效力大小、制定单位管辖区域的大小，审计依据具有不同的层次，顺序如下：

①国家和中央政府颁布的法律、法规，如《宪法》《会计法》《财务会计报告条例》等。

②国务院各部门颁布的各种规章和制度。

③地方各级人民政府制定和颁发的地方性法规等。

④被审计单位上级主管部门制定的规章制度，下达的计划和提出的技术经济指标。

⑤被审计单位的股东代表大会、董事会等所作的决议，以及本单位各职能部门所制定的规章制度，做出的计划和决议。

从法规和规章制度的制定过程来看，低层次的法规、制度不能违反高层次的法规，只能在高层次法规原则规定的基础上，结合本地区和本部门的具体情况加以补充和具体化。这就是说，法规的层次越高，其覆盖面就越大，而层次越低的法规和制度等，其具体适用性却越强。因此，审计人员应注意尽量完整地收集有关被审计单位的具体法规和规章制度，这样有利于正确地判断所查明事实的是非曲直。但如遇低层次的规定与高层次的规定相抵触时，则应以高层次的规定为准，做出评价和判断。

（2）相关性

审计依据的相关性，是指审计依据要与审计结论相关联，审计人员可以利用审计依据提出审计意见和建议，并做出审计结论。审计依据的相关性是由审计工作的本质特性所决定的。因为审计工作的目的是对被审计单位所承担的受托经济责任做出评价，如果审计依据不利于审计人员评价受托经济责任，与审计结论无关，审计依据就失去了意义。因此，审计人员选用审计依据，一定要与做出的审计结论以及提出的审计意见和建议密切相关。如果有多种审计依据可供选择时，必须认真分析，深入解剖矛盾，抓住主要矛盾和矛盾的主要方面，选用最能揭示被审计单位有关事项本质的作为审计依据。

（3）时效性

各种审计依据都有一定的时效性，不是任何时期和任何条件下都能适用的。作为经济业务行为规范的各种审计依据，属于上层建筑的范畴。上层建筑要适应经济基础的不断发展变化而相应发展变化，各种审计依据也不可能是一成不变的，必须随着时间的推移而加以修订和变更。作为经济业务技术规范的各种审计依据，也会随着科学技术水平的发展而发生变化。这就要求审计人员在从事业务活动中，要密切关注各种审计依据的变化，注意其时效性，切忌用旧的审计依据来否定现行的经济活动，也不能用新的审计依据来否定过去的经济活动。

（4）地域性

从空间上看，许多审计依据还要受到地域的限制。各个国家的社会经济制度和生产力发展水平不同，其审计依据的内容当然各不相同。因此，我们不能不加分析地照搬别国的审计依据。即使在国内，不同地区、不同行业部门的发展水平也不尽相同，各地区、各行业部门都根据自己的实际情况和特点，制定了只适用于本地区、本行业部门的政策和规章。因此，不同地区、不同行业部门的审计依据也不会完全相同。所以，审计人员在进行判断时，应当注意到地区和行业的差别，要以该地区、该行业的有效法令、规定、技术标准等为根据，做出审计结论，提出审计意见和建议。

3.2.4 运用审计依据的原则

审计人员选用审计依据时，除应注意审计依据的层次性、相关性、时效性和地域性等特点外，还应注意掌握下列各项原则。

（1）具体问题具体分析的原则

在社会主义市场经济条件下，企业经济活动日益多样化和复杂化，合法的经济活动不一定是合理的；反之，有些突破了现有规章制度的合理的改革措施可能是不合法的。所以，审计人员选用审计依据时，必须从实际出发，具体问题具体分析，做出客观公正的评价。在遇到问题时，应坚持三个原则：

①有法依法　有法律、法规作为审计依据的，应该严格依法，这是不容置疑的。

②无法可依从理　没有法律、法规作为审计依据的，要重视一些经济行为的合理性、正确性和创造性的依据。判断一个单位的经济行为是否合理，应看其是否符合科学发展的大方向，是否促进了生产的发展和经济效益的提高。

③地方法规与国家法规发生矛盾时要慎重处理　正常情况下，应将国家法规作为最主要的审计依据；如当地方法规与国家法规不一致时，应贯彻凡是符合改革精神，有利于促进地区经济繁荣，有利于调动各方面的积极性，而对宏观经济、全局利益又无妨碍的地方法规应作为审计依据的原则；凡是违背国家法规、损害国家利益或侵犯企业合法权益的要坚决抵制。

（2）辩证分析问题的原则

企业经济活动是错综复杂的，经济情况也是瞬息万变的，影响经济活动的因素是多方面的、可变的。对某项被审计的经济活动，如果几种审计依据均适用，就要认真仔细地进行研究，辩证地分析问题，分析该项经济活动的主要影响因素和主要影响因素的主要方面，并分析该经济活动的结果和影响，要善于抓住主要矛盾，把握问题的实质，然后决定选用哪一项审计依据，并据以提出审计意见和建议，做出审计结论。

（3）利益兼顾原则

在运用审计依据时，要贯彻利益兼顾的原则，全面地分析问题。利益兼顾原则主要包括：

①国家、企业和个人利益兼顾　在审查评价被审计单位受托经济责任时，选择审计依据必须坚持国家、企业和个人利益兼顾的原则，维护各方的合法权益，处理好各方面的经济利益关系。为此，对企业单位自己制定的审计依据，就应进行适当选择，如果审计依据有弹性时，也要注意掌握分寸。

②眼前利益与长远利益兼顾　选用审计依据，不能只考虑眼前利益，还要考虑长远利益。如在选用成本、费用开支标准和利润分配时，不能只考虑目前的经济利益还要考虑企业今后的发展和增强企业实力。只有处理好眼前利益和长远利益之间的关系，才能保证企业的发展和职工的长远利益，才能使企业更好地发展。

③企业经济效益与社会效益兼顾　在评价企业利润完成情况时，不能只考虑企业销售利润率、资本金利润率和成本费用利润率，还应考虑使企业利润增加的营业项目和生产的产品是否有社会效益。因此，在选用审计依据时，不能机械地照搬，而应考虑企业经济效益与社会效益相结合的原则。

（4）真实可靠原则

审计依据必须真实可靠，数字要准确，凡是引用的数字，一定要经过亲自核对，切忌照抄照搬；凡列举的技术标准，必须查证核实，均有文件资料，切勿主观推测；对于内部管理控制的各项制度，要深入查对，如无真凭实据，均不能作为审计依据；凡是法律、法规，一定要找到原文，认真领会其精神，并抄录文字，切不可断章取义，盲目推论；一般的决议、指示等，如有必要还要复印作为审计工作底稿。

总之，合理地运用审计依据，对于做出客观公正的评价和正确的结论，对于促进审计质量的提高，都有重要的意义。否则，审计依据运用不当，将会造成判断失误、结论错误，影响审计工作质量，造成不良后果。

▲ 本 章 小 结

审计准则是对审计业务中一般公认的惯例加以归纳而形成的，是审计人员在实施审计过程中必须遵守的行为规范，是评价审计质量的依据。制定、颁布审计准则，公开、明确审计的基本规范要求，是充分、有效地发挥审计作用的必要条件和重要保证。审计准则的颁布也为解决审计争议提供了仲裁标准，为审计教育明确了方向和目标。

审计依据是指查明审计客体的行为规范，是据以做出审计结论、提出处理意见和建议的客观尺度。审计依据与审计准则的关系是：审计依据包含审计准则，审计准则是审计依据的重要组成部分。审计依据的特点是层次性、相关性、地域性、时效性。

▲ 思 考 题

1. 审计准则的含义是什么？审计准则有哪些作用？
2. 中国注册会计师审计准则体系的基本框架是什么？和国际民间审计准则的差距在哪里？
3. 审计依据的含义是什么？它有何特点？
4. 阐述审计准则和审计依据的区别和联系。

第4章 审计组织和审计人员

【学习目标】
1. 了解我国政府审计机构的构成和职责、内部审计的设置要求和职责。
2. 明确我国审计监督体系的构成、注册会计师的业务范围。
3. 掌握政府审计、内部审计和社会审计的概念及其关系。

4.1 审计组织体系概述

4.1.1 审计监督体系

从国内外审计的历史和现状来看,审计按不同主体划分为政府审计、内部审计和社会审计,并相应地形成了三类审计组织机构,共同构成审计监督体系。

政府审计是由国家审计机关代表国家依法进行的审计。政府审计主要监督检查各级政府及其部门的财政收支及公共资金的收支、运用情况。目前世界各国政府建立的审计机构因领导关系不同而分为三种类型:

①立法型 国家最高审计机关隶属于立法部门,一般直接对议会负责。
②司法型 国家最高审计机关隶属于司法部门。
③行政型 国家最高审计机关隶属于政府行政部门。

从审计的独立性、权威性来讲,由议会领导最为适宜。我国目前的审计机关由政府领导,分中央与地方两个层次。我国宪法规定,审计机关独立行使审计监督权,不受其他行政机关、社会团体和个人的干涉。

内部审计是由各部门、各单位内部设置的专门机构或人员实施的审计。内部审计主要监督检查本部门、本单位的财务收支和经营管理活动。目前世界各国内部审计部门的设置因领导关系不同而大体分为三种类型:

①受本单位总会计师或主管财务的副总经理领导。
②受本单位总经理领导。
③受本单位董事会领导。

从审计的独立性、权威性来讲,领导层次越高,越有保障。我国目前的内部审计部门一般由本部门、本单位的主要负责人领导,业务上接受当地政府审计机构或上一级主管部门审计机构的领导。相对外部审计而言,内部审计的独立性较弱。

社会审计是由经政府有关部门批准的注册会计师组成的会计师事务所进行的审计。在西方国家,注册会计师的组织形式主要有独资、合伙两种,近年来已有有限责任公司和有限责任合伙等组织形式出现。在我国，会计师事务所是注册会计师的工作机构，注册会计师必须加入会计师事务所才能接受委托，办理审计、会计咨询等业务。会计师事务所不附属于任何机构，自收自支、独立核算、自负盈亏、依法纳税，因此在业务上具有较强的独立性、客观性和公正性，并且为社会公众所认可。

在审计监督体系中，政府审计、内部审计和社会审计既相互联系，又各自独立、各司其职，泾渭分明地在不同的领域实施审计。它们各有特点，相互不可替代，因此不存在主导和从属的关系。从发展的观点来看，随着政治的逐步民主化，以监督国家经济活动为主要特征的国家审计将会得到加强；随着企业规模的逐步扩大化和内部管理的科学化，内部审计将得到更大的发展；随着经济的逐步市场化，注册会计师将在整个审计监督体系中占据日益重要的地位。

4.1.2 政府审计与社会审计的关系

最初的政府审计是随着国家管理事务中经济责任关系的形成，为了促使经济责任严格履行而诞生的。现代意义上的政府审计是近代民主政治发展的产物。按照民主政治的原则，人民有权对国家事务和人民财产的管理进行监督。因此，各级政府机构和官员在受托管理属于全民所有的公共资金和资源的同时，还要受到严格的经济责任制度的约束。这种约束方式就表现为国家审计机关对受托管理者的经济责任进行监督。因此，政府审计担负的是对全民财产的审计责任。

社会审计是商品经济发展到一定阶段的必然产物，也是商品经济条件下社会经济监督机制的主要表现形式。由于经营权与所有权的分离，以及债权人对自身权益的关心，必然产生对投资运用或债务收回前景的密切关注。这种关注在一定程度上依赖于注册会计师的审计结果。因此，相对于审计客体而言，政府审计和社会审计均是外部审计，都具有较强的独立性。从我国来看，两者在许多方面存在区别：

①两者的审计目标不同　政府审计是对单位的财政收支或财务收支的真实、合法和效益依法进行的审计；社会审计是注册会计师对财务报表是否按照适用的财务报告编制基础编制进行的审计。

②两者的审计标准不同　政府审计是审计机关依据《中华人民共和国审计法》和国家审计准则等进行的审计；社会审计是注册会计师依据《中华人民共和国注册会计师法》和中国注册会计师审计准则进行的审计。

③两者的经费或收入来源不同　政府审计履行职责所必需的经费，应当列入财政预算，由本级人民政府予以保证；注册会计师的审计收入来源于审计客户，由注册会计师和审计客户协商确定。

④两者的取证权限不同　审计机关有权就审计事项的有关问题向有关单位和个人进行调查，并取得有关证明材料。有关单位和个人应当支持、协助审计机关工作，如实向审计机关反映情况，提供有关证明材料。注册会计师在获取证据时很大程度上有赖于被审计单位及相关单位的配合和协助，对被审计单位及相关单位没有行政强制力。

⑤两者对发现问题的处理方式不同　审计机关审定审计报告，对审计事项做出评价，出具审计意见书；对违反国家规定的财政收支、财务收支行为，需要依法给予处理、处罚的，在法定职权范围内做出审计决定或者向有关主管机关提出处理、处罚意见。注册会计

师对审计过程中发现需要调整或披露的事项只能提请被审计单位调整和披露,没有行政强制力;如果被审计单位拒绝调整和披露,注册会计师视情况出具保留意见或否定意见的审计报告。如果审计范围受到被审计单位或客观环境的限制,注册会计师视情况出具保留意见或无法表示意见的审计报告。

4.1.3　内部审计与社会审计的关系

内部审计是由各部门、各单位内部设置的专门机构或人员实施的审计。它是随着企业规模扩大、内部分级管理的出现而逐步形成的。早期的内部审计诞生于19世纪中叶的英国。第二次世界大战后,由于资本主义竞争更加激烈,促使企业更加重视内部经济管理,内部审计得到迅速发展。

内部审计与社会审计一样都是现代审计体系的组成部分。从我国情况看,内部审计与社会审计在许多方面存在很大区别:

①两者的审计目标不同　内部审计主要是对内部控制的有效性、财务信息的真实性和完整性以及经营活动的效率和效果所开展的一种评价活动;社会审计主要对被审计单位财务报表的合法性和公允性进行审计。

②两者独立性不同　内部审计为组织内部服务,接受总经理或董事会的领导,独立性较弱;社会审计为需要可靠信息的第三方提供服务,不受被审计单位管理层的领导和制约,独立性较强。

③两者接受审计的自愿程度不同　内部审计是代表总经理或董事会实施的组织内部监督,是内部控制制度的重要组成部分,单位内部的组织必须接受内部审计人员的监督;社会审计是以独立的第三方对被审计单位进行的审计,委托人可自由选择会计师事务所。

④两者遵循的审计标准不同　内部审计人员遵循的是内部审计准则,而注册会计师遵循的是中国注册会计师审计准则。

⑤两者审计的时间不同　内部审计通常对单位内部组织采用定期或不定期的审计,时间安排比较灵活;而社会审计通常是定期审计,每年对被审计单位的财务报表审计一次。

尽管内部审计与社会审计存在很大的差别,但是社会审计作为一种外部审计,在工作中要利用内部审计的工作成果。任何一种外部审计在对一个单位进行审计时,都要对其内部审计的情况进行了解并考虑是否利用其工作成果。这是由于:

第一,内部审计是单位内部控制的一个重要组成部分。内部审计作为单位内部的经济监督机构,虽然不参与单位内部的经营管理活动,但主要对各项经营管理活动是否达到预定目标,是否遵循了单位的规章制度等进行监督,属于单位内部控制体系的一个组成部分。外部审计人员在对被审计单位进行审计时,要对内部控制制度进行测试,就须了解其内部审计的设置和工作情况。

第二,内部审计和外部审计在工作上具有一致性。内部审计在审计内容、审计方法等方面都和外部审计有许多一致之处。例如,在进行财务审计时,两者在方法上都要评价内部控制制度,检查凭证、账册,核对账表一致性等。这就为外部审计利用内部审计工作的成果创造了条件。

第三,利用内部审计工作成果可以提高工作效率,节约审计费用。外部审计人员在对内部审计工作进行评价以后，利用其全部或部分工作成果，可以减少现场测试的工作量，提高工作效率，从而节约被审计单位的审计费用。

4.2 政府审计机关与审计人员

4.2.1 政府审计机关

4.2.1.1 政府审计机关的隶属模式

政府审计机关是现代各国审计机构体系中重要的组成部分，是代表国家依法行使审计监督权的行政机关，它具有国家法律赋予的独立性和权威性。由于世界各国的文化传统以及政治体制的不同，世界上150多个国家的最高审计机关的隶属关系和地位存在着很大差别。其主要类型有以下三种：

①立法型　立法型的国家最高审计机关隶属于立法部门，依照国家法律赋予的权力行使审计监督权。一般直接对议会负责，并向议会报告工作。目前，世界上大多数国家的最高审计机关都属于立法型审计机构，在西欧、北美等发达国家和许多发展中国家十分普遍。其中，英、美两国比较典型。美国除了国会设有审计机构外，在联邦政府各部门还另设有监察长办公室，主要负责审查所在部门的业务活动、经济效果以及本部门官员行为的合法。立法型审计机关地位高、独立性强，不受行政当局的控制和干预。

②司法型　司法型的国家最高审计机关隶属于司法部门，拥有很强的司法权。这种模式被西欧和南美一些国家所采用，法国、意大利、巴西是典型代表。这些国家设立审计法院，享有最高法院的某些特权，可以对违法或造成损失的事件进行审理并予以处罚。司法型审计机关可以直接行使司法权力，具有司法地位，具有很高的权威性。

③行政型　行政型的国家最高审计机关隶属于政府行政部门，它是政府行政部门中的一个职能部门，根据国家赋予的权限，对政府所属各级部门、各单位的财政财务收支活动进行审计。目前，实行这种模式的主要有瑞典、沙特阿拉伯等少数国家。行政型审计机关依据政府法规，进行审计工作，其独立性相对较低，基本上不具备法律约束力。

还有些国家的审计机关不隶属于任何权力部门。以德国为典型代表，设立联邦审计院，是独立的财政监督机构，直接对法律负责。韩国设立了独立于政府的审计监查院，受总统直接领导，具有独立的法律地位。

4.2.1.2 政府审计机关的设置

审计机关是审计权力的承担者，也是审计监督活动的实施者。因此，审计机关就是能以自己的名义实施审计监督权的组织机构。我国政府审计机关是国家行政机关的组成部分，是根据宪法、审计法及其他有关法律的规定建立起来并进行活动的。

①中央审计机关　中华人民共和国审计署是根据《中华人民共和国宪法》于1983年9月15日正式成立，它是国务院所属部委级的国家机关，是我国最高审计机关，在国务院总理领导下主管全国的审计工作。审计署按统一领导、分级负责的原则组织领导全国的审计工作。审计长是审计署的行政首长，是国务院组成人员。为履行职责，审计署设置了21个内设机构、9个直属单位、20个派出审计局、18个驻地方特派员办事处。

②地方审计机关：指省、自治区、直辖市、设区的市、自治州、县、自治县、不设区的市、市辖区人民政府设立的审计组织，负责本行政区域内的审计工作。地方审计机关也是根据《宪法》《审计法》有关条文规定设立的，同样也具有法律地位。

我国地方审计机关实行双重领导，对本级人民政府和上一级审计机关负责并报告工作，审计业务以上级审计机关领导为主。根据审计法的有关规定，我国地方审计机关也可以在其审计管辖范围内派出审计特派员，但应由本级政府决定，并报上级审计机关备案。审计机关履行职责所必需的经费，应当列入财政预算，由本级人民政府予以保证。

4.2.1.3 政府审计机关的职责

审计署的主要职责包括：

①主管全国审计工作。依法独立对国务院各部门、地方各级人民政府及其各部门、国有金融机构和企业事业组织的财政财务收支及相关经济活动的真实、合法和效益情况，中央相关政策措施落实情况，以及领导干部经济责任履行情况进行审计监督，维护国家财政经济秩序，提高财政资金使用效益，促进廉政建设，保障国民经济和社会健康发展。

②起草审计法律法规草案，拟订审计政策，制定审计规章、审计准则和指南并监督执行。制定并组织实施审计工作发展规划和专业领域审计工作规划，制定并组织实施年度审计计划。参与起草财政经济及其相关的法律法规草案。对直接审计、调查和核查的事项依法进行审计评价，做出审计决定或提出审计建议。

③向国务院总理提出年度中央预算执行和其他财政收支情况的审计结果报告。受国务院委托向全国人大常委会提出中央预算执行和其他财政收支情况的审计工作报告、审计发现问题的整改情况报告。向国务院报告对其他事项的审计和专项审计调查情况及结果。依法向社会公布审计结果。向国务院有关部门和省级人民政府通报审计情况和审计结果。

④直接审计下列事项，出具审计报告，在法定职权范围内做出审计决定或向有关主管机关提出处理处罚的建议。中央预算执行情况和其他财政收支，中央决算草案编制，中央各部门（含直属单位）预算的执行情况、决算和其他财政收支；省级人民政府预算的执行情况、决算和其他财政收支，中央财政转移支付资金；使用中央财政资金的事业单位和社会团体的财务收支；中央投资和以中央投资为主的建设项目的预算执行情况和决算；中国人民银行、国家外汇管理局的财务收支，中央国有企业和金融机构、国有资本占控股或主导地位的企业和金融机构的资产、负债和损益；国务院部门、省级人民政府管理和其他单位受国务院及其部门委托管理的社会保障基金、社会捐赠资金及其他有关基金、资金的财务收支；组织审计国家驻外非经营性机构的财务收支，依法通过适当方式组织审计中央国有企业和金融机构的境外资产、负债和损益；国际组织和外国政府援助、贷款项目的财务收支；法律、行政法规规定应由审计署审计的其他事项。

⑤按规定和程序，组织实施对省部级党政主要领导干部、国有企业领导人员以及依法属于审计署审计监督对象的其他单位主要负责人的经济责任审计。

⑥组织实施对国家重大政策措施和宏观调控部署落实情况进行跟踪审计。

⑦组织实施领导干部自然资源资产离任审计。

⑧依法检查审计决定执行情况，督促纠正和处理审计发现的问题，依法办理被审计单位对审计决定提请行政复议、行政诉讼或国务院裁决中的有关事项。协助配合有关部门查

处相关重大案件。

⑨指导和监督内部审计工作，核查社会审计机构对依法属于审计监督对象的单位出具的相关审计报告。

⑩与省级人民政府共同领导省级审计机关。依法领导和监督地方审计机关的业务，组织地方审计机关实施特定项目的专项审计或审计调查，纠正或责成纠正地方审计机关违反国家规定做出的审计决定。按照规定组织做好对省级审计机关的考核。按照干部管理权限做好省级审计机关领导干部工作。负责管理派驻地方的审计特派员办事处。

⑪组织开展审计领域的国际交流与合作，指导和推广信息技术在审计领域的应用，组织建设国家审计信息系统。

⑫承办国务院交办的其他事项。

2018年3月13日，根据国务院总理李克强提请第十三届全国人民代表大会第一次会议审议的国务院机构改革方案的议案，拟优化审计署职责。将国家发展和改革委员会的重大项目稽查、财政部的中央预算执行情况和其他财政收支情况的监督检查、国务院国有资产监督管理委员会的国有企业领导干部经济责任审计和国有重点大型企业监事会的职责划入审计署，构建统一高效审计监督体系。

政府审计的主要特点是法定性和强制性，拥有和管理国有资产的单位，都必须依法接受国家审计的监督。审计机关做出的审计决定，被审计单位和有关人员必须执行。审计决定涉及其他有关单位的，这些单位应当协助执行。

4.2.2 政府审计人员

政府审计人员是指在各级政府审计机关中从事审计的领导人员和专业人员。政府审计人员基本上属于国家公务员，本质上是代表国家行使审计监督权并从事审计工作，他们的职称一般分为高级审计师、审计师和助理审计师三级。

4.2.2.1 政府审计人员的构成

政府审计人员包括国家审计署的审计长、副审计长、地方各级审计厅（局）的厅（局）长、各级审计机关的领导人员和非领导职务的一般工作人员。审计署的审计长是领导和组织全国审计工作的最高行政长官，是国务院的组成成员之一，根据我国法律，其人选必须由国务院总理提名并经全国人民代表大会表决通过，由国家主席任免。审计署实行审计长负责制，审计长每届任期5年，可以连任。全国人民代表大会有权罢免审计长。根据《中华人民共和国国务院组织法》和国务院的有关规定，审计署设副审计长，协助审计长工作，并对审计长负责。副审计长由国务院任免。地方各级审计机关负责人是本级政府的组成成员，由本级人民代表大会任免，其副职由本级人民政府任免。国家审计专业人员主要由熟悉会计、财务、审计、税务等业务的专职人员构成，同时由于国家审计的范围和内容极其广泛，因此，国家审计人员也包括一部分工程技术、法律和计算机专业的人员，必要时也可通过聘请兼职人员来满足某些特殊审计项目的需要。

4.2.2.2 政府审计人员任职资格要求

（1）高级审计师（高级专业职务）

①具有系统、坚实的审计专业和经济理论基础知识，熟悉财政、税务、金融和基建、

企业财务管理、会计核算等相关知识。

②了解国家宏观经济政策和各项经济改革措施,熟悉与审计工作相关的各项经济法律、行政法规,通晓审计法规、会计法规及有关行业的财务会计制度。

③了解国内外审计专业的发展趋势,了解国际审计准则及审计国际组织中主要成员国有关审计的法律、规范、办法等。

④能熟练运用经济基础理论和专业知识解决审计领域中重要或关键的疑难问题;能针对审计工作发展趋势提出适宜的审计工作重点、方式和方法;能解决审计工作与其他工作配合、协调中的重大问题。

⑤能够组织、指导与考核中级审计人员的业务学习和工作,能够主持审计课题科研工作;具有较高的文字表达能力。

⑥能熟练掌握一门外语;了解计算机基础知识,掌握计算机操作技能。

我国对高级审计师资格实行评审制度。审计人员应具有中级职务一定的任职年限、具备一定的学历和取得一定的业绩和成果,才有资格参加晋升高级审计师的评审。

（2）审计师（中级专业职务）

①掌握比较系统的审计专业理论和业务知识,有一定的经济基础理论和经济管理知识以及经济法知识。

②熟悉并能正确运用国家有关经济法律、行政法规、规章制度以及党和国家的方针、政策。

③有较丰富的审计实际工作经验和一定的分析能力,能组织和指导具体的审计项目的审计工作并担任主审工作,能组织实施行业性审计或审计调查工作,能承担重大专案审计工作,具有一定的审计科研能力和文字表达能力。

④掌握计算机基础知识并能运用计算机完成有关的审计业务,掌握一门外语。

（3）助理审计师（初级专业职务）

①掌握审计专业基础理论和专业知识,掌握经济管理基础知识,基本掌握经济法知识。

②熟悉并能正确执行国家有关经济法律、行政法规、规章制度以及方针、政策。

③掌握并运用有关的审计技术方法,能承担某一方面的审计工作任务。

④了解计算机基础知识并能运用计算机处理某一方面的审计业务,初步掌握一门外语。

审计人员取得审计师资格或初级资格均要通过国家考试。

4.3 内部审计机构与审计人员

4.3.1 内部审计机构

内部审计机构是指部门或单位内部设置的相对独立的审计机构。它是我国审计组织体系的一个重要组成部分。根据内部审计工作的规定,国家机关、金融机构、企事业组织、社会团体以及其他单位,应当按照国家规定建立和健全内部审计制度。

4.3.1.1 内部审计机构设置的组织形式

内部审计是由各部门、各单位内部设置的专门机构或人员实施的审计。内部审计主要监督检查本部门、本单位的财务收支和经营管理活动。目前世界各国内部审计机构的设置因领导关系不同而大体分为三种类型：

①受本单位总会计师或主管财务的副总经理领导　这种领导体制下的内部审计机构地位较低、权威性也不强，仅是一个职能部门，相对独立于财会等部门。

②受本单位总经理领导　这种领导体制下的内部审计机构代表经营者的利益进行审计监督，其主要目的是提高经营管理水平，发现经营管理中的漏洞，完善内部控制制度，直接向总经理负责。

③受本单位董事会领导　这种领导体制下的内部审计机构由董事会直接领导，地位高，权威性强，监督有力度，可以对总经理的经济责任和经营行为进行监督，实际上代表资产所有者对经营管理人进行监督。

从审计的独立性、权威性来讲，领导层次越高，越有保障。我国目前的内部审计部门一般由本部门、本单位的主要负责人领导，业务上接受当地政府审计机构或上一级主管部门审计机构的指导。相对外部审计而言，内部审计的独立性较弱。

4.3.1.2　内部审计机构的设置

我国的内部审计机构，是根据《中华人民共和国审计法》设置的。审计法第29条规定："依法属于审计机关监督对象的单位，应当按照国家有关规定建立健全内部审计制度；其内部审计工作应当接受审计机关的业务指导和监督。"修订后的会计法，也强调大中型国有企业要设立审计机构。我国的内部审计机构包括部门内部审计机构和单位内部审计机构。

①部门内部审计机构　是国务院和县级以上地方各级人民政府各部门，根据审计业务的需要设置的审计机构。这些审计机构在本部门负责人的领导下开展工作，对本部门及下属单位进行内部审计，同时业务上接受同级审计机关的指导。

②单位内部审计机构　是大中型国有企业、大型基建项目的建设单位、国有金融企业和财务收支金额较大的全民所有制事业单位，根据审计业务的需要设置的机构。这些审计机构在本单位负责人、上一级内部审计机构和同级国家审计机关指导下开展审计工作，对本单位及下属单位的财务收支及经济效益等进行审计监督。审计业务不多的小型企业，也可不设内部审计机构，只需指定专人负责审计工作即可。

4.3.1.3　内部审计机构的职责和权限

根据审计署关于内部审计工作的规定，内部审计机构或者履行内部审计职责的内设机构应当按照国家有关规定和本单位的要求，履行下列职责：

①对本单位及所属单位贯彻落实国家重大政策措施情况进行审计。

②对本单位及所属单位发展规划、战略决策、重大措施以及年度业务计划执行情况进行审计。

③对本单位及所属单位财政财务收支进行审计。

④对本单位及所属单位固定资产投资项目进行审计。

⑤对本单位及所属单位的自然资源资产管理和生态环境保护责任的履行情况进行审计。

⑥对本单位及所属单位的境外机构、境外资产和境外经济活动进行审计。

⑦对本单位及所属单位经济管理和效益情况进行审计。

⑧对本单位及所属单位内部控制及风险管理情况进行审计。
⑨对本单位内部管理的领导人员履行经济责任情况进行审计。
⑩协助本单位主要负责人督促落实审计发现问题的整改工作。
⑪对本单位所属单位的内部审计工作进行指导、监督和管理。
⑫国家有关规定和本单位要求办理的其他事项。

内部审计机构或者履行内部审计职责的内设机构应有下列权限：
①要求被审计单位按时报送发展规划、战略决策、重大措施、内部控制、风险管理、财政财务收支等有关资料（含相关电子数据，下同），以及必要的计算机技术文档。
②参加单位有关会议，召开与审计事项有关的会议。
③参与研究制定有关的规章制度，提出制定内部审计规章制度的建议。
④检查有关财政财务收支、经济活动、内部控制、风险管理的资料、文件和现场勘察实物。
⑤检查有关计算机系统及其电子数据和资料。
⑥就审计事项中的有关问题，向有关单位和个人开展调查和询问，取得相关证明材料。
⑦对正在进行的严重违法违规、严重损失浪费行为及时向单位主要负责人报告，经同意做出临时制止决定。
⑧对可能转移、隐匿、篡改、毁弃会计凭证、会计账簿、会计报表以及与经济活动有关的资料，经批准，有权予以暂时封存。
⑨提出纠正、处理违法违规行为的意见和改进管理、提高绩效的建议。
⑩对违法违规和造成损失浪费的被审计单位和人员，给予通报批评或者提出追究责任的建议。
⑪对严格遵守财经法规、经济效益显著、贡献突出的被审计单位和个人，可以向单位党组织、董事会（或者主要负责人）提出表彰建议。

4.3.2 内部审计人员

内部审计人员是指在部门、单位内部审计机构从事审计事务的人员，以及在部门、单位内设置的专职从事审计事务的人员。根据《审计署关于内部审计工作的规定》："任免内部审计机构的负责人，应当事前征求上级主管部门或单位的意见。内部审计人员应当具备必要的专业知识。内部审计人员专业技术职务资格的考评和聘任，按照国家有关规定执行。"

内部审计人员的配置数量、知识结构的要求以及工作范围等，在很大程度上取决于设置内部审计机构的要求。内部审计人员的构成也包括一部分工程技术、法律和计算机专业的人员，同时这些人员更应熟悉本单位、本部门的管理制度、生产特点、工艺流程等，才能够较好地发挥内部审计的作用。

内部审计机构和审计人员的主要工作职责，是对本部门或本单位的财政财务收支、经营管理活动等进行审核和评价，查明其真实性、正确性、合法性、合规性和有效性，提出意见和建议。

4.4 社会审计组织与审计人员

社会审计又称注册会计师审计、独立审计或民间审计，是指由注册会计师组成的会计师事务所进行的审计。不同国家的社会中介审计机构的名称各不相同，除了一般的叫会计公司、会计师事务所外，德国称经济审计公司，日本称审计法人，泰国称审计会计师事务所。我国的社会中介审计机构是指根据国家法律或条例规定，经政府有关部门审核批准、注册登记的审计事务所、会计师事务所和其他审计咨询机构。

4.4.1 社会审计组织

4.4.1.1 会计师事务所的组织形式

会计师事务所是注册会计师依法承办业务的机构。综观注册会计师行业在各国的发展，会计师事务所主要有独资、普通合伙、有限责任、有限责任合伙四种组织形式。我国会计师事务所分为合伙会计师事务所和有限责任会计师事务所两种形式。

（1）独资会计师事务所

独资会计师事务所又称个人会计师事务所，由具有注册会计师执业资格的个人独立开业，承担无限责任。它的优点是，对执业人员的需求不多，容易设立，执业灵活，能够在代理记账、代理纳税等方面很好地满足小型企业对注册会计师服务的需求，虽承担无限责任，但实际发生风险的程度相对较低。缺点是无力承担大型业务，缺乏发展后劲。

（2）普通合伙会计师事务所

普通合伙会计师事务所是由两位或两位以上合伙人组成的合伙组织。合伙人以各自的财产对会计师事务所的债务承担无限连带责任。它的优点是，在风险牵制和共同利益的驱动下，促使会计师事务所强化专业发展，扩大规模，提高规避风险的能力。缺点是建立一个跨地区、跨国界的大型会计师事务所要经历一个漫长的过程。同时，任何一个合伙人在执业中的失误舞弊行为，都可能给整个会计师事务所带来灭顶之灾，使之一日之间土崩瓦解。我国目前规定会计师事务所可以由注册会计师合伙设立。合伙会计师事务所是由2名以上符合规定条件的合伙人，以书面协议形式，共同出资、共同执业，以各自财产对事务所的债务承担连带责任的会计师事务所。合伙设立的会计师事务所的债务，由合伙人按照出资比例或者协议约定，以各自的财产承担责任。合伙人对会计师事务所的债务承担连带责任。

（3）有限责任会计师事务所

有限责任会计师事务所由执业注册会计师认购会计师事务所的股份，并以其所认购的股份对会计师事务所承担有限责任。会计师事务所以其全部资产对其债务承担有限责任。它的优点是，可以通过股份制形式迅速聚集一批注册会计师，建立规模型大所，承办大型业务。缺点是降低了风险责任对执业行为的高度制约，弱化了注册会计师的个人责任。我国允许设立有限责任会计师事务所。有限责任会计师事务所是指由注册会计师发起设立、承办注册会计师业务并承担有限责任的会计师事务所。有限责任会计师事务所以其全部资产对其债务承担责任。

(4) 有限责任合伙会计师事务所

有限责任合伙会计师事务所又称特殊普通合伙会计师事务所，最明显的特征是合伙人只需承担有限责任。无过失的合伙人对于其他合伙人的过失或不当执业行为以自己在事务所的财产为限承担责任，不承担无限责任，除非该合伙人参与了过失或不当执业行为。它最大的特征是在于既融入了合伙制和有限责任会计师事务所的优点，又摒弃了它们的不足。有限责任合伙会计师事务所已成为当今注册会计师职业界组织形式发展的一大趋势。

我国现行的特殊普通合伙会计师事务所，在性质上相当于西方国家的有限责任合伙会计师事务所。2010年7月，财政部、国家工商行政管理总局联合发布了《关于推动大中型会计师事务所采用特殊普通合伙组织形式的暂行规定》，该规定指出：采用特殊普通合伙组织形式的会计师事务所，一个合伙人或者数个合伙人在执业活动中因故意或者重大过失造成合伙企业债务的，应当承担无限责任或者无限连带责任，其他合伙人以其在合伙企业中的财产份额为限承担责任。合伙人在执业活动中非因故意或者重大过失造成的合伙企业债务以及合伙企业的其他债务，由全体合伙人承担无限连带责任。

大型会计师事务所应当于2010年12月31日前转制为特殊普通合伙组织形式；鼓励中型会计师事务所于2011年12月31日前转制为特殊普通合伙组织形式。大型会计师事务所是指在人才、品牌、规模、技术标准、执业质量和管理水平等方面居于行业领先地位，能够为我国企业"走出去"提供国际化综合服务，行业排名前10位左右的会计师事务所。中型会计师事务所是指在人才、品牌、规模、技术标准、执业质量和管理水平等方面具有较高水准，能够为大中型企事业单位、上市公司提供专业或综合服务，行业排名前200位左右的会计师事务所（不含大型会计师事务所）。会计师事务所转制为特殊普通合伙组织形式，应当有25名以上符合本办法第六条规定的合伙人、50名以上的注册会计师以及人民币1 000万元以上的资本。

从国际惯例来看，会计师事务所的执业登记都由注册会计师行业主管机构统一负责。会计师事务所必须经过主管机关或注册会计师协会的批准登记并由注册会计师协会予以公告。独资会计师事务所和普通合伙会计师事务所经过这个程序即可开业，有限责任会计师事务所一般还应进行公司登记。

4.4.1.2 会计师事务所设立条件

（1）设立合伙会计师事务所的条件

①有2名以上的合伙人。

②有书面合伙协议。

③有会计师事务所的名称。

④有固定的办公场所。

（2）设立有限责任会计师事务所的条件

①有5名以上的股东。

②有一定数量的专职从业人员。

③有不少于人民币30万元的注册资本。

④有股东共同制定的章程。

⑤有会计师事务所的名称。

⑥有固定的办公场所。

(3) 会计师事务所的合伙人或股东的条件：

①持有中华人民共和国注册会计师证书（以下简称"注册会计师证书"）。

②在会计师事务所专职执业。

③成为合伙人或者股东前3年内没有因为执业行为受到行政处罚。

④有取得注册会计师证书后最近连续5年在会计师事务所从事下列审计业务的经历，其中在境内会计师事务所的经历不少于3年：审查企业会计报表，出具审计报告；验证企业资本，出具验资报告；办理企业合并、分立、清算事宜中的审计业务，出具有关的报告；法律、行政法规规定的其他审计业务。

⑤成为合伙人或者股东前1年内没有因采取隐瞒或提供虚假材料、欺骗、贿赂等不正当手段申请设立会计师事务所而被省级财政部门做出不予受理、不予批准或者撤销会计师事务所的决定。

4.4.1.3 会计师事务所业务范围

根据《中华人民共和国注册会计师法》的规定，注册会计师依法承办审计业务和会计咨询、会计服务业务。此外，注册会计师还根据委托人的委托，从事审阅业务、其他鉴证业务和相关服务业务。

(1) 审计业务

①审查企业会计报表，出具审计报告 国家对上市公司监管所依据的信息主要来自上市公司的财务报表和注册会计师对其出具的审计报告，注册会计师在某种程度上已成为上市公司监管的第一道防线，在证券市场上扮演着越来越重要的角色。注册会计师审计上市公司，旨在对财务报表是否按照适用的会计准则和相关会计制度的规定编制发表审计意见。如果注册会计师出具了非标准审计报告，表明财务报表存在程度不同的问题，或需要在某一方面予以强调。上市公司为了避免注册会计师出具这种类型的审计报告，无论是否情愿，都须遵守国家颁布的企业会计准则。在某种意义上说，注册会计师通过对上市公司年度财务报表的审计，实施了对上市公司的监管，提高了会计信息的质量。因此，注册会计师作为独立审计人，是联系资本市场和广大投资者必不可少的纽带，对投资者承担着重大责任。

不仅上市公司需要注册会计师作审计，国有企业及其他企业也需要注册会计师作审计。1998年10月，财政部根据国务院机构改革的要求，进一步转变财政职能，发挥注册会计师在企业财务会计监督中的作用，发布了《国有企业年度会计报表注册会计师作审计暂行办法》，规定从1998年起，国有企业年度财务报表除个别特殊行业（企业）外，不再实行财政审批制度，其财务报表应于年度终了在规定时间内委托注册会计师实施审计。国务院于2000年公布并于2001年1月1日起施行的《企业财务会计报告条例》，要求国有企业、国有控股的或占主导地位的企业应当至少每年一次向本企业的职工代表大会公布财务会计报告，并重点说明注册会计师审计的情况。《中华人民共和国公司法》（中华人民共和国主席令第八号2014年3月1日）要求各类公司依法接受注册会计师的审计。一是第五十四条规定"监事会、不设监事会的公司的监事发现公司经营情况异常，可以进行调查；必要时可以聘请会计师事务所等协助其工作，费用由公司承担"。二是第六十二条规定"一人有限责任公司应当在每一会计年度终了时编制财务会计报告，并经会计师事务所审计"。三是第一百六十四条规定"公司应当在每一会计年度终了时编制财务会计报告，并依法经会计师事务所审计"。

随着社会主义市场经济体制的确立与发展,政府不再直接管理企业,逐渐将一些管理职能移交给社会中介机构。而且,随着财务报表使用者日渐增多,他们需要通过分析财务会计报告据以做出经济决策,因此最为关心财务会计报告的合法性、公允性。注册会计师的职能之一就是通过对财务报表进行审计,为社会提供鉴证服务。

②验证企业资本,出具验资报告　根据《中华人民共和国公司法》《中华人民共和国公司登记管理条例》等法律、法规的规定,公司及其他企业在设立审批时,必须提交注册会计师出具的验资报告。《中华人民共和国公司法》第八十九条规定:"发行股份的股款缴足后,必须经依法设立的验资机构验资并出具证明。"验资业务成为注册会计师业务的重要组成部分。同审计报告一样,验资报告具有法定证明力,注册会计师及其所在的会计师事务所对其出具的验资报告承担相应的法律责任。

③办理企业合并、分立、清算事宜中的审计业务,出具有关的报告　企业合并、分立或终止清算时,应当分别编制合并、分立财务报表以及清算财务报表。为了帮助财务报表使用人确立对这些报表的信赖程度,企业需要委托注册会计师对其编制的财务报表进行审计。在这些财务报表的审计过程中,注册会计师同样应当审查形成财务报表各项目数据的所有会计资料及其反映的经济业务,并关注合并、分立及清算过程中出现的特定事项,在取得充分、适当的审计证据后,复核各项审计结论,形成并发表审计意见。办理企业合并、分立、清算事宜中的审计业务后出具的相应的审计报告同样具有法定证明力,承办注册会计师及其所在的会计师事务所应当承担相应的法律责任。

④法律、行政法规规定的其他审计业务　在实际工作中,《注册会计师法》还可根据国家法律、行政法规接受委托,对以下特殊目的的业务进行审计:按照企业会计准则和相关会计制度以外的其他基础(简称特殊基础)编制的财务报表;财务报表的组成部分;合同的遵守情况;简要财务报表。

这些业务的办理需要注册会计师具备和运用相关的专门知识,注意处理问题的特殊性。对于执行特殊目的审计业务出具的审计报告,也具有法定证明力,承办注册会计师及其所在的会计师事务所对此也应承担相应的法律责任。

(2)审阅业务

注册会计师的业务范围经历了由法定审计业务向其他领域拓展的过程。从国内外有关注册会计师的法律看,法定审计业务是注册会计师的核心业务。例如在美国,有关注册会计师的立法始于1896年的纽约州,到了20世纪20年代中期,各个州已制定了相应的注册会计师法。尽管各个州出台的注册会计师法有所不同,但有一个共同点,即授予注册会计师从事法定审计业务的特许权,除注册会计师外,其他组织和人士不得承办法定审计业务。我国1993年10月出台的《注册会计师法》,同样规定了注册会计师法定审计业务范围。随着经济的发展和社会的需求,注册会计师及时调整了专业服务的性质、范围和领域。

由于注册会计师具有良好的职业形象和较强的专业能力,这使得其日益成为政府部门和社会公众信赖的专业人士。许多国家和地区,注册会计师除了承办传统审计业务,还承办其他鉴证业务,以增强信息使用者对所鉴证信息的信赖程度。同时,面对全球化、多元化和竞争激烈的会计市场，注册会计师实现审计业务的持续增长已非易事，必须不断地开拓新的市场和业务。从目前的情况看，无论在国外，还是在我国，注册会计师承办的业务范围已经十分广泛。目前我国注册会计师承业务类型较多，其中就有审阅业务。

（3）其他鉴证业务

目前，在全球范围内，除了审计和审阅业务外，注册会计师还承办其他鉴证业务，如财务信息审核业务、网域认证和系统鉴证等，这些鉴证业务可以增强使用者的信赖程度。

关注到注册会计师服务领域不断扩展的这一趋势，国际会计师联合会（IFAC）着手研究、制定并发布适应当前经济环境的执业准则。2002年，IFAC下属的国际审计事务委员会（IAPC，IAASB的前身）发布了ISAE100《鉴证业务》，旨在为所有类型的鉴证业务提供一致框架。2004年12月，ISAE100被废止，取而代之的是ISAE3000《历史财务信息审计或审阅以外的鉴证业务》，并于2005年1月生效。

为了应对不断变化的注册会计师执业环境，加快执业准则国际趋同的步伐，满足注册会计师的执业需求，中国注册会计师协会也在借鉴国际准则的体系和国际鉴证业务准则第3000号《历史财务信息审计或审阅以外的鉴证业务》（ISAE3000）。

我国注册会计师承办的业务范围较为广泛，既有针对历史财务信息的审计和审阅业务，又有历史财务信息以外的其他鉴证业务，如内部控制审核、预测性财务信息的审核等。

（4）相关服务

相关服务包括对对财务信息执行商定程序、代编财务信息、税务服务、管理咨询以及会计服务等。

①对财务信息执行商定程序　对财务信息执行商定程序，是注册会计师对特定财务数据、单一财务报表或整套财务报表等财务信息执行与特定主体商定的具有审计性质的程序，并就执行的商定程序及其结果出具报告。

②代编财务信息　代编财务信息，是注册会计师运用会计而非审计的专业知识和技能，代客户编制一套完整或非完整的财务报表，或代为收集、分类和汇总其他财务信息。

③税务服务　税务服务包括税务代理和税务策划。税务代理是注册会计师接受企业或个人委托，为其填制纳税申报表，办理纳税事项。税务策划是由于纳税义务发生范围和时间不同，注册会计师从客户利益出发，代替纳税义务人设计可替代或不同结果的纳税方案。其所得税的纳税筹划，现已扩展到财产税、遗产税等诸多税种。

④管理咨询　管理咨询服务是注册会计师与非注册会计师激烈竞争的一个领域。从20世纪50年代起，注册会计师的管理咨询服务收入开始增长，并保持了强劲的增长势头。其原因主要是：首先，管理咨询服务是增值服务；其次，企业内部结构重组给注册会计师带来了无限商机。最近几年，大型会计师事务所越来越明显地成为管理咨询服务的主要提供者。管理咨询服务范围很广，主要包括对公司治理结构、信息系统、预算管理、人力资源管理、财务会计、经营效率、效果和效益等提供诊断及专业意见与建议。

⑤会计服务　注册会计师提供的会计咨询和会计服务业务，除了代编财务信息外，还包括对会计政策的选择和运用提供建议、担任常年会计顾问等。注册会计师执行的会计咨询和会计服务业务属于服务性质，是所有具备条件的中介机构甚至个人都能够从事的非法定业务。

4.4.2 社会审计人员

从 1994 年起,通过注册会计师全国统一考试成为取得注册会计师资格的前提。通过考试,一大批优秀人才加入注册会计师队伍。

4.4.2.1 报考条件

(1) 同时符合下列条件的中国公民,可以申请参加注册会计师全国统一考试专业阶段考试

①具有完全民事行为能力。

②具有高等专科以上学校毕业学历,或者具有会计或者相关专业中级以上技术职称。

(2) 同时符合下列条件的中国公民,可以申请参加注册会计师全国统一考试综合阶段考试

①具有完全民事行为能力。

②已取得注册会计师全国统一考试专业阶段考试合格证。

(3) 有下列情形之一的人员,不得报名参加注册会计师全国统一考试

①因被吊销注册会计师证书,自处罚决定之日起至申请报名之日止不满 5 年者。

②以前年度参加注册会计师全国统一考试因违规而受到禁考处理期限未满者。

4.4.2.2 考试科目

注册会计师全国统一考试分为专业阶段考试和综合阶段考试。考生在通过专业阶段考试的全部科目后,才能参加综合阶段考试。专业阶段考试设会计、审计、财务成本管理、公司战略与风险管理、经济法和税法 6 个科目;综合阶段考试设职业能力综合测试 1 个科目。每个科目考试的具体时间,在各年度财政部考委会发布的《注册会计师全国统一考试报名简章》中明确。考试范围在各年度财政部考委会发布的《注册会计师全国统一考试大纲》中确定。香港特别行政区、澳门特别行政区、台湾地区居民及外国人参加注册会计师全国统一考试的办法,由财政部另行规定。通过注册会计师全国统一考试,考试科目全科成绩合格的,可以申请办理注册会计师考试全科合格证书,并可以申请加入注册会计师协会,成为注册会计师协会的非执业会员。

4.4.2.3 注册会计师协会

中国注册会计师协会(The Chinese Institute of Certified Public Accountants,CICPA),于 1988 年 11 月 15 日成立。根据《注册会计师法》,中国注册会计师协会是中国注册会计师行业的全国组织,接受财政部、民政部的监督、指导。省、自治区、直辖市注册会计师协会是注册会计师行业的地方组织。

中国注册会计师协会的宗旨是服务、监督、管理、协调,即以诚信建设为主线,服务本会会员,监督会员执业质量、职业道德,依法实施注册会计师行业管理,协调行业内、外部关系,维护社会公众利益和会员合法权益,促进行业健康发展。

(1) 中国注册会计师协会会员

中国注册会计师协会的会员分为个人会员和团体会员。会员入会均须履行申请和登记手续。

①个人会员 凡参加注册会计师全国统一考试全科合格并经申请批准者和依照规定原

考核取得本会会员资格者,为中国注册会计师协会的个人会员。个人会员分为执业会员和非执业会员。其中,依法取得中国注册会计师执业证书的,为执业会员。对注册会计师行业做出重大贡献的境内外有关知名人士,经有关方面推荐,由理事会批准,可授予中国注册会计师协会名誉会员称号。中国注册会计师协会的个人会员除享有权利,还应履行义务。会员拒不履行义务的,以及不再具备会员资格的,理事会可劝其退会或予以除名。

②团体会员 依法批准设立的会计师事务所,为中国注册会计师协会的团体会员。设立团体会员是因为考虑目前我国法律规定,注册会计师必须加入会计师事务所才能接受委托承办业务。会计师事务所作为协会会员的团体会员,便于协会对其实施有效的监督,也便于会计师事务所向协会反映工作中的意见和建议。

（2）协会权利机构和常设办事机构

①会员代表大会 中国注册会计师协会最高权力机构为全国会员代表大会。全国会员代表大会每五年举行一次,必要时,由本会理事会决定延期或提前举行,延期召开全国会员代表大会的期限不得超过一年。全国会员代表大会代表采取选举、协商和特邀的办法产生,其产生办法由上一届理事会决定。

②理事会与常务理事会 全国会员代表大会选举理事若干人组成本会理事会。每届理事会任期五年,理事可以连选连任。理事会会议每年举行一次,必要时,可以提前或推迟召开。理事会对全国会员代表大会负责。理事会选举会长一人、副会长若干人、常务理事若干人。会长、副会长、常务理事的任期与理事相同。理事会可聘请名誉会长若干人。常务理事会于理事会闭会期间行使理事会职权。

③常设执行机构 中国注册会计师协会设秘书处,为本会常设执行机构。秘书处负责具体落实本会会员代表大会、理事会、常务理事会的各项决议、决定,承担本会的日常工作。本会设秘书长一人、副秘书长若干人。秘书长和副秘书长由财政部推荐,理事会表决通过。秘书长为本会的法定代表人。秘书长主持秘书处日常工作,副秘书长协助秘书长工作。秘书处各职能部门的设置,由秘书长提出方案,经理事会审议后,报财政部批准。

④专门委员会与专业委员会 理事会设若干专门委员会。专门委员会是理事会履行职责的专门工作机构,对理事会负责。理事会设若干专业委员会。专业委员会负责处理行业发展中的专业技术问题,对理事会负责。各专门委员会、专业委员会的设置、调整、具体职责和运作规则,以及委员的聘任和解聘,由秘书长提出方案,理事会批准。

⑤地方注册会计师协会 各省、自治区、直辖市注册会计师协会是中国注册会计师协会的地方组织,其章程由当地会员代表大会依法制定,并报中国注册会计师协会和当地政府主管行政机关备案。省、自治区、直辖市以下成立注册会计师协会,须经省级注册会计师协会批准,报中国注册会计师协会备案,其组织运行、职责权限,依照国家法律、行政法规及所在地省级协会的规定办理。

（3）注册会计师注册

根据《注册会计师注册办法》（财政部令第25号）的规定,具备下列条件之一,并在中国境内从事审计业务工作2年以上者,可以向省级注册会计师协会申请注册:

①参加注册会计师全国统一考试成绩合格。

②经依法认定或者考核具有注册会计师资格。

省级注册会计师协会负责本地区注册会计师的注册及相关管理工作。中国注册会计师协会对省级注册会计师协会的注册管理工作进行指导。

注册申请人有下列情形之一的，不予以注册：

①不具有完全民事行为能力的。

②因受刑事处罚，自刑罚执行完毕之日起至申请注册之日止不满 5 年的。

③因在财务、会计、审计、企业管理或者其他经济管理工作中犯有严重错误受行政处罚、撤职以上处分，自处罚、处分决定生效之日起至申请注册之日止不满 2 年的。

④受吊销注册会计师证书的处罚，自处罚决定生效之日起至申请注册之日止不满 5 年的。

⑤因以欺骗、贿赂等不正当手段取得注册会计师证书而被撤销注册，自撤销注册决定生效之日起至申请注册之日止不满 3 年的。

⑥不在会计事务所专职执业的。

⑦年龄超过 70 周岁的。

注册会计师有下列情形之一的，由所在地的省级注册会计师协会撤销注册，收回注册会计师证书：

①完全丧失民事行为能力的。

②受刑事处罚的。

③自行停止执行注册会计师业务满 1 年的。

注册会计师有下列情形之一的，由所在地的省级注册会计师协会注销注册：

①依法被撤销注册，或者吊销注册会计师证书的。

②不在会计事务所专职执业的。

4.5 国际审计组织

4.5.1 最高审计机关国际组织（INTOSAI）

最高审计机关国际组织是联合国经济和社会理事会下属的、一个由联合国成员国的最高审计机关组成的永久性国际审计组织，联合国组织及其任何一个专门机构中的所有成员国的最高审计组织均可参加，但各国政府对国际审计组织不承担任何义务。最高审计机关国际组织创立于 1953 年，1968 年在东京召开的第六次会议上，通过了组织的章程，正式宣布成立最高审计机关国际组织，受联合国经社理事会领导。截至 2016 年，该组织有成员 186 个。该组织每三年召开一次全体成员会议，就审计的原则、方向、理论、方法和技术等方面的问题进行交流，以有助于各成员研究、改进和加强政府审计工作。我国于 1982 年派代表参加了该组织在马尼拉召开的第十一届代表大会，并于 1983 年我国审计署成立后正式加入了该组织。我国审计署加入这一国际组织，有利于与外国审计机关交流经验，互通信息，有利于借鉴国外审计理论和方法，加速我国审计事业的发展。

最高审计机关国际组织下设以下机构：

①最高审计机关国际会议　最高审计机关国际会议每三年举行一次，由其中一个成员

国的最高审计机关主持。这也是最高审计机关国际组织所有成员进行集中交流的主要形式。会议期间，所有成员欢聚一堂，交流经验，探讨问题，并研究通过旨在促进提高各国政府有效履行公共职责的提案。联合国、世界银行和其他国际性和专业性组织也会参加这一盛会，这充分显示了最高审计机关国际组织与这些国际组织的良好关系。

②管理理事会　是最高审计机关国际组织的领导机构，由16个成员国组成。管理理事会在非国际会议年举行一次会议，以保持最高审计机关国际组织工作的连续性。为使管理理事会具有广泛的代表性，最高审计机关国际组织的7个区域性工作组织和一些主要的审计委员会均派出代表担任理事会成员。理事会主席由上届国际会议主持国最高审计机关的审计长担任。

③总秘书处　位于奥地利维也纳，是最高审计机关国际组织的日常办事机构。其主要职责是管理最高审计机关国际组织的财务预算，为理事会和国际会议提供支持，促进成员间的交流，并组织专家研讨会和各类学习培训，秘书长由奥地利审计院院长担任。

④区域性工作组织　最高审计机关国际组织有7个区域性组织，其主要职责是在各地区促进最高审计机关国际组织各项工作目标的实现，并促进各成员国加强对区域性问题的关注。这7个区域性工作组织分别是：最高审计机关拉丁美洲和加勒比海组织；最高审计机关非洲组织；最高审计机关阿拉伯组织；最高审计机关亚洲组织；最高审计机关南太平洋组织；最高审计机关加勒比海组织；最高审计机关欧洲组织。

⑤委员会和工作组　最高审计机关国际组织的许多技术性工作由其下属的委员会和工作组负责。他们负责颁布标准、工作指引、审计方法、文献目录和其他实用的参考资料。各成员国通过直接加入委员会，评论委员会颁布的各类标准和文献以及参加委员会的各类专业会议来参与委员会的工作。目前主要有9个专业委员会和3个工作小组。9个专业委员会为：审计准则委员会；会计准则委员会；内部控制准则委员会；数据处理委员会；公共债务委员会；计算机审计委员会；财务与管理委员会；知识分享委员会；能力建设委员会。3个工作小组为：环境审计工作小组；项目评估工作小组；民营化工作小组。

4.5.2　国际内部审计师协会

国际内部审计师协会（Institute of Internal Auditors，IIA）是由内部审计人员组成的国际性审计职业团体，其前身是美国内部审计师协会。1941年，美国内部审计师协会在纽约正式成立，标志着传统内部审计工作开始向现代内部审计发展。这一年也被称为内部审计的奠基年。内部审计协会自成立以来，发展相当迅速。1944年美国内部审计师协会在加拿大多伦多设立分会，开始跨越国境开展活动。随后，1948年又在伦敦设立分会，到20世纪50年代逐步发展成为国际性组织。1947年该协会制定了《内部审计师职责条例》，规定了内部审计人员的职责和工作范围。同时，一些审计专著也相继问世。虽然协会成立时只有24名会员，但它意味着内部审计已经产生相当大的社会影响，条件的制定和专著的出版，表明当时内部审计已经从实践上升为理论，并为以后的发展奠定了基础。

20世纪60年代，内部审计师协会的成员已发展到4 600人，代表着2 000多个企业。到20世纪70年代后期，内部审计有了更大的发展。1978年6月，内部审计师协会又拟订了《内部审计专业实务准则》，对内部审计的含义、职责、独立性、机构和人员，以及工作范围和工作程序等都作了原则性的规定。1972年开始实行注册内部审计师制度，取得注册内部审计师资格需经过考试，考试合格者可以取得注册内部审计师的资格。内部审计师协会主管注册内部审计师的考试、建立职业道德规范和制定内部审计的实务标准。1947年制定的《内部审计师职责条例》，于1981年进行第四次修订。到2010年年底，内部审计师协会已发展为拥有200多个分会和17万多名会员的国际性学术团体，分布在100多个国家和地区，每年定期召开一次国际会议，讨论内部审计的学术问题。1985年7月在澳大利亚悉尼召开的第44次会议特邀我国代表列席参加。1987年，内部审计师协会在美国纽约举行了理事会，批准中国内部审计协会以国家分会形式加入该组织。从此，中国内部审计协会成为国际内部审计师协会的成员，标志着中国内部审计步入了国际化的轨道。CIA是国际注册内部审计师（Certified Internal Auditor）的英文简称，它不仅是国际内部审计领域专家的标志，也是目前国际审计界唯一公认的职业资格，1998年中国内部审计协会与IIA签订协议，将IIA在国际上举办的国际注册内部审计师考试引入中国，并取得成功。

国际内部审计师协会的机构主要有：

①理事会　是协会的最高领导机构，由执行委员会委员、大区组织和地区组织的主任和一般主任组成。他们来自各行各业的内部审计师，作为志愿者为协会无偿服务，任期一年。理事会的主要职责是审批协会工作计划，预算、受理各委员会提出的建议，指导协会的工作。

②执行委员会　由理事会主席、第一副主席、三位副主席、国际秘书、国际司库、三名近期前任理事会主席组成。负责监督协会日常工作。

③国际委员会　是下列各总称，在组织体系上属于执行委员会领导。各国际委员会的成员全部是由志愿者担任。专业实务部，负责发表《内部审计实务标准》；高级技术委员会，负责发表《内部审计实务标准公告》；专业标准委员会，负责发表《内部审计实务标准说明》；专业问题委员会，就一些专业性问题向协会提出建议。

④总部　负责处理协会的日常事务工作，由协会常任主席领导，设在美国佛罗里达州。总部下设与执行委员的各国际委员会对口的机构以为其服务。总部还设有财务部，以处理协会日常财务收支。

4.5.3　美国注册会计师协会（AICPA）

美国注册会计师协会（American Institute of Certified Public Accountants，AICPA）成立于1887年。AICPA的前身为1887年成立的美国公共会计师协会（American Association of Public Accountants，AAPA）。在运作多年后的1916年，AAPA更名为美利坚会计师协会，一年后再次改名为美国会计师协会，这个名称延续了40年。在1957年，协会通过用Certified Public Accountants取代"Accountants"，故此，美国注册会计师协会的名称被正式固定下来，并延续至今，成为美国乃至世界上财务领域中最权威和最富盛名的职业组织。AICPA在成立时仅有31名会员。在草创时期，AICPA作为全国性会计职业组织的地位曾受到过两次严峻的挑战。第一次是1902年成立的美国公共会计师团体联合会。第二次是1921年成立的美国注册会计师公会。但是由于罗伯特·蒙哥马利等一批有识之士的中流砥柱般的坚持和努力，1905年10月和1936年10月，AICPA分别实现了与美国公共会计师联合会和美国注册会计师公会的合并，完成了美国公共会计职业组织的统一。

1917年，AICPA以联邦储备委员会文告形式，发表了《资产负债表的编制方法》，成为第一份具有"权威性支持"的会计准则。经过1929年和1936年两次修订，该文告对当时的会计实务产生了重要影响。1932年会计程序委员会（Committee on Accounting Procedure）成立，标志着AICPA对会计准则的系统研究。1959年会计原则委员会（Accounting Principles Board，APB）取代了会计程序委员会，继续制定和发布会计准则。20世纪60年代中期，APB作为准则制定机构的合法性开始受到质疑。为此，AICPA于1972年成立了惠特委员会（Wheat Committee），专门研究制定会计准则的建制问题。根据该委员会的建议，美国于1973年成立了独立于AICPA的财务会计准则委员会（FASB），揭开了会计准则制定的新篇章。

在审计标准方面，1939年AICPA成立审计程序委员会。委员会对存货和应收账款的审核、独立审计师的聘用以及审计报告的格式等提出了若干建议，并在此基础上形成了第一号审计程序公告——审计程序之扩展。仅1948年该委员会就发布了10项公认审计准则。1972年AICPA成立审计准则执委会（Auditing Standards Executive Committee），取代审计程序委员会。1977年审计准则执委会再改组为审计准则委员会（Auditing Standards Executive Committee）。鉴于社会对CPA审计的批评，AICPA于1977年成立了会计事务所部，将职业自律由个人延伸到实体。其后，它又一分为二，即上市公司部和非上市公司部。它们为同业复核提供了组织上的保证。

因为在美国会计行业扮演着越来越重要的角色，AICPA的会员人数不断增加。同时，AICPA内部的设置也越来越规范和全面。AICPA设有管理理事会，决定协会的各项活动和政策，由大约260名来自各州的成员组成。理事会每年召开两次会议，讨论AICPA重要的决策和战略性问题。董事会作为理事会的执行委员会，负责协会理事会会议闭会期间的工作。董事会由二十三名成员组成，包括16位董事、3位公众代表、1位主席、1位副主席、1位上届主席，以及1位会长，会长是协会的工作人员。AICPA设有以下委员会：会计及检查服务委员会、会计准则执行委员会、同业互查委员会、审计准则委员会、考试委员会、管理后续教育委员会、信息技术执行委员会、咨询服务执行委员会、个人财务计划执行委员会、私营公司业务执行委员会、职业道德执行委员会、SEC业务部门执行委员会，以及税务执行委员会等。

▲ 本 章 小 结

我国审计监督体系由政府审计、内部审计和社会审计构成。政府审计、内部审计和社会审计三者互不隶属。

政府审计是由国家审计机关代表政府依法进行的审计，主要监督检查各级政府及其部门的财政收支及公共资金的收支、运用情况。我国政府审计机关是国家行政机关的组成部分，是根据宪法、审计法及其他有关法律的规定建立起来并进行活动的，分为中央审计机关和地方审计机关两个层次。

内部审计是由各部门、各单位内部设置的专门机构或人员实施的审计，主要监督检查本部门、本单位的财务收支和经营管理活动。我国的内部审计机构包括部门内部审计机构和单位内部审计机构。

社会审计是指由注册会计师组成的会计师事务所进行的审计，主要业务类型包括审计业务、审阅业务、其他鉴证业务和相关服务业务。

思 考 题

1. 简述我国审计体系的构成。
2. 从全世界各国看政府审计机构的设置有哪些类型？
3. 政府审计机关的职责是什么？
4. 简述内部审计的概念及其设置、内部审计的职责。
5. 简述注册会计师审计的概念和业务范围。
6. 政府审计、内部审计及社会审计有何异同？

第 5 章 审计方法和技术

【学习目标】
1. 了解审计方法与审计目标及审计证据之间的关系、审计技术方法的运用条件。
2. 明确审计的一般方法及其特点。
3. 掌握具体审计方法的具体运用。

5.1 审计方法概述

5.1.1 审计方法的含义

审计方法是指审计人员检查和分析审计对象，收集审计证据，并对照审计依据，形成审计结论和意见的各种专门手段的总称。

审计方法是从长期审计实践中总结和积累起来的。审计人员在审计工作过程中，为了实现审计目标，完成审计任务，必须运用各种审计方法，对审计对象进行审查和评价，收集各种审计证据，以便据以发表审计意见和做出审计结论。

审计方法的选用贯穿于整个审计工作过程，而不只存在于某一审计阶段或某几个环节。审计工作从制定审计计划开始，直至出具审计意见书、依法做出审计决定和最终建立审计档案，都存在运用审计方法的问题。关于审计方法概念的表达，归纳起来大致有两种不同的观点：一种是狭义的审计方法，即认为审计方法是审计人员为取得充分有效审计证据而采取的一切技术手段；另一种是广义的审计方法，即认为审计方法不应只是用来收集审计证据的技术，而应将整个审计过程中所运用的各种方式、方法、手段、技术都包括在审计方法的范畴之内。

5.1.2 审计方法的选用

5.1.2.1 审计方法的选用原则

在审计过程中，如果选用合理的审计方法，便能提高审计工作的效率，收到事半功倍的结果。相反，如果采用的审计方法不合理，不但不能以一定的人力、物力取得必要的审计证据，而且可能误入歧途，导致错误的审计意见和结论。因此，审计方法的选用，应当遵循以下原则：

①审计方法的选用要适应审计的目的 审计方法是达到审计目的的手段，要达到不同的审计目的，就需要使用不同的审计方法。如在财经法纪审计中，可根据有关线索，对有关方面进行详细审查；在财政财务审计中，则在评价被审计单位内部控制系统的基础上，

决定进行详查还是抽查等。

②审计方法的选用要适合审计方式　不同的审计方式，所需审计证据不同，可以取证的途径不同，就要采取不同的审计方法。如对被审计单位进行财务审计采用报送审计的方式时，就无法采用盘点法、观察法，而在采取就地审计方式时，这些方法就可以选用。

③审计方法的选用要联系被审计单位的实际情况　被审计单位经营管理良好，内部控制比较健全有效，就可选用抽查的方法。相反，被审计单位经营管理较差，内部控制不完善，财会工作混乱，则应选用详查的方法。

④审计方法的选用要依据审计人员的素质　作为一项技术性很强的工作，审计业务既要求审计人员具有相应的专业知识和其他相关学科的专门知识，又要求审计人员具有丰富的实践经验、敏锐的观察力和职业判断能力。但是，审计职业人员同其他职业人员相比，也并无"先见之明"，要真正让每个职业审计人员都成为"通才"是很难做到的。因此，为充分利用每个审计人员的业务能力，又能保证收集到所需的恰当证据，在选用审计方法时必须考虑审计人员的综合素质，即要看该审计人员的素质是否与运用该方法时所需要具备的知识和能力相适应。

⑤审计方法的选用要考虑审计结论的保证程度和审计成本　审计结论的保证程度不同，需要办理的审计手续也各不相同，保证程度越高，办理的审计手续也要求越精密，从而也就决定了审计方法的选用。若要保证审计结论100%可靠，则必须进行详查，也就必然要综合运用各种审计方法；如果保证程度是90%，就可以采用抽样审查。审计成本也决定了审计方法的选用。审计人员既要考虑成本的限制，又要考虑由于降低成本而对审计结论产生的影响，通过综合比较后，再决定应选用的审计方法。

所以，科学、合理地选用审计方法，对做好审计工作，提高审计工作质量具有重要意义。

5.1.2.2　审计方法之间的关系

现代审计方法日趋多样化和现代化，已形成一个完整的审计方法体系，而每种方法都有各自的目的性和适用性，这些方法之间不是互相排斥的，而是紧密联系的，甚至相互交叉。例如，在审计实务中，采用顺查法时，局部可以采用逆查法。采用逆查法时，局部也可采用顺查法。顺查时可以详查，也可以抽查；逆查时可以抽查，也可以详查。但从方法本身特点来看，顺查法更适用采取详查法，逆查法更适合采用抽查法。审查账面资料的方法和审计调查、审计取证的方法之间也存在比较密切的关系。例如，在顺查时同时使用核对法和审阅法等，盘点法通常与调节法相结合，等等。因此，在审计工作中，审计人员要注意审计方法之间的内在联系，注意它们之间的相互关系，从而合理地选用审计方法，以提高审计工作的效率和质量。

5.1.2.3　审计方法、审计目标与审计证据之间的关系

不同的审计目标，需要获取不同的审计证据，因而选用的审计方法也不相同。在选用审计方法时，要注意审计方法与审计证据、审计目标的一致性。有时，一种审计方法可用来获取多种审计证据，或者一种审计证据需要运用多种审计方法去搜集。在审计工作中，审计人员应根据成本效益原则，依据审计目标和审计项目的重要性，恰当地选用最为有效的审计方法。

5.2 审计的一般方法

5.2.1 审查书面资料的方法

审查书面资料的方法是审计最基本的方法，是审计人员通过审查书面资料以获取审计证据的一类审计方法，不管是过去还是现在，不管是国内还是国外，都广泛地采用这类方法。这类方法审查的对象主要是会计凭证、会计账簿和财务报表，因此也叫查账法。

审查书面资料的方法，可以按不同的标准划分为下列各种方法。

5.2.1.1 按审查书面资料的技术可分为审阅法、核对法、查询法、比较法和分析法

（1）审阅法

审阅法是指仔细地审查和翻阅会计凭证、会计账簿和财务报表以及计划、预算、决策方案、合同等书面资料，借以查明资料及经济业务的公允性、合法性、合规性，从中发现错弊或疑点，收集书面证据的一种审查方法。

审阅法在财政财务审计中运用最为广泛，主要是审阅会计凭证、会计账簿、财务报表以及诸如计划方案、预算、合同等其他相关资料。对原始凭证的审阅，主要看原始凭证上反映的经济业务是否符合规定，反映的经济内容是否合法合理。还要看凭证上记载的抬头、日期、数量、单价、金额等方面的字迹是否清晰，数字是否相符。如有不符合规定的情况或有涂改字迹、数字的情况，就可能存在舞弊行为。还要审阅填发原始凭证的单位名称、地址和图章，审查凭证的各项手续是否完备。对记账凭证的审阅，主要审阅记账凭证是否附有合法的原始凭证；记账凭证的记载是否符合会计准则的规定，是否依据会计原理，所记账户名称和会计分录是否正确，有无错用账户或错记方向的情况，有无制单人、复核人和主管人签字等。对账簿的审阅，主要是审阅明细记录的内容是否真实、正确，其账户对应关系是否正确、合理，有无错误或舞弊，特别是注意审阅应收应付账款、材料成本差异、管理费用、制造费用、销售费用、财务费用等容易掩盖错弊和经常反映会计转账事项的账簿。对财务报表的审阅，主要是审阅报表项目是否按制度规定编制；其对应关系是否正确，双方合计数是否相符，并按各报表之间有关项目的勾稽关系，核对相关的数据是否一致，审阅各项目是否合理、合规、合法，有无编制人员和审核人员的签章，有无违反财经纪律的现象，有无异常变化现象。

除此之外，对计划资料、预算、合同和其他有关经济资料也应审阅，以便掌握情况，发现问题，获取证据。在实际工作中，可以把审阅法与核对法结合起来加以运用。

（2）核对法

核对法是指对会计凭证、会计账簿和财务报表等书面资料之间的有关数据按照其内在联系进行相互对照检查，借以查明证证、证账、账账、账表、表表之间是否相符，从而取得有无错弊的书面证据的一种复核查对的方法。

在核对会计资料时，一般主要核对下列内容：

①核对原始凭证的数量、单价、金额和合计数是否相符。

②核对记账凭证与其所附原始凭证是否相符，原始凭证的合计数与记账凭证的合计数

是否相符，原始凭证的张数与金额是否相符。

③核对记账凭证是否已记入相关日记账、明细账和总账。

④核对各明细账户的余额合计数与总账中有关账户的余额是否相符。

⑤核对总账各账户的期初余额、本期发生额和期末余额的计算是否正确，各账户的借方余额合计与贷方余额合计是否平衡。

⑥核对财务报表的数字是否与总账余额或明细账余额相符。

⑦核对银行对账单、客户往来清单等外来对账单是否与本单位有关账项的记载相符。

⑧核对资产负债表、利润表、股东权益变动表、现金流量表上的数字计算是否正确无误。

⑨核对资产负债表、利润表、股东权益变动表、现金流量表之间以及利润表与利润分配表、营业收支明细表之间的相关数字是否相符。

⑩核对账卡上所反映的实物余额是否与实际存在的实物数额相符。

通过上述详细核对之后，可以较容易地发现会计资料和相关记录中存在的差错和问题，然后再进一步分析其性质。有的可能是一般工作的差错，有的则可能是违法乱纪行为，应依据问题的性质及其严重程度进行相应的处理。

审计人员在核对过程中应认真细致、有条不紊，这样才能不致遗漏和重复。为了使这项工作井然有序，就需要使用一些符号，符号多种多样，既可用本书上提供的，也可以自己创造。一般使用的符号有以下几种：

√——表示已经核对。

×——表示所核对的资料有错误。

?——表示所核对的资料可能有问题，待查。

!——表示所核对的数据有待调整。

\——表示有待详查。

5/2——表示已核对至5月2日。

（3）查询法

查询法是指审计人员对审计过程中所发现的疑点和问题，通过向被审计单位内外有关人员调查和询问，弄清事实真相并取得审计证据的一种方法。

查询法又分为面询和函询两种方式。面询是审计人员向被审计单位内外的有关人员当面征询意见，核实情况。征询意见时可采用面谈，也可采用书面形式回答。函询是通过向有关单位发函来了解情况取得审计证据的一种方式。这种方式一般用于往来款项的查证。运用查询法时，审计人员要讲究方式方法，谋求被询单位和人员的真诚合作，提供真实有用的审计证据。

（4）比较法

比较法是指对被审计单位的被审计项目的书面资料同相关的标准进行比较，确定它们之间的差异，经过分析从中发现问题取得审计证据的一种方法。比较法大多通过有关指标进行比较，包括绝对数的比较和相对数的比较。

指标绝对数比较适用于同质指标数额的对比。绝对数比较法的主要内容有：实际指标与计划指标比较；本期实际指标与上期实际指标或历史最高水平比较；被审计单位的指标与同行业先进单位的同质指标比较；等等。比较后得出的差异，可用作审计证据，并据以作进一步分析。

指标相对数比较是指对不能直接比较的指标，可先将对比的指标数值换算为相对数，然后比较各种比率。如考核和比较规模不同的企业之间的利润水平时，可利用企业资本金利润率进行比较，借以评价被审计单位的财务状况和经济效益。

（5）分析法

分析法是通过对会计资料的有关指标的观察推理、分解和综合，以揭示其本质和了解其构成要素的相互关系的审计方法。

分析法在审计工作中运用较为广泛。通过分析发现存在的差距和问题以后，需进一步分析原因，提出改进的方法。分析法是一项技术性较高、说服力较强的取证手段，它要求审计人员具有较高的专业判断能力和审计经验，并运用一定的方式和程序，确保检查风险降至可接受水平。审计分析法按其分析的技术分类，可以分为比较分析、比率分析、账户分析、账龄分析、平衡分析和因素分析等方法。

5.2.1.2 按审查书面资料的顺序可以分为顺查法和逆查法

（1）顺查法

顺查法又称为正查法，是按照会计核算的处理顺序，依次对证、账、表各个环节进行检查核对的一种方法。会计人员处理会计业务的顺序是：首先取得经济业务的原始凭证，审核无误后编制记账凭证；然后根据记账凭证分别记入明细账、日记账和总账；最后根据账簿记录编制会计报表。

顺查法的特征：一是从审查原始凭证出发，着重审查和分析经济业务是否真实、正确、合法、合规；二是审查记账凭证，并与原始凭证核对，查明会计科目处理、数额计算是否正确、合规，核对证证是否相符；三是审查会计账簿，并与记账凭证核对，查明记账、过账是否正确，核对账证、账账是否相符；四是审查和分析财务报表，并与有关总账和明细账核对，查明报表各项目是否正确完整，核对账表、表表是否相符。

顺查法的最大优点是系统、全面，可以避免遗漏。其缺点是面面俱到，不能突出重点，工作量太大，耗费人力、时间太多。因此，只对那些业务十分简单，或一些已经发现有严重问题的单位或单位中的某些部门进行审计时，才使用这种方法，以便查清全部问题。

（2）逆查法

逆查法又称为倒查法，是按照会计核算相反的处理程序，依次对表、账、证各个环节进行检查核对的一种方法。

逆查法的特征：一是从审查和分析被审计单位财务报表出发，从中发现并找出异常和有错弊的项目，据以确定下一步审查的线索和重点；二是根据所确定的可疑账项和重要项目，追溯审查会计账簿，进行账表、账账核对；三是进一步追查记账凭证和原始凭证，进行账证、证证核对，以便查明主要问题的真相、原因及结果。

逆查法的最大优点是便于抓住问题的实质，还可以节省人力和时间，有利于提高审计的工作效率。其缺点是不能全面地审查问题，仅仅根据审计人员的判断而做重点审查，因此易有遗漏。如果审计人员能力不强、经验不足，很难保证审计的质量。对于规模较大、业务较多的大中型企业单位和凭证较多的行政事业单位，都可以采用这种方法。

5.2.1.3 按审查书面资料所涉及的数量可以分为详查法和抽查法

（1）详查法

详查法是指对被审计单位一定时期内的所有会计凭证、会计账簿和财务报表或某一项目的全部会计资料进行详细审查的方法。

详查法的特征是：对所审查的被审计单位一定时期的会计凭证、会计账簿和财务报表等会计资料和其所反映的财务收支及有关经济活动作全面、详细的审查，巨细无遗，以查明被审计单位或被审计项目所存在的各种差错和舞弊。

详查法的主要优点是能全面查清被审计单位所存在的问题，特别是对弄虚作假、营私舞弊等违反财经法纪行为，一般不易疏漏，以保证审计质量。其缺点是工作量太大，耗费人力和时间过多，审计成本高，故难以普遍采用，只能用于规模较小的企事业单位或特定情况。

（2）抽查法

抽查法又称抽样法，是指从被审计单位审查期的全部会计资料中抽取一部分进行审查，并根据审查结果推断总体的一种方法。

抽查法的特征是：根据被审计期间的审计对象总体的具体情况和审计的目的与要求选取具有代表性的样本，然后根据抽取样本的审查结果来推断总体，或推断其余未抽查部分。

抽查法的主要优点是能明确审查重点，省时省力，具有效率高、成本低和事半功倍的效果。其缺点是审计结果过分依赖抽查样本的合理性，如果抽样不合理，或缺乏代表性，抽查结果往往不能发现问题，甚至以偏概全，做出错误的审计结论。特别是对于发生频率较低的舞弊行为，较难发现。因此，这种方法仅适用于内部控制系统较健全、会计基础较好的企事业单位。

从详查法发展到抽查法，是现代审计的一个重要发展。现代审计的一大进步就是在评审被审计单位内部控制系统的基础上实施抽样审计。在使用抽查法审计时，并不完全排除进行详细检查，只有把两者有机地结合起来，才能做到既可以保证审计质量又可以节约审计资源。

5.2.2 证实客观事物的方法

证实客观事物的方法，是审计人员搜集书面资料以外的审计证据，证明和落实客观事物的形态、性质、存放地点、数量和价值等的方法。这类方法包括盘点法、调节法、观察法和鉴定法。

①盘点法 又称实物清查法，是指对被审计单位各项财产物资进行实地盘点，以确定其数量、品种、规格及其金额等实际状况，借以证实有关实物账户的余额是否真实、正确，从中收集实物证据的一种方法。

盘点法按其组织方式，分为直接盘点和监督盘点两种。

直接盘点是由审计人员亲自到现场盘点实物，证实书面资料与有关的财产物资是否相符的方法。在直接盘点方式下，对于容易出现舞弊行为的现金、银行存款和贵重的原材料，应采用突击性的盘点。突击性盘点是指事先不告知经管财产的人员在什么时间进行盘点，以防止经管人员在盘点前，对财产保管工作中的挪用、盗窃及其他弊端加以掩饰。对于大宗原材料、产品成品等，应采用抽查性的盘点。抽查性的盘点，是指不对所有的财产物资都进行盘点，而只是对一部分财产物资进行抽查核实，以便检查日常盘点工作质量的优劣，检验盘点记录是否真实和正确，查明财产物资是否安全、完整，有无损坏或被挪用、贪污和盗窃等情况。

监督盘点是指为了明确责任，审计人员不亲自进行盘点，而是由经管财产人员及其他有关人员进行实物盘点清查，审计人员只是在一旁对实物盘点进行监督，如发现疑点可以要求复盘核实。在监督盘点方式下，也可以采用突击性盘点和抽查性盘点形式。监督盘点一般用于数量较大的实物，如原材料、周转材料等。

②调节法　是指在审查某个项目时，通过调整有关数据，从而求得需要证实的数据的方法。

在审计过程中，往往出现现成的数据和需要证实的数据不一致，为了证实数据是否正确，可采用调节法。如对银行存款实存数的审查，通常运用调节法编制银行存款余额调节表，对企业单位与开户银行双方所发生的"未达账项"进行增减调节，以便根据银行对账单的余额来验证银行存款账户的余额是否正确。

运用调节法还可以证实财产物资是否账实相符。当盘点日与书面资料结存日不同时，结合实物盘点，将盘点日期与结存日期之间新发生的出入数量对结存日有关财产物资的结存数进行调节，以验证或推算结存日有关财产物资的应结存数。其计算公式为：

结存日数量＝盘点日盘点数量＋结存日至盘点日发出数量－结存日至盘点日收入数量

【例】某企业 2017 年 12 月 31 日账面结存 A 材料 2 000 千克，通过审阅和核对并无错弊。2018 年 1 月 1 日至 15 日期间收入 35 000 千克，发出 34 500 千克。1 月 1 日期初余额及收发数额均经核对、审阅和复算无误。2018 年 1 月 15 日下班后监督盘点实存量为 2 800 千克。调节计算如下：

结存日数量＝2 800＋34 500－35 000＝2 300（千克）

经过上述调节计算，2017 年 12 月 31 日的实存数为 2 300 千克，与账面记录的 A 材料 2 000 千克不一致。审计人员应要求有关人员说明原因，并进行核实。如有故意歪曲事实者，应进一步查明责任人员，并追究其责任。

③观察法　是指审计人员进驻被审计单位后，对于生产经营管理工作的进行、财产物资的保管、内部控制系统的执行等，亲临现场进行实地观察，借以查明被审计单位经济活动的事实真相，核实是否符合有关标准和书面资料的记载，以取得审计证据的方法。

进行财政财务审计和经济效益审计时，一般要运用观察法进行广泛的实地观察，收集书面资料以外的审计证据。审计人员应深入被审计单位的仓库、车间、科室、工地等现场，对其内部控制系统的执行情况、财产物资的保管和利用情况、工人的劳动效率和劳动态度等生产经营管理活动情况进行直接观察，从中发现薄弱环节以及所存在的问题，以便收集审计证据，提出建议和意见，促进被审计单位改进经营管理，提高经济效益。

应用观察法时，要与查询法等其他审计方法结合起来，才能取得更好的效果。必要时，可以视具体情况和要求，对现场进行摄影或拍照，作为审计证据。

④鉴定法　可应用于财政财务审计、财经法纪审计和经济效益审计。如对实物性能、质量、价值的鉴定，涉及书面资料真伪的鉴定，以及对经济活动的合理性和有效性的鉴定等；如伪造凭证的人不承认其违法行为，可通过公安部门鉴定其笔迹，以确定其违法行为；

又如对质次价高的商品材料的质量情况难以确定时,请商检部门通过检查化验确定商品质量和实际价值等;还可以邀请基建方面的专家,对基建工程进行质量检查等。这是通过观察法不能取证时,必须使用的一种方法。在聘请有关人员时,应判断被聘人员能否保持独立性以及与被鉴定事项所涉及的有关方面有无利害关系。鉴定后,应正式出具鉴定报告并签名,以明确责任。鉴定法的鉴定结论必须是具体的、客观的和准确的,并作为一种独立的审计证据,详细地记入审计工作底稿。

5.3 审计基本技术

5.3.1 检查

(1)检查记录或文件

检查记录或文件是指注册会计师对被审计单位内部或外部生成的,以纸质、电子或其他介质形式存在的记录或文件进行审查。

检查记录或文件的目的是对财务报表所包含或应包含的信息进行验证。例如,被审计单位通常对每一笔销售交易都保留一份客户订购单、一张发货单和一份销售发票副本。这些凭证对于注册会计师验证被审计单位记录的销售交易的正确性是有用的审计证据。

检查记录或文件可提供可靠程度不同的审计证据,审计证据的可靠性取决于记录或文件的来源和性质。外部记录或文件通常被认为比内部记录或文件更可靠,因为外部凭证由被审计单位的客户出具,又经被审计单位认可,表明交易双方对凭证上记录的信息和条款达成一致意见。另外,某些外部凭证编制过程非常谨慎,通常由律师或其他有资格的专家进行复核,因而具有较高的可靠性,如土地使用权证、保险单、契约和合同等文件。

(2)检查有形资产

检查有形资产是指注册会计师对资产实物进行审查。检查有形资产程序主要适用于存货和现金,也适用于有价证券、应收票据和固定资产等。

检查有形资产可为其存在性提供可靠的审计证据,但不一定能够为权利和义务或计价认定提供可靠的审计证据。在某些情况下,它还是评价资产状况和质量的一种有用的审计方法。但是,要验证存在的资产确实为客户所拥有,仅靠检查获取实物证据是不够的,并且在许多情况下,注册会计师也没有能力准确判断资产的质量状况。

5.3.2 观察

观察是指注册会计师察看相关人员正在从事的活动或执行的程序。例如,对客户执行的存货盘点或控制活动进行观察。观察提供的审计证据仅限于观察发生的时点,并且在相关人员已知被观察时,相关人员从事活动或执行程序可能与日常的做法不同,从而会影响注册会计师对真实情况的了解。因此,注册会计师有必要获取其他类型的佐证证据。

5.3.3 询问

询问是指注册会计师以书面或口头方式,向被审计单位内部或外部的知情人员获取财务信息和非财务信息,并对答复进行评价的过程。知情人员对询问的答复可能为注册会计师提供尚未获悉的信息或佐证证据,也可能提供与已获悉信息存在重大差异的信息,注册会计师应当根据询问结果考虑修改审计程序或实施追加的审计程序。询问本身不足以发现认定层次存在的重大错报,也不足以测试内部控制运行的有效性,注册会计师还应当实施其他审计程序以获取充分、适当的审计证据。

5.3.4 函证

函证是指注册会计师为了获取影响财务报表或相关披露认定的项目的信息,通过直接来自第三方的对有关信息和现存状况的声明,获取和评价审计证据的过程。如对应收账款余额或银行存款的函证。通过函证获取的证据可靠性较高,因此,函证是受到高度重视并经常被使用的一种重要程序。

5.3.5 重新计算

重新计算是指注册会计师以人工方式或使用计算机辅助审计技术,对记录或文件中的数据计算的准确性进行核对。重新计算通常包括计算销售发票和存货的总金额、加总日记账和明细账、检查折旧费用和预付费用的计算、检查应纳税额的计算等。

5.3.6 重新执行

重新执行是指注册会计师以人工方式或使用计算机辅助审计技术,重新独立执行作为被审计单位内部控制组成部分的程序或控制。例如,注册会计师利用被审计单位的银行存款日记账和银行对账单,重新编制银行存款余额调节表,并与被审计单位编制的银行存款余额调节表进行比较。

5.3.7 分析程序

分析程序是指注册会计师通过研究不同财务数据之间以及财务数据与非财务数据之间的内在关系,对财务信息做出评价。分析程序还包括调查识别出的、与其他相关信息不一致或与预期数据严重偏离的波动和关系。

5.4 审计辅助技术

5.4.1 数据分析

(1) 数据分析的概念

数据分析是通过基础数据结构中的字段来提取数据,而不是通过数据记录的格式。一个简单的例子是 Excel 工具中的 Power View,它可以过滤、排序、切分和突显出电子表格中的数据,然后用各种各样的气泡图、柱状图和饼图等方式可视化地呈现数据。可视化与其基础数据几乎一样,因此分析质量的提高程度取决于必须以正确方式提取、分析和连接的基础数据。

数据分析对于注册会计师而言是一门新学科，需要投入大量的硬件、软件、技能和质量控制。在大型企业审计中，数据分析是大中型会计师事务所应对市场需求的一个重要部分，数据分析可以应用到审计以及其他鉴证业务。数据分析能让注册会计师处理一个完整的数据集（总体中的全部交易），可让非专业人士以图形化的方式方便快速查看结果。数据分析对许多既定的概念发起挑战，包括审计本身的概念，以及执行和监管审计的方式。当检查一套完整的数据集时，就会产生关于风险评估、实质性程序和控制测试之间的差异的重要性问题。从某种程度上说，数据分析应当使注册会计师能够更容易的再次看到被审计单位的整体情况。

（2）数据分析的作用

数据分析工具可用于风险分析、交易和控制测试、分析性程序，用于为判断提供支撑并提供见解。许多数据分析常规工具可以很容易地由注册会计师执行。独立完成这些分析的能力非常重要。更高级的常规分析工具可用于风险分析以便发现问题，而更详细的分析可用来明确重点，提供审计证据和洞察力。一些常规分析工具可以提供审计证据，为会计估计的计算方法是否适当的判断提供支持。例如，如果一个企业有冲销超过一定账龄的应收款项的政策，如果常规分析工具显示，大量的贷项通知单与开具账单错误有关，那么当冲销贷项通知单时，对运用该方法的分析结果可能导致该方法看起来不是那么恰当。数据分析工具可以提高审计质量。审计质量不在于工具本身，而是在于分析和相应判断的质量。这种价值不在于数据转换，而是在于从分析产生的交谈和询问中提取的审计证据。

（3）数据分析面临的挑战

注册会计师有时自己去获取数据，但他们有时使用管理层提取并验证过的数据。注册会计师围绕管理层的数据提取和验证过程执行一套控制测试，然后将管理层生成的信息用于自己的分析。这项工作的常规方面正在逐渐外包。在任何情况下，管理层必须在注册会计师做任何事情以前进行广泛的安全性和完整性检查。

大型事务所都面临了一个基本技术问题——通过一个可使用的格式从系统中提取数据。为了开发一个可用的接口，注册会计师不得不为每一个大客户的每一系统、按照每一个排列去映射所有编码。他们也必须对完全定制的系统这样做。注册会计师正在开发多种策略，以使他们能够接入各种各样的系统。

数据和交易可以采用许多不同的方式进行分析，如通过交易类型、账户或活动代码，或者参考许多不同的数据成分。转换是关于使数据变为可用的。一个最新出现的问题是，为了实现可用性，数据应做多大程度的改变。事务所在做出这种改变之前需要仔细思考并消耗资源来进行的关键决策，是有关从常规分析工具中可能获得的审计证据的质量，以及管理层是否能转换该数据以使监管变得更加容易。"更改"客户数据所带来的不安是一个问题，但有时是不可避免的。例如，分类账中将交易错误地按照几年前已不再是法定货币的货币加以记录（而不是法定货币欧元），那么从这种分类账中提取的数据必须加以更改，以便让这些数据具有真实含义。

管理层提供给注册会计师的大量的数据中存在的一个问题，并不是"属于"事务所的。这不是一个新问题，但数据分析的规模和范围让这个问题成为关注焦点。在大容量数据存储引起一些法律和实务问题的背景下，审计质量问题则是需要保留支持关键思考过程的文档记录。注册会计师为了适应数百万兆字节的数据，为了分析上百家报告单位的数百万交易所需的基础设施，已超出了标准服务器的容量。

以何种方式保留数据，从而满足审计准则的文件记录要求，人们有不同的观点。这实质上是一个测试单个交易所需的信息是否充分的问题。有观点认为，保留大量的数据不仅成本高昂，而且对于遵守审计准则而言也是不必要的。其他人则认为，分析的数据至少需要保留很多年，因为这是数据分析平台就是这样构建的，并且他们不相信与数据保留相关的风险状况发生了改变。有人认为，由于在数据分析中使用了海量数据，与数据保留相关的风险状况已经改变。虽然数据分析平台的质量对数据保留有影响，但什么应当被保留的标准并没有改变。如果一个项目已经被测试，那么关于它的信息就应该被保留，以便在必要时再次找出该项目信息。

5.4.2 计算机辅助审计技术

（1）计算机辅助审计技术的定义

计算机辅助审计技术，是指利用计算机和相关软件，使审计测试工作实现自动化的技术。通常将计算机辅助审计技术分为两类，一类是用来验证程序/系统的，即面向系统的计算机辅助审计技术，另一类是用于分析电子数据的，即面向数据的计算机辅助审计技术。

面向系统的计算机辅助审计主要包括：平行模拟、测试数据、嵌入审计模块法、程序编码审查、程序代码比较和跟踪、快照等方法。平行模拟法是指注册会计师使用自身的应用软件，并且运用与被审计单位同样的数据文件，执行被审计单位应用软件同样的操作，以确定被审计单位自动控制的有效性或账户余额的准确性。测试数据法是指注册会计师使用被审计单位的计算机系统和应用软件处理注册会计师自身准备的测试数据，以确定被审计单位的自动控制是否正确地处理测试数据。嵌入审计模块法是指注册会计师在被审计单位的应用软件系统中嵌入审计模块，以识别特定类型的交易。程序编码审查是指注册会计师使用专业的编码审查工具，进行开发编码的独立审查，以期发现冗余代码、错误代码、恶意代码等。程序代码比较和跟踪是指注册会计师使用专业的代码比较工具，进行开发代码的比对，包括客制化开发版本和标准版之间的代码比对，不同版本程序之间代码的比对跟踪等。快照是指注册会计师使用专业的工具，将系统运行过程中的某一状态进行快照记录，以进行包括系统性能、功能、状态等的横向比较。

面向数据的计算机辅助审计技术主要包括：数据查询、账表分析、审计抽样、统计分析、数值分析等方法。

计算机辅助审计技术不仅能够提高审阅大量交易的效率，而且计算机不会受到劳累过度的影响，从这个意义上讲，计算机辅助审计技术还可以使审阅工作更具效果。与用手工的方式进行同样的测试相比较，即使是第一年使用计算机辅助审计技术进行审计，也会节省大量的审计工作量，而后续年度节约的审计时间和成本则会更多。

（2）计算机辅助审计技术的应用

广泛地应用计算机辅助审计技术的领域是实质性程序，特别是在与分析程序相关的方面。计算机辅助审计技术使得对系统中的每一笔交易进行测试成为可能,用于在交易样本量很大的情况下替代手工测试。与其他控制测试相同,计算机辅助审计技术也可用于测试控制的有效性,选择少量的交易,并在系统中进行穿行测试,或是开发一套集成的测试工具,用于测试系统中的某些交易。在控制测试中使用计算机辅助审计技术的优势是可以对每一笔交易进行测试,从而确定是否存在控制失效的情况。由于计算机辅助审计技术有助于详审海量数据,它也可用于辅助对舞弊的检查工作。

(3)计算机辅助审计工具的使用

计算机辅助审计技术是一种审计方式,因此也需要使用一定的工具来加以实现,常见的工具包括:通用类、数据库类、专业工具类等。通用类包括 Excel、Access 等。Excel 自带了大量的核算或分析的库函数或工具,但是它处理的数据量非常有限,Access 可以灵活导入数据,并可使用简单的 SQL 语言进行分析,处理数据的范围和数量大于 Excel。数据库类包括 SQL Server、Oracle 等。专用的数据库工具可以快速高效地分析大量数据,但是对分析人员的技术水平要求较高,至少必须非常精通 SQL 语言。专业工具类包括 ACL、IDEA 等。专业的分析工具一般只有审计和内部控制专业人士以及财务管理人员才会使用这些工具。

5.4.3 电子表格

即使在信息化程度极高的环境下,由于系统限制等原因,财务信息和报告的生成往往还需要借助电子表格来完成,所谓电子表格是指利用计算机作为表格处理工具,以实现制表工具、计算工具以及表格结果保存的综合电子化的软件。目前普遍使用的电子表格通常包括 Excel 等软件,通过电子表格可以进行数据记录、计算与分析,并能对输入的数据进行各种复杂统计运算后显示为可视性极佳的表格。因此,注册会计师在进行系统审计时,需要谨慎地考虑电子表格中的控制,以及类似于信息系统一般控制的设计与执行(在相关时)有效性,从而确保这些内嵌控制持续的完整性。

电子表格的特性(即开放的访问、手工输入数据和容易出错)以及编制并使用电子表格的环境的特性(如用户开发不正式、开发文档不完整、保存在局域网或本地磁盘而不是其他受控的信息系统环境中),增加了电子表格所生成的数据存在错误的风险,从而影响审计工作的进行。

因为电子表格非常容易被修改,并可能缺少控制活动,因此,电子表格往往面临重大固有风险和错误,如输入错误、逻辑错误、接口错误以及其他错误等。注册会计师应该了解相关的电子表格/数据库如何支持关键控制达到相关业务流程的信息处理目标。

信息技术的广泛应用对于审计所包含的内容产生了重大影响。随着信息技术的发展,未来的审计一定会越来越依赖先进技术,服务的内容也将从传统审计扩展为包括财务信息、内部控制等在内的综合信息。而这一切都将给注册会计师行业从业人员带来挑战,会计人员需要具备专业知识,但审计工作所涉及的信息技术领域有可能超越传统的财务审计范围,那么就需要信息技术专业人员的参与。

5.5 审计抽样方法

5.5.1 审计抽样概述

5.5.1.1 审计抽样的含义

审计抽样是指注册会计师对具有审计相关性的总体中低于百分之百的项目实施审计程序，使所有抽样单元都有被选取的机会。总体，是指注册会计师从中选取样本并期望据此得出结论的整个数据集合。抽样单元，则是指构成总体的个体项目。审计抽样应当同时具备以下三个基本特征：

①对具有审计相关性的总体中低于百分之百的项目实施审计程序。
②所有抽样单元都有被选取的机会。
③可以根据样本项目的测试结果推断出有关抽样总体的结论。

值得注意的是，只有当从抽样总体中选取的样本具有代表性时，注册会计师才能根据样本项目的测试结果推断出有关总体的结论。代表性，是指在既定的风险水平下，注册会计师根据样本得出的结论，与对整个总体实施与样本相同的审计程序得出的结论类似。样本具有代表性并不意味着根据样本测试结果推断的错报一定与总体中的错报完全相同，如果样本的选取是无偏向的，该样本通常就具有了代表性。代表性与整个样本而非样本中的单个项目相关，与样本规模无关，而与如何选取样本相关。此外，代表性通常只与错报的发生率而非错报的特定性质相关，如异常情况导致的样本错报就不具有代表性。

审计抽样并非在所有审计程序中都可使用。注册会计师拟实施的审计程序将对运用审计抽样产生重要影响。在风险评估程序、控制测试和实质性程序中，有些审计程序可以使用审计抽样，有些审计程序则不宜使用审计抽样。

5.5.1.2 审计抽样的种类

审计抽样的种类很多，其常用的分类方法是：按抽样决策的依据不同，将审计抽样划分为统计抽样和非统计抽样；按审计抽样所了解的总体特征的不同，将审计抽样划分为属性抽样和变量抽样。

（1）统计抽样与非统计抽样

统计抽样是指同时具备下列特征的抽样方法：一是随机选取样本项目；二是运用概率论评价样本结果，包括计量抽样风险。如果注册会计师严格按照随机原则选取样本，却没有对样本结果进行统计评估，或者基于非随机选样进行统计评估，都不能认为使用了统计抽样。非统计抽样则不同，审计人员全凭主观判断和个人经验来评价样本结果，并对总体做出结论。统计抽样能够客观地计量抽样风险，并通过调整样本规模精确地控制风险，这是与非统计抽样最重要的区别。注册会计师使用非统计抽样时，也必须考虑抽样风险并将其降至可接受水平，但无法精确地测定抽样风险。

审计人员执行审计抽样既可以用统计抽样，也可以用非统计抽样，还可以结合使用这两种抽样技术。不管采用何种抽样技术，都要求审计人员在设计、执行抽样和评价抽样结果中合理运用专业判断；而且只要运用得当，均可以获得充分、适当的审计证据，同时都存在某种程度的抽样风险与非抽样风险。

在统计抽样中,可能需要花很大的成本来训练审计人员掌握统计抽样技术,以及设计和执行抽样计划。但采用这种抽样技术优点如下:

①统计抽样能够科学地确定抽样规模;

②采用统计抽样需要使总体各项目被选中的机会是均等的,可以防止主观判断;

③统计抽样能计算抽样误差在预先给定的范围内的概率有多大,并根据抽样推断的要求,把这种误差控制在预先给定的范围内;

④广泛运用统计抽样便于规范审计工作,也便于审计人员为其得出的审计结论提供可辩护的依据。

当然,尽管统计抽样有上述优点,并解决了非统计抽样难以解决的问题,但是统计抽样的产生并不意味着非统计抽样的消亡。非统计抽样设计得当,也可以达到同统计抽样一样的效果。非统计抽样一般用于以下情况:某些审计测试不能用统计抽样完成,如对于分录的加总、对于记录的复核,以及与公司人员的会谈等;某些情况下,采用概率性选样或选用足够多的样本量,以保障统计推断所需的成本超过了所能带来的益处。此外,在大多数情况下,采用非统计抽样,除了在正式性上稍有逊色以外,其结果与采用统计抽样得出的结果相差无几。

综上可以看出,非统计抽样和统计抽样的选用并不影响运用于样本的审计程序的选择,也不影响获取单个样本项目证据的适当性和审计人员对已发现的样本错误所作的适当反应。在审计实务中的应用,统计抽样显得更广泛一些。

(2)属性抽样与变量抽样

属性抽样是一种用来对总体中某一事件发生率得出结论的统计抽样方法。属性抽样在审计中最常见的用途是测试某一设定控制的偏差率,以支持注册会计师评估的控制风险水平。无论交易的规模如何,针对某类交易的设定控制预期将以同样的方式运行。因此,在属性抽样中,设定控制的每一次发生或偏离都被赋予同样的权重,而不管交易的金额大小。变量抽样是一种用来对总体金额得出结论的统计抽样方法。变量抽样通常要回答下列问题:金额是多少?或账户是否存在重大错报?变量抽样在审计中的主要用途是进行细节测试,以确定记录金额是否合理。在审计实务中,经常存在同时进行控制测试和实质性程序的情况,在此情况下采用的审计抽样称为双重目的抽样。属性抽样和变量抽样的主要区别如表5-1所示。

表 5-1 属性抽样和变量抽样

抽样技术	测试种类	目标
属性抽样	控制测试	估计总体既定控制的偏差率(次数)
变量抽样	实质性程序	估计总体总金额或者总体中的错误金额

5.5.1.3 抽样风险和非抽样风险

在使用审计抽样时,审计风险既可能受到抽样风险的影响,又可能受到非抽样风险的影响。抽样风险和非抽样风险通过影响重大错报风险的评估和检查风险的确定而影响审计风险。

(1)抽样风险

抽样风险是指注册会计师根据样本得出的结论,可能不同于如果对整个总体实施与样本相同的审计程序得出的结论的风险。抽样风险是由抽样引起的,与样本规模和抽样方法相关。

控制测试中的抽样风险包括信赖过度风险和信赖不足风险。信赖过度风险是指推断的有效性高于其实际有效性的风险，也可以说，尽管样本结果支持注册会计师计划信赖内部控制的程度，但实际偏差率不支持该信赖程度的风险。信赖过度风险与审计的效果有关。如果注册会计师评估的控制有效性高于其实际有效性，从而导致评估的重大错报风险水平偏低，注册会计师可能不适当地减少从实质性程序中获取的证据，因此审计的有效性下降。对于注册会计师而言，信赖过度风险更容易导致注册会计师发表不恰当的审计意见，因而更应予以关注。相反，信赖不足风险是指推断的控制有效性低于其实际有效性的风险，也可以说，尽管样本结果不支持注册会计师信赖内部控制的程度，但实际偏差率支持该信赖程度的风险。信赖不足风险与审计效率有关。当注册会计师评估的控制有效性低于其实际有效性时，评估的重大错报风险水平高于实际水平，注册会计师可能会增加不必要的实质性程序。在这种情况下，审计效率可能降低。

在实施细节测试时，注册会计师也要关注两类抽样风险：误受风险和误拒风险。误受风险是指注册会计师推断某一重大错报不存在而实际上存在的风险。如果账面金额实际上存在重大错报而注册会计师认为其不存在重大错报，注册会计师通常会停止对该账面金额继续进行测试，并根据样本结果得出账面金额无重大错报的结论。与信赖过度风险类似，误受风险影响审计效果，容易导致注册会计师发表不恰当的审计意见，因此注册会计师更应予以关注。误拒风险是指注册会计师推断某一重大错报存在而实际上不存在的风险。与信赖不足风险类似，误拒风险影响审计效率。如果账面金额不存在重大错报而注册会计师认为其存在重大错报，注册会计师会扩大细节测试的范围并考虑获取其他审计证据，最终注册会计师会得出恰当的结论。在这种情况下，审计效率可能降低。

只要使用了审计抽样，抽样风险总会存在。抽样风险与样本规模反方向变动：样本规模越小，抽样风险越大；样本规模越大，抽样风险越小。无论是控制测试还是细节测试，注册会计师都可以通过扩大样本规模降低抽样风险。如果对总体中的所有项目都实施检查，就不存在抽样风险，此时审计风险完全由非抽样风险产生。

（2）非抽样风险

非抽样风险是指注册会计师由于任何与抽样风险无关的原因而得出错误结论的风险。注册会计师即使对某类交易或账户余额的所有项目实施审计程序，也可能仍未能发现重大错报或控制失效。在审计过程中，可能导致非抽样风险的原因主要包括下列情况：

①注册会计师选择了不适于实现特定目标的审计程序　例如，注册会计师信赖应收账款函证来揭露未入账的应收账款。

②注册会计师选择的总体不适合于测试目标　例如，注册会计师在测试销售收入完整性认定时将主营业务收入日记账界定为总体。

③注册会计师未能恰当地定义误差（包括控制偏差或错报），导致注册会计师未能发现样本中存在的偏差或错报　例如，注册会计师在测试现金支付授权控制的有效性时，未将签字人未得到适当授权的情况界定为控制偏差。

④注册会计师未能适当地评价审计发现的情况　例如，注册会计师错误解读审计证据可能导致没有发现误差。注册会计师对所发现误差的重要性的判断有误，从而忽略了性质十分重要的误差，也可能导致得出不恰当的结论。

非抽样风险是由人为因素造成的，虽然难以量化非抽样风险，但通过采取适当的质量控制政策和程序，对审计工作进行适当的指导、监督和复核，仔细设计审计程序，以及对审计实务的适当改进，注册会计师可以将非抽样风险降至可接受的水平。

5.5.2 属性抽样

属性抽样在审计中最常见的用途是测试某一设定控制的偏差率，以支持注册会计师评估的控制风险水平。在控制测试中应用审计抽样有两种方法。一种是发现抽样。这种方法在注册会计师预计控制高度有效时可以使用，以证实控制的有效性。另一种是属性估计抽样，用以估计被测试控制的偏差发生率，或控制未有效运行的频率。以下介绍第二种方法。

5.5.2.1 样本设计阶段

（1）确定测试目标

注册会计师实施控制测试的目标是提供关于控制运行有效性的审计证据，以支持计划的重大错报风险评估水平。因此，注册会计师必须首先针对某项认定详细了解控制目标和内部控制政策与程序之后，方可确定从哪些方面获取关于控制是否有效运行的审计证据。

（2）定义总体

总体是指注册会计师从中选取样本并期望据此得出结论的整个数据集合。在界定总体时，应当确保总体的适当性和完整性。适当性是指总体应适合于特定的审计目标，包括适合于测试的方向。例如，要测试用以保证所有发运商品都已开单的控制是否有效运行，注册会计师从已开单的项目中抽取样本是不能发现误差的，因为该总体不包含那些已发运但未开单的项目。完整性是指注册会计师应当从总体项目内容和涉及时间等方面确定总体的完整性。比如，如果注册会计师从档案中选取付款证明，除非确信所有的付款证明都已归档，否则注册会计师不能对该期间的所有付款证明得出结论。另外，在控制测试中注册会计师还必须考虑总体的同质性。同质性是指总体中的所有项目应该具有同样的特征。例如，如果被审计单位的出口和内销业务的处理方式不同，注册会计师应分别评价两种不同的控制情况，因而出现两个独立的总体。

（3）定义抽样单元

注册会计师定义的抽样单元应与审计测试目标相适应。抽样单元通常是能够提供控制运行证据的一份文件资料、一个记录或其中一行，每个抽样单元构成了总体中的一个项目。在控制测试中，注册会计师应根据被测试的控制定义抽样单元。例如，如果测试目标是确定付款是否得到授权，且设定的控制要求付款之前授权人在付款单据上签字，抽样单元可能被定义为每一张付款单据。如果一张付款单据包括了对几张发票的付款，且设定的控制要求每张发票分别得到授权，那么付款单据上与发票对应的一行就可能被定义为抽样单元。

（4）定义偏差构成条件

注册会计师应根据对内部控制的了解，确定哪些特征能够显示被测试控制的运行情况，然后据此定义偏差构成条件。在控制测试中，偏差是指偏离对设定控制的预期执行。在评估控制运行的有效性时，注册会计师应当考虑其认为必要的所有环节。例如，设定的控制要求每笔支付都应附有发票、收据、验收报告和订购单等证明文件，且均盖上"已付"戳记。注册会计师认为盖上"已付"戳记的发票和验收报告等证明文件的款项支付。

（6）定义测试期间

注册会计师通常在期中实施控制测试。由于期中测试获取的证据只与控制截至期中测试时点的运行有关，注册会计师需要确定如何获取关于剩余期间的证据。注册会计师可以有两种做法：①将测试扩展至在剩余期间发生的交易，以获取额外的证据。在这种情况下，总体由整个被审计期间的所有交易组成。②不将测试扩展至在剩余期间发生的交易。在这种情况下，总体只包括从年初到期中测试日为止的交易，测试结果也只能针对这个期间进行推断，注册会计师可以使用替代方法测试剩余期间的控制有效性。

5.5.2.2 选取样本阶段

（1）确定抽样方法

选取样本的基本方法包括简单随机选样、系统选样、随意选样。

①简单随机选样 使用这种方法，相同数量的抽样单元组成的每种组合被选取的概率都相等。注册会计师可以使用计算机或随机数表获得所需的随机数，选取匹配的随机样本。简单随机选样在统计抽样和非统计抽样中均适用。

②系统选样 使用这种方法，注册会计师需要确定选样间隔，即用总体中抽样单元的总数量除以样本规模，得到样本间隔，然后在第一个间隔中确定一个随机起点，从这个随机起点开始，按照选样间隔，从总体中顺序选取样本。使用系统选样方法，总体中的每一个抽样单元被选取的机会都相等，当从总体中人工选取样本时，这种方法尤为方便。但是，使用系统选样方法要求总体必须是随机排列的，如果抽样单元在总体内的分布具有某种规律性，则样本的代表性就可能较差，容易发生较大的偏差。为克服系统选样法的这一缺点，可采用两种方法：一是增加随机起点的个数；二是在确定选择方法之前对总体特征的分布进行观察。如发现总体特征的分布呈随机分布，则采用系统选样法；否则，可考虑使用其他选样方法。系统选样可以在非统计抽样中使用，在总体随机分布时也可适用于统计抽样。

③随意选样 使用这种方法并不意味着注册会计师可以漫不经心地选择样本，注册会计师要避免任何有意识的偏向或可预见性，从而保证总体中的所有项目都有被选中的机会，使选择的样本具有代表性。随意选样仅适用于非统计抽样。在使用统计抽样时，运用随意选样是不恰当的，因为注册会计师无法量化选取样本的概率。

（2）确定样本规模

样本规模是指从总体中选取样本项目的数量。在审计抽样中，如果样本规模过小，就不能反映出审计对象总体的特征，注册会计师就无法获取充分的审计证据，其审计结论的可靠性就会大打折扣，甚至可能得出错误的审计结论。因此，注册会计师应当确定足够的样本规模，以将抽样风险降至可接受的低水平。相反，如果样本规模过大，则会增加审计工作量，造成不必要的时间和人力上的浪费，加大审计成本，降低审计效率，就会失去审计抽样的意义。

在控制测试中影响样本规模的因素如下：

①可接受的信赖过度风险 在实施控制测试时，审计人员主要关注抽样风险中的信赖过度风险。可接受的信赖过度风险与样本规模反向变动。注册会计师愿意接受的信赖过度风险越低，样本规模通常越大。反之，注册会计师愿意接受的信赖过度风险越高，样本规模越小。由于控制测试是控制是否有效运行的主要证据来源，因此，可接受的信赖过度风险应确定在相对较低的水平上。

在实务中，一般的测试是将信赖过度风险确定为10%，特别重要的测试则可以将信赖过度风险确定为5%。审计人员通常对所有控制测试确定一个统一的可接受信赖过度风险水平，然后对每一测试根据计划的重大错报风险评估水平和控制有效性分别确定其可容忍偏差率。

②可容忍偏差率　在控制测试中，可容忍偏差率是指注册会计师设定的偏离规定的内部控制的比率，注册会计师试图对总体中的实际偏差率不超过该比率获取适当水平的保证。换言之，可容忍偏差率是注册会计师能够接受的最大偏差数量，如果偏差超过这一数量则减少或取消对内部控制的信赖。可容忍偏差率与样本规模反向变动。在确定可容忍偏差率时，注册会计师应考虑计划评估的控制有效性。计划评估的控制有效性越低，注册会计师确定的可容忍偏差率通常越高，所需的样本规模就越小。在实务中，注册会计师通常认为，当计划评估的控制有效性很高时，可容忍偏差率为3%～7%，但不得高于20%，超过20%时，由于估计控制运行无效，注册会计师不需进行控制测试。表5-2列示了可容忍偏差率与计划评估的控制有效性之间的关系。

表 5-2　可容忍偏差率和计划评估的控制有效性之间的关系

计划评估的控制有效性	可容忍偏差率（近似值）
高	3%～7%
中	6%～12%
低	11%～20%
最低	不进行控制测试

③预计总体偏差率　对于控制测试，注册会计师在考虑总体特征时，需要根据对相关控制的了解或对总体中少量项目的检查来评估预期偏差率。注册会计师可以根据上年测试结果、内部控制的设计和控制环境等因素对预计总体偏差率进行评估。在考虑上年测试结果时，应考虑被审计单位内部控制和人员的变化。在实务中，如果以前年度的审计结果无法取得或认为不可靠，注册会计师可以在抽样总体中选取一个较小的初始样本，以初始样本的偏差率作为预计总体偏差率的估计值。

④总体规模　除非总体非常小，一般而言，总体规模对样本规模的影响几乎为零。注册会计师通常将抽样单元超过5 000个的总体规模视为大规模总体。对大规模总体而言，总体的实际容量对样本规模几乎没有影响。对小规模总体而言，审计抽样比其他选择测试项目的方法的效率低。

⑤其他因素　控制运行的相关期间越长（年或季度），需要测试的样本越多，因为注册会计师需要对整个拟信赖期间控制的有效性获取证据。控制程序越复杂，测试的样本越多。样本规模还取决于所测试的控制的类型，通常对人工控制实施的测试要多过自动化控制，因为人工控制更容易发生错误和偶然的失败，而针对计算机系统的信息技术一般控制只要有效发挥作用，曾经测试过的自动化控制一般都保持可靠运行。在确定被审计单位自动控制的测试范围时，如果支持其运行的信息技术一般控制有效，注册会计师测试一次应用程序控制便可能足以获得控制有效运行的较高的保证水平。如果所测试的控制包含人工监督和参与，则通常比自动控制需要测试更多的样本。

表 5-3 控制测试中影响样本规模的因素

影响因素	与样本规模的关系
可接受的信赖过度风险	反向变动
可容忍偏差率	反向变动
预计总体偏差率	同向变动
总体规模	影响很小

实施控制测试时，注册会计师可能使用统计抽样，也可能使用非统计抽样。在非统计抽样中，注册会计师可以只对影响样本规模的因素进行定性的估计，并运用职业判断确定样本规模。使用统计抽样方法时，注册会计师必须对影响样本规模的因素进行量化，并利用根据统计公式开发的专门的计算机程序或专门的样本量表来确定样本规模。表 5-4 提供了在控制测试中确定的接受信赖过度风险为 10% 时所使用的样本量。注册会计师根据可接受的信赖过度风险选择相应的抽样规模表，然后读取预计总体偏差率栏找到适当的比率。接下来注册会计师确定与可容忍偏差率对应的列。可容忍偏差率所在列与预计总体偏差率所在行的交点就是所需的样本规模。例如，注册会计师确定的可接受信赖过度风险为 10%，可容忍偏差率为 5%，预计总体偏差率为 0，根据表 5-4，确定的样本规模为 45。

表 5-4 控制测试统计抽样样本规模——信赖过度风险 10%

预计总体偏差率（%）	可容忍偏差率										
	2%	3%	4%	5%	6%	7%	8%	9%	10%	15%	20%
0.00	114（0）	76（0）	57（0）	45（0）	38（0）	32（0）	28（0）	25（0）	22（0）	15（0）	11（0）
0.25	194（1）	129（1）	96（1）	77（1）	64（1）	55（1）	48（1）	42（1）	38（1）	25（1）	18（1）
0.50	194（1）	129（1）	96（1）	77（1）	64（1）	55（1）	48（1）	42（1）	38（1）	25（1）	18（1）
0.75	265（2）	129（1）	96（1）	77（1）	64（1）	55（1）	48（1）	42（1）	38（1）	25（1）	18（1）
1.00	*	176（2）	96（1）	77（1）	64（1）	55（1）	48（1）	42（1）	38（1）	25（1）	18（1）
1.25	*	221（3）	132（2）	77（1）	64（1）	55（1）	48（1）	42（1）	38（1）	25（1）	18（1）
1.50	*	*	132（2）	105（2）	64（1）	55（1）	48（1）	42（1）	38（1）	25（1）	18（1）
1.75	*	*	166（3）	105（2）	88（2）	55（1）	48（1）	42（1）	38（1）	25（1）	18（1）
2.00	*	*	198（4）	132（3）	88（2）	75（2）	48（1）	42（1）	38（1）	25（1）	18（1）
2.25	*	*	*	132（3）	88（2）	75（2）	65（2）	42（2）	38（1）	25（1）	18（1）
2.50	*	*	*	158（4）	110（3）	75（2）	65（2）	58（2）	38（1）	25（1）	18（1）
2.75	*	*	*	209（6）	132（4）	94（3）	65（2）	58（2）	52（2）	25（1）	18（1）
3.00	*	*	*	*	132（4）	94（3）	65（2）	58（2）	52（2）	25（1）	18（1）
3.25	*	*	*	*	153（5）	113（4）	82（3）	58（2）	52（2）	25（1）	18（1）
3.50	*	*	*	*	194（7）	113（4）	82（3）	73（3）	52（2）	25（1）	18（1）
3.75	*	*	*	*	*	131（5）	98（4）	73（3）	52（2）	25（1）	18（1）
4.00	*	*	*	*	*	149（6）	98（4）	73（3）	65（3）	25（1）	18（1）
5.00	*	*	*	*	*	*	160（8）	115（6）	78（4）	34（2）	18（1）
6.00	*	*	*	*	*	*	*	182（11）	116（7）	43（3）	25（2）
7.00	*	*	*	*	*	*	*	*	199（14）	52（4）	25（2）

注：括号内是可接受的偏差数。*表示样本规模太大，因而在大多数情况下不符合成本效益原则。本表假设总体足够大。

(3) 选取样本并对其实施审计程序

使用统计抽样或非统计抽样时，注册会计师可以根据具体情况，从简单随机选样、系统选样或随意选样中挑选适当的选样方法选取样本。注册会计师应当针对选取的样本项目，实施适当的审计程序，以发现并记录样本中存在的控制偏差。

5.5.2.3 评价样本结果阶段

在完成样本的测试并汇总控制偏差之后，注册会计师应当评价样本结果，对总体得出结论，即样本结果是否支持计划评估的控制有效性，从而支持计划的重大错报风险评估水平。在此过程中，无论使用统计抽样还是非统计抽样方法，注册会计师都需要运用职业判断。

(1) 计算偏差率

将样本中发现的偏差数量除以样本规模，就可以计算出样本偏差率。样本偏差率就是注册会计师对总体偏差率的最佳估计，因而在控制测试中无须另外推断总体偏差率，但注册会计师还必须考虑抽样风险。实务中，多数样本可能不会出现控制偏差。因为注册会计师实施控制测试，通常意味着准备信赖内部控制，预期控制有效运行。如果在样本中发现偏差，注册会计师需要根据偏差率和偏差发生的原因，考虑控制偏差对审计工作的影响。

(2) 考虑抽样风险

在控制测试中评价样本结果时，注册会计师应当考虑抽样风险。也就是说，如果总体偏差率（即样本偏差率）低于可容忍偏差率，注册会计师还要考虑即使实际的总体偏差率大于可容忍偏差率时仍出现这种结果的风险。

如果使用统计抽样方法，注册会计师通常使用公式、表格或计算机程序直接计算在确定的信赖过度风险水平下可能发生的偏差率上限。

$$总体偏差率上限 = 风险系数(R) / 样本量(n)$$

表 5-5 列示了在控制测试中常用的风险系数。

表 5-5 控制测试中常用的风险系数

预期发生偏差的数量	信赖过度风险	
	5%	10%
0	3.0	2.3
1	4.8	3.9
2	6.3	5.3
3	7.8	6.7
4	9.2	8.0
5	10.5	9.3
6	11.9	10.6
7	13.2	11.8
8	14.5	13.0
9	15.7	14.2
10	17.0	15.4

注册会计师也可以使用样本结果评价表评价统计抽样的结果。表 5-6 列示了可接受的

信赖过度风险为10%时的总体偏差率上限。

表5-6 控制测试中统计抽样结果评价－信赖过度风险10%时的偏差率上限　　　　%

样本规模	实际发现的偏差数										
	0	1	2	3	4	5	6	7	8	9	10
20	10.9	18.1	*	*	*	*	*	*	*	*	*
25	8.8	14.7	19.9	*	*	*	*	*	*	*	*
30	7.4	12.4	16.8	*	*	*	*	*	*	*	*
35	6.4	10.7	14.5	18.1	*	*	*	*	*	*	*
40	5.6	9.4	12.8	16.0	19.0	*	*	*	*	*	*
45	5.0	8.4	11.4	14.3	17.0	19.7	*	*	*	*	*
50	4.6	7.6	10.3	12.9	15.4	17.8	*	*	*	*	*
55	4.1	6.9	9.4	11.8	14.1	16.3	18.4	*	*	*	*
60	3.8	6.4	8.7	10.8	12.9	15.0	16.9	18.9	*	*	*
70	3.3	5.5	7.5	9.3	11.1	12.9	14.6	16.3	17.9	19.6	*
80	2.9	4.8	6.6	8.2	9.8	11.3	12.8	14.3	15.8	17.2	18.6
90	2.6	4.3	5.9	7.3	8.7	10.1	11.5	12.8	14.1	15.4	16.6
100	2.3	3.9	5.3	6.6	7.9	9.1	10.3	11.5	12.7	13.9	15.0
120	2.0	3.3	4.4	5.5	6.6	7.6	8.7	9.7	10.7	11.6	12.6
160	1.5	2.5	3.3	4.2	5.0	5.8	6.5	7.3	8.0	8.8	9.5
200	1.2	2.0	2.7	3.4	4.0	4.6	5.3	5.9	6.5	7.1	7.6

注：*表示超过20%。本表以百分比表示偏差率上限；本表假设总体足够大。

计算出估计的总体偏差率上限后，注册会计师通常可以对总体进行如下判断：如果总体偏差率上限低于可容忍偏差率，则总体可以接受。这时注册会计师对总体得出结论，样本结果支持计划评估的控制有效性，从而支持计划的重大错报风险评估水平。如果总体偏差率上限大于或等于可容忍偏差率，则总体不能接受。这时注册会计师对总体得出结论，样本结果不支持计划评估的控制有效性，从而不支持计划的重大错报风险评估水平。此时，注册会计师应当修正重大错报风险评估水平，并增加实质性程序的数量。注册会计师也可以对影响重大错报风险评估水平的其他控制进行测试，以支持计划的重大错报风险评估水平。如果总体偏差率上限低于但接近可容忍偏差率，注册会计师应当结合其他审计程序的结果，考虑是否接受总体，并考虑是否需要扩大测试范围，以进一步证实计划评估的控制有效性和重大错报风险水平。

如果使用非统计抽样方法，抽样风险无法直接计量。注册会计师通常将估计的总体偏差率（即样本偏差率）与可容忍偏差率相比较，以判断总体是否可以接受。如果总体偏差率大于可容忍偏差率，则总体不能接受。如果总体偏差率大大低于可容忍偏差率，注册会计师通常认为总体可以接受。如果总体偏差率虽然低于可容忍偏差率，但两者很接近，注册会计师通常认为实际的总体偏差率高于可容忍偏差率的抽样风险很高，因而总体不可接受。如果总体偏差率与可容忍偏差率之间的差额不是很大也不是很小，以至于不能认定总体是否可以接受时，注册会计师则要考虑扩大样本规模或实施其他测试，以进一步收集证据。

(3) 考虑偏差的性质和原因

注册会计师对偏差的性质和原因的分析包括：是有意的还是无意的？是误解了规定还是粗心大意？是经常发生还是偶然发生？是系统的还是随机的？如果注册会计师发现许多偏差具有相同的特征，如交易类型、地点、生产线或时期等，则应考虑该特征是不是引起偏差的原因，是否存在其他尚未发现的具有相同特征的偏差。此时，注册会计师应将具有该共同特征的全部项目划分为一层，并对层中的所有项目实施审计程序，以发现潜在的系统偏差。

一般情况下，如果在样本中发现了控制偏差，注册会计师有两种处理办法：一是扩大样本规模，以进一步收集证据。例如，初始样本量为45个，如果发现了一个偏差，可以扩大样本量，再测试45个样本，如果在追加测试的样本中没有再发现偏差，可以得出结论，样本结果支持计划的控制有效性，从而支持计划的重大错报风险评估水平。二是认为控制没有有效运行，样本结果不支持计划的控制运行有效性和重大错报风险的评估水平，因而提高重大错报风险评估水平，增加对相关账户的实质性程序。但是，如果确定控制偏差是系统偏差或舞弊导致，扩大样本规模通常无效，注册会计师需要采用第二种处理办法。

分析偏差的性质和原因时，注册会计师还要考虑已识别的偏差对财务报表的直接影响。控制偏差虽然增加了金额错报的风险，但并不一定导致财务报表中的金额错报。如果某项控制偏差更容易导致金额错报，该项控制偏差就更加重要。例如，与被审计单位没有定期对信用限额进行检查相比，如果被审计单位的销售发票出现错误，则注册会计师对后者的容忍度较低。这是因为，被审计单位即使没有对客户的信用限额进行定期检查，其销售收入和应收账款的账面金额也不一定发生错报。但如果销售发票出现错误，通常会导致被审计单位确认的销售收入和其他相关账户金额出现错报。

(4) 得出总体结论

在计算偏差率，考虑抽样风险，分析偏差的性质和原因之后，注册会计师需要运用职业判断得出总体结论。如果样本结果及其他相关审计证据支持计划评估的控制有效性，从而支持计划的重大错报风险评估水平，注册会计师可能不需要修改计划的实质性程序。如果样本结果不支持计划的控制运行有效性和重大错报风险的评估水平，注册会计师通常有两种选择：一种是进一步测试其他控制（如补偿性控制），以支持计划的控制运行有效性和重大错报风险的评估水平；另一种是提高重大错报风险评估水平，并相应修改计划的实质性程序的性质、时间安排和范围。

5.5.2.4 记录抽样程序

注册会计师应当记录所实施的审计程序，以形成审计工作底稿。在控制测试中使用审计抽样时，注册会计师通常需要记录下列内容：对所测试的设定控制的描述；与抽样相关的控制目标，包括相关认定；对总体和抽样单元的定义，包括注册会计师如何考虑总体的完整性；对偏差的构成条件的定义；可接受的信赖过度风险，可容忍偏差率，以及在抽样中使用的预计总体偏差率；确定样本规模的方法；选样方法；选取的样本项目；对如何实施抽样程序的描述；对样本的评价及总体结论摘要。

5.5.3 变量抽样

5.5.3.1 样本设计阶段

（1）确定测试目标

细节测试的目的是识别财务报表中各类交易、账户余额和披露中存在的重大错报。在细节测试中，审计抽样通常用来测试有关财务报表金额的一项或多项认定（如应收账款的存在）的合理性。如果该金额是合理正确的，注册会计师将接受与之相关的认定，认为财务报表金额不存在重大错报。

（2）定义总体

在实施审计抽样之前，注册会计师必须仔细定义总体，确定抽样总体的范围，确保总体的适当性和完整性。对于总体的适当性，注册会计师应确信抽样总体适合于特定的审计目标。例如，注册会计师如果对已记录的项目进行抽样，就无法发现由于某些项目被隐瞒而导致的金额低估。为发现这类低估错报，注册会计师应从包含被隐瞒项目的来源选取样本。值得注意的是，不同性质的交易可能导致借方余额、贷方余额和零余额多种情况并存，注册会计师需要根据风险、相关认定和审计目标进行不同的考虑。例如，应收账款账户可能既有借方余额，又有贷方余额。借方余额由赊销导致（形成资产），贷方余额则由预收货款导致（形成负债）。对于借方余额，注册会计师较为关心其存在性；对贷方余额，则更为关心其完整性。对于总体的完整性，包括代表总体的实物的完整性。例如，如果注册会计师将总体定义为特定时期的所有现金支付，代表总体的实物就是该时期的所有现金支付单据。由于注册会计师实际上是从该实物中选取样本，所有根据样本得出的结论只与该实物有关。如果代表总体的实物和总体不一致，注册会计师可能对总体得出错误的结论。因此，注册会计师必须详细了解代表总体的实物，确定代表总体的实物是否包括整个总体。注册会计师通常通过加总或计算来完成这一工作。在细节测试中，注册会计师还应当运用职业判断，判断某账户余额或交易类型中是否存在及存在哪些应该单独测试而不能放在抽样总体中的项目。某一项目可能由于金额较大或存在较高的重大错报风险而被视为单个重大项目，注册会计师应当对单个重大项目实施100%的检查，所有单个重大项目都不构成抽样总体。例如，应收账款中有5个重大项目，占到账面价值的75%。注册会计师将这5个项目视为单个重大项目，逐一进行检查，这是选取特定项目而不是抽样，注册会计师只能根据检查结果对这5个项目单独得出结论。如果占到账面价值25%的剩余项目加总起来不重要，或者被认为存在较低的重大错报风险，注册会计师可以无需对这些剩余项目实施检查，或仅在必要时对其实施分析程序。如果注册会计师认为这些剩余项目加总起来是重要的，需要实施细节测试以实现审计目标，这些剩余项目就构成了抽样总体。

（3）定义抽样单元

在细节测试中，注册会计师应根据审计目标和所实施审计程序的性质定义抽样单元。抽样单元可能是一个账户余额、一笔交易或交易中的一个记录（如销售发票中的单个项目），甚至是每个货币单元。例如，如果抽样的目标是测试应收账款是否存在，注册会计师可能选择各应收账款明细账余额、发票或发票上的单个项目作为抽样单元。选择的标准是，如何定义抽样单元能使审计抽样实现最佳的效率和效果。

（4）界定错报

在细节测试中，注册会计师应根据审计目标界定错报。例如，在对应收账款存在的细节测试中（如函证），客户在函证日之前支付、被审计单位在函证日之后不久收到的款项不构成错报。而且，被审计单位在不同客户之间误登明细账也不影响应收账款总账余额。即使在不同客户之间误登明细账可能对审计的其他方面（如对舞弊的可能性或坏账准备的适当性的评估）产生重要影响，注册会计师在评价应收账款函证程序的样本结果时也不宜将其判定为错报。注册会计师还可能将被审计单位自己发现并已在适当期间予以更正的错报排除在外。

5.5.3.2 选取样本阶段

（1）确定抽样方法

在细节测试中进行审计抽样，可能使用统计抽样，也可能使用非统计抽样。注册会计师在细节测试中常用的统计抽样方法包括货币单元抽样和传统变量抽样。本部分介绍传统变量抽样。传统变量抽样运用正态分布理论，根据样本结果推断总体的特征。传统变量抽样涉及难度较大、较为复杂的数学计算，注册会计师通常使用计算机程序确定样本规模，一般不需懂得这些方法所用的数学公式。

传统变量抽样的优点主要包括：

①如果账面金额与审定金额之间存在较多差异，传统变量抽样可能只需较小的样本规模就能满足审计目标。

②注册会计师关注总体的低估时，使用传统变量抽样比货币单元抽样更合适。

③需要在每一层追加选取额外的样本项目时，传统变量抽样更易于扩大样本规模。

④对零余额或负余额项目的选取，传统变量抽样不需要在设计时予以特别考虑。

传统变量抽样的缺点主要包括：

①传统变量抽样比货币单元抽样更复杂，注册会计师通常需要借助计算机程序。

②在传统变量抽样中确定样本规模时，注册会计师需要估计总体特征的标准差，而这种估计往往难以做出，注册会计师可能利用以前对总体的了解或根据初始样本的标准差进行估计。

③如果存在非常大的项目，或者在总体的账面金额与审定金额之间存在非常大的差异，而且样本规模比较小，正态分布理论可能不适用，注册会计师更可能得出错误的结论。

④如果几乎不存在错报，传统变量抽样中的差异法和比率法将无法使用。

在细节测试中运用传统变量抽样时，常见的方法有以下三种：

①均值法　使用这种方法时，注册会计师先计算样本中所有项目审定金额的平均值，然后用这个样本平均值乘以总体规模，得出总体金额的估计值。总体估计金额和总体账面金额之间的差额就是推断的总体错报。均值法的计算公式如下：

$$样本审定金额的平均值 = 样本审定金额 \div 样本规模$$

$$估计的总体金额 = 样本审定金额的平均值 \times 总体规模$$

$$推断的总体错报 = 总体账面金额 - 估计的总体金额$$

【例】注册会计师从总体规模为 1 000、账面金额为 1 000 000 元的存货项目中随机选择了 200 个项目作为样本。在确定了正确的采购价格并重新计算了价格与数量的乘积之后，注册会计师将 200 个样本项目的审定金额加总后除以 200，确定样本项目的平均审定金额为

980元。然后计算估计的总体金额为980 000元（980×1 000）。推断的总体错报就是20 000元（1 000 000－980 000）。

②差额法　使用这种方法时，注册会计师先计算样本审定金额与账面金额之间的平均差额，再以这个平均差额乘以总体规模，从而求出总体的审定金额与账面金额的差额（即总体错报）。差额法的计算公式如下：

$$样本平均错报＝（样本账面金额－样本审定金额）÷样本规模$$

$$推断的总体错报＝样本平均错报×总体规模$$

$$估计的总体金额＝总体账面金额－推断的总体错报$$

【例】注册会计师从总体规模为1 000、账面金额为1 040 000元的存货项目中选取了200个项目进行检查。注册会计师逐一比较200个样本项目的审定金额和账面金额，并将账面金额（208 000元）和审定金额（196 000元）之间的差异加总，得出差异总额为12 000元，再用这个差额除以样本项目个数200，得到样本平均错报60元（12 000÷200）。然后注册会计师用这个平均错报乘以总体规模，计算出总体错报为60 000元（60×1 000），因为样本的账面金额大于审定金额，估计的总体金额为980 000元（1 040 000－60 000）。

③比率法　使用这种方法时，注册会计师先计算样本的审定金额与账面金额之间的比率，再以这个比率去乘总体的账面金额，从而求出估计的总体金额。比率法的计算公式如下：

$$比率＝样本审定金额÷样本账面金额$$

$$估计的总体金额＝总体账面金额×比率$$

$$推断的总体错报＝总体账面金额－估计的总体金额$$

【例】沿用差额法举例中用到的数据，如果注册会计师使用比率法，样本审定金额与样本账面金额的比率为0.94（196 000÷208 000）。注册会计师用总体的账面金额乘以该比率，得到估计的总体金额为977 600元（1 040 000×0.94），推断的总体错报则为62 400元（1 040 000－977 600）。

如果未对总体进行分层，注册会计师通常不使用均值法，因为此时所需的样本规模可能太大，不符合成本效益原则。比率法和差额法都要求样本项目存在错报，如果样本项目的审定金额和账面金额之间没有差异，这两种方法使用的公式所隐含的机理就会导致错误的结论。注册会计师在评价样本结果时常常用到比率法和差额法，如果发现错报金额与项目的金额紧密相关，注册会计师通常会选择比率法；如果发现错报金额与项目的数量紧密相关，注册会计师通常会选择差额法。不过，如果注册会计师决定使用统计抽样，且预计没有差异或只有少量差异，就不应使用比率法和差额法，而考虑使用其他的替代方法，如均值法或货币单元抽样。

（2）确定样本规模

在细节测试中影响样本规模的因素主要有：

①可接受的误受风险　误受风险是指注册会计师推断某一重大错报不存在而实际上存在的风险，它与审计的效果有关，注册会计师通常更为关注。在确定可接受的误受风险水平时，注册会计师需要考虑下列因素：注册会计师愿意接受的审计风险水平；评估的重大错报风险水平；针对同一审计目标或财务报表认定的其他实质性程序（包括分析程序和不涉及审

计抽样的细节测试）的检查风险。误受风险与样本规模反向变动。在实务中，注册会计师愿意承担的审计风险通常为 5%~10%。当审计风险既定时，如果注册会计师将重大错报风险评估为低水平，或者更为依赖针对同一审计目标或财务报表认定的其他实质性程序，就可以在计划的细节测试中接受较高的误受风险，从而降低所需的样本规模。相反，如果注册会计师将重大错报风险水平评估为高水平，而且不执行针对同一审计目标或财务报表认定的其他实质性程序，可接受的误受风险将降低，所需的样本规模随之增加。

②可容忍错报　可容忍错报是指注册会计师设定的货币金额，注册会计师试图对总体中的实际错报不超过该货币金额获取适当水平的保证。细节测试中，某账户余额、交易类型或披露的可容忍错报是注册会计师能够接受的最大金额的错报。可容忍错报与样本规模反向变动。当误受风险一定时，如果注册会计师确定的可容忍错报降低，为实现审计目标所需的样本规模就增加。

③预计总体错报　在确定细节测试所需的样本规模时，注册会计师还需要考虑预计在账户余额或交易类别中存在的错报金额和频率。预计总体错报不应超过可容忍错报。在既定的可容忍错报下，预计总体错报的金额和频率越小，所需的样本规模也越小。相反，预计总体错报的金额和频率越大，所需的样本规模也越大。如果预期错报很高，注册会计师在实施细节测试时对总体进行100%检查或使用较大的样本规模可能较为适当。注册会计师在运用职业判断确定预计错报时，应当考虑被审计单位的经营状况和经营风险，以前年度对账户余额或交易类型进行测试的结果，初始样本的测试结果，相关实质性程序的结果，以及相关控制测试的结果或控制在会计期间的变化等因素。

④总体规模　总体中的项目数量在细节测试中对样本规模的影响很小。因此，按总体的固定百分比确定样本规模通常缺乏效率。

⑤总体的变异性　总体变异性是指总体的某一特征（如金额）在各项目之间的差异程度。在细节测试中，注册会计师确定适当的样本规模时要考虑特征的变异性。衡量这种变异或分散程度的指标是标准差。如果使用非统计抽样，注册会计师不需量化期望的总体标准差，但要用"大"或"小"等定性指标来估计总体的变异性。总体项目的变异性越低，通常样本规模越小。

如果总体项目存在重大的变异性，注册会计师可以考虑将总体分层。分层，是指将总体划分为多个子总体的过程，每个子总体由一组具有相同特征的抽样单元组成。注册会计师应当仔细界定子总体，以使每一抽样单元只能属于一个层。未分层总体具有高度变异性，其样本规模通常很大。最有效率的方法是根据预期会降低变异性的总体项目特征进行分层。分层可以降低每一层中项目的变异性，从而在抽样风险没有成比例增加的前提下减小样本规模，提高审计效率。分层后的每一组子总体被称为一层，每层分别独立选取样本。对某一层中的样本项目实施审计程序的结果，只能用于推断构成该层的项目。如果注册会计师将某类交易或账户余额分成不同的层，需要对每层分别推断错报。在考虑错报对该类别的所有交易或账户余额的可能影响时，注册会计师需要综合考虑每层的推断错报。如果对整个总体得出结论，注册会计师应当考虑与构成整个总体的其他层有关的重大错报风险。例如，在对某一账户余额进行测试时，占总体数量20%的项目，其金额可能占该账户余额的90%。注册会计师只能根据该样本结果推断至上述90%的金额。对于剩余10%的金额，注册会计师可以抽取另一个样本或使用其他收集审计证据的方法，单独得出结论，或者认为其不重要而不实施审计程序。表 5-7 列示了细节测试中影响样本规模的因素，并分别说明了这些影响因素在细节测试中的表现形式。

表 5-7 细节测试中影响样本规模的因素

影响因素	与样本规模的关系
可接受的误受风险	反向变动
可容忍错报	反向变动
预计总体错报	同向变动
总体规模	影响很小
总体的变异性	同向变动

实施细节测试时，无论使用统计抽样还是非统计抽样方法，注册会计师都应当综合考虑上述的影响因素，运用职业判断和经验确定样本规模。在情形类似时，注册会计师考虑的因素相同，使用统计抽样和非统计抽样确定的样本规模通常是可比的。必要时，可以进一步调整非统计抽样计划，例如，增加样本量或改变选样方法，使非统计抽样也能提供与统计抽样方法同样有效的结果。即使使用非统计抽样，注册会计师熟悉统计理论，对于其运用职业判断和经验考虑各因素对样本规模的影响也是非常有益的。

（3）选取样本并对其实施审计程序

注册会计师应当仔细选取样本，以使样本能够代表抽样总体的特征。注册会计师可以根据具体情况，从简单随机选样、系统选样或随意选样中挑选适当的选样方法选取样本，也可以使用计算机辅助审计技术提高选样的效果。注册会计师应对选取的每一个样本实施适合于具体审计目标的审计程序。无法对选取的项目实施检查时，注册会计师应当考虑这些未检查项目对样本评价结果的影响。如果未检查项目中可能存在的错报不会改变注册会计师对样本的评价结果，注册会计师无需检查这些项目；反之，注册会计师应当实施替代程序，获取形成结论所需的审计证据。注册会计师还要考虑无法实施检查的原因是否影响计划的重大错报风险评估水平或舞弊风险的评估水平。选取的样本中可能包含未使用或无效的项目，注册会计师应当考虑设计样本时是如何界定总体的。例如，如果总体包含所有的支票（无论是已签发支票，还是空白支票），注册会计师需要考虑样本中包含一个或多个空白支票的可能性。考虑到这种可能性，注册会计师可能希望比最低样本规模稍多选取一些项目，对多余的项目只在需要作为替代项目时才进行检查。

5.5.3.3 评价样本结果阶段

（1）推断总体的错报

根据样本中发现的错报金额估计总体的错报金额时，注册会计师可以使用比率法、差额法及货币单元抽样法等。如果注册会计师在设计样本时将进行抽样的项目分为几层，则要在每层分别推断错报，然后将各层推断的金额加总，计算估计的总体错报。注册会计师还要将在进行100%检查的个别重大项目中发现的所有错报与推断的错报金额汇总。

（2）考虑抽样风险

在细节测试中，推断的错报是注册会计师对总体错报做出的最佳估计。当推断的错报接近或超过可容忍错报时,总体中的实际错报金额很可能超过了可容忍错报。因此,注册会计师要将各交易类别或账户余额的错报总额与该类交易或账户余额的可容忍错报相比较,并适当考虑抽样风险,以评价样本结果。如果推断的错报总额低于可容忍错报,注册会计师要考虑即使总体的实际错报金额超过可容忍错报,仍可能出现这一情况的风险。

在非统计抽样中,注册会计师运用职业判断和经验考虑抽样风险。例如,某账户的账面金额为1 000 000元,可容忍错报为50 000元,根据适当的样本推断的总体错报为10 000元,由于推断的总体错报远远低于可容忍错报,注册会计师可能合理确信,总体实际错报金额超过可容忍错报的抽样风险很低,因而可以接受。另外,如果推断的错报总额接近或超过可容忍错报,注册会计师通常得出总体实际错报超过可容忍错报的结论。当推断的错报总额与可容忍错报的差距既不很小又不很大时,注册会计师应当仔细考虑,总体实际错报超过可容忍错报的风险是否高得无法接受。这种情况下,注册会计师可能会扩大样本规模以降低抽样风险的影响,增加的样本量通常至少是初始样本量的一倍。如果推断的错报大于注册会计师确定样本规模时预计的总体错报,注册会计师也可能得出结论,认为总体实际错报金额超过可容忍错报的抽样风险是不可接受的。

(3)考虑错报的性质和原因

除了评价错报的金额和频率以及抽样风险之外,注册会计师还应当考虑:

①错报的性质和原因,是原则还是应用方面的差异,是错误还是舞弊导致,是误解指令还是粗心大意所致。

②错报与审计工作其他阶段之间可能存在的关系。

可能影响注册会计师对错报性质进行评价的情形包括:

①错报对遵循法律法规的影响程度。

②错报对遵守债务契约或其他合同要求的影响程度。

③错报与未正确选择或运用会计政策的相关程度,该会计政策对当期财务报表没有重大影响,但可能对未来的财务报表产生重大影响。

④错报对盈利或其他趋势变化的掩盖程度(尤其是考虑到一般的经济和行业状况)。

⑤错报对用于评价被审计单位财务状况、经营成果或现金流量指标的影响程度。

⑥错报对财务报表中列示的分部信息的影响程度。

⑦错报对增加管理层薪酬的影响 例如,错报使管理层获得奖励所需的要求得以满足。

⑧考虑到注册会计师对以前与使用者所作沟通(如盈利预测)的了解,错报的重要程度。

⑨错报与涉及特定当事人的项目的相关程度 例如,某交易的外部当事人是否与被审计单位的管理层成员有关联。

⑩错报对信息的遗漏程度,适用的财务报告编制基础未对该信息做出特定要求,但根据注册会计师的职业判断,该信息对于使用者了解被审计单位的财务状况、经营成果或现金流量非常重要。

⑪错报对含有已审财务报表的文件中沟通的其他信息的影响程度 例如,"管理层的讨论与分析"中包含的合理预期信息可能将影响财务报表使用者的经济决策。

⑫错报造成特定账户余额之间分类错误的程度,这些账户余额影响需在财务报表中单独披露的项目。例如,经营收益与非经营收益分类错误。

⑬ 错报对单个重大但却不相同的错报的抵消程度。
⑭ 由于累积影响,在当期不重大但可能对将来产生重大错报。例如,跨期建设。
⑮ 更正错报的成本太高,以至于错报得不到更正的程度。如果被审计单位建立一个系统,用于计算记录不重大错报影响的基础,从成本来看可能是不合算的,如果管理层打算建立这样的系统,从另一方面也可以反映出管理层的动机。
⑯ 错报代表可能未被发现的额外错报对注册会计师评价造成影响的风险程度。
⑰ 错报将损失变成收益或将收益变成损失的程度。
⑱ 错报对其产生环境的敏感性的强化程度 例如,错报意味着涉及舞弊,违反法规行为,违反合同条款及利益冲突。
⑲ 错报对理性使用者的需求产生重大影响的程度 例如,当存在相反预期时,盈利错报的影响。
⑳ 错报与其定义的特征的相关程度 例如,是能够客观确定的错报,还是不可避免地涉及估计或不确定性等主观程度的错报。
㉑ 错报对管理层动机的揭示程度 例如,管理层做出会计估计时存在偏向,管理层不愿意更正财务报告过程中的缺陷,或者管理层有意决定不遵循适用的财务报告编制基础。

（4）得出总体结论

在推断总体的错报,考虑抽样风险,分析错报的性质和原因之后,注册会计师需要运用职业判断得出总体结论。如果样本结果不支持总体账面金额,且注册会计师认为账面金额可能存在错报,注册会计师通常会建议被审计单位对错报进行调查,并在必要时调整账面记录。依据被审计单位已更正的错报对推断的总体错报额进行调整后,注册会计师应当将该类交易或账户余额中剩余的推断错报与其他交易或账户余额中的错报总额累计起来,以评价财务报表整体是否存在重大错报。无论样本结果是否表明错报总额超过了可容忍错报,注册会计师都应当要求被审计单位的管理层记录已发现的事实错报(除非明显微小)。

5.5.3.4 记录抽样程序

在细节测试中使用审计抽样时,注册会计师通常在审计工作底稿中记录下列内容:测试的目标,受到影响的账户和认定；对总体和抽样单元的定义,包括注册会计师如何考虑总体的完整性；对错报的定义；可接受的误受风险；可接受的误拒风险(如涉及)；估计的错报及可容忍错报；使用的审计抽样方法；确定样本规模的方法；选样方法；选取的样本项目；对如何实施抽样程序的描述,以及在样本中发现的错报的清单；对样本的评价；总体结论概要；进行样本评估和做出职业判断时,认为重要的性质因素。

5.5.4 货币单元抽样

5.5.4.1 定义

货币单元抽样是一种运用属性抽样原理对货币金额而不是对发生率得出结论的统计抽样方法,它是概率比例规模抽样方法的分支,有时也被称为金额单元抽样、累计货币金额抽样以及综合属性变量抽样等。货币单元抽样以货币单元作为抽样单元。例如,总体包含100个应收账款明细账户,共有余额200 000元。若采用货币单元抽样,则认为总体含有200 000个抽样单元,而不是100个。总体中的每个货币单元被选中的机会相同,所以总体中某一项目被选中的概率等于该项目的金额与总体金额的比率，项目金额越大，被选中的概率就越大，这样有助于注册会计师将审计重点放在较大的账户余额或交易。但实际上注册会计师并不是对总体中的货币单元实施检查，而是对包含被选取货币单元的账户余额或交易实施检查。注册会计师检查的账户余额或交易被称为逻辑单元。

5.5.4.2 优缺点

货币单元抽样的优点主要包括：

①货币单元抽样以属性抽样原理为基础，注册会计师可以很方便地计算样本规模和评价样本结果，因而通常比传统变量抽样更易于使用。

②货币单元抽样在确定所需的样本规模时无需直接考虑总体的特征（如变异性），因为总体中的每一个货币单元都有相同的规模，而传统变量抽样的样本规模是在总体项目共有特征的变异性或标准差的基础上计算的。

③货币单元抽样中，项目被选取的概率与其货币金额大小成比例，因而无需通过分层减少变异性，而传统变量抽样通常需要对总体进行分层以减小样本规模。

④在货币单元抽样中使用系统选样法选取样本时，如果项目金额等于或大于选样间距，货币单元抽样将自动识别所有单个重大项目，即该项目一定会被选中。

⑤如果注册会计师预计不存在错报，货币单元抽样的样本规模通常比传统变量抽样方法更小。

⑥货币单元抽样的样本更容易设计，且可在能够获得完整的最终总体之前开始选取样本。

货币单元抽样的缺点主要包括：

①货币单元抽样不适用于测试总体的低估，因为账面金额小但被严重低估的项目被选中的概率低，如果在货币单元抽样中发现低估，注册会计师在评价样本时需要特别考虑。

②对零余额或负余额的选取需要在设计时予以特别考虑，例如，如果准备对应收账款进行抽样，注册会计师可能需要将贷方余额分离出去，作为一个单独的总体，如果检查零余额的项目对审计目标非常重要，注册会计师需要单独对其进行测试，因为零余额的项目在货币单元抽样中不会被选取。

③当发现错报时，如果风险水平一定，货币单元抽样在评价样本时可能高估抽样风险的影响，从而导致注册会计师更可能拒绝一个可接受的总体账面金额。

④在货币单元抽样中，注册会计师通常需要逐个累计总体金额，以确定总体是否完整并与财务报表一致，不过如果相关会计数据以电子形式储存，就不会额外增加大量的审计成本。

⑤当预计总体错报的金额增加时，货币单元抽样所需的样本规模也会增加，这种情况下，货币单元抽样的样本规模可能大于传统变量抽样所需的规模。

5.5.4.3 确定样本规模

表 5-8 提供了细节测试中基于货币单元抽样法的样本量。该表中可接受的误受险为 5% 或 10%，如果注册会计师需要其他误受险水平的抽样规模，必须使用统计抽样参考资料中的其他表格或计算机程序。例如，注册会计师确定的误受险为 10%，可容忍错报与总体账面金额之比为 5%，预计总体错报与可容忍错报之比为 0.20，根据表 5-8，注册会计师确定样本规模为 69。

表 5-8　细节测试货币单元抽样样本规模

误受险	预计总体错报与可容忍错报之比	可容忍错报与总体账面金额之比									
		50%	30%	10%	8%	6%	5%	4%	3%	2%	1%	0.50%
5%	—	6	10	30	38	50	60	75	100	150	300	600
5%	0.10	8	13	37	46	62	74	92	123	184	368	736
5%	0.20	10	16	47	58	78	93	116	155	232	463	925
5%	0.30	12	20	60	75	100	120	150	200	300	600	1 199
5%	0.40	17	27	81	102	135	162	203	270	405	809	1 618
5%	0.50	24	39	116	145	193	231	289	385	577	1 154	2 308
10%	—	5	8	24	29	39	47	58	77	116	231	461
10%	0.20	7	12	35	43	57	69	86	114	171	341	682
10%	0.30	9	15	44	55	73	87	109	145	217	433	866
10%	0.40	12	20	58	72	96	115	143	191	286	572	1 144
10%	0.50	16	27	80	100	134	160	200	267	400	799	1 597

如果使用非统计抽样，注册会计师也可以利用表 5-8 了解细节测试的样本规模，再考虑影响样本规模的各种因素及非统计抽样与货币单元抽样之间的差异，运用职业判断确定所需的适当样本规模。例如，如果在设计非统计抽样时没有对总体进行分层，考虑到总体的变异性，注册会计师可能将样本规模调增 50%。

注册会计师还可以使用下列公式确定样本规模：

$$样本规模 = 总体账面金额 / 可容忍错报 \times 保证系数$$

注册会计师可以从表 5-9 中选择适当的保证系数，再运用公式法确定样本规模。沿用上例的数据，如果注册会计师确定的误受险为 10%，预计总体错报与可容忍错报之比为 0.20，根据表 5-9，保证系数为 3.41，由于可容忍错报与总体账面金额之比为 5%，注册会计师确定的样本规模为 69（3.41÷5%＝68.2，出于谨慎考虑，将样本规模确定为 69），这与根据表 5-8 得出的样本规模相同。

表 5-9　货币单元抽样确定样本规模时的保证系数

预计总体错报与可容忍错报之比	误受险								
	5%	10%	15%	20%	25%	30%	35%	37%	50%
0.00	3.00	2.31	1.90	1.61	1.39	1.21	1.05	1.00	0.70
0.05	3.31	2.52	2.06	1.74	1.49	1.29	1.12	1.06	0.73
0.10	3.68	2.77	2.25	1.89	1.61	1.39	1.20	1.13	0.77
0.15	4.11	3.07	2.47	2.06	1.74	1.49	1.28	1.21	0.82
0.20	4.63	3.41	2.73	2.26	1.90	1.62	1.38	1.30	0.87
0.25	5.24	3.83	3.04	2.49	2.09	1.76	1.50	1.41	0.92
0.30	6.00	4.33	3.41	2.77	2.30	1.93	1.63	1.53	0.99
0.35	6.92	4.95	3.86	3.12	2.57	2.14	1.79	1.67	1.06
0.40	8.09	5.72	4.42	3.54	2.89	2.39	1.99	1.85	1.14

(续)

预计总体错报与可容忍错报之比	误受险								
	5%	10%	15%	20%	25%	30%	35%	37%	50%
0.45	9.59	6.71	5.13	4.07	3.29	2.70	2.22	2.06	1.25
0.50	11.54	7.99	6.04	4.75	3.80	3.08	2.51	2.32	1.37
0.55	14.18	9.70	7.26	5.64	4.47	3.58	2.89	2.65	1.52
0.60	17.85	12.07	8.93	6.86	5.37	4.25	3.38	3.09	1.70

注：此表以泊松分布为基础。

5.5.4.4 选取样本并对其实施审计程序

货币单元抽样以货币单元作为抽样单元，因为总体中的每一个货币单元都有相同的规模，项目被选取的概率与其货币金额大小成比例，因而无需分层。如果用系统选样法选取样本，注册会计师需要先确定选样间隔，即用总体账面金额除以样本规模，得到样本间隔，然后在第一个间隔中确定一个随机起点，从这个随机起点开始，按照选样间隔，从总体中顺序选取样本，注册会计师再对包含被选取货币单元的账户余额或交易（即逻辑单元）实施检查。例如，在应收账款明细账户中，账户 A1、A2、A3、A4、A5……，其账面金额分别为 200 元、150 元、350 元、100 元、700 元……，则 A1 占的货币区间为 1~200 元，A2 占 201~350 元，A3 占 351~700 元，A4 占 701~800 元，A5 占 801~1 500 元……。如果注册会计师确定的选样间隔为 300 元，然后从 1~300 元（含 300 元）之间选择一个随机起点，如第 150 元，随后挑选出来的样本依次为第 450 元（150+300）、第 750 元（450+300）、第 1 050 元（750+300）、第 1 350 元（1 050+300）……注册会计师将要实施检查的逻辑单元为账户 A1（包含第 150 元）、A3（包含第 450 元）、A4（包含第 750 元）、A5（包含第 1 050 元）……

从上例可以看出，如果逻辑单元的账面金额大于或等于选样间隔，该项目一定会被挑选出来。如果逻辑单元的账面金额是选样间隔的数倍，该项目将不止一次被挑选出来，如账户 A5，包含了第 1 050 元和第 1 350 元，有两次被选取的机会。这种情况下，最终选取的逻辑单元数量小于确定的样本规模。为简化样本评价工作，注册会计师可能对账面金额大于或等于选样间隔的项目实施 100% 的检查，而不将其纳入抽样总体。

人工选取逻辑单元时，注册会计师还可以使用另一种方法，具体步骤如下：将计算器清零；减去随机起点的金额；逐一加上逻辑单元的账面金额并记录每一次的小计金额，使小计金额为 0 或为正数的第一个逻辑单元将被挑选出来；用上一步的小计金额减去选样间隔或选样间隔的倍数，直至小计金额再次为负数；重复第三步的工作，选出使小计金额为 0 或为正数的下一个逻辑单元……使用这种方法选出的逻辑单元与前例相同。

5.5.4.5 评价样本结果

（1）推断总体的错报

使用货币单元抽样法时，如果逻辑单元的账面金额大于或等于选样间隔，推断的错报就是该逻辑单元的实际错报金额；如果逻辑单元的账面金额小于选样间隔，注册会计师首先计算存在错报的所有逻辑单元的错报百分比，这个百分比就是整个选样间隔的错报百分比（因为每一个被选取的货币单元都代表了整个选样间隔中的所有货币单元），再用这个错报百分比乘以选样间隔，得出推断错报的金额。将所有这些推断错报汇总后，再加上在金额大于或等于选样间隔的逻辑单元中发现的实际错报，注册会计师就能计算出总体的错报金额。例如，注册会计师确定的选样间隔是3 000元，如果在样本中发现了3个高估错报，项目的账面金额分别为100元、200元和5 000元，审定金额分别为0元、150元和4 000元，则注册会计师推断的错报金额为4 750元（100%×3 000＋25%×3 000＋1 000）。

（2）考虑抽样风险

在货币单元抽样中，注册会计师通常使用表5-10中的保证系数，考虑抽样风险的影响，计算总体错报的上限。具体情况如下：

表5-10　货币单元抽样评价样本结果时的保证系数

高估错报的数量	误受险								
	5%	10%	15%	20%	25%	30%	35%	37%	50%
0	3.00	2.31	1.90	1.61	1.39	1.21	1.05	1.00	0.70
1	4.75	3.89	3.38	3.00	2.70	2.44	2.22	2.14	1.68
2	6.30	5.33	4.73	4.28	3.93	3.62	3.35	3.25	2.68
3	7.76	6.69	6.02	5.52	5.11	4.77	4.46	4.35	3.68
4	9.16	8.00	7.27	6.73	6.28	5.90	5.55	5.43	4.68
5	10.52	9.28	8.50	7.91	7.43	7.01	6.64	6.50	5.68
6	11.85	10.54	9.71	9.08	8.56	8.12	7.72	7.57	6.67
7	13.15	11.78	10.90	10.24	9.69	9.21	8.79	8.63	7.67
8	14.44	13.00	12.08	11.38	10.81	10.31	9.85	9.68	8.67
9	15.71	14.21	13.25	12.52	11.92	11.39	10.92	10.74	9.67
10	16.97	15.41	14.42	13.66	13.02	12.47	11.98	11.79	10.67
11	18.21	16.60	15.57	14.78	14.13	13.55	13.04	12.84	11.67
12	19.45	17.79	16.72	15.90	15.22	14.63	14.09	13.89	12.67
13	20.67	18.96	17.86	17.02	16.32	15.70	15.14	14.93	13.67
14	21.89	20.13	19.00	18.13	17.40	16.77	16.20	15.98	14.67
15	23.10	21.30	20.13	19.24	18.49	17.84	17.25	17.02	15.67
16	24.31	22.46	21.26	20.34	19.58	18.90	18.29	18.06	16.67
17	25.50	23.61	22.39	21.44	20.66	19.97	19.34	19.10	17.67
18	26.70	24.76	23.51	22.54	21.74	21.03	20.38	20.14	18.67
19	27.88	25.91	24.63	23.64	22.81	22.09	21.43	21.18	19.67
20	29.07	27.05	25.74	24.73	23.89	23.15	22.47	22.22	20.67

①如果在样本中没有发现错报，总体错报的上限＝保证系数×选样间隔。例如，如果误受险为5%，选样间隔为3 000元，注册会计师没有在样本中发现错报，总体错报的上限为9 000元（3×3 000）。没有发现错报时估计的总体错报上限也被称作"基本精确度"。

②如果在账面金额大于或等于选样间隔的逻辑单元中发现了错报，无论该错报的百分比是否为100%，总体错报的上限＝事实错报＋基本精确度。例如，如果误受险为5%，选

样间隔为 3 000 元，注册会计师在样本中发现 1 个错报，该项目的账面金额为 5 000 元，审定金额为 4 000 元，总体错报的上限为 10 000 元（1 000＋3×3 000）。注册会计师还要将计算出来的总体错报上限，与在需要实施 100%检查的其他项目中发现的事实错报累计起来。

③如果在样本（排除账面金额大于或等于选样间隔的逻辑单元）中发现了错报百分比为 100%的错报，注册会计师先计算推断错报，再将推断错报按金额降序排列后，分别乘以对应的保证系数增量（即在既定的误受风险水平下，特定数量的高估错报所对应的保证系数与上一行保证系数之间的差异），加上基本精确度之后，最终计算出总体错报的上限。总体错报的上限＝推断错报×保证系数的增量＋基本精确度。例如，如果误受险为 5%，选样间隔为 3 000 元，注册会计师在样本中发现 2 个错报，账户 A 的账面金额为 2 000 元，审定金额为 1 500 元，推断错报为 750 元（500÷2 000×3 000）；账户 B 的账面金额为 1 000 元，审定金额为 200 元，推断错报为 2 400 元（800÷1 000×3 000）。将推断错报按金额降序排列后，由表 5-10 可知，在 5%的误受风险水平下，账户 A 对应的保证系数增量为 1.55，账户 B 对应的保证系数增量为 1.75。因此，总体错报的上限为 14 363 元（750×1.55＋2 400×1.75＋3×3 000）。

如果样本中既有账面金额大于或等于选样间隔的逻辑单元，又有账面金额小于选样间隔的逻辑单元，而且在账面金额小于选样间隔的逻辑单元中，既发现了错报百分比为 100%的错报，又发现了错报百分比低于 100%的错报。注册会计师可以将所有样本项目分成两组：第一组是账面金额大于或等于选样间隔的逻辑单元，注册会计师计算出该组项目的事实错报；第二组是账面金额小于选样间隔的逻辑单元，无论该组项目的错报百分比是否为 100%，注册会计师都先计算出各项目的推断错报，再将所有推断错报按金额降序排列后，分别乘以对应的保证系数增量，并将计算结果累计起来。用这个累计结果加上基本精确度，再加上第一组项目中的事实错报，就是最终总体错报的上限。

在货币单元抽样中，注册会计师将总体错报的上限与可容忍错报进行比较。如果总体错报的上限小于可容忍错报，注册会计师可以初步得出结论，样本结果支持总体的账面金额。不过，注册会计师还应将推断错报（排除被审计单位管理层已更正的事实错报）与其他事实错报和推断错报汇总，以评价财务报表整体是否可能存在重大错报。

▲ 本 章 小 结

审计的一般方法包括审查书面资料的方法和证实客观事物的方法。审查书面资料的方法是审计最基本的方法。按审查书面资料的技术可分为审阅法、核对法、查询法、比较法和分析法；按审查书面资料的顺序可以分为顺查法和逆查法；按审查书面资料所涉及的数量可以分为详查法和抽查法。证实客观事物的方法，是审计人员搜集书面资料以外的审计证据，证明和落实客观事物的形态、性质、存放地点、数量和价值等的方法。这类方法包括盘点法、调节法、观察法和鉴定法。

审计基本技术包括检查、观察、询问、函证、重新计算、重新执行、分析程序。审计辅助技术包括数据分析、计算机辅助审计技术、电子表格等。

审计抽样是指注册会计师对具有审计相关性的总体中低于百分之百的项目实施审计程序，使所有抽样单元都有被选取的机会。按抽样决策的依据不同，将审计抽样划分为统计抽样和非统计抽样；按审计抽样所了解的总体特征的不同，将审计抽样划分为属性抽样和变量抽样。在使用审计抽样时，审计风险既可能受到抽样风险的影响，又可能受到非抽样风险的影响。抽样风险和非抽样风险通过影响重大错报风险的评估和检查风险的确定而影响审计风险。

属性抽样在审计中最常见的用途是测试某一设定控制的偏差率，以支持注册会计师评估的控制风险水平。在控制测试中应用审计抽样有两种方法。一种是发现抽样。这种方法在注册会计师预计控制高度有效时可以使用，以证实控制的有效性。另一种是属性估计抽样，用以估计被测试控制的偏差发生率，或控制未有效运行的频率。变量抽样是一种用来对总体金额得出结论的统计抽样方法。注册会计师在细节测试中常用的统计抽样方法包括货币单元抽样和传统变量抽样。货币单元抽样是一种运用属性抽样原理对货币金额而不是对发生率得出结论的统计抽样方法，它是概率比例规模抽样方法的分支，有时也被称为金额单元抽样、累计货币金额抽样以及综合属性变量抽样等。

▲ 思 考 题

1. 审计书面资料的方法包括哪些内容？证实客观事物的方法包括哪些内容？
2. 什么是审计抽样？审计抽样有哪些种类？
3. 影响样本规模的因素有哪些？
4. 在使用审计抽样时，注册会计师应关注哪些风险？

▲ 计算分析题

1. A 注册会计师负责审计甲公司 2018 年度财务报表。在针对存货实施细节测试时，A 注册会计师决定采用传统变量抽样方法实施统计抽样。甲公司 2018 年 12 月 31 日存货账面余额合计为 150 000 000 元。A 注册会计师确定的总体规模为 3 000，样本规模为 200，样本账面余额合计为 12 000 000 元，样本审定金额合计为 8 000 000 元。

要求：代 A 注册会计师分别采用均值估计抽样、差额估计抽样和比率估计抽样三种方法计算推断的总体错报金额。

2. A 注册会计师负责审计甲公司 2018 年度财务报表。在了解甲公司内部控制后，A 注册会计师决定采用审计抽样的方法对拟信赖的内部控制进行测试，部分做法摘录如下：

（1）为测试 2018 年度信用审核控制是否有效运行，将 2018 年 1 月 1 日至 11 月 30 日期间的所有销售单界定为测试总体。

（2）为测试 2018 年度采购付款凭证审批控制是否有效运行，将采购凭证缺乏审批人员签字或虽有签字但未按制度审批的界定为控制偏差。

（3）在使用随机数表选取样本项目时，由于所选中的 1 张凭证已经丢失，无法测试，直接用随机数表另选 1 张凭证代替。

（4）在对存货验收控制进行测试时，确定样本规模为 60，测试后发现 3 例偏差。在此情况下，推断 2018 年度该项控制偏差率的最佳估计为 5%。

（5）在上述第（4）项的基础上，A 注册会计师确定的信赖过度风险为 5%，可容忍偏差率为 7%。由于存货验收控制的偏差率的最佳估计不超过可容忍偏差率，认定该项控制运行有效（注：信赖过度风险为 5% 时，样本中发现偏差数"3"对应的控制测试风险系数为 7.8）。

要求：针对上述第（1）项至第（5）项，逐项指出A注册会计师的做法是否正确。如不正确，简要说明理由。

3. A注册会计师对甲股份有限公司(以下简称甲公司)2018年度财务报表进行审计。在对甲公司2018年度营业收入审计时，为了确定甲公司销售业务是否真实，会计处理是否正确，A注册会计师拟从甲公司2018年开具的销售发票的存根中选取若干张，核对销售合同和发运单，并检查会计处理是否符合规定。甲公司2018年共开具连续编号的销售发票4 000张，销售发票号码为第2001号至第6000号，A注册会计师计划从中选取10张销售发票样本。随机数表（部分）列示如下：

	（1）	（2）	（3）	（4）	（5）
（1）	10480	15011	01536	02011	81647
（2）	22368	46573	25595	85313	30995
（3）	24130	48360	22527	97265	76393
（4）	42167	93093	06243	61680	07856
（5）	37570	39975	81837	16656	06121
（6）	77921	06907	11008	42751	27756
（7）	99562	72905	56420	69994	98872
（8）	96301	91977	05463	07972	18876
（9）	89759	14342	63661	10281	17453
（10）	85475	36857	53342	53988	53060

要求：

（1）根据随机数表，假定A注册会计师以随机数表所列数字的后4位数与销售发票号码一一对应，确定第2列第4行为起点，选号路线为自上而下、自左而右。请代A注册会计师确定选取的10张销售发票样本的发票号码分别为多少？

（2）如果上述10笔销售业务的账面价值为100万元，审定金额为100.03万元，假定甲公司2018年度营业收入账面价值为1 800万元，并假定错报与账面价值不成比例关系，请运用差额估计抽样法推断甲公司2018年度营业收入的总体账面价值。

第6章 审计工作程序

【学习目标】
1. 了解审计工作程序的概念和意义。
2. 明确我国关于审计工作程序的规范要求。
3. 掌握政府审计工作、内部审计工作和社会审计工作程序的具体内容。

6.1 审计工作程序概述

6.1.1 审计工作程序的概念

程序是指事情进行的先后步骤和顺序。审计工作程序是审计人员实施审计工作的先后步骤和顺序,有广义和狭义两种含义。广义的审计工作程序是指审计机构和审计人员对审计工作从开始到结束的审计工作步骤和顺序;狭义的审计工作程序是指审计人员在具体实施审计工作时所采取的审计方法和审计内容的结合。

广义的审计工作程序通常都包括准备、实施和终结三个阶段,每个阶段中又包括不同的内容和步骤。审计工作程序各个阶段的具体工作内容,随着审计主体、审计种类的不同而有所不同,本章采用广义的概念,以财务审计为重点,分别介绍政府审计、内部审计和社会审计的审计工作程序。

审计工作程序体现了审计人员对审计业务活动的具体规划和安排,是顺利实现审计目标的必要手段。只有设计并遵循合理、科学的审计工作程序,审计人员才能取得充分适当的审计证据,对审计事项进行恰当的评价,顺利完成审计工作,进而实现预定的审计目标。因此,审计工作程序需要规范化,明确审计工作程序的步骤和各个阶段的具体工作内容,这对于提高审计工作质量和效率具有十分重要的意义:

①有利于审计工作的管理和控制。
②有利于审计人员把握审计工作的相关规律。
③有利于提高审计工作的质量和效率,降低审计风险,减少资源消耗。
④有利于贯彻落实各项法律、法规和政策规定,保障审计组织和审计人员依法审计,维护审计人员和被审计单位等各方面的合法权益,更好地实现审计职能,发挥审计作用。

6.1.2 我国关于审计工作程序的规范要求

审计工作程序规范化有利于提高审计工作的质量和效率,有利于审计职能和作用的发挥,因而很多国家对审计工作程序都制定了相关规范。我国也分别对政府审计、内部审计和社会审计的审计工作程序进行了规定。

1995年1月1日实施、2006年再次修正的《中华人民共和国审计法》第五章专门对政府审计工作程序进行了规定，其主要内容包括：制订审计项目计划，根据具体审计事项组成审计组，向被审计单位下达审计通知书，进入现场实施审计，征求被审计单位意见，向审计机关提交审计报告，审计机关审定审计报告，做出审计决定或者提出处理意见，行政复议，后续审计等。

2007年1月1日实施、2010年再次修订的《中国注册会计师鉴证业务基本准则》及其他相关具体准则，对社会审计工作程序作了规定，其主要内容是：了解被审计单位基本情况，接受业务委托，签订审计业务约定书；编制审计计划；实施风险评估，进行控制测试和实质性程序，获取充分适当的审计证据；汇总审计工作底稿，出具审计报告等。

2018年3月1日实施的《审计署关于内部审计工作的规定》及2014年1月1日起施行的《内部审计基本准则》和相关内部审计具体准则对内部审计工作程序作了规定，其主要内容包括：拟订审计项目计划，编制项目审计方案，向被审计单位或者被审计人员送达审计通知书，实施必要的审计程序，征求被审计单位意见，及时出具审计报告，进行后续审计等。

政府审计、内部审计和社会审计承担着不同的审计职责和审计任务，因而，其审计工作程序有着各自不同的特点，本章分别对政府审计、内部审计和社会审计的审计工作程序进行说明。

6.2 政府审计工作程序

政府审计工作程序是政府审计机关和审计人员在进行审计时，从开始到结束的审计工作步骤和顺序。《中华人民共和国审计法》第五章对审计程序进行了专门的规定，这是政府审计人员实施审计的法律依据，也是维护国家利益和被审计单位合法权益的重要保证。政府审计工作程序通常包括审计计划、审计实施和审计报告三个阶段。

6.2.1 审计计划阶段

审计计划阶段的主要工作包括编制年度审计项目计划和审计工作方案。

6.2.1.1 编制年度审计项目计划

审计项目计划是审计机关在一定时期内（年度）对需要审计的事项所做的具体规划。根据《中华人民共和国审计法》的规定，政府审计机关应对国务院各部门和地方各级政府及其各部门的财政收支、国有金融机构和企事业单位的财务收支，以及其他依照《中华人民共和国审计法》规定应接受审计的财政、财务收支的真实性、合法性和效益性进行审计监督。由于审计的范围广、单位多、内容复杂多样、时间有限，要在一定的时间内完成审计任务、充分发挥审计在国民经济中的监督作用，政府审计机关必须对审计工作进行统筹安排，编制审计项目计划，以指导、控制和促进审计工作。

审计机关应当根据法定的审计职责和审计管辖范围，依据国家社会经济发展的方针政策和审计工作发展纲要，编制年度审计项目计划。编制年度审计项目计划应当服务大局，紧紧围绕政府工作重心，明确具体审计目标，突出审计工作重点，合理安排审计资源，避

免不必要的重复审计,从而提高审计工作的质量和效率。审计机关通常按照以下步骤编制年度审计项目计划:

①调查研究审计需求,初步选择审计项目。

②对初选审计项目进行可行性研究,确定备选审计项目及其优先顺序。

③评估审计机关可用审计资源,最终确定审计项目,编制年度审计项目计划。

最终确定的审计项目,从项目的构成类型上,主要包括以下五种:

①上级审计机关统一组织的项目　是指上级审计机关为了更好地发挥审计在宏观调控、经济监督中的作用,围绕政府工作重心所确定的在所辖区域内由下属各级审计机关统一开展的审计项目。每年由上级审计机关对所辖区域内的审计工作做出统一部署和安排,是体现审计业务以上级审计机关领导为主的重要方式和手段。

②自行安排的项目　是指各级审计机关根据自身的审计资源情况,在本机关审计管辖和分工范围内,自行安排开展的审计项目。审计机关应充分考虑本级政府的工作重心,社会关注的热点和难点问题,并兼顾审计覆盖面,在此基础上,对审计项目计划做出统一安排。

③授权审计项目　是指由上级审计机关授权下级审计机关实施的、属于上级审计机关管辖范围内的审计项目。上级审计机关除统一组织审计项目外,还可以将所辖范围内的部分审计项目授权给下级审计机关实施,以充分发挥审计体系的整体功能。授权审计项目计划,由下级审计机关提出申请,报上级审计机关统一协调后依法审批。

④政府交办项目　是指各级政府要求审计机关实施审计的项目。由于我国审计机关是政府的组成部分,各级审计机关在接受上级审计机关领导的同时,还要接受本级人民政府的领导,因此,对于政府交办的属于审计机关法定职责范围内的审计事项,各级审计机关也必须及时列入项目计划。

⑤其他交办、委托或举报项目　除以上主要审计项目外,列入年度审计项目计划的还包括其他交办、委托或举报项目。由本级政府以外的其他领导或权力部门要求审计机关实施审计的项目,如本级人大或政协等交办的项目;由其他部门委托审计机关实施审计的项目或提请审计机关配合审计的项目,如纪律检查委员会、监察部门、组织人事部门和业务主管部门委托的项目;接受群众举报,审计机关决定应当实施审计的项目。

审计机关编制年度审计项目计划可采用文字、表格或者两者相结合的形式。审计机关应当将年度审计项目计划下达审计项目组织和实施单位执行。年度审计项目计划一经下达,审计项目组织和实施单位应当确保完成,不得擅自变更和调整。如确因特殊情况需要调整,应当按照规定的程序报批,经批准后再进行相应调整。

6.2.1.2　编制审计工作方案

年度审计项目计划下达后,审计机关业务部门应当及时编制审计工作方案。应结合年度审计项目计划形成过程中审计需求调查、可行性研究的基础上,开展进一步调查,确定审计目标、范围、重点和项目组织实施等,使审计工作方案能够切合实际。审计工作方案的内容主要包括:审计目标、审计范围、审计内容和重点、审计工作组织安排以及审计工作要求等。

审计机关业务部门编制的审计工作方案应当按照审计机关规定的程序审批。在年度审计项目计划确定的实施审计起始时间之前,下达到审计项目实施单位。根据审计实施过程中情况的变化,审计机关业务部门可以申请对审计工作方案的内容进行调整,并按审计机关规定的程序报批。

为使审计项目计划真正落到实处,按照国家审计准则等的规定,审计机关应当定期检查年度审计项目计划执行情况,评估执行效果。审计项目实施单位应当向下达审计项目计划的审计机关报告计划执行情况。报告的主要内容包括:计划的执行进度、审计的主要成果、计划执行中存在的主要问题及改进措施与建议等。审计机关应当按国家有关规定,建立和实施审计项目计划执行情况及其结果的统计制度。

6.2.2 审计实施阶段

审计实施阶段的主要工作包括:审计机关根据审计项目计划所确定的审计项目,选派审计人员组成审计组,向被审计单位送达审计通知书;对被审计单位进行调查了解;编制审计实施方案;按照审计实施方案进行审计,获取审计证据,进行审计记录;对重大违法行为进行检查。

6.2.2.1 组成审计组,向被审计单位送达审计通知书

在实施项目审计前,审计机关应当首先组成审计组。审计组成员包括审计组组长和其他相关人员。审计组实行组长负责制,审计组组长由审计机关确定,审计组组长可以根据需要在审计组成员中确定主审,主审应当履行其规定职责和审计组组长委托的其他职责。在成立审计组时应注意考虑三个方面的问题:

①审计组人员素质 应根据审计项目的性质和预计工作量,以及项目的复杂程度和完成时限等因素,确定所需的审计人员数量及知识结构。对于一些大型的审计项目,可以在必要时打破部门界限,由审计机关统一组织审计力量,形成审计项目组。审计中如有特殊需要,审计机关还可从外部聘用相关专家。

②保持审计人员的连续性 为了提高审计效率,审计分工应相对稳定,对某些审计项目,审计组中应尽量包括曾经对该项目进行过审计的人员或以此类人员为主。保持审计人员的连续性,还有利于检查被审计单位对以往审计决定的落实情况。当然,在必要时也应对审计人员进行适当轮换。

③严格遵守回避制度 为了保证审计工作的客观公正,凡是与被审计单位或审计事项有利害关系的人员,应严格遵守回避制度,不得成为审计组成员。

审计机关应当依照法律法规的规定,向被审计单位送达审计通知书。审计通知书的内容主要包括被审计单位名称、审计依据、审计范围、审计起始时间、审计组组长及其他成员名单和被审计单位配合审计工作的要求。同时,还应当向被审计单位告知审计组的审计纪律要求。对于专项审计调查项目,审计通知书应当列明专项审计调查的要求。采取跟踪审计方式实施审计的,审计通知书应当列明跟踪审计的具体方式和要求。

6.2.2.2 对被审计单位进行调查了解

为合理确定审计风险,突出审计重点,保证审计方案的切实可行,审计组应进行初步的审前调查,了解被审计单位及其相关情况,确定职业判断适用的标准,评估被审计单位可能存在的问题及其重要性,制定审计应对措施,编制审计实施方案。审计人员可以从下

列方面调查了解被审计单位及其相关情况：
①被审计单位的性质、组织结构。
②职责范围或者经营范围、业务活动及其目标。
③相关法律法规、政策及其执行情况。
④财政财务管理体制和业务管理体制。
⑤适用的业绩指标体系以及业绩评价情况。
⑥相关内部控制及其执行情况。
⑦相关信息系统及其电子数据情况。
⑧经济环境、行业状况及其他外部因素。
⑨以往接受审计和监管以及整改情况。
⑩需要了解的其他情况。

对于被审计单位相关内部控制及其执行情况，审计人员可以从下列方面调查了解：
①控制环境　即管理模式、组织结构、责权配置、人力资源制度等。
②风险评估　即被审计单位确定、分析与实现内部控制目标相关的风险，以及采取的应对措施。
③控制活动　即根据风险评估结果采取的控制措施，包括不相容职务分离控制、授权审批控制、资产保护控制、预算控制、业绩分析和绩效考评控制等。
④信息与沟通　即收集、处理、传递与内部控制相关的信息，并能有效沟通的情况。
⑤对控制的监督　即对各项内部控制设计、职责及其履行情况的监督检查。

对于被审计单位信息系统控制情况，审计人员可以从下列方面调查了解：
①一般控制　即保障信息系统正常运行的稳定性、有效性、安全性等方面的控制。
②应用控制　即保障信息系统产生的数据的真实性、完整性、可靠性等方面的控制。

审计人员可以采取下列方法调查了解被审计单位及其相关情况：
①书面或者口头询问被审计单位内部和外部相关人员。
②检查有关文件、报告、内部管理手册、信息系统的技术文档和操作手册。
③观察有关业务活动及其场所、设施和有关内部控制的执行情况。
④追踪有关业务的处理过程。
⑤分析相关数据。

审计人员根据审计目标和被审计单位的实际情况，运用职业判断确定调查了解的范围和程度。对于定期审计项目，审计人员可以利用以往审计中获得的信息，重点调查了解已经发生变化的情况。审计人员在调查了解被审计单位及其相关情况的过程中，可以选择下列标准作为职业判断的依据：
①法律、法规、规章和其他规范性文件。
②国家有关方针和政策。
③会计准则和会计制度。
④国家和行业的技术标准。
⑤预算、计划和合同。
⑥被审计单位的管理制度和绩效目标。

⑦被审计单位的历史数据和历史业绩。
⑧公认的业务惯例或者良好实务。
⑨专业机构或者专家的意见。
⑩其他标准。

审计人员在审计实施过程中需要持续关注标准的适用性。职业判断所选择的标准应当具有客观性、适用性、相关性、公认性。标准不一致时，审计人员应当采用权威的和公认程度高的标准。审计人员应当结合适用的标准，分析调查了解的被审计单位及其相关情况，判断被审计单位可能存在的问题。审计人员应当运用职业判断，根据可能存在问题的性质、数额及其发生的具体环境，判断其重要性。审计人员判断重要性时，可以关注下列八项因素：

①是否属于涉嫌犯罪的问题。
②是否属于法律法规和政策禁止的问题。
③是否属于故意行为所产生的问题。
④可能存在问题涉及的数量或者金额。
⑤是否涉及政策、体制或者机制的严重缺陷。
⑥是否属于信息系统设计缺陷。
⑦政府行政首长和相关领导机关及公众的关注程度。
⑧需要关注的其他因素。

审计组应当评估被审计单位存在重要问题的可能性，以确定审计事项和审计应对措施。审计组针对审计事项确定的审计应对措施包括：

①评估对内部控制的依赖程度，确定是否及如何测试相关内部控制的有效性。
②评估对信息系统的依赖程度，确定是否及如何检查相关信息系统的有效性、安全性。
③确定主要审计步骤和方法。
④确定审计时间。
⑤确定执行的审计人员。
⑥其他必要措施。

6.2.2.3 编制审计实施方案

编制和调整审计实施方案可以采取文字、表格或者两者相结合的形式。审计实施方案的内容主要包括：审计目标；审计范围；审计内容、重点及审计措施；审计工作要求，包括项目审计进度安排、审计组内部重要管理事项及职责分工等。

采取跟踪审计方式实施审计的，审计实施方案应当对整个跟踪审计工作做出统筹安排。专项审计调查项目的审计实施方案应当列明专项审计调查的要求。

审计人员实施审计时，应当持续关注已做出的重要性判断和对存在重要问题可能性的评估是否恰当，及时做出修正，并调整审计应对措施。遇有下列情形之一的，审计组应当及时调整审计实施方案：

①年度审计项目计划、审计工作方案发生变化的。
②审计目标发生重大变化的。
③重要审计事项发生变化的。
④被审计单位及其相关情况发生重大变化的。

⑤审计组人员及其分工发生重大变化的。
⑥需要调整的其他情形。

一般审计项目的审计实施方案应当经审计组组长审定，并及时报审计机关业务部门备案。重要审计项目的审计实施方案应当报经审计机关负责人审定。审计组调整审计实施方案中的审计目标、审计组组长、审计重点、现场审计结束时间，应当报经审计机关主要负责人批准。

6.2.2.4 获取审计证据，进行审计记录

审计人员可以采取检查、观察、询问、外部调查、重新计算、重新操作和分析等方法向有关单位和个人获取审计证据。审计人员按照法定权限和程序获取的审计证据，应当具有适当性和充分性的特征。

在审计实施过程中，审计人员应当真实、完整地记录实施审计的过程、得出的结论和与审计项目有关的重要管理事项，以支持审计人员编制审计实施方案和审计报告，证明审计人员遵循相关法律法规和国家审计准则，并便于对审计人员的工作实施指导、监督和检查。审计记录包括调查了解记录、审计工作底稿和重要管理事项记录。

6.2.2.5 检查重大违法行为

重大违法行为是指被审计单位和相关人员违反法律法规、涉及金额比较大、造成国家重大经济损失或者对社会造成重大不良影响的行为。审计人员执行审计业务时，应当保持职业谨慎，充分关注可能存在的重大违法行为。审计人员检查重大违法行为，应当评估被审计单位和相关人员实施重大违法行为的动机、性质、后果和违法构成。

审计人员检查重大违法行为，应当评估被审计单位和相关人员实施重大违法行为的动机、性质、后果和违法构成。审计人员调查了解被审计单位及其相关情况时，可以重点了解可能与重大违法行为有关的下列事项：

①被审计单位所在行业发生重大违法行为的状况。
②有关的法律法规及其执行情况。
③监管部门已经发现和了解的与被审计单位有关的重大违法行为的事实或者线索。
④可能形成重大违法行为的动机和原因。
⑤相关的内部控制及其执行情况。
⑥其他情况。

审计人员可以通过关注下列情况，判断可能存在的重大违法行为：
①具体经济活动中存在的异常事项。
②财务和非财务数据中反映出的异常变化。
③有关部门提供的线索和群众举报。
④公众、媒体的反映和报道。
⑤其他情况。

审计人员在检查重大违法行为时，应当关注重大违法行为的高发领域和环节。发现重大违法行为的线索，审计组或者审计机关可以采取下列应对措施：
①增派具有相关经验和能力的人员。
②避免让有关单位和人员事先知晓检查的时间、事项、范围和方式。

③扩大检查范围，使其能够覆盖重大违法行为可能涉及的领域。
④获取必要的外部证据。
⑤依法采取保全措施。
⑥提请有关机关予以协助和配合。
⑦向政府和有关部门报告。
⑧其他必要的应对措施。

6.2.3 审计报告阶段

审计报告阶段的主要工作包括：编审、复核、审理、签发审计报告和审计决定；公布审计结果；检查审计整改情况。

（1）编审、复核、审理、签发审计报告和审计决定

审计报告包括审计机关进行审计后出具的审计报告以及专项审计调查后出具的专项审计调查报告。审计组实施审计或者专项审计调查后，应当向派出审计组的审计机关提交审计报告。审计机关审定审计组的审计报告后，应当出具审计机关的审计报告。遇有特殊情况，审计机关可以不向被调查单位出具专项审计调查报告。对审计或者专项审计调查中发现被审计单位违反国家规定的财政收支、财务收支行为，依法应当由审计机关在法定职权范围内做出处理处罚决定的，审计机关应当出具审计决定书。审计或者专项审计调查发现的依法需要移送其他有关主管机关或者单位纠正、处理处罚或者追究有关人员责任的事项，审计机关应当出具审计移送处理书。

审计组在起草审计报告前，应当对审计目标的实现情况、审计实施方案确定的审计事项完成情况、审计证据的适当性和充分性、审计发现问题的重要性、对审计发现问题的处理处罚意见等进行讨论确定并做出记录。审计组组长应当确认审计工作底稿和审计证据已经审核，并从总体上评价审计证据的适当性和充分性。审计组根据不同的审计目标，以审计认定的事实为基础，在防范审计风险的情况下，按照重要性原则，从真实性、合法性、效益性方面提出审计评价意见。审计组应当只对所审计的事项发表审计评价意见。对审计过程中未涉及、审计证据不适当或者不充分、评价依据或者标准不明确以及超越审计职责范围的事项，不得发表审计评价意见。

审计组应当根据审计发现问题的性质、数额及其发生的原因和审计报告的使用对象，评估审计发现问题的重要性，如实在审计报告中予以反映。审计组实施审计或者专项审计调查后，应当提出审计报告，按照审计机关规定的程序审批后，以审计机关的名义征求被审计单位、被调查单位和拟处罚的有关责任人员的意见。经济责任审计报告还应当征求被审计人员的意见；必要时，征求有关干部监督管理部门的意见。审计报告中涉及的重大经济案件调查等特殊事项，经审计机关主要负责人批准，可以不征求被审计单位或者被审计人员的意见。被审计单位、被调查单位、被审计人员或者有关责任人员对征求意见的审计报告有异议的，审计组应当进一步核实，并根据核实情况对审计报告做出必要的修改。审计组应当对采纳被审计单位、被调查单位、被审计人员、有关责任人员意见的情况和原因，或者上述单位或人员未在法定时间内提出书面意见的情况做出书面说明。

对被审计单位或者被调查单位违反国家规定的财政收支、财务收支行为，依法应当由

审计机关进行处理处罚的，审计组应当起草审计决定书。对依法应当由其他有关部门纠正、处理处罚或者追究有关责任人员责任的事项，审计组应当起草审计移送处理书。

审计组应当将下列材料报送审计机关业务部门复核：审计报告；审计决定书；被审计单位、被调查单位、被审计人员或者有关责任人员对审计报告的书面意见及审计组采纳情况的书面说明；审计实施方案；调查了解记录、审计工作底稿、重要管理事项记录、审计证据材料；其他有关材料。

审计机关业务部门应当将复核修改后的审计报告、审计决定书等审计项目材料连同书面复核意见，报送审理机构审理。

审理机构审理时，应当就有关事项与审计组及相关业务部门进行沟通。必要时，审理机构可以参加审计组与被审计单位交换意见的会议，或者向被审计单位和有关人员了解相关情况。审理机构审理后，应当出具审理意见书，并将审理后的审计报告、审计决定书连同审理意见书报送审计机关负责人。

审计报告、审计决定书原则上应当由审计机关审计业务会议审定；特殊情况下，经审计机关主要负责人授权，可以由审计机关其他负责人审定。

审计报告、审计决定书经审计机关负责人签发后，按照下列要求办理：审计报告送达被审计单位、被调查单位；经济责任审计报告送达被审计单位和被审计人员；审计决定书送达被审计单位、被调查单位、被处罚的有关责任人员。

审计机关在审计中发现的下列事项，可以采用专题报告、审计信息等方式向本级政府、上一级审计机关报告：

①涉嫌重大违法犯罪的问题。

②与国家财政收支、财务收支有关政策及其执行中存在的重大问题。

③关系国家经济安全的重大问题。

④关系国家信息安全的重大问题。

⑤影响人民群众经济利益的重大问题。

⑥其他重大事项。

（2）公布审计结果

我国审计机关依法实行公告制度。审计机关的审计结果、审计调查结果依法向社会公布。审计机关公布审计和审计调查结果，应当指定专门机构统一办理，履行规定的保密审查和审核手续，报经审计机关主要负责人批准。审计机关内设机构、派出机构和个人，未经授权不得向社会公布审计和审计调查结果。审计机关统一组织不同级次审计机关参加的审计项目，其审计和审计调查结果原则上由负责该项目组织工作的审计机关统一对外公布。审计机关公布审计和审计调查结果按照国家有关规定需要报批的，未经批准不得公布。

（3）检查审计整改情况

审计机关应当建立审计整改检查机制，督促被审计单位和其他有关单位根据审计结果进行整改。在审计整改检查过程中，审计机关主要检查或者了解下列事项：

①执行审计机关做出的处理处罚决定情况。

②对审计机关要求自行纠正事项采取措施的情况。

③根据审计机关的审计建议采取措施的情况。

④对审计机关移送处理事项采取措施的情况。

审计组在审计实施过程中,应当及时督促被审计单位整改审计发现的问题。审计机关在出具审计报告、做出审计决定后,应当在规定的时间内检查或者了解被审计单位和其他有关单位的整改情况。对于定期审计项目,审计机关可以结合下一次审计,检查或者了解被审计单位的整改情况。

审计机关可以采取下列方式检查或者了解被审计单位和其他有关单位的整改情况:

①实地检查或者了解。
②取得并审阅相关书面材料。
③其他方式。

检查或者了解被审计单位和其他有关单位的整改情况应当取得相关证明材料。

审计机关指定的部门负责检查或者了解被审计单位和其他有关单位整改情况,并向审计机关提出检查报告。检查报告的内容主要包括:

①检查工作开展情况,主要包括检查时间、范围、对象和方式等。
②被审计单位和其他有关单位的整改情况。
③没有整改或者没有完全整改事项的原因和建议。

审计机关对被审计单位没有整改或者没有完全整改的事项,依法采取必要措施。

6.3 内部审计工作程序

内部审计工作程序是单位内部审计人员在进行内部审计工作时,从开始到结束的审计工作步骤和顺序。内部审计工作程序是规范内部审计、提高内部审计工作质量和审计效率的有力保障。与外部审计不同,内部审计侧重于单位经营管理活动的检查和评价,目的在于完善单位的内部控制,提高经营活动的效率、效果和经济性。我国内部审计协会于2013年颁布、2014年实施的《内部审计基本准则》和《内部审计具体准则》分别从总体程序规定和具体程序环节要求两方面规范了内部审计程序的基本做法。与政府审计一样,内部审计也需要制定年度审计项目计划,具体审计项目的审计工作程序通常包括审计准备、审计实施和审计报告三个阶段。

6.3.1 制订年度审计计划

年度审计计划是对年度预期要完成的审计任务所做的工作安排,是组织年度工作计划的重要组成部分。内部审计机构应该结合组织战略和组织年度工作目标,充分考虑组织重大的风险因素以及高级管理层的偏好,并统筹一定的审计资源,对年度审计项目进行规划。年度审计计划一般应由内部审计机构负责人制定,报送组织管理层批准后施行。

年度审计计划主要包括下列基本内容:

①年度审计工作目标。
②具体审计项目及实施时间。
③各审计项目需要的审计资源。
④后续审计安排。

内部审计机构在编制年度审计计划前,应当重点调查了解下列情况,以评价具体审计项目的风险:组织的战略目标、年度目标及业务活动重点;对相关业务活动有重大影响的法律、法规、政策、计划和合同;相关内部控制的有效性和风险管理水平;相关业务活动的复杂性及其近期变化;相关人员的能力及其岗位的近期变动;其他与项目有关的重要情况。

6.3.2 准备阶段

(1) 确定重要性与审计风险

内部审计人员在审计过程中,应充分考虑重要性与审计风险的问题。内部审计中的重要性是指被审计单位经营活动和内部控制中可能存在的差异和漏洞的严重程度。在考虑重要性时,应当结合被审计单位的性质、规模及经营活动等各个方面的因素,从性质和数量两个方面加以考虑。内部审计中的审计风险,是指内部审计人员的审计结论偏离事实的可能性。在制定项目审计计划时,应对被审计单位的情况进行综合分析,评估审计风险的大小,并据以确定所需的审计程序以及审计证据的数量等问题。

(2) 编制审计项目实施方案

内部审计项目实施方案是内部审计人员为实现项目总目标,通过实施审计程序收集相关证据,在对被审计单位情况初步了解和调查的基础上,对现场审计工作进行具体部署所形成的书面文件。内部审计项目实施方案有助于降低内部审计风险,提高审计工作的效率和效果。内部审计人员应当在综合考虑组织风险、管理需要及审计资源等情况的基础上,在审计项目实施前编制项目审计方案,对审计工作做出合理安排。审计方案通常由审计项目负责人编制,报经内部审计机构负责人批准后施行。

审计项目负责人应当根据被审计单位的下列情况,编制项目审计方案:业务活动概况;内部控制、风险管理体系的设计及运行情况;财务、会计资料;重要的合同、协议及会议记录;上次审计结论、建议及后续审计情况;上次外部审计的审计意见;其他与项目审计方案有关的重要情况。

项目审计方案应当包括下列基本内容。

①被审计单位、项目的名称。
②审计目标和范围。
③审计内容和重点。
④审计程序和方法。
⑤审计组成员的组成及分工。
⑥审计起止日期。
⑦对专家和外部审计工作结果的利用。
⑧其他有关内容。

(3) 发出审计通知书

审计通知书,是指内部审计机构在实施审计之前,告知被审计单位或者人员接受审计的书面文件。在实施具体审计项目之前,内部审计机构应当在实施审计三日前事先向被审计单位送达审计通知书。审计通知书应当包括下列内容:审计项目名称;被审计单位名称或者被审计人员姓名;审计范围和审计内容;审计时间;需要被审计单位提供的资料及其他必要的协助要求;审计组组长及审计组成员名单;内部审计机构的印章和签发日期。审计通知书事先通知被审计单位提前做好相应的准备,可以提高审计效率,并避免对被审计单位的正常经营产生过多的影响。

审计通知书范例

审计通知书

××审(×××)××号

××关于审计××(审计项目名称)的通知

×××(被审计单位):

根据我×年度审计计划安排,决定派出审计组,自××××年××月××日起,对你单位(××××时间段)(××内容)(审计目的及范围)进行审计。接此通知后,请予以积极配合,并提供有关资料和必要的工作条件。

审计组组长:

审计组成员:

内部审计机构公章

内部审计机构负责人签字

签发日期:

抄送:(必要时可抄送组织内部相关部门。涉及组织内个人责任的审计项目,应抄送被审计者本人)

6.3.3 实施阶段

审计实施阶段是项目审计工作三个过程中的中心环节,是对审计计划过程所指定方案的全面执行。审计实施阶段的工作主要包括进行审计测试;获取审计证据、分析审计发现;编制审计工作底稿;与被审计单位讨论审计结果。

6.3.3.1 进行审计测试

审计测试是审计实施阶段的核心工作。审计组在审计实施过程中,为全面深入地了解被审计单位业务活动的具体规定和内部控制制度的执行情况,须进驻被审计单位,更深入地调查、了解被审计单位的情况,对其经营活动及内部控制的适当性和有效性进行测试。审计测试包括控制测试和实质性测试。

(1)控制测试

控制测试是指测试控制运行的有效性,对被审计单位与生成会计信息有关的内部控制设计和执行的有效性进行了解,并对该内部控制是否得到一贯遵循加以审计的过程。控制测试的对象是有关业务或部门的内部控制,测试的目的是检查内部控制的健全性和有效性,确定内部控制的可信赖程度,并据以确定实质性测试的性质、时间和范围。内部审计人员应根据审计方案的要求,对被审计单位内部控制全部或部分要素分别进行调查了解,并测试其运行状况,对其适当性和有效性做出评价。内部审计人员通过对内部控制的有效性进行评价,提出改进建议和意见,但是不能负责有关内部控制的决策及实施,以免影响审计独立性。

控制测试完成后,审计人员须对被审计单位的内部控制重新评价,确定控制风险,以确定将要执行的实质性测试的性质、时间和范围。

(2)实质性测试

实施控制测试后,内部审计人员须对被审计单位的相关项目进一步实施实质性测试。实质性测试是指在控制测试的基础上,为取得直接证据而运用检查、监盘、观察、查询及函证、计算、分析程序等方法,对被审计单位财务报表的公允性和财务收支的合法性进行审查,以得出审计结论的过程。实质性测试的类型分为两种,即实质性分析程序和细节测试。

实质性测试的主要工作包括,一是实物盘点,主要是针对有形资产账户记载的内容,例如,库存现金、有价证券、固定资产等;二是检查相关凭证,以确定账簿记录数据的真实性和经济业务的合理性、合法性;三是函证,函证是审计人员为印证被审计单位会计记录所记载事项而向第三者发函询证,主要应用于银行存款、应收账款、应付账款等业务;四是核实和核对相关记录,实质性测试采用的方法主要是检查、函证、重新计算、分析程序等。

6.3.3.2 获取审计证据

审计证据是内部审计人员在审计过程中取得的用以证实审计事项、做出审计结论和建议的依据。审计证据的收集和评价是内部审计工作重要的组成部分。内部审计人员可以运用检查、观察、询问、函证和分析等方法,获取充分、相关、可靠的审计证据,以支持审计结论和建议。充分性是对审计证据数量的要求。内部审计人员在审计过程中收集的审计证据必须足以证实审计事项,并为做出的审计结论和建议提供支持。相关性是对审计证据质量上的要求。内部审计人员所收集的审计证据必须和审计目标相关联,与审计事项之间存在内在逻辑关系,这样的证据所反映的内容才能够支持审计结论和建议,可靠性也是审计证据质量上的要求。审计证据必须能够反映审计事项的客观事实。

6.3.3.3 编制审计工作底稿

内部审计人员应将审计程序的执行过程及收集和评价的审计证据,记录于审计工作底稿。审计工作底稿在内部审计过程中起着重要的作用,它记录了审计全过程,是内部审计各项工作的一个集中信息库,为审计结论的形成提供依据。它也是对内部审计工作进行复核和评价的重要依据,并为以后的审计工作提供参考的依据,同时也有助于提高内部审计人员的专业素质。编制审计工作底稿应做到内容完整、记录清晰、结论明确,真实、完整地反映项目审计计划与审计方案的制订及实施情况,并包括与形成审计结论和建议有关的所有重要事项。

审计工作底稿通常包括审计年度计划、审计项目方案、分析表、问题备忘录、重大事项概要、询证函回函、管理层声明书、核对表、有关重大事项的往来信件(包括电子邮件),以及对被审计单位文件记录的摘要或复印件等。

内部审计机构应当建立审计工作底稿的分级复核制度,明确规定各级复核人员的要求和责任,以确保审计工作底稿的质量,减少审计风险。审计工作底稿的复核工作应当由比审计工作底稿编制人员职位更高或者经验更为丰富的人员承担。如果发现审计工作底稿存在问题,复核人员应当在复核意见中加以说明,并要求相关人员补充或者修改审计工作底稿。在审计业务执行过程中，审计项目负责人应当加强对审计工作底稿的现场复核。

内部审计人员在审计项目完成后，应当及时对审计工作底稿进行分类整理，按照审计工作底稿相关规定妥善进行归档、保管和使用，严格限制内部审计机构以外的个人或机构未经批准或授权而接触工作底稿。

6.3.3.4 与被审计单位讨论审计结果

在完成审计工作后，为了保证审计结果的客观、公正，内部审计准则规范了内部审计机构在出具审计报告前应当征求被审计单位的意见，因而在审计实施阶段与被审计单位的沟通是法定程序。内部审计机构的相关审计人员应就报告中的基本情况、审计发现的问题、审计结论和审计建议等征求被审计单位的意见，与被审计单位进行充分有效的讨论和交流，要求被审计单位对审计结果提出口头或书面意见，并将该材料作为审计档案的重要部分予以保存，避免以后出现异议。与被审计单位进行结果沟通的目的，是提高审计结果的客观性、公正性，并取得被审计单位、组织适当管理层的理解和认同。

审计人员须与被审计单位对审计结果有关事项进行沟通，沟通的事项主要有以下几种。

① 审计发现结论的分歧　主要指审计人员与被审计单位就被审计对象存在的不同意见。例如，在某些交易和事项所采用的会计政策、财务报表披露的内容以及审计范围、审计报告的措辞等方面，双方可能发生分歧，需要沟通。

② 重大审计调整事项　即对财务报表有重大影响的、审计人员认为需要调整的事项，需要沟通。

③ 审计意见的类型及审计报告的措辞　审计人员在编制审计报告时，应向被审计单位告知其所确定的审计意见类型及审计报告的措辞，并使其理解其含义。但须注意的是，审计人员在发表审计意见时，必须坚持独立、客观、公正的原则，这里的沟通仅是指向被审计单位告知和解释，而不是对审计意见的类型及审计报告的措辞需要与项目执行单位商讨。

④ 审计人员拟提出的关于内部控制以及管理方面的建议　审计人员应就审计过程中注意到的、被审计单位在内部控制设计或运行方面存在的重大缺陷，向被审计单位提出口头或书面建议。

6.3.4 终结阶段

6.3.4.1 编制审计报告

内部审计人员应在实施必要的审计程序后，出具审计报告。审计报告的编制应当以经过核实的审计证据为依据，做到客观、完整、清晰、及时、具有建设性，并体现重要性原则。审计报告应说明审计目的、范围，提出结论和建议，并应当包括被审计单位的反馈意见。审计报告应声明内部审计是按照中国内部审计准则的规定实施，如果存在未遵循该准则的情形，审计报告应对其做出解释和说明。

6.3.4.2 分级复核审计报告

内部审计机构应建立审计报告的分级复核制度，明确规定各级复核的要求和责任。内部审计机构应当根据审计项目的性质和复杂程度，以及执行审计项目人员的经验和水平，设置适当的复核级次。内部审计机构应当在提交审计报告前，对审计报告进行审核、检查，以确保审计报告的质量。复核人应对审计结论、审计意见和审计建议的正确性、客观性、合理性进行核查，检查审计报告中是否存在错误、遗漏，对审计工作底稿进行认真检查，审核内部审计人员所收集的审计证据是否能够支持审计结论、审计意见和审计建议，审核内部审计人员是否实施了必要的审计程序。

6.3.4.3 后续审计

后续跟踪是在审计报告正式提交后，对被审计单位是否及时采取有效的纠正措施，解决存在的问题所做的审查。在后续审计过程中，应明确被审计单位管理层与内部审计人员双方各自的责任：被审计单位管理层应当针对审计报告中的审计结论、审计意见和审计建议，及时、有效地采取纠正措施，以解决存在的问题。而内部审计人员的责任在于对被审计单位管理层是否针对审计所发现的问题采取措施、所采取的措施是否及时、有效，是否达到了预期的效果进行审查和评价。

6.4 社会审计工作程序

目前，注册会计师审计模式已经转为风险导向审计模式，这就要求注册会计师在审计过程中，以重大错报风险的识别、评估和应对作为工作主线。与此相适应，社会审计的审计工作程序通常由准备阶段、实施阶段和终结阶段三个阶段组成，大致包括接受业务委托、计划审计工作、实施风险评估程序、实施控制测试和实质性程序以及完成审计工作和编制审计报告等主要内容。

社会审计与政府审计和内部审计相比，审计主体所处的地位不同，履行的职能不同，所承担的社会责任也不尽一致，从而决定了社会审计工作程序有其自身的特点。社会审计工作程序主要具有以下特点：一是由于社会审计是受托审计，因此社会审计通常不编制年度审计项目计划，二是由于社会审计组织不具有行政处理处罚权，因此社会审计在出具审计报告后，不做出审计处理处罚的决定。

本节以社会审计组织进行的财务报表审计为例，说明社会审计的工作程序。

6.4.1 准备阶段

6.4.1.1 了解被审计单位的基本情况，接受业务委托

审计机构应当按照执业准则的规定，在接受新客户的业务前，或决定是否保持现有业务或考虑接受现有客户的新业务时，执行相应的客户接受与保持的程序，对被审计单位的基本情况加以了解，如对被审计单位的组织结构、业务性质、企业规模、内部控制、经营风险和财务状况，以及以前年度接受审计的情况等进行初步的调查了解，以获取如下信息：考虑客户的诚信，没有信息表明客户缺乏诚信；具有执行业务必要的素质、专业胜任能力、时间和资源；能够遵守相关职业道德要求。在此基础上，对审计风险进行评估，并结合自身情况，谨慎决策是否接受或保持其客户关系和具体审计业务。

审计机构执行客户接受与保持的程序的目的，旨在识别和评估审计机构面临的风险。例如，如果注册会计师发现潜在客户正面临财务困难，或者发现现有客户在之前的业务中存在虚假陈述，则可以认为接受或保持该客户的风险非常高，甚至是不可接受的。审计机构除考虑客户施加的风险外，还需要复核执行业务的能力，如当工作需要时能否获得合适

的具有相应资格的员工；能否获得专业化协助；是否存在任何利益冲突；能否对客户保持独立性等。

注册会计师需要做出的最重要的决策之一就是接受和保持客户。一项低质量的决策会导致不能准确确定计酬的时间或未被支付的费用，增加项目合伙人和员工的额外压力，使审计机构声誉遭受损失，或者涉及潜在的诉讼。

一旦决定接受业务委托，注册会计师应当与客户就审计约定条款达成一致意见。对于连续审计，注册会计师应当根据具体情况确定是否需要修改业务约定条款，以及是否需要提醒客户注意现有的业务约定书。

6.4.1.2　签订审计业务约定书

审计业务约定书是审计机构与委托人共同签订的，用以确认审计业务的委托与受托关系，明确委托目的、审计范围及双方责任与义务等事项的书面合同。它也是一份具有法律约束力的书面文件。

审计机构在决定接受被审计单位的审计委托后，双方就应尽快签订审计业务约定书，就双方达成的有关事项做出约定。审计业务约定书的内容主要包括：签约双方的名称、委托目的、审计范围、双方的责任与义务、出具审计报告的时间要求、审计报告的使用责任、审计收费、审计业务约定书的有效期限、违约责任、签约双方认为应当约定的其他事项及签约时间等。

审计业务约定书一经签订，并由双方的法定代表人或其授权的代表签字认可，即可成为审计机构与委托人之间在法律上生效的契约，它是维护双方权利和监督双方履行义务的合法依据。

6.4.1.3　计划审计工作

为保证审计目标的实现，对于任何一项审计业务，注册会计师在执行具体审计程序之前，都必须首先根据具体情况制定科学、合理的计划，使审计业务以有效的方式得到执行。否则，不仅会导致盲目实施审计程序，无法获得充分、适当的审计证据以将审计风险降至可接受的低水平，影响审计目标的实现，而且还会浪费有限的审计资源，增加不必要的审计成本，影响审计工作的效率。

一般而言，计划审计工作主要包括：在本期审计业务开始时开展的初步业务活动；制定总体审计策略；制订具体审计计划。计划审计工作不是审计业务的一个孤立阶段，而是一个持续的、不断修正的过程，贯穿于整个审计业务的始终。

6.4.2　实施阶段

6.4.2.1　实施风险评估程序

在风险导向审计模式下，根据审计准则的规定，注册会计师必须实施风险评估程序，在此基础上评估财务报表层次和认定层次的重大错报风险。所谓风险评估程序，是指注册会计师实施的了解被审计单位及其环境以识别和评估财务报表重大错报风险的程序。风险评估程序是注册会计师必须实施的审计程序，了解被审计单位及其环境有助于注册会计师在许多关键环节做出职业判断。了解被审计单位及其环境是一个连续和动态地收集、更新与分析信息的过程，贯穿于整个审计过程的始终。注册会计师应当运用职业判断确定需要了解被审计单位及其环境的程度。

一般而言，实施风险评估程序的主要工作包括：了解被审计单位及其环境；识别和评估财务报表层次以及各类交易、账户余额、列报认定层次的重大错报风险，包括确定需要特别考虑的重大错报风险以及仅通过实质性程序无法应对的重大错报风险等。

6.4.2.2 实施控制测试和实质性程序

注册会计师在了解被审计单位及其环境并充分识别和评估重大错报风险后，并不足以为发表审计意见提供充分、适当的审计证据，注册会计师还应当实施进一步审计程序，包括实施控制测试（必要时或决定测试时）和实质性程序，以获取充分、适当的审计证据。因此，注册会计师评估财务报表重大错报风险后，应当运用职业判断，针对评估的财务报表层次重大错报风险确定总体应对措施，并针对评估的认定层次重大错报风险设计和实施进一步审计程序，以将审计风险降至可接受的低水平。

控制测试和实质性程序之间存在着密切的关系。如果注册会计师认为被审计单位内部控制的可靠程度较高，则实质性程序的工作量就可以相应减少；反之，实质性程序的工作量就会增加。但无论如何，实质性程序都必不可少。

6.4.3 终结阶段

完成审计工作和编制审计报告是整个审计过程的终点。注册会计师在完成财务报表所有循环的进一步审计程序后，应当按照有关审计准则的规定做好审计完成阶段的各项工作，并根据所获取的各种证据，合理运用专业判断，形成适当的审计意见，出具审计报告。

本阶段的主要工作包括：考虑持续经营假设、或有事项和期后事项；获取管理层声明；汇总审计差异，提请被审计单位调整或披露；复核审计工作底稿和财务报表；与管理层和治理层沟通；评价审计证据，形成审计意见；编制审计报告等。

社会审计的审计程序具体内容如图 6-1 所示。

本 章 小 结

审计工作程序是审计人员实施审计工作的先后步骤和顺序，有广义和狭义两种含义。广义的审计工作程序是指审计机构和审计人员对审计工作从开始到结束的审计工作步骤和顺序，通常包括准备、实施和终结三个阶段，每个阶段随着审计主体、审计种类的不同又包括不同的具体工作内容。

政府审计工作程序是政府审计机关和审计人员在进行审计时，从开始到结束的审计工作步骤和顺序。政府审计工作程序通常包括审计计划、审计实施和审计报告三个阶段。审计计划阶段的主要工作包括编制年度审计项目计划和审计工作方案。审计实施阶段的主要工作包括根据审计项目计划所确定的审计项目，选派审计人员组成审计组，向被审计单位送达审计通知书；对被审计单位进行调查了解；编制审计实施方案；按照审计实施方案进行审计，获取审计证据，进行审计记录；对重大违法行为进行检查。审计报告阶段的主要工作包括编审、复核、审理、签发审计报告和审计决定；公布审计结果；检查审计整改情况。

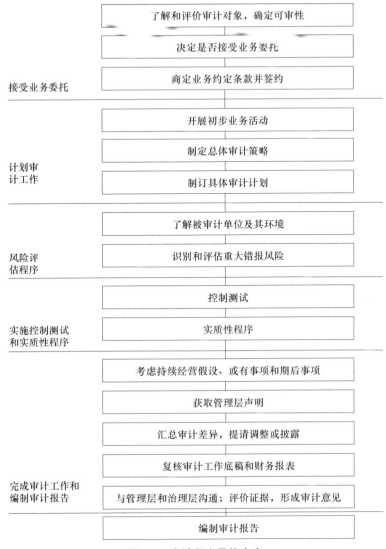

图 6-1 审计程序具体内容

内部审计工作程序是单位内部审计人员在进行内部审计工作时，从开始到结束的审计工作步骤和顺序。内部审计也需要制定年度审计项目计划，具体审计项目的审计工作程序通常包括审计准备、审计实施和审计报告三个阶段。审计准备阶段的主要工作包括确定重要性与审计风险；编制审计项目实施方案；发出审计通知书。审计实施阶段是项目审计工作三个阶段的中心环节，审计实施阶段的工作主要包括进行审计测试；获取审计证据、分析审计发现；编制审计工作底稿；与被审计单位讨论审计结果。审计报告阶段的主要工作包括编制审计报告；分级复核审计报告以及进行后续审计。

社会审计的审计工作程序通常由准备阶段、实施阶段和终结阶段三个阶段组成，审计准备阶段的主要工作包括了解被审计单位的基本情况，接受业务委托；签订审计业务约定书以及计划审计工作。审计实施阶段的主要工作包括实施风险评估程序；实施控制测试和实质性程序。审计终结阶段注册会计师需要做好审计完成阶段的各项工作,并根据所获取的各种证据,合理运用专业判断,形成适当的审计意见,出具审计报告。

思 考 题

1. 什么是审计工作程序?广义的审计工作程序可以分为哪几个阶段?
2. 如何理解审计程序规范化的重要意义?
3. 政府审计工作程序通常包括哪几个阶段,各阶段的具体工作内容是什么?
4. 政府审计机关审计项目的构成类型通常有哪几种?
5. 政府审计机关的审计人员可以从哪些方面调查了解被审计单位及其相关情况?
6. 内部审计工作程序通常包括哪几个阶段,各阶段的具体工作内容是什么?
7. 简述内部审计实施阶段审计测试的具体内容。
8. 社会审计工作程序通常包括哪几个阶段,各阶段的具体工作内容是什么?
9. 简述社会审计实施阶段的主要工作内容。

第 7 章 审计证据和审计工作底稿

【学习目标】
1. 了解审计证据的特征、审计工作底稿的作用。
2. 明确审计证据的分类、审计工作底稿的要素及复核要求。
3. 掌握审计证据和审计工作底稿的含义、审计工作底稿的归档要求。

7.1 审 计 证 据

7.1.1 审计证据的含义

审计证据是指审计人员获取的能够为审计结论提供合理基础的全部事实,包括审计人员调查了解被审计单位及其相关情况和对确定的审计事项进行审查所获取的证据。证据是一个适用性较广的概念,不仅审计人员执行审计工作需要证据,科学家和律师等也需要证据。在科学实验中,科学家获取证据,以得出关于某项理论的结论;在法律案件中,法官需要根据严密确凿的证据,以提出审判结论;审计人员必须在每项审计工作中获取充分、适当的审计证据,以满足形成审计意见或做出审计决定的要求。

以财务报表审计为例,审计证据的内容主要包括以下两个部分:

(1)构成财务报表基础的会计记录中含有的信息

依据会计记录编制财务报表是被审计单位管理层的责任,审计人员应当测试会计记录以获取审计证据。会计记录主要包括原始凭证、记账凭证、总分类账和明细分类账、未在记账凭证中反映的对财务报表的其他调整,以及支持成本分配、计算、调节和披露的手工计算表和电子数据表。上述会计记录是编制财务报表的基础,构成审计人员执行财务报表审计业务所需获取的审计证据的重要部分。这些会计记录通常是电子数据,因而要求审计人员对内部控制予以充分关注,以获取这些记录的真实性、准确性和完整性。需要注意的是,电子形式的会计记录可能只能在特定时间获取,如果不存在备份文件,特定期间之后有可能无法再获取这些记录。

会计记录取决于相关交易的性质,它既包括被审计单位内部生成的手工或电子形式的凭证,也包括从与被审计单位进行交易的其他企业收到的凭证。此外,会计记录还可能包括以下内容:销售发运单和发票、顾客对账单以及顾客的汇款通知单;附有验货单的订购单、购货发票和对账单;考勤卡和其他工时记录、工薪单、个别支付记录和人事档案;支票存根、电子转移支付记录、银行存款单和银行对账单;合同记录,例如,租赁合同和分期付款销售协议;记账凭证;分类账账户调节表。

将这些会计记录作为审计证据时，其来源和被审计单位内部控制的相关强度（对内部生成的证据而言）等都会影响审计人员对这些审计证据的信赖程度。

（2）其他信息

会计记录中含有的信息本身并不足以提供充分的审计证据作为对财务报表发表审计意见的基础，审计人员还应当获取用作审计证据的其他信息。可用作审计证据的其他信息包括审计人员从被审计单位内部或外部获取的会计记录以外的信息，如被审计单位会议记录、内部控制手册、询证函的回函、分析师的报告、与竞争者的比较数据等；通过询问、观察和检查等审计程序获取的信息，如通过检查存货获取存货存在性的证据等；以及自身编制或获取的可以通过合理推断得出结论的信息，如审计人员编制的各种计算表、分析表等。

财务报表依据的会计记录中包含的信息和其他信息共同构成了审计证据，两者缺一不可。如果没有前者，审计工作将无法进行；如果没有后者，可能无法识别重大错报风险。只有将两者结合在一起，才能将审计风险降至可接受的低水平，为审计人员发表审计意见提供合理基础。

必要审计证据的性质与范围取决于审计人员对何种证据与实现审计目标相关做出的职业判断。这种判断受到重要性评估水平、与特定认定相关的审计风险、总体规模以及影响账户余额的各类经常性或非经常性交易的影响。

审计人员能获取不同来源和不同性质的审计证据，不过，审计证据很少是绝对的，从性质上来看反而是说服性的，并能佐证会计记录中所记录信息的合理性。因此，在确定报表公允表达时，审计人员最终评价的正是这种累计的审计证据。审计人员将不同来源和不同性质的审计证据综合起来考虑，这样能够反映出结果的一致性，从而佐证会计记录中记录的信息。如果审计证据不一致，而且这种不一致可能是重大的，审计人员应当扩大审计程序的范围，直到不一致得到解决，并针对账户余额或各类交易获得必要保证。

审计证据在全部审计工作中具有特殊的地位。审计人员首先根据审计项目确定审计目标，然后根据审计目标实施必要的审计程序，再运用一定的审计方法获取充分适当的审计证据，以此为基础，从而形成审计意见或者做出审计决定。审计证据如果搜集的不充分，证据的可信度较低，或者是与审计结论相关性不够，审计意见或者审计决定就无法形成，即使勉强形成审计结论或审计决定，其客观性、公正性也具有不可克服的缺陷，甚至酿成巨大的错误。因此，审计证据对于整个审计工作具有非常重要的意义。审计意见或者审计决定的正确与否，或者说审计工作质量的高低，在很大程度上都取决于审计证据的质量。审计证据不仅是审计理论的重要组成部分，在审计实务中也具有至关重要的作用。

7.1.2 审计证据的种类

审计实务中，审计证据的种类繁多，其外在形态、来源、证明力的强弱等均有所不同。对审计证据进行科学、合理的分类，可以加强对审计证据的理解，有效提高审计人员收集审计证据的效率，也有利于恰当地筛选和综合分析、评价审计证据。

审计证据可从证据的外在形态、证据的来源和证据的重要性等不同角度进行分类。

7.1.2.1 审计证据按其外在形态不同进行分类

一般而言，审计人员所取得的审计证据可以按其外形特征分为实物证据、书面证据、口头证据，视听或电子证据、鉴定和勘验证据、环境证据。

（1）实物证据

实物证据是指以实物存在并以其外部特征和内在本质证明审计事项的证据。实物证据通常包括固定资产、存货、有价证券和现金等。实物证据是通过实际观察或盘点取得的，用以确定实物资产的存在性。例如，库存现金、存货、固定资产可以通过监盘的方式证明其是否确实存在。实物证据对于证明实物资产是否存在具有较强的证明力，但其也有局限性，对于所观察或监盘资产的所有权归属、资产的质量和分类还需要通过其他途径得到的审计证据加以证明。

（2）书面证据

书面证据是指以书面形式存在的，并以其记载内容证明审计事项的证据。例如，被审计单位的会计凭证、账簿、报表及其他核算资料、审计人员进行函询时的往来信件和有关人员出具的书面证明等。书面证据通常是审计证据中的主要组成部分，数量繁多、来源广泛。收集书面证据应注意其反映内容的真实程度和对证据的归类整理。

（3）口头证据

口头证据是经审计人员询问，由被审计单位有关人员或其他人员进行口头答复所形成的审计证据。在审计过程中，审计人员往往要就以下事项向有关人员进行询问：被审事项发生时的实际情况；对特别事项的处理过程；采用特别会计政策和方法的理由；对舞弊事实的追溯调查；可能事项的意见或态度等。通常，口头证据本身不能完全证明事实的真相，证明力相对较差，这是因为被调查或询问人可能有意隐瞒实情，或对过去事情记忆模糊或遗漏，从而导致口头证据不准确、不完整。因此，获取口头证据的同时，还应结合实施其他审计程序以获取其他形式的审计证据。

审计人员获取口头证据的目的一般包括两个方面。第一，为了印证某一结果是否与审计人员的判断相一致。第二，发掘一些新的重要审计线索，从而有利于对有关事项进行进一步调查取证。无论出于何种目的，审计人员获取口头证据时应讲究沟通技巧，不可逼供，更不可恫吓威胁，而应讲明原则和要求，对各种重要的口头答复做好笔录，注明被询问人姓名、时间、地点和背景，并取得被询问人的确认并签名盖章。

虽然口头证据可靠性较低，需要其他证据的支持和佐证，但如果不同的被询问人员对同一问题在同一时间所做的口头陈述一致时，其可靠性则显得较强，可以作为审计结论的依据。

（4）视听或电子证据

视听或电子证据是指以录音带、录像带、磁盘及其他电子计算机储存形式存在的用于证明审计事项的证据。例如，与审计事项相关的当事人讲话的录音带、经济业务发生时现场的录像带、计算机中储存的资料等。随着现代科学技术和审计技术方法的发展，视听或电子证据日益成为经常运用的审计证据。

（5）鉴定和勘验证据

鉴定和勘验证据是指在特殊情况下审计机构指派或聘请专门人员对某些审计事项进行鉴定而产生的证据。这种证据实际上是书面证据的特殊形式。例如，对某些书面资料字迹的鉴定，票据真伪的鉴定，产品或工程质量的鉴定证明等。

（6）环境证据

环境证据也称状况证据，是指对审计事项产生影响的各种环境事实。例如，被审计单位的地理位置、内部控制状况、管理状况、管理人员的素质、国内外政治经济形势等。环境证据一般不属于基本证据，不能用于直接证实有关被审事项，但它可以帮助审计人员了解被审计单位和审计事项所处的环境，为审计人员分析判断审计事项提供有用的信息，是审计人员必须掌握的资料。环境证据具体包括：反映内部控制状况的环境证据、反映管理素质的环境、反映管理水平和管理条件的环境证据。

7.1.2.2 审计证据按其来源不同进行分类

审计证据按其来源不同分为亲历证据、内部证据和外部证据。

（1）亲历证据

亲历证据是指审计人员在被审计单位执行审计工作时目击或亲自参加检查测试所取得的证据。例如，审计人员观察被审计单位经济业务执行情况所取得的审计证据，审计人员监督财产物资盘点而取得的审计证据；审计人员亲自动手编制的计算表、分析表等而形成的审计证据。亲历证据可信程度较高，具有较强的证明力。

（2）外部证据

外部证据是由被审计单位以外的组织或人士所编制的审计证据。它一般具有较强的证明力。外部证据又包括两种。一种是由被审计单位以外的机构或人士编制并由其直接递交给审计人员的审计证据，如应收账款回函。此类证据不仅由完全独立于被审计单位的外界组织或人员提供，而且未经被审计单位有关职员之手，从而排除了伪造、更改凭证或业务记录的可能性，因而其证明力最强。另一种是由被审计单位以外的机构或人士编制、但为被审计单位持有并提交审计人员的审计证据，如购货发票、银行对账单等。由于此类证据已经被审计单位职员之手，在评价其可靠性时，审计人员应考虑被涂改或伪造的难易程度及其已被涂改的可能性。当获取的审计证据有被涂改或伪造的痕迹时，审计人员应予以高度警觉。尽管如此，在一般情况下，外部证据仍是较被审计单位的内部证据更具证明力的一种审计证据。

（3）内部证据

内部证据是指由被审计单位的内部机构或职员编制和提供的审计证据。它包括被审计单位的会计记录（原始凭证、记账凭证、账簿记录、会计报表等），被审计单位管理当局声明书，以及其他各种由被审计单位编制和提供的有关书面文件。

一般而言，内部证据不如外部证据可靠。但内部证据数量较多，审计人员通常需要大量的内部证据来支持审计结论，因而必须注意其可靠程度。如果内部证据在外部流转，并获得其他单位或个人的承认（如销货发票、付款支票等），则具有较强的可靠性。即使只在被审计单位内部流转的审计证据，其可靠程度也因被审计单位内部控制的好坏而异。若内部证据（如收料单与发料单）经过了被审计单位不同部门的审核、签章，且所有凭据预先都有连续编号并按序号依次处理，则这些内部证据也具有较强的可靠性；相反，若被审计单位的内部控制不太健全，审计人员就不能过分地信赖其内部自制的审计证据。

①会计记录　会计记录包括各种自制的原始凭证、记账凭证、账簿记录等。它是审计人员取自被审计单位内部的一类非常重要的审计证据。审计人员在审查会计报表项目时，

往往须追溯审查被审计单位的会计账簿和各种凭证。他们通常须由分类账追查至日记账与记账凭证，然后再追查至支票、发票及其他原始凭证。会计记录的可靠性，主要取决于被审计单位在填制时内部控制的完善程度。例如，审计人员要查明所审计年度内被审计单位出售的一台机器设备是否经适当地记载时，首先要查阅固定资产明细账，检查机器设备在持有年度内的累计折旧额是否等于出售时所转销的"累计折旧"的账面金额，并检查明细账上所列的原始成本金额是否与出售时贷记"固定资产"账户的金额一致，同时还应检查出售所得的货币收入是否已恰当地记入现金或银行存款日记账。假如固定资产明细账、总账和日记账分别由三位职员独立负责，或由具有良好的内部控制的电子计算机系统所产生，且各种证据彼此一致，则这些证据就能强有力地证明：机器设备的出售业务已经被恰当地记录。至于审计人员是否需进一步审查某些有关文件，诸如核准出售的通知书等，则应视机器设备所涉及的金额的相对重要性和其他审计环境而定。

除各种会计凭证、会计账簿外，可作为这一类审计证据的还有被审计单位编制的各种试算表和汇总表等。

②被审计单位管理当局声明书　被审计单位管理当局声明书是审计人员从被审计单位管理当局所获取的书面声明。其主要内容是以书面的形式确认被审计单位在审计过程中所做的各种重要的陈述或保证，包括：所有的会计记录、财务数据、董事会及股东大会会议记录均已提供给审计人员；会计报表是完整的，并按国家的有关法规、制度编制；所有需披露的事项（诸如或有负债、关联方交易等）均已做了充分的披露；其他事项。

被审计单位管理当局声明书属于可靠性较低的内部证据，不可替代审计人员实施其他必要的审计程序，但是它却具有以下作用：提醒被审计单位的管理人员，他们对会计报表负有主要责任；将被审计单位在审计期间所回答的问题予以书面化，并列入审计工作底稿中；声明书可作为被审计单位管理当局未来意图的证据。

③其他书面文件　其他书面文件是指被审计单位提供的其他有助于审计人员形成审计结论和意见的书面文件，如被审计单位管理当局声明书中所提及的董事会及股东大会会议记录，重要的计划、合同资料，被审计单位的或有损失，关联方交易等。

7.1.2.3　审计证据按其相互关系进行分类

证实某项审计目标需要一系列的审计证据，按这些审计证据间的关系可将审计证据分为基本证据和辅助证据。

（1）基本证据

基本证据是指对于具体被审计事项有直接证明作用的审计证据。如证明账簿记录的正确性，据以登记账簿的记账凭证就是基本证据；证明财务报表的真实、正确性时，据以编制财务报表的总账、明细账的相关记录是基本证据。基本证据与所要证实的审计目标有极为密切的关系，审计人员离开了基本证据，就难以形成审计意见或无法做出审计决定。

（2）辅助证据

辅助证据是指对于具体被审计事项有间接证明作用、能支持基本证据证明力的审计证据。辅助证据作为基本证据的一种必要的补充，对基本证据起补充说明的作用。如要证明账簿记录的真实性，各种记账凭证是基本证据。而附在记账凭证后面的各种原始凭证，是编制记账凭证的依据，它们补充说明记账凭证以证明账簿记录的真实性，因而它们是辅助证据。环境证据通常也作为辅助证据。

基本证据是证明审计事项的直接证据，因此取得基本证据最为重要。但是要获取充分、可靠的证据体系，仅靠基本证据是不够的，因为基本证据虽重要，却其可靠性仍需进一步验证，如记账凭证在编制时歪曲原始凭证所反映的经济业务，此时还应收集验证经济业务真实情况的其他辅助证据。

7.1.3 审计证据的特征

审计人员执行审计业务时，应当按照法定权限和程序合理获取审计证据。审计人员获取的审计证据，应当具有充分性和适当性，以支持审计结论或审计决定。充分性和适当性是审计证据的两大特点。

7.1.3.1 审计证据的充分性

审计证据的充分性是对审计证据数量的衡量，主要与审计人员确定的样本量有关。例如，对某个审计证据实施某一选定的审计程序，从 200 个样本中获得的证据要比从 100 个样本中获得的证据更充分。

审计人员需要获取的审计证据的数量受其对重大错报风险评估的影响，评估的重大错报风险越高，需要的审计证据可能越多。具体来说，在可接受的审计风险水平一定的情况下，评估的重大错报风险越大，审计人员就应实施越多的测试工作，将检查风险降至可接受水平，以将审计风险控制在可接受的低水平范围内。例如，审计人员对某手机生产公司进行审计，经过分析认为，受被审计单位行业性质的影响，存货陈旧的可能性相当高，存货计价的错报可能性就比较大。为此，审计人员在审计中，就要选取更多的存货样本进行测试，以确定存货陈旧的程度，从而确认存货的价值是否被高估。

审计人员需要获取的审计证据的数量也受审计证据质量的影响，审计证据质量越高，需要的审计证据可能越少。然而，审计人员仅靠获取更多的审计证据可能无法弥补其质量上的缺陷。

7.1.3.2 审计证据的适当性

审计证据的适当性是对审计证据质量的衡量，即审计证据在支持审计结论或者审计决定等方面具有相关性和可靠性。相关性和可靠性是审计证据适当性的核心内容，只有相关且可靠的审计证据才是高质量的。

（1）审计证据的相关性

审计证据要有证明力，必须与审计人员的审计目标相关。例如，审计人员在审计过程中怀疑被审计单位发出存货却没有给顾客开具发票，需要确认销售是否完整。审计人员应当从发货单中选取样本，追查与每张发货单相应的销售发票副本，以确定是否每张发货单均已开具发票。如果审计人员从销售发票副本中选取样本，并追查至每张发票相应的发货单，由此所获得的证据与完整性目标就不相关。

审计证据是否相关必须结合具体审计目标来考虑。在确定审计证据的相关性时，审计人员应当考虑：

①特定的审计程序可能只为某些认定提供相关的审计证据，而与其他认定无关。例如，

检查期后应收账款收回的记录和文件可以提供有关存在和计价的审计证据，但是不一定与期末截止是否适当相关。

②针对同一项认定可以从不同来源获取审计证据或获取不同性质的审计证据。例如，审计人员可以分析应收账款的账龄和应收账款的期后收款情况，以获取与坏账准备计价有关的审计证据。

③只与特定认定相关的审计证据并不能替代与其他认定相关的审计证据。例如，有关存货实物存在的审计证据并不能够替代与存货计价相关的审计证据。

（2）审计证据的可靠性

审计证据的可靠性是指证据的可信程度。例如，审计人员亲自检查存货所获得的证据，就比被审计单位提供给审计人员的存货数据更可靠。

审计证据的可靠性受其来源和性质的影响，并取决于获取审计证据的具体环境。审计人员在判断审计证据的可靠性时，通常会考虑下列原则：

①从外部独立来源获取的审计证据比从其他来源获取的审计证据更可靠。从外部独立来源获取的审计证据由完全独立于被审计单位以外的机构或人士编制并提供，未经被审计单位有关职员之手，从而减少了伪造、更改凭证或业务记录的可能性，因而其证明力最强。此类证据如银行询证函回函、应收账款询证函回函、保险公司等机构出具的证明等。相反，从其他来源获取的审计证据，由于证据提供者与被审计单位存在经济或行政关系等原因，其可靠性应受到质疑。此类证据如被审计单位内部的会计记录、会议记录等。

②内部控制有效时内部生成的审计证据比内部控制薄弱时内部生成的审计证据更可靠。如果被审计单位有着健全的内部控制且在日常管理中得到一贯地执行，会计记录的可信赖程度将会增加。如果被审计单位的内部控制薄弱，甚至不存在任何内部控制，被审计单位内部凭证记录的可靠性就大为降低。例如，如果与销售业务相关的内部控制有效，审计人员就能从销售发票和发货单中取得比内部控制不健全时更加可靠的审计证据。

③直接获取的审计证据比间接获取或推论得出的审计证据更可靠。例如，审计人员观察某项控制的运行得到的证据比询问被审计单位某项内部控制的运行得到的证据更可靠。间接获取的证据有被涂改及伪造的可能性，降低了可信赖程度。推论得出的审计证据，其主观性较强，人为因素较多，可信赖程度也受到影响。

④以文件、记录形式（无论是纸质、电子或其他介质）存在的审计证据比口头形式的审计证据更可靠。例如，会议的同步书面记录比对讨论事项事后的口头表述更可靠。口头证据本身并不足以证明事实的真相，仅仅提供一些重要线索，为进一步调查确认所用。如审计人员在对应收账款进行账龄分析后，可以向应收账款负责人询问逾期应收账款收回的可能性。如果该负责人的意见与审计人员自行估计的坏账损失基本一致，则这一口头证据就可成为证实审计人员对有关坏账损失的判断的重要证据。但在一般情况下，口头证据往往需要得到其他相应证据的支持。

⑤从原件获取的审计证据比从传真件或复印件获取的审计证据更可靠。审计人员可审查原件是否有被涂改或伪造的迹象，排除伪证，提高证据的可信赖程度。而传真件或复印

件容易是变造或伪造的结果,可靠性较低。

审计人员在按照上述原则评价审计证据的可靠性时,还应当注意可能出现的重要例外情况。例如,审计证据虽是从独立的外部来源获得,但如果该证据是由不知情者或不具备资格者提供,审计证据也可能是不可靠的。同样,如果审计人员不具备评价证据的专业能力,那么即使是直接获取的证据,也可能不可靠。例如,如果审计人员无法区分人造玉石与天然玉石,那么他对天然玉石存货的检查就不可能提供有关天然玉石是否实际存在的可靠证据。

（3）充分性和适当性之间的关系

充分性和适当性是审计证据的两个重要特征,两者缺一不可,只有充分且适当的审计证据才是有证明力的。

审计人员需要获取的审计证据的数量也受审计证据质量的影响。审计证据质量越高,需要的审计证据数量可能越少。也就是说,审计证据的适当性会影响审计证据的充分性。例如,被审计单位内部控制健全时生成的审计证据更可靠,审计人员只需获取适量的审计证据,就可以为发表审计意见提供合理的基础。

需要注意的是,尽管审计证据的充分性和适当性相关,但如果审计证据的质量存在缺陷,那么审计人员仅靠获取更多的审计证据可能无法弥补其质量上的缺陷。例如,审计人员应当获取与销售收入完整性相关的证据,实际获取到的却是有关销售收入真实性的证据,审计证据与完整性目标不相关,即使获取的证据再多,也证明不了收入的完整性。同样地,如果审计人员获取的证据不可靠,那么证据数量再多也难以起到证明作用。

（4）评价充分性和适当性时的特殊考虑

①对文件记录可靠性的考虑　审计工作通常不涉及鉴定文件记录的真伪,审计人员也不是鉴定文件记录真伪的专家,但应当考虑用作审计证据的信息的可靠性,并考虑与这些信息生成和维护相关的控制的有效性。

如果在审计过程中识别出的情况使其认为文件记录可能是伪造的,或文件记录中的某些条款已发生变动,审计人员应当做出进一步调查,包括直接向第三方询证,或考虑利用专家的工作以评价文件记录的真伪。例如,发现某银行询证函回函有伪造或篡改的迹象,审计人员应当做进一步的调查,并考虑是否存在舞弊的可能性。必要时,应当通过适当方式聘请专家予以鉴定。

②使用被审计单位生成信息时的考虑　如果在实施审计程序时使用被审计单位生成的信息,审计人员应当就这些信息的准确性和完整性获取审计证据。例如,在审计收入项目时,审计人员应当考虑价格信息的准确性以及销售量数据的完整性和准确性。在某些情况下,审计人员可能需要确定实施额外的审计程序,如利用计算机辅助审计技术来重新计算这些信息,测试与信息生成有关的控制等。

③证据相互矛盾时的考虑　如果针对某项认定从不同来源获取的审计证据或获取的不同性质的审计证据能够相互印证,与该项认定相关的审计证据则具有更强的说服力。例如,审计人员通过检查委托加工协议发现被审计单位有委托加工材料,且委托加工材料占存货比重较大,经发函询证后证实委托加工材料确实存在。委托加工协议和询证函回函这两个不同来源的审计证据互相印证,证明委托加工材料真实存在。

如果从不同来源获取的审计证据或获取的不同性质的审计证据不一致,可能表明某项审计证据不可靠,审计人员应当追加必要的审计程序。上例中,如果审计人员发函证后证实委托加工材料已加工完成并返回被审计单位,委托加工协议和询证函回函这两个不同来源的审计证据不一致,委托加工材料是否真实存在受到质疑。这时,审计人员应追加审计程序,确认委托加工材料收回后是否未入库或被审计单位收回后予以销售而未入账。

④获取审计证据时对成本的考虑　审计人员可以考虑获取审计证据的成本与所获取信息的有用性之间的关系,但不应以获取审计证据的困难和成本为由减少不可替代的审计程序。

在保证获取充分、适当的审计证据的前提下,控制审计成本也是审计机构增强竞争能力和获利能力所必需的。但为了保证得出的审计结论、形成的审计意见是恰当的,审计人员不应将获取审计证据的成本高低和难易程度作为减少不可替代的审计程序的理由。例如,在某些情况下,存货监盘是证实存货存在性认定的不可替代的审计程序,审计人员在审计中不得以检查成本高和难以实施为由而不执行该程序。

7.2 审计工作底稿

7.2.1 审计工作底稿概述

7.2.1.1 审计工作底稿的含义

审计工作底稿是指审计人员在审计过程中形成的与审计事项有关的工作记录和获取的资料。审计工作底稿是审计证据的载体,应当真实、完整地反映审计人员实施审计的全过程,通常包括审计人员对制定的审计计划、实施的审计程序、获取的相关审计证据,以及得出的审计结论或做出的审计决定等所做出的记录。审计工作底稿形成于审计过程,也反映整个审计过程。

7.2.1.2 审计工作底稿的作用

审计工作底稿在计划和执行审计工作中发挥着关键作用。它提供了审计工作实际执行情况的记录,并为形成审计意见或做出审计决定等奠定基础。审计工作底稿也可用于质量控制复核、监督审计机构对审计准则的遵循情况以及第三方的检查等。审计机构因执业质量而涉及诉讼或有关监管机构进行执业质量检查时,审计工作底稿能够提供证据,证明审计机构是否按照审计准则等相关审计规范的规定执行了审计工作。因此,审计人员应当及时编制审计工作底稿。审计工作底稿主要有以下几方面作用:

(1) 提供充分、适当的记录,作为出具审计报告或做出审计决定的基础

无论审计报告的编写、审计意见的形成还是审计决定的产生,都必须依据审计过程中所收集到的审计证据和做出的专业判断,而这些都完整地记录在审计工作底稿中。因此,审计工作底稿是编写审计报告、发表审计意见或做出审计决定的基础。

(2) 审计工作底稿是联结整个审计工作的纽带

一个审计组通常由多个人或多个小组构成,小组内要进行合理的分工,不同的审计事

项和审计程序往往由不同人员执行，而审计工作底稿是记录所有审计工作的共同载体，有助于项目组计划和执行审计工作。而且最终形成审计结论、做出审计决定或者发表审计意见针对的是总体审计对象，因此必须依靠审计工作底稿把各项审计工作有机地联结起来。因此，审计工作底稿是联结整个审计工作的纽带。

（3）审计工作底稿是控制审计工作质量的手段

在现场审计时，负责督导的项目组成员按照审计质量控制的相关规定，可以通过对审计工作底稿的指导、监督与复核来控制审计工作质量。在现场审计结束时，业务部门负责人也要通过对审计工作底稿的复核来检查审计工作质量。不参加项目审计的专职复核人员还要通过对审计工作底稿的检查来履行复核职能。监管机构和行业协会也会根据相关法律法规或其他相关要求，对审计机构实施执业质量检查。如果没有审计工作底稿，审计质量的控制和检查就无法落到实处。此外，一旦审计工作出现质量问题，审计工作底稿也可作为追究责任的客观依据。

（4）审计工作底稿是明确审计人员责任和考核审计人员的依据

审计人员在审计工作中编制的审计工作底稿反映了其所做的工作及其工作质量，即审计人员是否按照审计准则和相关法律法规的规定实施了必要的审计程序、程序选择是否合理、专业判断是否准确等都体现在审计工作底稿中，需要通过审计工作底稿来衡量。因此通过对审计工作底稿的检查复核，可以表明审计人员履行审计职责情况，为了解和考核审计人员的工作业绩提供依据。

（5）审计工作底稿是行政复议和诉讼的重要佐证资料

审计工作底稿记录了审计的全过程，包括被审计单位的基本情况以及审计的过程，审计发现的问题以及相应的审计证据。因此，一旦发生行政复议或诉讼，审计工作底稿可为复议机关或法院的审理提供重要的佐证资料。

（6）审计工作底稿为总结审计工作和进行审计理论研究提供了基础

审计工作底稿包含着丰富的审计内容，记录了各类审计的工作方案、审计程序、审计方法的运用和结果等，汇集了审计人员的工作经验，将这些资料积累起来，进行比较研究可以进一步改进和规范审计工作，总结和发展审计理论。

鉴于审计工作底稿的重要作用，审计人员在审计工作中必须认真编写审计工作底稿，审计机构也必须妥善保管审计工作底稿。

7.2.1.3 审计工作底稿的编制要求

审计人员编制的审计工作底稿，应当使未曾接触该项审计工作的有经验的专业人士清楚地了解：

①按照审计准则和相关法律法规的规定实施的审计程序的性质、时间安排和范围。
②实施审计程序的结果和获取的审计证据。
③审计中遇到的重大事项和得出的结论，以及在得出结论时做出的重大职业判断。

7.2.1.4 审计工作底稿的性质

（1）审计工作底稿的存在形式

审计工作底稿可以以纸质、电子或其他介质形式存在。

随着信息技术的广泛运用，审计工作底稿的形式从传统的纸质形式扩展到电子或其他介质形式。但无论审计工作底稿以哪种形式存在，审计机构都应当针对审计工作底稿设计和实施适当的控制，以实现下列目的：使审计工作底稿清晰地显示其生成、修改及复核的时间和人员；在审计业务的所有阶段，尤其是在项目组成员共享信息或通过互联网将信息传递给其他人员时，保护信息的完整性和安全性；防止未经授权改动审计工作底稿；允许项目组和其他经授权的人员为适当履行职责而接触审计工作底稿。

为便于审计机构内部进行质量控制和外部执业质量检查或调查，以电子或其他介质形式存在的审计工作底稿，应与其他纸质形式的审计工作底稿一并归档，并应能通过打印等方式，转换成纸质形式的审计工作底稿。

在实务中，为便于复核，审计人员可以将以电子或其他介质形式存在的审计工作底稿通过打印等方式，转换成纸质形式的审计工作底稿，并与其他纸质形式的审计工作底稿一并归档，同时，单独保存这些以电子或其他介质形式存在的审计工作底稿。

（2）审计工作底稿通常包括的内容

以社会审计为例，审计工作底稿通常包括总体审计策略、具体审计计划、分析表、问题备忘录、重大事项概要、询证函回函和声明、核对表、有关重大事项的往来函件（包括电子邮件），审计人员还可以将被审计单位文件记录的摘要或复印件（如重大的或特定的合同和协议）作为审计工作底稿的一部分。

此外，审计工作底稿通常还包括业务约定书、管理建议书、项目组内部或项目组与被审计单位举行的会议记录、与其他人士（如其他审计人员、律师、专家等）的沟通文件及错报汇总表等。但是，审计工作底稿并不能代替被审计单位的会计记录。

一般情况下，分析表主要是指对被审计单位财务信息执行分析程序的记录。例如，记录对被审计单位本年各月收入与上一年度的同期数据进行比较的情况，记录对差异的分析等。

问题备忘录一般是指对某一事项或问题的概要的汇总记录。在问题备忘录中，审计人员通常记录该事项或问题的基本情况、执行的审计程序或具体审计步骤，以及得出的审计结论。例如，有关存货监盘审计程序或审计过程中发现问题的备忘录。

核对表一般是指审计机构内部使用的、为便于核对某些特定审计工作或程序的完成情况的表格。例如，特定项目（如财务报表列报）审计程序核对表、审计工作完成情况核对表等。它通常以列举的方式列出审计过程中审计人员应当进行的审计工作或程序以及特别需要提醒注意的问题，并在适当情况下索引至其他审计工作底稿，便于审计人员核对是否已按照审计准则的规定进行审计。

在实务中，审计机构通常采取以下方法从整体上提高工作（包括复核工作）效率及工作质量，并进行统一质量管理：

①审计机构基于审计准则及在实务中的经验等，统一制定某些格式、索引及涵盖内容等方面相对固定的审计工作底稿模板和范例，如核对表、审计计划及业务约定书范例等，某些重要的或不可删减的工作会在这些模板或范例中予以特别标识。

②在此基础上，审计人员再根据各具体业务的特点加以必要的修改，制定用于具体项目的审计工作底稿。

(3)审计工作底稿通常不包括的内容

审计工作底稿通常不包括已被取代的审计工作底稿的草稿或财务报表的草稿、反映不全面或初步思考的记录、存在印刷错误或其他错误而作废的文本,以及重复的文件记录等。由于这些草稿、错误的文本或重复的文件记录不直接构成审计结论和审计意见的支持性证据,因此,审计人员通常无须保留这些记录。

7.2.2 审计工作底稿的要素

7.2.2.1 确定审计工作底稿的格式、要素和范围时考虑的因素

在确定审计工作底稿的格式、要素和范围时,审计人员应当考虑下列因素:

①被审计单位的规模和复杂程度 通常来说,对大型被审计单位进行审计形成的审计工作底稿,通常比对小型被审计单位进行审计形成的审计工作底稿要多;对业务复杂被审计单位进行审计形成的审计工作底稿,通常比对业务简单被审计单位进行审计形成的审计工作底稿要多。

②拟实施审计程序的性质 通常,不同的审计程序会使得审计人员获取不同性质的审计证据,由此审计人员可能会编制不同的审计工作底稿。例如,审计人员编制的有关函证程序的审计工作底稿(包括询证函及回函、有关不符事项的分析等)和存货监盘程序的审计工作底稿(包括盘点表、审计人员对存货的测试记录等)在内容、格式及范围方面是不同的。

③识别出的重大错报风险 识别和评估的重大错报风险水平的不同可能导致审计人员实施的审计程序和获取的审计证据不尽相同。例如,如果审计人员识别出应收账款存在较高的重大错报风险,而其他应收款的重大错报风险较低,则审计人员可能对应收账款实施较多的审计程序并获取较多的审计证据,因而对测试应收账款的记录会比针对测试其他应收款记录的内容多且范围广。

④已获取的审计证据的重要程度 审计人员通过执行多项审计程序可能会获取不同的审计证据,有些审计证据的相关性和可靠性较高,有些质量则较差,审计人员可能区分不同的审计证据进行有选择性的记录,因此,审计证据的重要程度也会影响审计工作底稿的格式、内容和范围。

⑤识别出的例外事项的性质和范围 有时审计人员在执行审计程序时会发现例外事项,由此可能导致审计工作底稿在格式、内容和范围方面的不同。例如,某个函证的回函表明存在不符事项,如果在实施恰当的追查后发现该例外事项并未构成错报,审计人员可能只在审计工作底稿中解释发生该例外事项的原因及影响;反之,如果该例外事项构成错报,审计人员可能需要执行额外的审计程序并获取更多的审计证据,由此编制的审计工作底稿在内容和范围方面可能有很大不同。

⑥当从已执行审计工作或获取审计证据的记录中不易确定结论或结论的基础时,记录结论或结论基础的必要性。在某些情况下,特别是在涉及复杂的事项时,审计人员仅将已执行的审计工作或获取的审计证据记录下来,并不容易使其他有经验的审计人员通过合理的分析,得出审计结论或结论的基础。此时审计人员应当考虑是否需要进一步说明并记录得出结论的基础(即得出结论的过程)及该事项的结论。

⑦审计方法和使用的工具　审计方法和使用的工具可能影响审计工作底稿的格式、内容和范围。例如，如果使用计算机辅助审计技术对应收账款的账龄进行重新计算，通常可以针对总体进行测试，而采用人工方式重新计算时，则可能会针对样本进行测试，由此形成的审计工作底稿会在格式、内容和范围方面有所不同。

考虑以上因素有助于审计人员确定审计工作底稿的格式、内容和范围是否恰当。审计人员在考虑以上因素时需注意，根据不同情况确定审计工作底稿的格式、内容和范围均是为达到审计准则中所述的编制审计工作底稿的目的，特别是提供证据的目的。例如，细节测试和实质性分析程序的审计工作底稿所记录的审计程序有所不同，但两类审计工作底稿都应当充分、适当地反映审计人员执行的审计程序。

7.2.2.2　审计工作底稿的要素

通常，审计工作底稿包括下列全部或部分要素：

①审计工作底稿的标题。
②审计过程记录。
③审计结论。
④审计标识及其说明。
⑤索引号及编号。
⑥编制者姓名及编制日期。
⑦复核者姓名及复核日期。
⑧其他应说明事项。

表 7-1 说明了审计工作底稿的基本要素。

表 7-1　抽查盘点存货的工作底稿

原材料抽查盘点表

客户：W 公司　　　　　　　　　　页次：53W/P　　　　　　　　　　索引：E-2
编制人：李铭　　　　　　　　　　日期：2016.12.31
B/S 日：2016.12.31　　　　　　　复核人：王刚　　　　　　　　　　日期：2017.1.5

盘点标签号码	存货表号码	存货		盘点结果		差异
		号码	内容	客户	审计人员	
123	3	1-25	a	100√	150	50kg
224	20	1-90	b	50√	50	
367	25	2-30	c	2 000√	2 000	
485	31	3-20	d	1 200√	1 500	300kg
497	60	4-5	e	60√	60	
503	71	6-23	f	1 100√	1 100	
610	80	6-26	g	230√	230	
720	88	7-15	h	70√	70	

以上差异已经由客户纠正，纠正差异后使被审计单位存货账户增加 500 元，抽查盘点的存货总价值为 50 000 元，占全部存货价值的 20%。经追查至存货汇总表没有发现其他例外。我们认为错误并不重要。

√——已追查至被审计单位存货汇总表（E-5），并已纠正所有差异。

下面分别对以上所述要素中的第1~7项进行说明。

（1）审计工作底稿的标题

每张底稿应当包括被审计单位的名称、审计项目的名称以及资产负债表日或底稿覆盖的会计期间（如果与交易相关）。

（2）审计过程记录

在记录审计过程时，应当特别注意以下几个重点方面。

①具体项目或事项的识别特征　在记录实施审计程序的性质、时间安排和范围时，审计人员应当记录测试的具体项目或事项的识别特征，记录具体项目或事项的识别特征可以实现多种目的，例如，这能反映项目组履行职责的情况，也便于对例外事项或不符事项进行调查，以及对测试的项目或事项进行复核。

识别特征是指被测试的项目或事项表现出的征象或标志。识别特征因审计程序的性质和测试的项目或事项不同而不同。对某一个具体项目或事项而言，其识别特征通常具有唯一性，这种特性可以使其他人员根据识别特征在总体中识别该项目或事项并重新执行该测试。为帮助理解，以下列举部分审计程序中所测试的样本的识别特征：

如在对被审计单位生成的订购单进行细节测试时，审计人员可以以订购单的日期或其唯一编号作为测试订购单的识别特征。需要注意的是，在以日期或编号作为识别特征时，审计人员需要同时考虑被审计单位对订购单编号的方式。例如，若被审计单位按年对订购单依次编号，则识别特征是××年的××号；若被审计单位按序列号进行编号，则可以直接将该号码作为识别特征。

对于需要选取或复核既定总体内一定金额以上的所有项目的审计程序，审计人员可以记录实施程序的范围并指明该总体。例如，银行存款日记账中一定余额以上的所有会计分录。

对于需要系统化抽样的审计程序，审计人员可能会通过记录样本的来源、抽样的起点及抽样间隔来识别已选取的样本。例如，若被审计单位对发运单顺序编号，测试的发运单的识别特征可以是，对4月1日至9月30日的发运记录，从第12345号发运单开始每隔125号系统抽取发运单。

对于需要询问被审计单位中特定人员的审计和程序，审计人员可能会以询问的时间、被询问人的姓名及职位作为识别特征。

对于观察程序，审计人员可以以观察的对象或观察过程、相关规定观察人员及其各自的责任、观察的地点和时间作为识别特征。

②重大事项及相关重大职业判断　审计人员应当根据具体情况判断某一事项是否属于重大事项。重大事项通常包括：引起特别风险的事项；实施审计程序的结果，该结果表明财务信息可能存在重大错报，或需要修正以前对重大错报风险的评估和针对这些风险拟采取的应对措施；导致审计人员难以实施必要审计程序的情形；导致出具非标准审计报告的事项。

审计人员应当记录与管理层、治理层和其他人员对重大事项的讨论，包括所讨论的重大事项的性质以及讨论的时间、地点和参加人员。

有关重大事项的记录可能分散在审计工作底稿的不同部分。将这些分散在审计工作底稿中的有关重大事项的记录汇总在重大事项概要中，不仅可以帮助审计人员集中考虑重大事项对审计工作的影响，还便于审计工作的复核人员全面、快速地了解重大事项，从而提高复核工作的效率。对于大型、复杂的审计项目，重大事项概要的作用尤为重要。因此，审计人员应当考虑编制重大事项概要，将其作为审计工作底稿的组成部分，以有效地复核和检查审计工作底稿，并评价重大事项的影响。

重大事项概要包括审计过程中识别的重大事项及其如何得到解决，或对其他支持性审计工作底稿的交叉索引。

审计人员在执行审计工作和评价审计结果时运用职业判断的程度，是决定记录重大事项的审计工作底稿的格式、内容和范围的一项重要因素。在审计工作底稿中对重大职业判断进行记录，能够解释审计人员得出的结论并提高职业判断的质量。这些记录对审计工作底稿的复核人员非常有帮助，同样也有助于执行以后期间审计的人员查阅具有持续重要性的事项（如根据实际结果对以前做出的会计估计进行复核）。

当涉及重大事项和重大职业判断时，审计人员需要编制与运用职业判断相关的审计工作底稿。例如，如果审计准则要求审计人员"应当考虑"某些信息或因素，并且这种考虑在特定业务情况下是重要的，记录审计人员得出结论的理由；记录审计人员对某些方面主观判断的合理性（如某些重大会计估计的合理性）得出结论的基础；如果审计人员针对审计过程中识别出的导致其对某些文件记录的真实性产生怀疑的情况实施了进一步调查（如适当利用专家的工作或实施函证程序），记录审计人员对这些文件记录真实性得出结论的基础。

③针对重大事项如何处理不一致的情况　如果识别出的信息与针对某重大事项得出的最终结论不一致，审计人员应当记录如何处理不一致的情况。

上述情况包括但不限于审计人员针对该信息执行的审计程序、项目组成员对某事项的职业判断不同而向专业技术部门的咨询情况，以及项目组成员和被咨询人员不同意见（如项目组与专业技术部门的不同意见）的解决情况。

记录如何处理识别出的信息与针对重大事项得出的结论不一致的情况是非常必要的，它有助于审计人员关注这些不一致，并对此执行必要的审计程序以恰当地解决这些不一致。

但是，对如何解决这些不一致的记录要求并不意味着审计人员需要保留不正确的或被取代的审计工作底稿。例如，某些信息初步显示与针对某重大事项得出的最终结论不一致，审计人员发现这些信息是错误的或不完整的，并且初步显示的不一致可以通过获取正确或完整的信息得到满意的解决，则审计人员无须保留这些错误的或不完整的信息。此外，对于职业判断的差异，若初步的判断意见是基于不完整的资料或数据，则审计人员也无须保留这些初步的判断意见。

（3）审计结论

审计工作的每一部分都应包含与已实施审计程序的结果及其是否实现既定审计目标相关的结论，还应包括审计程序识别出的例外情况和重大事项如何得到解决的结论。审计人员恰当地记录审计结论非常重要。审计人员需要根据所实施的审计程序及获取的审计证据得出结论，并以此作为对财务报表发表审计意见的基础。在记录审计结论时需注意、在审计工作底稿中记录的审计程序和审计证据是否足以支持所得出的审计结论。

（4）审计标识及其说明

审计标识被用于与已实施审计程序相关的底稿。每张底稿都应包含对已实施程序的性质和范围所作的解释，以支持每一个标识的含义。审计工作底稿中可使用各种审计标识，但应说明其含义，并保持前后一致。以下是审计人员在审计工作底稿中列明标识并说明其含义的例子。在实务中，审计人员也可以依据实际情况运用更多的审计标识。

∧：纵加核对

＜：横加核对

B：与上年结转数核对一致

T：与原始凭证核对一致

G：与总分类账核对一致

S：与明细账核对一致

T/B：与试算平衡表核对一致

C：已发询证函

C\：已收回询证函

（5）索引号及编号

通常，审计工作底稿需要注明索引号及顺序编号，相关审计工作底稿之间需要保持清晰的勾稽关系。为了汇总及便于交叉索引和复核，每个审计机构都会制定特定的审计工作底稿归档流程。因此，每张表或记录都应有一个索引号，例如，A1，D6 等，以说明其在审计工作底稿中的放置位置。工作底稿中每张表所包含的信息都应当与另一张表中的相关信息进行交叉索引，例如，现金盘点表应当与列示所有现金余额的导表进行交叉索引。利用计算机编制工作底稿时，可以采用电子索引和链接。随着审计工作的推进，链接表还可予以自动更新。例如，审计调整表可以链接到试算平衡表，当新的调整分录编制完后，计算机会自动更新试算平衡表，为相关调整分录插入索引号。同样，评估的固有风险或控制风险可以与针对特定风险领域设计的相关审计程序进行交叉索引。

在实务中，审计人员可以按照所记录的审计工作的内容层次进行编号。例如，固定资产汇总表的编号为 C1，按类别列示的固定资产明细表的编号为 C1-1，房屋建筑物的编号为 C1-1-1，机器设备的编号为 C1-1-2，运输工具的编号为 C1-1-3，其他设备的编号为 C1-1-4。相互引用时，需要在审计工作底稿中交叉注明索引号。

表 7-2 和表 7-3 列示了不同审计工作底稿之间的相互索引。

例如，固定资产的原值、累计折旧及净值的总额应分别与固定资产明细表的数字互相勾稽。表 7-2 和表 7-3 是分别从固定资产汇总表工作底稿及固定资产明细表工作底稿中节选的部分，以做相互索引的示范。

表 7-2 固定资产汇总表（工作底稿索引号：C1）（节选）

工作底稿索引号	固定资产	20×2年12月31日	20×1年12月31日
C1-1	原值	×××G	×××
C1-1	累计折旧	×××G	×××
	净值	×××T/B∧	×××B∧

表 7-3 固定资产明细表（工作底稿索引号：C1-1）（节选）

工作底稿索引号	固定资产	期初余额	本期增加	本期减少	期末金额
	原值				
C1-1-1	1.房屋建筑物	×××		×××	×××S
C1-1-2	2.机器设备	×××	×××		×××S
C1-1-3	3.运输工具	×××			×××S
C1-1-4	4.其他设备	×××			×××S
	小计	×××B∧	×××∧	×××∧	×××<C1∧
	累计折旧				
C1-1-1	1.房屋建筑物	×××			×××S
C1-1-2	2.机器设备	×××	×××		×××S
C1-1-3	3.运输工具	×××			×××S
C1-1-4	4.其他设备	×××			×××S
	小计	×××B∧	×××∧	×××∧	×××<C1∧
	净值	×××B∧			×××C1∧

注："∧"纵加核对相符；"<"横加核对相符。

（6）编制人员和复核人员及执行日期

为了明确责任，在各自完成与特定工作底稿相关的任务之后，编制者和复核者都应在工作底稿上签名并注明编制日期和复核日期。在记录已实施审计程序的性质、时间安排和范围时，审计人员应当记录：

①测试的具体项目或事项的识别特征。

②审计工作的执行人员及完成审计工作的日期。

③审计工作的复核人员及复核的日期和范围。

在需要项目质量控制复核的情况下，还需要注明项目质量控制复核人员及复核的日期。

通常，需要在每一张审计工作底稿上注明执行审计工作的人员和复核人员、完成该项审计工作的日期以及完成复核的日期。

在实务中，如果若干页的审计工作底稿记录同一性质的具体审计程序或事项，并且编制在同一个索引号中，此时可以仅在审计工作底稿的第一页上记录审计工作的执行人员和复核人员并注明日期。例如，应收账款函证核对表的索引号为L3-1-1/21，相对应的询证函回函共有 20 份，每一份应收账款询证函回函索引号以 L3-1-2/21、L3-1-3/21……L3-1-21/21 表示，对于这种情况，就可以仅在应收账款函证核对表上记录审计工作的执行人员和复核人员并注明日期。

7.2.3 审计工作底稿的复核

7.2.3.1 政府审计工作底稿的复核

政府审计项目组组长对于支持审计实施方案的审计工作底稿，应在审计实施方案批准前进行复核，复核的主要内容包括：对被审计单位及其环境的调查了解是否充分，对存在重要问题的可能性的评估是否恰当等。对于支持审计报告的审计工作底稿，应当在起草审计报告前进行复核，复核的主要内容包括：具体审计目标是否实现；审计措施是否有效执行；事实是否清楚；审计证据是否适当、充分；得出的审计结论及其相关标准是否适当；其他有关重要事项。

审计组组长复核审计工作底稿，应当根据不同情况分别提出下列意见：予以认可；责成采取进一步审计措施，获取适当、充分的审计证据；纠正或者责成纠正不恰当的审计结论。

7.2.3.2 社会审计工作底稿的复核

（1）项目组成员实施的复核

《中国注册会计师审计准则第 1121 号——对财务报表审计实施的质量控制》规定，由项目组内经验较多的人员（包括项目合伙人）复核经验较少人员的工作时，复核人员应当考虑：

①审计工作是否已按照法律法规、相关职业道德要求和审计准则的规定执行。

②重大事项是否已提请进一步考虑。

③相关事项是否已进行适当咨询、由此形成的结论是否得到记录和执行。

④是否需要修改已执行审计工作的性质、时间安排和范围。

⑤已执行的审计工作是否支持形成的结论，并已得到适当记录。

⑥获取的审计证据是否充分、适当，足以支持审计结论。

⑦审计程序的目标是否已经实现。

为了监督审计业务的进程，并考虑助理人员是否具备足够的专业技能和胜任能力，以执行分派的审计工作，了解审计指令及按照总体审计策略和具体审计计划执行工作，有必要对执行业务的助理人员进行适当的督导和复核。

复核人员应当知悉并解决重大的会计和审计问题，考虑其重要程度并适当修改总体审计策略和具体审计计划。此外，项目组成员与客户的专业判断分歧应当得到解决，必要时，应考虑寻求恰当的咨询。

复核工作应当由至少具备同等专业胜任能力的人员完成，复核时应考虑是否已按照具体审计计划执行审计工作，审计工作和结论是否予以充分记录，所有重大事项是否已得到解决或在审计结论中予以反映，审计程序的目标是否已实现，审计结论是否与审计工作的结果一致并支持审计意见。

复核范围因审计规模、审计复杂程度以及工作安排的不同而存在显著差异。有时由高级助理人员复核低层次助理人员执行的工作，有时由项目经理完成，并最终由项目合伙人复核。如上所述，对工作底稿实施的复核必须留下证据，一般由复核者在相关审计工作底稿上签名并署明日期。

（2）项目质量控制复核

《中国注册会计师审计准则第 1121 号——对财务报表审计实施的质量控制》规定，注册会计师在出具审计报告前，会计师事务所应当指定专门的机构或人员对审计项目组执行的审计实施项目质量控制复核。

项目合伙人有责任采取以下措施：

①确定会计师事务所已委派项目质量控制复核人员。

②与项目质量控制复核人员讨论在审计过程中遇到的重大影响,包括项目质量控制复核中识别的重大事项。

③在项目质量控制复核完成后,才能出具审计报告。

项目质量控制复核应当包括客观评价下列事项:

①项目组做出的重大判断。

②在准备审计报告时得出的结论。

会计师事务所采用制衡制度,以确保委派独立的、有经验的审计人员作为其所熟悉行业的项目质量控制复核人员。复核范围取决于审计项目的复杂程度以及未能根据具体情况出具审计报告的风险。许多会计师事务所不仅对上市公司审计进行项目质量控制复核,也会联系审计客户的组合,对那些高风险或涉及公众利益的审计项目实施项目质量控制复核

7.2.3.3 内部审计工作底稿的复核

内部审计工作底稿的复核工作应当由比审计工作底稿编制人员职位更高或者经验更为丰富的人员承担。如果发现审计工作底稿存在问题,复核人员应当在复核意见中加以说明,并要求相关人员补充或者修改审计工作底稿。在审计业务执行过程中,审计项目负责人应当加强对审计工作底稿的现场复核。

7.2.4 审计工作底稿的归档

7.2.4.1 政府审计工作底稿的归档

(1)审计工作底稿归档的含义及管理内容

为了规范政府审计工作底稿等的归档管理工作,维护审计档案的完整与安全,保证审计档案的质量,发挥审计档案的作用,根据《中华人民共和国档案法》《中华人民共和国审计法》和其他有关法律法规,审计署和国家档案局于2012年制定了《审计机关审计档案管理规定》。依据此规定,审计档案是指审计机关进行审计(含专项审计调查)活动中直接形成的对国家和社会具有保存价值的各种文字、图表等不同形式的历史记录。审计档案是国家档案的组成部分。建立和管理审计档案是各级审计机关的重要任务,是审计工作中必不可少的环节。审计机关负责审计档案管理工作,包括建立审计档案并进行收集、整理、保管、利用、编研、统计、鉴定和移交等活动。

具体而言,审计工作底稿等审计档案材料管理的内容主要包括:

①结论类文件材料 上级机关(领导)对该审计项目形成的《审计要情》《重要信息要目》等审计信息批示的情况说明、审计报告、审计决定书、审计移送处理书等结论类报告,及相关的审理意见书、审计业务会议记录、纪要、被审计对象对审计报告的书面意见、审计组的书面说明等。

②证明类文件材料 被审计单位承诺书、审计工作底稿汇总表、审计工作底稿及相应的审计取证单、审计证据等。

③立项类文件材料 上级审计机关或者本级政府的指令性文件、与审计事项有关的举报材料及领导批示、调查了解记录、审计实施方案及相关材料、审计通知书和授权审计通知书等。

④备查类文件材料　被审计单位整改情况、该审计项目审计过程中产生的信息等不属于前三类的其他文件材料。包括：审计通知书，审计工作方案，审计项目委托协议书（授权或委托审计通知书），单位自查通知书，单位自查报告，被审单位基本情况，上级机关对本项目审计的指示和意见。

（2）审计工作底稿归档管理机构及人员的职责

审计工作底稿等审计文件材料归档工作实行审计组组长负责制。审计组组长确定的立卷人应当及时收集审计项目的文件材料，在审计项目终结后按立卷方法和规则进行归类整理，经业务部门负责人审核、档案人员检查后，按照有关规定进行编目和装订，由审计业务部门向本机关档案机构或者专职（兼职）档案人员办理移交手续。

审计机关统一组织多个下级审计机关的审计组共同实施一个审计项目，由审计机关负责组织的业务部门确定文件材料归档工作。审计复议案件的文件材料由复议机构逐案单独立卷归档。为了便于查找和利用，档案机构（人员）应当将审计复议案件归档情况在被复议的审计项目案卷备考表中加以说明。

（3）审计工作底稿归档的期限及保密管理

审计工作底稿等审计文件材料的归档时间应当在该审计项目终结后的 5 个月内，不得迟于次年 4 月底。跟踪审计项目，按年度分别立卷归档。

审计档案的保管期限应当根据审计项目涉及的金额、性质、社会影响等因素划定为永久、定期两种，定期分为 30 年、10 年。审计档案的保管期限自归档年度开始计算。

①永久保管的档案　是指特别重大的审计事项、列入审计工作报告、审计结果报告或第一次涉及的审计领域等具有突出代表意义的审计事项档案。

②保管 30 年的档案　是指重要审计事项、查考价值较大的档案。

③保管 10 年的档案　是指一般性审计事项的档案。

审计工作底稿等审计档案的密级及其保密期限，由审计机关根据审计工作保密事项范围和有关主管部门保密事项范围的规定确定密级和保密期限。凡未标明保密期限的，按照绝密级 30 年、机密级 20 年、秘密级 10 年认定。

（4）审计档案的存储管理、权限管理及移送管理

审计机关应当按照国家有关规定配置具有防盗、防光、防高温、防火、防潮、防尘、防鼠、防虫功能的专用、坚固的审计档案库房，配备必要的设施和设备。应当加强审计档案信息化管理，采用计算机等现代化管理技术编制适用的检索工具和参考材料，积极开展审计档案的利用工作。

审计机关应当建立健全审计档案利用制度。借阅审计档案，仅限定在审计机关内部。审计机关以外的单位有特殊情况需要查阅、复制审计档案或者要求出具审计档案证明的，须经审计档案所属审计机关分管领导审批，重大审计事项的档案须经审计机关主要领导审批。

省级以上（含省级）审计机关应当将永久保管的、省级以下审计机关应当将永久和 30 年保管的审计档案在本机关保管 20 年后，定期向同级国家综合档案馆移交。

7.2.4.2　社会审计工作底稿的归档

《质量控制准则第 5101 号——会计师事务所对执行财务报表审计和审阅、其他鉴证和

相关服务业务实施的质量控制》和《中国注册会计师审计准则第1131号——审计工作底稿》对审计工作底稿的归档做出了具体规定，涉及归档工作的性质和期限、审计工作底稿保管期限等方面。

（1）审计工作底稿归档工作的性质

在出具审计报告前，注册会计师应完成所有必要的审计程序，取得充分、适当的审计证据并得出适当的审计结论。由此，在审计报告日后将审计工作底稿归整为最终审计档案是一项事务性的工作，不涉及实施新的审计程序或得出新的结论。

如果在归档期间对审计工作底稿做出的变动属于事务性的，注册会计师可以做出变动，主要包括：删除或废弃被取代的审计工作底稿；对审计工作底稿进行分类、整理和交叉索引；对审计档案归整工作的完成核对表签字认可；记录在审计报告日前获取的、与项目组相关成员进行讨论并达成一致意见的审计证据。

（2）审计档案的结构

对每项具体审计业务，注册会计师应当将审计工作底稿归整为审计档案。

在实务中，审计档案可以分为永久性档案和定期档案。这一分类主要是基于具体实务中对审计档案使用的时间而划分的。

①永久性档案 是指那些记录内容相对稳定，具有长期使用价值，并对以后审计工作具有重要影响和直接作用的审计档案。例如，被审计单位的组织结构、批准证书、营业执照、章程、重要资产的所有权或使用权的证明文件复印件等。若永久性档案中的某些内容已发生变化，注册会计师应当及时予以更新。为保持资料的完整性以便满足日后查阅历史资料的需要，永久性档案中被替换下的资料一般也需保留。例如，被审计单位因增加注册资本而变更了营业执照等法律文件，被替换的旧营业执照等文件可以汇总在一起，与其他有效的资料分开，作为单独部分归整在永久性档案中。

②当期档案 是指那些记录内容经常变化，主要供当期和下期审计使用的审计档案。例如，总体审计策略和具体审计计划。

目前，一些大型国际会计师事务所不再区分永久性档案和当期档案。这主要是以电子形式保留审计工作底稿的使用，尽管大部分事务所仍然既保留电子版又保留纸质的审计档案。

以下是典型的审计档案结构。

①沟通和报告相关工作底稿 审计报告和经审计的财务报表；与主审注册会计师的沟通和报告；与治理层的沟通和报告；与管理层的沟通和报告；管理建议书。

②审计完成阶段工作底稿 审计工作完成情况核对表；管理层声明书原件；重大事项概要；错报汇总表；被审计单位财务报表和试算平衡表；有关列报的工作底稿（如现金流量表、关联方和关联交易的披露等）；财务报表所属期间的董事会会议纪要；总结会会议纪要。

③审计计划阶段工作底稿 总体审计策略和具体审计计划；对内部审计职能的评价；对外部专家的评价；对服务机构的评价；被审计单位提交资料清单；主审注册会计师的指示；前期审计报告和经审计的财务报表；预备会议纪要。

④特定项目审计程序表 舞弊；持续经营；对法律法规的考虑；关联方。

⑤进一步审计程序工作底稿　有关控制测试工作底稿；有关实质性程序工作底稿（包括实质性分析程序和细节测试）。

（3）审计工作底稿归档的期限

《质量控制准则第 5101 号——会计师事务所对执行财务报表审计和审阅、其他鉴证和相关服务业务实施的质量控制》要求会计师事务所制定有关及时完成最终业务档案归整工作的政策和程序。审计工作底稿的归档期限为审计报告日后 60 天内。如果注册会计师未能完成审计业务，审计工作底稿的归档期限为审计业务中止后的 60 天内。

如果针对客户的同一财务信息执行不同的委托业务，出具两个或多个不同的报告，会计师事务所应当将其视为不同的业务，根据会计师事务所内部制定的政策和程序，在规定的归档期限内分别将审计工作底稿归整为最终审计档案。

审计工作底稿归档期限的明确，部分原因是由于媒体大肆宣传法庭听证会期间暴露出来的安然公司注册会计师销毁审计工作底稿，以及注册会计师在完成审计工作并签署审计报告数月之后延迟对审计档案的归档而引起。审计项目组成员可能转去开展其他审计项目，或可能已离开会计师事务所，未决事项无法及时跟进，因此，延迟归档可能导致审计档案不完整。只有当审计项目组执行后续财务年度的审计（对连续审计业务而言）时，才可能发现上期"已完成的审计档案"是不完整的。

（4）审计工作底稿归档后的变动

在完成最终审计档案的归整工作后，注册会计师不应在规定的保存期限届满前删除或废弃任何性质的审计工作底稿。

①需要变动审计工作底稿的情形　注册会计师发现有必要修改现有审计工作底稿或增加新的审计工作底稿的情形主要有以下两种：注册会计师已实施了必要的审计程序，取得了充分、适当的审计证据并得出了恰当的审计结论，但审计工作底稿的记录不够充分；审计报告日后，发现例外情况要求注册会计师实施新的或追加审计程序，或导致注册会计师得出新的结论。例外情况主要是指审计报告日后发现与已审计财务信息相关，且在审计报告日已经存在的事实，该事实如果被注册会计师在审计报告日前获知，可能影响审计报告。例如，注册会计师在审计报告日后才获知法院在审计报告日前已对被审计单位的诉讼、索赔事项做出最终判决结果。例外情况可能在审计报告日后发现，也可能在财务报表报出日后发现，注册会计师应当按照《中国注册会计师审计准则第 1332 号——期后事项》有关"财务报表报出后发现的事实"的相关规定，对例外事项实施新的或追加的审计程序。

②变动审计工作底稿时的记录要求　在完成最终审计档案的归整工作后，如果发现有必要修改现有审计工作底稿或增加新的审计工作底稿，无论修改或增加的性质如何，注册会计师均应当记录下列事项：修改或增加审计工作底稿的理由；修改或增加审计工作底稿的时间和人员，以及复核的时间和人员。

（5）审计工作底稿的保存期限

会计师事务所应当自审计报告日起，对审计工作底稿至少保存 10 年。如果注册会计师未能完成审计业务，会计师事务所应当自审计业务中止日起，对审计工作底稿至少保存 10 年。值得注意的是，对于连续审计的情况，当期归整的永久性档案可能包括以前年度获取的资料（有可能是10年以前）。这些资料虽然是在以前年度获取，但由于其作为本期档案的一部分，并作为支持审计结论的基础，因此，注册会计师对了这些对当期有效的档案，应视为当期取得并保存10年。如果这些资料在某一个审计期间被替换，被替换资料应当从被替换的年度起至少保存10年。

在完成最终审计档案的归整工作后，注册会计师不应在规定的保存期届满前删除或废弃任何性质的审计工作底稿。

7.2.4.3 内部审计工作底稿的归档

（1）审计工作底稿归档的含义及管理内容

为了规范内部审计工作底稿等的归档管理工作，提高审计档案质量，发挥审计档案作用，根据《中华人民共和国档案法》和《内部审计基本准则》等的规定，中国内部审计协会于2016年制定了《第2308号内部审计具体准则——审计档案工作》。依据此准则，审计档案是指内部审计机构和内部审计人员在审计项目实施过程中形成的、具有保存价值的历史记录。审计档案工作是指内部审计机构对应纳入审计档案的材料（以下简称审计档案材料）进行收集、整理、立卷、移交、保管和利用的活动。建立和管理审计档案是内部审计工作中必不可少的环节。

具体而言，审计工作底稿等审计档案材料管理的内容主要包括以下几类：

①立项类材料　审计委托书、审计通知书、审前调查记录、项目审计方案等。

②证明类材料　审计承诺书、审计工作底稿及相应的审计取证单、审计证据等。

③结论类材料　审计报告、审计报告征求意见单、被审计对象的反馈意见等。

④备查类材料　审计项目回访单、被审计对象整改反馈意见、与审计项目联系紧密且不属于前三类的其他材料等。

（2）审计工作底稿归档应遵循的一般原则

内部审计人员应当坚持谁审计、谁立卷的原则，在审计项目实施结束后，及时收集审计档案材料，按照立卷原则和方法进行归类整理、编目装订、组合成卷和定期归档。立卷时应当遵循按性质分类、按单元排列、按项目组卷原则。不同审计项目不得合并立卷。跨年度的审计项目，在审计终结的年度立卷。

内部审计的审计档案质量的基本要求是：审计档案材料应当真实、完整、有效、规范，并做到遵循档案材料的形成规律和特点，保持档案材料之间的有机联系，区别档案材料的重要程度，便于保管和利用。

内部审计机构应当建立审计档案工作管理制度，明确规定审计档案管理人员的要求和责任。内部审计项目负责人应当对审计档案的质量负主要责任。

（3）审计工作底稿归档的顺序管理

内部审计人员应当及时收集在审计项目实施过程中直接形成的文件材料和与审计项目有关的其他审计档案材料。根据审计档案材料的保存价值和相互之间的关联度，以审计报告相关内容的需要为标准，整理鉴别和选用需要立卷的审计档案材料，并归集形成审计档案。

审计档案材料应当按下列四个单元排列：

①结论类材料　按逆审计程序、结合其重要程度予以排列。

②证明类材料　按与项目审计方案所列审计事项对应的顺序、结合其重要程度予以排列。

③立项类材料　按形成的时间顺序、结合其重要程度予以排列。

④备查类材料　按形成的时间顺序、结合其重要程度予以排列。

审计档案内每组材料之间的排列要求：正件在前，附件在后；定稿在前，修改稿在后；批复在前，请示在后；批示在前，报告在后；重要文件在前，次要文件在后；汇总性文件在前，原始性文件在后。

（4）纸质审计档案的编目、装订与移交

纸质审计档案主要包括下列要素：案卷封面；卷内材料目录；卷内材料；案卷备考表。案卷封面应当采用硬卷皮封装。卷内材料目录应当按卷内材料的排列顺序和内容编制。卷内材料应当逐页注明顺序编号。案卷备考表应当填写立卷人、项目负责人、检查人、立卷时间以及情况说明。

纸质审计档案的装订应当符合下列要求：拆除卷内材料上的金属物；破损和褪色的材料应当修补或复制；卷内材料装订部分过窄或有文字的，用纸加宽装订；卷内材料字迹难以辨认的，应附抄件加以说明；卷内材料一般不超过200页装订。

内部审计人员（立卷人）应当将获取的电子证据的名称、来源、内容、时间等完整、清晰地记录于纸质材料中，其证物装入卷内或物品袋内附卷保存。

内部审计人员（立卷人）完成归类整理，经项目负责人审核、档案管理人员检查后，按规定进行编目和归档，向组织内部档案管理部门（以下简称档案管理部门）办理移交手续。

（5）电子审计档案的建立、移交与接收

内部审计机构在条件允许的情况下，可以为审计项目建立电子审计档案。内部审计机构应当确保电子审计档案的真实、完整、可用和安全。电子审计档案应当采用符合国家标准的文件存储格式，确保能够长期有效读取。主要包括以下内容：用文字处理技术形成的文字型电子文件；用扫描仪、数码相机等设备获得的图像电子文件；用视频或多媒体设备获得的多媒体电子文件；用音频设备获得的声音电子文件；其他电子文件。

内部审计机构在审计项目完成后，应当以审计项目为单位，按照归档要求，向档案管理部门办理电子审计档案的移交手续，并符合以下基本要求：元数据应当与电子审计档案一起移交，一般采用基于XML的封装方式组织档案数据；电子审计档案的文件有相应纸质、缩微制品等载体的，应当在元数据中著录相关信息；采用技术手段加密的电子审计档案应当解密后移交，压缩的电子审计档案应当解压缩后移交；特殊格式的电子审计档案应当与其读取平台一起移交；内部审计机构应当将已移交的电子审计档案在本部门至少保存5年，其中的涉密信息必须符合保密存储要求。

电子审计档案移交的主要流程包括：组织和迁移转换电子审计档案数据、检验电子审计档案数据和移交电子审计档案数据等步骤。电子审计档案的移交可采用离线或在线方式进行。离线方式是指内部审计机构一般采用光盘移交电子审计档案；在线方式是指内部审计机构通过与管理要求相适应的网络传输电子审计档案。

档案管理部门可以建立电子审计档案接收平台,进行电子审计档案数据的接收、检验、迁移、转换、存储等工作。电子审计档案检验合格后办理交接手续,由交接双方签字;也可采用电子形式并以电子签名方式予以确认。

(6) 审计档案的保管和利用

审计档案应当归组织所有,一般情况下,由档案管理部门负责保管,档案管理部门应当安排对审计档案业务熟悉的人员对接收的纸质和电子审计档案进行必要的检查。归档与纸质文件相同的电子文件时,应当在彼此之间建立准确、可靠的标识关系,并注明含义、保持一致。

内部审计机构和档案管理部门应当按照国家法律法规和组织内部管理规定,结合自身实际需要合理确定审计档案的保管期限。审计档案的密级和保密期限应当根据审计工作保密事项范围和有关部门保密事项范围合理确定。

内部审计机构应当建立健全审计档案利用制度。借阅审计档案,一般限定在内部审计机构内部。内部审计机构以外或组织以外的单位查阅或者要求出具审计档案证明的,必须经内部审计机构负责人或者组织的主管领导批准,国家有关部门依法进行查阅的除外。损毁、丢失、涂改、伪造、出卖、转卖、擅自提供审计档案的,由组织依照有关规定追究相关人员的责任;构成犯罪的,移送司法机关依法追究刑事责任。

内部审计机构和档案管理部门应当定期开展保管期满审计档案的鉴定工作,对不具有保存价值的审计档案进行登记造册,经双方负责人签字,并报组织负责人批准后,予以销毁。

本 章 小 结

审计证据是指审计人员获取的能够为审计结论提供合理基础的全部事实,包括审计人员调查了解被审计单位及其相关情况和对确定的审计事项进行审查所获取的证据。审计人员必须获取充分、适当的审计证据,以得出合理的审计结论作为形成审计意见、做出审计决定的基础。审计证据可从证据的外在形态、证据的来源和证据的重要性等不同角度进行分类。通常,审计人员所取得的审计证据可以按其外形特征分为实物证据、书面证据、口头证据、视听或电子证据、鉴定和勘验证据、环境证据。审计证据的特征是指审计证据的充分性和适当性。审计证据的充分性是对审计证据数量的衡量,主要与审计人员确定的样本量有关。审计证据的适当性是对审计证据质量的衡量,相关性和可靠性是审计证据适当性的核心内容,只有相关且可靠的审计证据才是高质量的。

审计工作底稿是指审计人员在审计过程中形成的与审计事项有关的工作记录和获取的资料。审计工作底稿是审计证据的载体,它提供了审计工作实际执行情况的记录,在计划和执行审计工作中发挥着关键作用,为形成审计意见或做出审计决定等奠定基础。审计工作底稿应包括标题、审计过程记录、审计结论、审计标识及其说明、索引号及编号、编制者姓名及编制日期、复核者姓名及复核日期等基本要素。审计工作底稿应由相关人员按照规定进行复核。项目审计结束后,审计人员应当按照相关准则和规定,及时将审计工作底稿归整为最终审计档案。

思 考 题

1. 什么是审计证据？审计证据按其外形特征，可分为哪几类？
2. 如何理解审计证据的充分性和适当性？
3. 在判断审计证据的可靠性时，通常考虑的原则有哪些？
4. 什么是审计工作底稿，如何理解审计工作底稿的作用？
5. 简述审计工作底稿的基本要素。
6. 如何进行社会审计工作底稿的复核？
7. 简述政府审计工作底稿的归档要求。
8. 简述社会审计工作底稿的归档要求。
9. 社会审计工作底稿的归档要求有哪些？

第8章 审计报告

【学习目标】
1. 了解审计报告的含义、作用和编制前的准备工作。
2. 明确审计报告的种类、内容和格式。
3. 掌握各类审计报告的编制和出具。

8.1 审计报告概述

8.1.1 审计报告的定义

《中华人民共和国国家审计准则》（审计署于 2010 年 9 月 1 日发布，自 2011 年 1 月 1 日起施行，以下简称《国家审计准则》）第一百一十九条规定："审计报告包括审计机关进行审计后出具的审计报告以及专项审计调查后出具的专项审计调查报告。"《国家审计准则》第一百二十条规定："审计组实施审计或者专项审计调查后，应当向派出审计组的审计机关提交审计报告。审计机关审定审计组的审计报告后，应当出具审计机关的审计报告。"根据以上相关规定，可以这样界定政府审计报告：政府审计报告是审计组对审计事项实施审计后，向派出审计组的审计机关提出审计报告，审计机关对审计组的审计报告进行审定后，由审计机关出具的书面审计报告。

我国《第 2106 号内部审计具体准则——审计报告》（自 2014 年 1 月 1 日起施行）第二条规定："本准则所称审计报告，是指内部审计人员根据审计计划对被审计单位实施必要的审计程序后，就被审计事项做出审计结论，提出审计意见和审计建议的书面文件。"

《中国注册会计师审计准则第 1501 号——对财务报表形成审计意见和出具审计报告》（2016 年 12 月 23 日修订）第八条规定："审计报告，是指注册会计师根据审计准则的规定，在执行审计工作的基础上，对财务报表发表审计意见的书面文件。"

综合上述准则对审计报告的界定，可以这样定义审计报告：审计报告是审计人员根据审计准则的要求，在实施了必要的审计程序后，就被审计对象做出审计结论、发表审计意见的书面文件。

8.1.2 审计报告的分类

8.1.2.1 按审计报告格式和措辞的规范性分类

按审计报告格式和措辞的规范性，审计报告可以分为标准审计报告和非标准审计报告。标准审计报告是指格式和措辞基本统一的审计报告。非标准审计报告是指格式和措辞不统一的审计报告。

8.1.2.2 按是否对外公布分类

按是否对外公布，审计报告可以分为对外公布的审计报告和不对外公布的审计报告。对外公布的审计报告，一般是对外公布财务报告时所附送的审计报告，这类审计报告向企业股东、经营者、债权人、社会公众等非特定利益关系者公布。不对外公布的审计报告，一般是为经营管理、并购、筹资等特定目的而实施审计的审计报告，这类报告报送给特定使用者，不对外公布。

8.1.2.3 按审计主体分类

按审计主体的不同，审计报告可以分为政府审计报告、内部审计报告、社会审计报告。政府审计报告由政府审计机关签发，一般不对外公开，属于非标准审计报告。内部审计报告，由内部审计机构签发，不对外公开，也属于非标准审计报告。社会审计报告，由注册会计师签发，一般可对外公开；但注册会计师受托进行特定目的审计业务而出具的审计报告特定则不对外公开，只向特定使用者报送。

8.1.3 审计报告的作用

出具审计报告是审计工作的一个重要环节，是对审计工作的全面总结，具有重要的作用。

（1）向使用者提供所需信息

政府有关部门可以通过审计报告了解、掌握有关部门、企事业单位的财务收支状况和经营成果情况，这些重要信息是财政、税务等部门进行预算编制、税收征管及做出有关宏观调控决策的依据；审计报告也可以为银行等金融机构进行信贷决策提供依据；审计报告还可以为企业的投资者、其他债权人提供投资决策依据。

（2）评价被审计对象

审计报告是审计人员对被审计对象做出审计结论、发表审计意见的书面文件，具有对被审计对象进行综合评价的作用。

（3）证明作用

审计报告是具有公正性的证明文件，是衡量审计工作质量的尺度。审计报告可以证明审计人员是否完成预定的审计程序，是否客观的表示审计意见，审计工作的质量是否达到规定的要求。审计报告可以证明审计人员的履责情况。

8.1.4 审计报告编制的基本原则和要求

为了保证审计报告的质量，准确表达审计意见，编制审计报告应遵循以下原则和要求。

（1）实事求是，坚持原则

审计报告撰写时必须以法律法规为准绳，坚持原则，实事求是，客观公正地对被审计事项进行审计评价，提出审计意见。审计报告的内容要真实可靠，经得起实践的考验。

（2）要素完备，格式规范

为了准确表达审计意见，审计报告的基本要素要齐全，缺一不可。每一个要素都有其特定的作用，如果有缺漏，将影响审计报告所提供的信息质量。因此，审计人员在审计报告时应当按照规定的格式及内容编制，作到要素完备、格式规范，不遗漏审计中发现的重大事项。

（3）意见准确，证据充分

审计人员需要取得的充分的审计证据以支持审计意见，只有证据充分才能准确地提出审计意见。否则，审计报告及其所反映的意见缺乏支撑依据，会加大审计风险。

（4）简明扼要，突出重点

编写审计报告时要坚持重要性原则，抓住关键、突出重点，这样才能使审计报告的内容重点突出，主次分明、简明扼要、易于理解。

（5）文字简练，表述清晰

编写审计报告要开门见山，不拐弯抹角；要层次分明，条理清晰；语言表达要准确无误，字斟句酌，并尽量选用专业术语。

8.2 政府审计报告

8.2.1 政府审计报告的含义

政府审计报告是审计组对审计事项实施审计后，向派出审计组的审计机关提出审计报告，审计机关对审计组的审计报告进行审定后，由审计机关出具的书面审计报告。政府审计报告包括审计机关进行审计后出具的审计报告以及专项审计调查后出具的专项审计调查报告。

8.2.2 政府审计报告的基本要素和主要内容

8.2.2.1 政府审计报告的基本要素

政府审计报告包括下列基本要素：

①标题。
②文号（审计组的审计报告不含此项）。
③被审计单位名称。
④审计项目名称。
⑤内容。
⑥审计机关名称（审计组名称及审计组组长签名）。
⑦签发日期（审计组向审计机关提交报告的日期）。

经济责任审计报告还包括被审计人员姓名及所担任职务。

8.2.2.2 政府审计报告的主要内容

政府审计报告的内容主要包括：

①审计依据　即实施审计所依据的法律法规规定。
②实施审计的基本情况　一般包括审计范围、内容、方式和实施的起止时间。
③被审计单位基本情况。
④审计评价意见　即根据不同的审计目标，以适当、充分的审计证据为基础发表的评

价意见。

⑤以往审计决定执行情况和审计建议采纳情况。

⑥审计发现的被审计单位违反国家规定的财政收支、财务收支行为和其他重要问题的事实、定性、处理处罚意见以及依据的法律法规和标准。

⑦审计发现的移送处理事项的事实和移送处理意见，但是涉嫌犯罪等不宜让被审计单位知悉的事项除外。

⑧针对审计发现的问题，根据需要提出的改进建议。

审计期间被审计单位对审计发现的问题已经整改的，审计报告还应当包括有关整改情况。经济责任审计报告还应当包括被审计人员履行经济责任的基本情况，以及被审计人员对审计发现问题承担的责任。核查社会审计机构相关审计报告发现的问题，应当在审计报告中一并反映。

对审计或者专项审计调查中发现被审计单位违反国家规定的财政收支、财务收支行为，依法应当由审计机关在法定职权范围内做出处理处罚决定的，审计机关应当出具审计决定书。

审计或者专项审计调查发现的依法需要移送其他有关主管机关或者单位纠正、处理处罚或者追究有关人员责任的事项，审计机关应当出具审计移送处理书。

8.2.3　政府审计报告的编制、复核、审理程序

8.2.3.1　起草审计报告前的准备

审计组在起草审计报告前，应当讨论确定下列事项：

①评价审计目标的实现情况。

②审计实施方案确定的审计事项完成情况。

③评价审计证据的适当性和充分性。

④提出审计评价意见。

⑤评估审计发现问题的重要性。

⑥提出对审计发现问题的处理处罚意见。

⑦其他有关事项。

审计组应当对讨论上述事项的情况及其结果做出记录。

审计组组长应当确认审计工作底稿和审计证据已经审核，并从总体上评价审计证据的适当性和充分性。

8.2.3.2　撰写审计报告

审计组根据不同的审计目标，以审计认定的事实为基础，在防范审计风险的情况下，按照重要性原则，从真实性、合法性、效益性方面提出审计评价意见。审计组应当只对所审计的事项发表审计评价意见。对审计过程中未涉及、审计证据不适当或者不充分、评价依据或者标准不明确以及超越审计职责范围的事项，不得发表审计评价意见。审计组应当根据审计发现问题的性质、数额及其发生的原因和审计报告的使用对象，评估审计发现问题的重要性，如实在审计报告中予以反映。

审计组对审计发现的问题提出处理处罚意见时，应当关注下列因素：

①法律法规的规定。

②审计职权范围　属于审计职权范围的，直接提出处理处罚意见，不属于审计职权范围的，提出移送处理意见。

③问题的性质、金额、情节、原因和后果。

④对同类问题处理处罚的一致性。

⑤需要关注的其他因素。

审计发现被审计单位信息系统存在重大漏洞或者不符合国家规定的，应当责成被审计单位在规定期限内整改。审计组应当针对经济责任审计发现的问题，根据被审计人员履行职责情况，界定其应当承担的责任。

8.2.3.3　征求被审计单位意见

审计组实施审计或者专项审计调查后，应当提出审计报告，按照审计机关规定的程序审批后，以审计机关的名义征求被审计单位、被调查单位和拟处罚的有关责任人员的意见。经济责任审计报告还应当征求被审计人员的意见；必要时，征求有关干部监督管理部门的意见。审计报告中涉及的重大经济案件调查等特殊事项，经审计机关主要负责人批准，可以不征求被审计单位或者被审计人员的意见。

被审计单位、被调查单位、被审计人员或者有关责任人员对征求意见的审计报告有异议的，审计组应当进一步核实，并根据核实情况对审计报告做出必要的修改。审计组应当对采纳被审计单位、被调查单位、被审计人员、有关责任人员意见的情况和原因，或者上述单位或人员未在法定时间内提出书面意见的情况做出书面说明。

8.2.3.4　审计报告的复核

①审计组应当将下列材料报送审计机关业务部门复核　审计报告；审计决定书；被审计单位、被调查单位、被审计人员或者有关责任人员对审计报告的书面意见及审计组采纳情况的书面说明；审计实施方案；调查了解记录、审计工作底稿、重要管理事项记录、审计证据材料；其他有关材料。

②审计机关业务部门应当对下列事项进行复核，并提出书面复核意见　审计目标是否实现；审计实施方案确定的审计事项是否完成；审计发现的重要问题是否在审计报告中反映；事实是否清楚、数据是否正确；审计证据是否适当、充分；审计评价、定性、处理处罚和移送处理意见是否恰当，适用法律法规和标准是否适当；被审计单位、被调查单位、被审计人员或者有关责任人员提出的合理意见是否采纳；需要复核的其他事项。

8.2.3.5　审计报告的审理

审计机关业务部门应当将复核修改后的审计报告、审计决定书等审计项目材料连同书面复核意见，报送审理机构审理。

审理机构以审计实施方案为基础，重点关注审计实施的过程及结果，主要审理下列内容：

①审计实施方案确定的审计事项是否完成。

②审计发现的重要问题是否在审计报告中反映。

③主要事实是否清楚、相关证据是否适当、充分。

④适用法律法规和标准是否适当。

⑤评价、定性、处理处罚意见是否恰当。

⑥审计程序是否符合规定。

审理机构审理时，应当就有关事项与审计组及相关业务部门进行沟通。必要时，审理机构可以参加审计组与被审计单位交换意见的会议，或者向被审计单位和有关人员了解相关情况。

审理机构审理后，可以根据情况采取下列措施：

①要求审计组补充重要审计证据。

②对审计报告、审计决定书进行修改。

审理过程中遇有复杂问题的，经审计机关负责人同意后，审理机构可以组织专家进行论证。审理机构审理后，应当出具审理意见书。审理机构将审理后的审计报告、审计决定书连同审理意见书报送审计机关负责人。审计报告、审计决定书原则上应当由审计机关审计业务会议审定；特殊情况下，经审计机关主要负责人授权，可以由审计机关其他负责人审定。

8.2.4 审计结果公布

审计机关依法实行公告制度，应当依法向社会公布审计结果、审计调查结果。

8.2.4.1 审计结果公布的主要信息

审计机关公布的审计和审计调查结果主要包括下列信息：

①被审计（调查）单位基本情况。

②审计（调查）评价意见。

③审计（调查）发现的主要问题。

④处理处罚决定及审计（调查）建议。

⑤被审计（调查）单位的整改情况。

8.2.4.2 审计结果公布时不得公布的信息

在公布审计和审计调查结果时，审计机关不得公布下列信息：

①涉及国家秘密、商业秘密的信息。

②正在调查、处理过程中的事项。

③依照法律法规的规定不予公开的其他信息。

涉及商业秘密的信息，经权利人同意或者审计机关认为不公布可能对公共利益造成重大影响的，可以予以公布。

8.2.4.3 审计结果公布的注意事项

①审计机关公布审计和审计调查结果应当客观公正。

②审计机关公布审计和审计调查结果，应当指定专门机构统一办理，履行规定的保密审查和审核手续，报经审计机关主要负责人批准。审计机关内设机构、派出机构和个人，未经授权不得向社会公布审计和审计调查结果。

③审计机关统一组织不同级次审计机关参加的审计项目，其审计和审计调查结果原则上由负责该项目组织工作的审计机关统一对外公布。

④审计机关公布审计和审计调查结果按照国家有关规定需要报批的，未经批准不得公布。

8.2.5 审计结果公告范例

2018年第47号（总第341号）公告：2017年保障性安居工程跟踪审计结果。

2017年保障性安居工程跟踪审计结果
（2018年6月20日公告）

为促进党中央、国务院关于保障性安居工程政策的全面贯彻落实，2017年12月至2018年3月，审计署组织地方各级审计机关对2017年全国保障性安居工程（含公共租赁住房等保障性住房和各类棚户区改造、农村危房改造，以下统称安居工程）的计划、投资、建设、分配、运营及配套基础设施建设等情况进行了审计，重点审查了安居工程项目1.77万个，共涉及项目投资2.52万亿元，并对13.03万户农村危房改造家庭做了入户调查。现将审计情况公告如下：

一、安居工程实施基本情况和取得的主要成效

根据相关部门和单位提供的数据，2017年，全国各级财政共筹集安居工程资金7 841.88亿元（其中中央财政2 487.62亿元），项目单位等通过银行贷款、发行企业债券等社会融资方式筹集安居工程资金21 739.02亿元。2017年全国棚户区改造开工609.34万套、基本建成604.18万套，公共租赁住房基本建成81.56万套，农村危房改造开工190.59万户，分别完成当年目标任务的101.48%、183.97%、124.4%和100%。

从审计情况看，2017年，各地各部门积极贯彻落实中央决策部署和各项政策要求，加快推进各类安居工程及配套基础设施建设，进一步改善了住房困难群众的居住条件，进一步加强了安居工程住房分配使用和管理，较好地满足了中低收入家庭基本住房需求，促进了社会和谐稳定和新型城镇化健康发展。

（一）安居工程住房有效供给进一步加大，为建立多渠道保障的住房制度提供有力支持

各地加大安居工程建设推进力度，积极保障安居工程建设用地供应，各类保障性住房和棚户区改造按计划建成和投入使用。2017年，全国公共租赁住房、棚户区改造共开工617.7万套，基本建成685.74万套，以货币补贴形式支持中低收入困难家庭到市场自主租房242.32万户。各类安居工程住房有效供给不断增加，向困难群众提供基本住房保障的能力不断增强，为建立多主体供给、多渠道保障、租购并举的住房制度提供了有力支持。

（二）城乡住房困难群众居住条件进一步改善，为解决发展不平衡不充分问题发挥积极作用

各地进一步完善分配方式，加大对重点人群的保障力度，使更多住房困难群众受益。2017年底，公共租赁住房在保家庭1 658.26万户，涉及4 100多万城镇中低收入住房困难群众。全年完成棚户区拆迁66 756.66万平方米，524.59万户家庭出棚进楼，城市棚户区居住条件得到提升，林区、垦区、国有工矿等棚户区面貌得到改观。中央财政全年安排农村危房改造资金266.90亿元，并提高补助标准，集中支持建档立卡贫困户等4类重点对象，地方各级政府加大对农村住房困难群众的支持力度，全年共有176.73万户农村贫困家庭建成安全住房，为打赢精准脱贫攻坚战创造了有利条件。

（三）安居工程住房分配使用和管理进一步加强，为提升住房保障政策效果夯实基础

各级政府不断加强目标责任管理，将公共租赁住房建成和分配纳入考核范围，层层落实主体责任，并加大配套基础设施建设力度，2017年中央财政投入专项资金962.70亿元，推动加快公共租赁住房和棚户区改造住房交付使用；落实深化"放管服"改革要求，优化完善公共租赁住房申请和分配流程，提高审批效率，使群众享受住房保障的便捷程度进一步增强。同时，各地进一步完善安居工程后续管理，健全准入和退出机制，59.69万户家庭按规定退出公共租赁住房保障，保障精准程度不断提高；各地还积极采取措施控制棚户区改造成本，抓好棚户区改造腾空土地出让偿还项目贷款，努力实现市域范围内棚户区改造资金总体平衡，促进棚户区改造良性可持续发展。

（四）安居工程投资稳增长作用进一步凸显，有力促进了经济平稳健康发展。

各地积极拓宽融资渠道，创新融资方式，2017年筹集安居工程及配套基础设施建设资金29 580.90亿元，比上年增长6.34%，保障公共租赁住房和棚户区改造及配套基础设施建设资金需求。棚户区改造当年完成投资1.84万亿元，带动了相关行业投资和消费，为推动经济平稳增长提供了动力支持，同时城中村改造促进了农民就地转化为市民，推动了以人为核心的新型城镇化进程。

二、审计发现的主要问题

（一）部分地区存在骗取侵占安居工程资金和住房等违法违规问题

276个单位或个人套取挪用或骗取侵占安居工程资金25.67亿元，用于其他非公共项目支出等；91个单位违规扩大保障范围或提高补偿标准，多支付拆迁补偿款2.85亿元。3.68万户不符合条件家庭违规享受城镇住房保障货币补贴8 639.90万元，住房2.66万套；1.84万户不符合条件家庭违规享受农村危房改造补助资金1.46亿元；3.53万户家庭条件发生变化不再符合保障条件但未按规定及时退出，仍享受住房2.75万套、货币补贴1 384.43万元。683个项目未依法履行招投标程序，涉及合同金额696.43亿元；294个项目未取得建设用地批准而占地1 440.54公顷进行建设；883个已开工在建项目未取得建筑工程施工许可证等基本建设审批手续。

（二）部分地区安居工程住房和资金管理使用绩效不高

由于配套基础设施建设滞后等原因，9.71万套住房已基本建成1年以上未分配或分配后无法入住；由于供需不匹配、规划设计不合理、地址偏远等原因，14.21万套已竣工验收的住房至2017年底空置超过1年。截至2017年底，有147.92亿元财政专项资金、472.54亿元银行贷款等市场化融资未及时安排使用。1 211个安居工程项目建成后由于前期手续不齐全等原因无法办理竣工验收备案；427个项目存在未按照设计图纸施工等问题。

（三）部分地区安居工程政策和扶持措施未落实到位

403个项目未按规定享受应减免税费，多支付9.18亿元；13个项目扩大棚户区改造范围违规享受税费减免政策，少缴纳4 039.69万元；0.99万户家庭由于棚户区改造项目建设进展缓慢等原因未能如期回迁安置，多支付安置费5.86亿元。

三、审计处理和初步整改情况

以上审计查出的问题，地方各级审计机关已依法出具审计报告、提出处理意见。审计查出的相关涉嫌违法违纪问题线索，已依法移送有关部门进一步调查处理。审计指出问题

后，有关地方积极组织整改，截至2018年3月底，共追回被套取挪用资金11.29亿元，退还多收取税费7 184.99万元，盘活资金14.42亿元，取消保障资格或调整保障待遇1.68万户，追回补贴补助资金3 553.36万元，收回和加快分配住房8 602套。其他问题正在进一步整改中，审计署将持续跟踪检查后续整改情况，督促整改到位。

8.3 内部审计报告

8.3.1 内部审计报告的含义

内部审计报告，是指内部审计人员根据审计计划对被审计单位实施必要的审计程序后，就被审计事项做出审计结论，提出审计意见和审计建议的书面文件。

8.3.2 内部审计报告的内容

内部审计报告主要包括下列要素：标题、收件人、正文、附件、签章、报告日期。

（1）标题

内部审计报告的标题应能反映审计的性质，力求言简意赅。标题一般应当主要包括被审计单位名称、审计事项（类别）、审计期间等内容。

（2）收件人

内部审计报告的收件人应当是与审计项目有管理和监督责任的机构或个人。考虑到各个组织的法人治理结构、管理方式差异，审计报告的收件人应当根据具体情况确定，可以是被审计单位的管理层、董事会或其下设的审计委员会或者组织中的主要负责人、上级主管部门的机构或人员等。

（3）正文

内部审计报告的正文主要包括下列内容：

①审计概况　即对审计项目的总体情况的介绍和说明，包括审计目标、审计范围、审计内容及重点、审计方法、审计程序及审计时间等。内部审计报告中应当明确地陈述本次审计的目标，并应与审计计划中提出的目标相一致；还应当指出本次审计的活动内容和所包含的期间。如果存在未进行审计的领域，应当在报告中指出，特别是某些受到限制无法进行检查的项目，应说明受限制无法审查的原因。内部审计报告应当对本次审计项目的重点、难点进行详细说明，并指出针对这些方面采取了何种措施及其所产生的效果，也可以对审计中所发现的重点问题做出简短的叙述及评论。

②审计依据　即实施审计所依据的相关法律法规、内部审计准则等规定。内部审计报告应声明内部审计程序是按照内部审计准则的规定实施审计的。当确实无法按照审计准则要求执行必要的审计程序时，应在审计报告中陈述理由，并对由此可能导致的对审计结论和整个审计项目质量的影响做出必要的说明。

③审计发现　即对被审计单位的业务活动、内部控制和风险管理实施审计过程中所发现的主要问题的事实，一般应包括以下内容：所发现事实的现状，即审计发现的具体情况；所发现事实应遵照的标准，如政策、程序和相关法律法规；所发现事实与预定标准的差异；

所发现事实已经或可能造成的影响；所发现事实在目前现状下产生的原因（包括内在原因与环境原因）。

④审计结论　即根据已查明的事实，对被审计单位业务活动、内部控制和风险管理所作的评价。在做出审计结论时，内部审计人员应针对本次审计的目的和要求，根据已掌握的证据和已查明的事实，对被审计单位的经营活动和内部控制做出评价。内部审计人员提出的结论可以是对经营活动或内部控制的全面评价，也可仅限于对部分经营活动和内部控制进行评价。如果必要，审计结论还应包括对出色业绩的肯定。

⑤审计意见　即针对审计发现的主要问题提出的处理意见。

⑥审计建议　即针对审计发现的主要问题，提出的改善业务活动、内部控制和风险管理的建议。审计建议是内部审计人员针对审计发现提出的方案、措施和办法。审计建议可以是对被审计单位经营活动和内部控制存在的缺陷和问题提出改善和纠正的建议；也可以是对显著经济效益和有效内部控制提出的表彰和奖励的建议。

（4）附件

内部审计报告的附件是对审计报告正文进行补充说明的文字和数字材料。一般应当包括：

①相关问题的计算及分析性复核审计过程。
②审计发现问题的详细说明。
③被审计单位及被审计责任人的反馈意见。
④记录审计人员修改意见、明确审计责任、体现审计报告版本的审计清单。
⑤需要提供解释和说明的其他内容。

（5）签章

内部审计报告应当由主管的内部审计机构盖章，并由审计机构负责人、审计项目负责人、其他经授权的人员签字。

（6）报告日期

内部审计报告日期一般采用内部审计机构负责人批准送出日作为报告日期。

8.3.3　内部审计报告的质量要求

①实事求是、不偏不倚地反映被审计事项的事实。
②要素齐全、格式规范，完整反映审计中发现的重要问题。
③逻辑清晰、用词准确、简明扼要、易于理解。
④充分考虑审计项目的重要性和风险水平，对于重要事项应当重点说明。
⑤针对被审计单位业务活动、内部控制和风险管理中存在的主要问题或者缺陷提出可行的改进建议，以促进组织实现目标。

8.3.4　内部审计报告的编制、复核、报送

8.3.4.1　内部审计报告的编制

（1）内部审计报告编制前的准备

内部审计人员在编制内部审计报告之前应做好充分的准备工作，重点讨论确定以下事项：

①报告的整体或具体格式。
②可能的发送对象，以及报告收件人的姓名和职位。
③审计目的、范围等的表述。
④审计计划或审计委托书。
⑤审计发现的描述。
⑥用以支持审计发现和建议的各种信息，包括：附录、说明和图表。
⑦特别敏感的内容，包括：在报告中对于机密内容的披露程度；被审计单位对审计发现的可能性反应，以及内部政策等。
⑧其他需要考虑的重要报告事项。

（2）编制内部审计报告初稿

内部审计报告初稿由审计项目负责人或者由其授权的审计项目小组其他成员起草。在编制审计报告初稿时，内部审计人员应当重点注意以下方面：

①考虑审计报告使用者的各种合理需求　有些事项或后续审计结果与本次审计结论没有直接关系或关系不重要，但需审计人员向报告收件人如组织管理当局反映提请关注，此类事项和情况应适当写入审计报告。

②反映被审计对象的相关成绩　对被审计单位的突出业绩应当在审计报告中予以适当说明。

③反映改进的计划和行动　由于受到审计目标和准备工作的制约，或受到审计过程中新发生情况的影响，审计范围可能与年度审计计划或最初拟定的范围不一致，必要时可在审计报告中指出所改进的计划与所采取的行动。

④揭示导致问题产生的外部不利因素的影响。

⑤采用正面的、积极的语言　对审计过程中揭示的消极的审计发现，在不损害内部审计独立性和声誉的前提下，应当充分考虑被审计单位的意见及可能对其造成的不利影响，客观准确地以被审计单位可接受的语言写入审计报告。

⑥运用恰当的图表和脚注　审计报告可以运用适当的图表和脚注，以增强灵活性，快速准确直观地揭示和传递提供审计信息。

（3）征求被审计单位意见

在审计报告正式提交之前，审计项目小组应与被审计单位及其相关人员进行及时、充分的沟通。审计项目小组与被审计单位的沟通，应当根据沟通内容的要求，选择会议形式或个人交谈形式。内部审计机构和人员在与被审计单位进行沟通时，应注意沟通技巧，进行平等、诚恳、恰当、充分的交流。审计项目小组应当根据沟通结果对审计报告适当进行处理。

8.3.4.2　内部审计报告的复核、修订

审计报告应当由被授权的审计项目小组成员以及审计项目负责人、审计机构负责人等相关人员进行严格的复核和适当的修订。内部审计机构应当建立审计报告的三级复核制度。由审计项目负责人主持现场全面复核；由内部审计机构的业务主管主持非现场重点复核；由内部审计机构负责人主持非现场总体复核。

内部审计报告复核主要包括形式复核和内容复核。

（1）形式复核

一般包括：

①审计项目名称是否准确，描述是否恰当。

②被审计单位的名称和地址是否可靠。

③审计日期是否准确，审计报告格式是否规范。

④审计报告收件人是否为适当的发送对象，职位、名称、地址是否正确。

⑤审计报告是否表示希望获得被审计单位的回应。

⑥审计报告是否需要目录页，目录页的位置是否恰当，页码索引是否前后一致。

⑦审计报告中的附件序号与附件的实际编号是否对应。

⑧审计报告是否征求被审计单位意见。

⑨审计报告的复核手续是否完整。

（2）内容复核

一般包括：

①背景情况的介绍是否真实，语气是否适当。

②审计范围和目标是否明确，审计范围是否受限。

③审计发现的描述是否真实，证据是否充分。

④签发人是否恰当，签发人与收件人的级别是否相称。

⑤参与审计人员的名单是否列示完整，排名是否正确。

⑥报告收件人是否恰当，有无遗漏，姓名与职位是否正确。

⑦标题的使用是否适当。

⑧审计结论的表述是否准确。

⑨审计评价依据的引用是否适当。

⑩审计建议是否可行。

8.3.4.3 内部审计报告的发送

审计报告的发送范围一般限于组织内部，通常可根据组织的一般要求和审计活动本身的性质来确定发送对象。内部审计机构应根据具体情况，决定是否将内部审计报告送交组织外部的相关部门和人员，或者是将审计报告的部分内容呈送组织外部的相关部门和人员。在决定对外报送内部审计报告时，应当经过内部审计机构负责人或组织适当管理层的批准程序。

8.4 社会审计报告

8.4.1 社会审计报告概述

8.4.1.1 社会审计报告的含义

社会审计报告又称民间审计报告，是由民间审计组织，即由注册会计师签发的。《中国注册会计师审计准则第 1501 号——对财务报表形成审计意见和出具审计报告》（2016 年 12 月 23 日修订）第八条规定："审计报告，是指注册会计师根据审计准则的规定，在执行审计工作的基础上,对财务报表发表审计意见的书面文件。"在本节后续内容中,将社会审计报告简称为审计报告。

审计报告是注册会计师在完成审计工作后向委托人提交的最终产品,具有以下特征:

①注册会计师应当按照中国注册会计师审计准则(以下简称审计准则)的规定执行审计工作。

②注册会计师在实施审计工作的基础上才能出具审计报告。注册会计师应当实施风险评估程序以及审计程序,包括实施控制测试和实质性测试程序。注册会计师通过实施上述审计程序,获取充分、适当的审计证据,得出合理的审计结论,形成审计意见。

③注册会计师通过对财务报表发表意见履行业务约定书约定的责任。

④注册会计师应当以书面形式出具审计报告。审计报告具有特定的要素和格式,注册会计师只有以书面形式出具报告,才能清楚表达对财务报表发表的审计意见。

注册会计师应当根据由审计证据得出的结论,清楚表达对财务报表的意见。财务报表是指对企业财务状况、经营成果和现金流量的结构化表述,至少应当包括资产负债表、利润表、所有者(股东)权益变动表、现金流量表和附注。注册会计师应当将已审计的财务报表附于审计报告后。

8.4.1.2 社会审计报告的作用

社会审计报告的作用主要表现在鉴证、保护和证明三个方面。

①鉴证作用 审计报告对被审计单位会计报表中所反映的财务状况、经营成果和现金流量情况的公允性、合法性具有鉴证作用。

②保护作用 审计报告在一定程度上对被审计单位的财产、债权人和股东的权益及企业利害关系人的利益起到保护作用。

③证明作用 审计报告可以证明审计工作质量和注册会计师审计责任的履行情况;可以证明注册会计师在审计过程中是否完成预定的审计程序;表示的审计意见是否与被审计单位的实际情况相一致;审计工作的质量是否达到相关要求。

8.4.2 审计意见的形成

注册会计师应当就财务报表是否在所有重大方面按照适用的财务报告编制基础的规定编制并实现公允反映形成审计意见。为了形成审计意见,针对财务报表整体是否不存在由于舞弊或错误导致的重大错报,注册会计师应当得出结论,确定是否已就此获取合理保证。

在得出结论时,注册会计师应当考虑下列方面:

①按照《中国注册会计师审计准则第 1231 号——针对评估的重大错报风险采取的应对措施》的规定,是否已获取充分、适当的审计证据。

②按照《中国注册会计师审计准则第 1251 号——评价审计过程中识别出的错报》的规定,未更正错报单独或汇总起来是否构成重大错报。

③注册会计师应当评价财务报表是否在所有重大方面按照适用的财务报告编制基础的规定编制。在评价时,注册会计师应当考虑被审计单位会计实务的质量,包括表明管理层的判断可能出现偏向的迹象。

注册会计师应当依据适用的财务报告编制基础特别评价下列内容:财务报表是否充分

披露了所选择和运用的重要会计政策；所选择和运用的会计政策是否符合适用的财务报告编制基础，并适合被审计单位的具体情况；管理层做出的会计估计是否合理；财务报表列报的信息是否具有相关性、可靠性、可比性和可理解性；财务报表是否做出充分披露，使预期使用者能够理解重大交易和事项对财务报表所传递信息的影响；财务报表使用的术语（包括每一财务报表的标题）是否适当。

④评价还应当包括财务报表是否实现公允反映。

在评价财务报表是否实现公允反映时，注册会计师应当考虑下列方面：财务报表的整体列报、结构和内容是否合理；财务报表（包括相关附注）是否公允地反映了相关交易和事项。

⑤注册会计师应当评价财务报表是否恰当提及或说明适用的财务报告编制基础。

8.4.3 审计意见的类型

8.4.3.1 无保留意见

如果认为财务报表在所有重大方面按照适用的财务报告编制基础的规定编制并实现公允反映，注册会计师应当发表无保留意见。无保留意见，是指当注册会计师认为财务报表在所有重大方面按照适用的财务报告编制基础编制并实现公允反映时发表的审计意见。

8.4.3.2 非无保留意见

当存在下列情形之一时，注册会计师应当按照《中国注册会计师审计准则第1502号——在审计报告中发表非无保留意见》的规定，在审计报告中发表非无保留意见：根据获取的审计证据，得出财务报表整体存在重大错报的结论；无法获取充分、适当的审计证据，不能得出财务报表整体不存在重大错报的结论。

如果财务报表没有实现公允反映，注册会计师应当就该事项与管理层讨论，并根据适用的财务报告编制基础的规定和该事项得到解决的情况，决定是否有必要按照《中国注册会计师审计准则第1502号——在审计报告中发表非无保留意见》的规定在审计报告中发表非无保留意见。

非无保留意见，是指对财务报表发表的保留意见、否定意见或无法表示意见。注册会计师确定恰当的非无保留意见类型，取决于下列事项：

①导致非无保留意见的事项的性质，是财务报表存在重大错报，还是在无法获取充分、适当的审计证据的情况下，财务报表可能存在重大错报。

②注册会计师就导致非无保留意见的事项对财务报表产生或可能产生影响的广泛性做出的判断。

广泛性，是描述错报影响的术语，用以说明错报对财务报表的影响，或者由于无法获取充分、适当的审计证据而未发现的错报（如存在）对财务报表可能产生的影响。

根据注册会计师的判断，对财务报表的影响具有广泛性的情形包括下列方面：

①不限于对财务报表的特定要素、账户或项目产生影响。

②虽然仅对财务报表的特定要素、账户或项目产生影响，但这些要素、账户或项目是或可能是财务报表的主要组成部分。

③当与披露相关时，产生的影响对财务报表使用者理解财务报表至关重要。

（1）保留意见

当存在下列情形之一时，注册会计师应当发表保留意见：

①在获取充分、适当的审计证据后，注册会计师认为错报单独或汇总起来对财务报表影响重大，但不具有广泛性。

②注册会计师无法获取充分、适当的审计证据以作为形成审计意见的基础，但认为未发现的错报（如存在）对财务报表可能产生的影响重大，但不具有广泛性。

（2）否定意见

在获取充分、适当的审计证据后，如果认为错报单独或汇总起来对财务报表的影响重大且具有广泛性，注册会计师应当发表否定意见。

（3）无法表示意见

如果无法获取充分、适当的审计证据以作为形成审计意见的基础，但认为未发现的错报（如存在）对财务报表可能产生的影响重大且具有广泛性，注册会计师应当发表无法表示意见。

在极少数情况下，可能存在多个不确定事项。尽管注册会计师对每个单独的不确定事项获取了充分、适当的审计证据，但由于不确定事项之间可能存在相互影响，以及可能对财务报表产生累积影响，注册会计师不可能对财务报表形成审计意见。在这种情况下，注册会计师应当发表无法表示意见。

在确定非无保留意见类型时还应当注意以下方面：

①在承接审计业务后，如果注意到管理层对审计范围施加了限制，且认为这些限制可能导致对财务报表发表保留意见或无法表示意见，注册会计师应当要求管理层消除这些限制。

如果管理层拒绝消除上述限制，除非治理层全部成员参与管理被审计单位，注册会计师应当就此事项与治理层沟通，并确定能否实施替代程序以获取充分、适当的审计证据。如果无法获取充分、适当的审计证据，注册会计师应当通过下列方式确定其影响：如果未发现的错报（如存在）可能对财务报表产生的影响重大，但不具有广泛性，注册会计师应当发表保留意见；如果未发现的错报（如存在）可能对财务报表产生的影响重大且具有广泛性，以至于发表保留意见不足以反映情况的严重性，注册会计师应当在可行时解除业务约定（除非法律法规禁止）；如果在出具审计报告之前解除业务约定被禁止或不可行，应当发表无法表示意见。注册会计师应当在解除业务约定前，与治理层沟通在审计过程中发现的、将会导致发表非无保留意见的所有错报事项。

②如果认为有必要对财务报表整体发表否定意见或无法表示意见，注册会计师不应在同一审计报告中对按照相同财务报告编制基础编制的单一财务报表或者财务报表特定要素、账户或项目发表无保留意见。在同一审计报告中包含无保留意见，将会与对财务报表整体发表的否定意见或无法表示意见相矛盾。

8.4.4 社会审计报告的要素

审计报告应当包括下列要素：标题；收件人；审计意见；形成审计意见的基础；管理层对财务报表的责任；注册会计师对财务报表审计的责任；按照相关法律法规的要求报告的事

项(如适用);注册会计师的签名和盖章;会计师事务所的名称、地址和盖章;报告日期。

(1)标题

审计报告应当具有标题,统一规范为"审计报告"。

(2)收件人

审计报告应当按照审计业务约定的要求载明收件人。审计报告的收件人是指注册会计师按照业务约定书的要求致送审计报告的对象,一般是指审计业务的委托人。审计报告应当载明收件人的全称。

(3)审计意见

审计意见部分还应当包括下列方面:

①指出被审计单位的名称。

②说明财务报表已经审计。

③指出构成整套财务报表的每一财务报表的名称。

④提及财务报表附注,包括重大会计政策和会计估计。

⑤指明构成整套财务报表的每一财务报表的日期或涵盖的期间。

如果对财务报表发表无保留意见,除非法律法规另有规定,审计意见应当使用"我们认为,后附的财务报表在所有重大方面按照[适用的财务报告编制基础(如企业会计准则等)]的规定编制,公允反映了[……]"的措辞。

如果适用的财务报告编制基础是国际财务报告准则、国际公共部门会计准则或者其他国家或地区的财务报告准则,注册会计师应当在审计意见部分指明适用的财务报告编制基础是国际财务报告准则、国际公共部门会计准则,或者指明财务报告编制基础所属的国家或地区。

(4)形成审计意见的基础

该部分应当紧接在审计意见部分之后,并包括下列方面:

①说明注册会计师按照审计准则的规定执行了审计工作。

②提及审计报告中用于描述审计准则规定的注册会计师责任的部分。

③声明注册会计师按照与审计相关的职业道德要求独立于被审计单位,并履行了职业道德方面的其他责任。声明中应当指明适用的职业道德要求,如中国注册会计师职业道德守则。

④说明注册会计师是否相信获取的审计证据是充分、适当的,为发表审计意见提供了基础。

(5)管理层对财务报表的责任

审计报告应当包含标题为"管理层对财务报表的责任"的部分。该部分应当说明管理层负责下列方面:

①按照适用的财务报告编制基础的规定编制财务报表,使其实现公允反映,并设计、执行和维护必要的内部控制,以使财务报表不存在由于舞弊或错误导致的重大错报。

②评估被审计单位的持续经营能力和使用持续经营假设是否适当,并披露与持续经营相关的事项(如适用)。对管理层评估责任的说明应当包括描述在何种情况下使用持续经营假设是适当的。

当对财务报告过程负有监督责任的人员与履行上述对财务报表的责任的人员不同时，管理层对财务报表的责任部分还应当提及对财务报告过程负有监督责任的人员。在这种情况下，该部分的标题还应当提及"治理层"或者特定国家或地区法律框架中的恰当术语。在某些国家或地区，恰当的术语可能是"治理层"。

（6）注册会计师对财务报表审计的责任

审计报告应当包含标题为"注册会计师对财务报表审计的责任"的部分。该部分应当包括下列内容：

①说明注册会计师的目标是对财务报表整体是否不存在由于舞弊或错误导致的重大错报获取合理保证，并出具包含审计意见的审计报告。

②说明合理保证是高水平的保证，但并不能保证按照审计准则执行的审计在某一重大错报存在时总能发现。

③说明错报可能由于舞弊或错误导致。在说明错报可能由于舞弊或错误导致时，注册会计师应当从下列两种做法中选取一种：描述如果合理预期错报单独或汇总起来可能影响财务报表使用者依据财务报表做出的经济决策，则通常认为错报是重大的；根据适用的财务报告编制基础，提供关于重要性的定义或描述。

注册会计师对财务报表审计的责任部分还应当包括下列内容：

①说明在按照审计准则执行审计工作的过程中，注册会计师运用职业判断，并保持职业怀疑。

②通过说明注册会计师的责任，对审计工作进行描述。这些责任包括：

识别和评估由于舞弊或错误导致的财务报表重大错报风险，设计和实施审计程序以应对这些风险，并获取充分、适当的审计证据，作为发表审计意见的基础。由于舞弊可能涉及串通、伪造、故意遗漏、虚假陈述或凌驾于内部控制之上，未能发现由于舞弊导致的重大错报的风险高于未能发现由于错误导致的重大错报的风险。

了解与审计相关的内部控制，以设计恰当的审计程序，但目的并非对内部控制的有效性发表意见。当注册会计师有责任在财务报表审计的同时对内部控制的有效性发表意见时，应当略去上述"目的并非对内部控制的有效性发表意见"的表述。

评价管理层选用会计政策的恰当性和做出会计估计及相关披露的合理性。

对管理层使用持续经营假设的恰当性得出结论。同时，根据获取的审计证据，就可能导致对被审计单位持续经营能力产生重大疑虑的事项或情况是否存在重大不确定性得出结论。如果注册会计师得出结论认为存在重大不确定性，审计准则要求注册会计师在审计报告中提请报表使用者关注财务报表中的相关披露；如果披露不充分，注册会计师应当发表非无保留意见。注册会计师的结论基于截至审计报告日可获得的信息。然而，未来的事项或情况可能导致被审计单位不能持续经营。

评价财务报表的总体列报、结构和内容（包括披露），并评价财务报表是否公允反映相关交易和事项。

注册会计师对财务报表审计的责任部分还应当包括下列内容：

①说明注册会计师与治理层就计划的审计范围、时间安排和重大审计发现等事项进行沟通，包括沟通注册会计师在审计中识别的值得关注的内部控制缺陷。

②对于上市实体财务报表审计,指出注册会计师就已遵守与独立性相关的职业道德要求向治理层提供声明,并与治理层沟通可能被合理认为影响注册会计师独立性的所有关系和其他事项,以及相关的防范措施(如适用)。

③对于上市实体财务报表审计,以及决定按照《中国注册会计师审计准则第1504号——在审计报告中沟通关键审计事项》的规定沟通关键审计事项的其他情况,说明注册会计师从与治理层沟通过的事项中确定哪些事项对本期财务报表审计最为重要,因而构成关键审计事项。注册会计师应当在审计报告中描述这些事项,除非法律法规禁止公开披露这些事项,或在极少数情形下,注册会计师合理预期在审计报告中沟通某事项造成的负面后果超过在公众利益方面产生的益处,因而确定不应在审计报告中沟通该事项。

(7)按照相关法律法规的要求报告的事项(如适用)

注册会计师可能承担报告其他事项的额外责任,这些责任是对审计准则规定的注册会计师责任的补充。例如,如果注册会计师在财务报表审计中注意到某些事项,可能被要求对这些事项予以报告。此外,注册会计师可能被要求实施额外的规定程序并予以报告,或对特定事项(如会计账簿和记录的适当性、财务报告内部控制或其他信息)发表意见。

在某些情况下,相关法律法规可能要求或允许注册会计师将对这些其他责任的报告作为对财务报表出具的审计报告的一部分。在另外一些情况下,相关法律法规可能要求或允许注册会计师在单独出具的报告中进行报告。

仅当其他报告责任和审计准则规定的报告责任涉及同一事项,并且审计报告的措辞能够将其他报告责任与审计准则规定的责任予以清楚地区分时,才允许将其合并列示。否则,准则要求在审计报告中将其他报告责任单独作为一部分,并以"按照相关法律法规的要求报告的事项"为标题,或使用适合于该部分内容的其他标题。

(8)注册会计师的签名和盖章

审计报告应当由项目合伙人和另一名负责该项目的注册会计师签名和盖章。

注册会计师应当在对上市实体整套通用目的财务报表出具的审计报告中注明项目合伙人。

(9)会计师事务所的名称、地址和盖章

审计报告应当载明会计师事务所的名称和地址,并加盖会计师事务所公章。

(10)报告日期

审计报告标注的日期为注册会计师完成审计工作的日期。

审计报告日不应早于注册会计师获取充分、适当的审计证据,并在此基础上对财务报表形成审计意见的日期。

在确定审计报告日时,注册会计师应当确信已获取下列两方面的审计证据:

①构成整套财务报表的所有报表(包括相关附注)已编制完成。

②被审计单位的董事会、管理层或类似机构已经认可其对财务报表负责。

实务中,注册会计师在正式签署审计报告前,通常把审计报告草稿和已审计财务报表草稿一同提交给管理层。如果管理层批准并签署已审计财务报表,注册会计师即可签署审计报告。注册会计师签署审计报告的日期通常与管理层签署已审计财务报表的日期为同一天，或晚于管理层签署已审计财务报表的日期。

（11）"关键审计事项"段和"其他信息"段

对上市公司整套通用目的财务报表进行审计，还要求在"形成审计意见的基础"之后，增加"关键审计事项"段和"其他信息"段。

"关键审计事项"，是指注册会计师根据职业判断认为对本期财务报表审计最为重要的事项。关键审计事项从注册会计师与治理层沟通过的事项中选取。

"其他信息"，是指在被审计单位年度报告中包含的除财务报表和审计报告以外的财务信息和非财务信息。其他信息与财务报表或者与注册会计师在审计中了解到的情况存在重大不一致时，可能表明财务报表或其他信息存在重大错报。

8.4.5 无保留意见审计报告的格式和内容

无保留意见审计报告的主要内容应当包括前述审计报告各项要素内容。当出具无保留意见的审计报告时，在措辞上注册会计师应当以"我们认为"作为意见段的开头，并使用"在所有重大方面""公允反映"等术语。不应使用"完全正确""绝对公允"等不切实际的术语，但也不能使用"大致反映""基本反映"等含义模糊不清的术语。

无保留意见审计报告参考格式举例：

例 8-1　对上市实体财务报表出具的审计报告

背景信息

（1）对上市实体整套财务报表进行审计。该审计不属于集团审计（即不适用《中国注册会计师审计准则第 1401 号——对集团财务报表审计的特殊考虑》）；

（2）管理层按照企业会计准则编制财务报表；

（3）审计业务约定条款体现了《中国注册会计师审计准则第 1111 号——就审计业务约定条款达成一致意见》中关于管理层对财务报表责任的描述；

（4）基于获取的审计证据，注册会计师认为发表无保留意见是恰当的；

（5）适用的相关职业道德要求为中国注册会计师职业道德守则；

（6）基于获取的审计证据，根据《中国注册会计师审计准则第 1324 号——持续经营》，注册会计师认为可能导致对被审计单位持续经营能力产生重大疑虑的事项或情况不存在重大不确定性；

（7）已按照《中国注册会计师审计准则第 1504 号——在审计报告中沟通关键审计事项》的规定沟通了关键审计事项；

（8）注册会计师在审计报告日前已获取所有其他信息，且未识别出信息存在重大错报；

（9）负责监督财务报表的人员与负责编制财务报表的人员不同；

（10）除财务报表审计外，注册会计师还承担法律法规要求的其他报告责任，且注册会计师决定在审计报告中履行其他报告责任。

审计报告

ABC 股份有限公司全体股东：

一、对财务报表出具的审计报告

（一）审计意见

我们审计了 ABC 股份有限公司（以下简称 ABC 公司）财务报表，包括 20×8 年 12 月 31 日的资产负债表，20×8 年度的利润表、现金流量表、股东权益变动表以及相关财务报表附注。

我们认为，后附的财务报表在所有重大方面按照企业会计准则的规定编制，公允反映了 ABC 公司 20×8 年 12 月 31 日的财务状况以及 20×8 年度的经营成果和现金流量。

（二）形成审计意见的基础

我们按照中国注册会计师审计准则的规定执行了审计工作。审计报告的"注册会计师对财务报表审计的责任"部分进一步阐述了我们在这些准则下的责任。按照中国注册会计师职业道德守则，我们独立于 ABC 公司，并履行了职业道德方面的其他责任。我们相信，我们获取的审计证据是充分、适当的，为发表审计意见提供了基础。

（三）关键审计事项

关键审计事项是我们根据职业判断，认为对本期财务报表审计最为重要的事项。这些事项的应对以对财务报表整体进行审计并形成审计意见为背景，我们不对这些事项单独发表意见。

按照《中国注册会计师审计准则第 1504 号——在审计报告中沟通关键审计事项》的规定描述每一关键审计事项。

（四）其他信息

ABC 公司管理层（以下简称管理层）对其他信息负责。其他信息包括×报告中涵盖的信息，但不包括财务报表和我们的审计报告。

我们对财务报表发表的审计意见不涵盖其他信息，我们也不对其他信息发表任何形式的鉴证结论。

结合我们对财务报表的审计，我们的责任是阅读其他信息，在此过程中，考虑其他信息是否与财务报表或我们在审计过程中了解到的情况存在重大不一致或者似乎存在重大错报。基于我们已执行的工作，如果我们确定其他信息存在重大错报，我们应当报告该事实。在这方面，我们无任何事项需要报告。

（五）管理层和治理层对财务报表的责任

ABC 公司管理层（以下简称管理层）负责按照企业会计准则的规定编制财务报表，使其实现公允反映，并设计、执行和维护必要的内部控制，以使财务报表不存在由于舞弊或错误导致的重大错报。

在编制财务报表时，管理层负责评估 ABC 公司的持续经营能力，披露与持续经营相关的事项（如适用），并运用持续经营假设，除非管理层计划清算 ABC 公司、终止运营或别无其他现实的选择。治理层负责监督 ABC 公司的财务报告过程。

（六）注册会计师对财务报表审计的责任

我们的目标是对财务报表整体是否不存在由于舞弊或错误导致的重大错报获取合理保证，并出具包含审计意见的审计报告。合理保证是高水平的保证，但并不能保证按照审计准则执行的审计在某一重大错报存在时总能发现。错报可能由于舞弊或错误导致，如果合理预期错报单独或汇总起来可能影响财务报表使用者依据财务报表做出的经济决策，则通常认为错报是重大的。

在按照审计准则执行审计工作的过程中，我们运用职业判断，并保持职业怀疑。同时，我们也执行以下工作：

（1）识别和评估由于舞弊或错误导致的财务报表重大错报风险，设计和实施审计程序以应对这些风险，并获取充分、适当的审计证据，作为发表审计意见的基础。由于舞弊可能涉及串通、伪造、故意遗漏、虚假陈述或凌驾于内部控制之上，未能发现由于舞弊导致的重大错报的风险高于未能发现由于错误导致的重大错报的风险。

（2）了解与审计相关的内部控制，以设计恰当的审计程序，但目的并非对内部控制的有效性发表意见。

（3）评价管理层选用会计政策的恰当性和做出会计估计及相关披露的合理性。

（4）对管理层使用持续经营假设的恰当性得出结论。同时，根据获取的审计证据，就可能导致对 ABC 公司持续经营能力产生重大疑虑的事项或情况是否存在重大不确定性得出结论。如果我们得出结论认为存在重大不确定性，审计准则要求我们在审计报告中提请报表使用者注意财务报表中的相关披露；如果披露不充分，我们应当发表非无保留意见。我们的结论基于截至审计报告日可获得的信息。然而，未来的事项或情况可能导致 ABC 公司不能持续经营。

（5）评价财务报表的总体列报、结构和内容（包括披露），并评价财务报表是否公允反映相关交易和事项。

我们与治理层就计划的审计范围、时间安排和重大审计发现等事项进行沟通，包括沟通我们在审计中识别出的值得关注的内部控制缺陷。

我们还就已遵守与独立性相关的职业道德要求向治理层提供声明，并与治理层沟通可能被合理认为影响我们独立性的所有关系和其他事项，以及相关的防范措施（如适用）。

从与治理层沟通过的事项中，我们确定哪些事项对本期财务报表审计最为重要，因而构成关键审计事项。我们在审计报告中描述这些事项，除非法律法规禁止公开披露这些事项，或在极少数情形下，如果合理预期在审计报告中沟通某事项造成的负面后果超过在公众利益方面产生的益处，我们确定不应在审计报告中沟通该事项。

二、按照相关法律法规的要求报告的事项

［本部分的格式和内容，取决于法律法规对其他报告责任性质的规定。本部分应当说明相关法律法规规定的事项（其他报告责任），除非其他报告责任涉及的事项与审计准则规定的报告责任涉及的事项相同。如果涉及相同的事项，其他报告责任可以在审计准则规定的同一报告要素部分列示。当其他报告责任和审计准则规定的报告责任涉及同一事项，并且审计报告中的措辞能够将其他报告责任与审计准则规定的责任（如存在差异）予以清楚地

区分时，可以将两者合并列示（即包含在"对财务报表出具的审计报告"部分中，并使用适当的副标题）。]

××会计师事务所　　　　　　　　　　　中国注册会计师：×××（项目合伙人）
（盖章）　　　　　　　　　　　　　　　（签名并盖章）
中国注册会计师：×××
（签名并盖章）
中国××市　　　　　　　　　　　　　　20×9年×月×日

8.4.6 非无保留意见审计报告的格式和内容

8.4.6.1 审计意见段

（1）标题

在发表非无保留意见时，注册会计师应当对审计意见段使用恰当的标题，如"一、保留意见""一、否定意见""一、无法表示意见"。审计意见段的标题能够使财务报表使用者清楚注册会计师发表了非无保留意见，并能够表明非无保留意见的类型。

（2）发表保留意见

当由于财务报表存在重大错报而发表保留意见时，注册会计师应当根据适用的财务报告编制基础在审计意见部分说明：注册会计师认为，除形成保留意见的基础部分所述事项产生的影响外，财务报表在所有重大方面按照适用的财务报告编制基础编制，并实现公允反映。

当无法获取充分、适当的审计证据而导致发表保留意见时，注册会计师应当在审计意见部分中使用"除……可能产生的影响外"等措辞。

（3）发表否定意见

当发表否定意见时，注册会计师应当根据适用的财务报告编制基础在审计意见部分中说明：注册会计师认为，由于形成否定意见的基础部分所述事项的重要性，财务报表没有在所有重大方面按照适用的财务报告编制基础编制，未能公允反映［……］。

（4）发表无法表示意见

当由于无法获取充分、适当的审计证据而发表无法表示意见时，注册会计师应当在审计意见段中说明：注册会计师接受委托审计财务报表；注册会计师不对后附的财务报表发表审计意见；由于"形成无法表示意见的基础"部分所述事项的重要性，我们无法获取充分、适当的审计证据以作为对财务报表发表审计意见的基础。

无法表示意见不同于否定意见，它通常仅仅适用于注册会计师不能获取充分、适当的审计证据。如果注册会计师发表否定意见，必须获得充分、适当的审计证据。无论是无法表示意见还是否定意见，都只有在非常严重的情形下采用。

8.4.6.2 形成审计意见的基础

（1）更改"形成审计意见的基础"

注册会计师应当将"二、形成审计意见的基础"标题，改为"二、形成保留意见的基础""二、形成否定意见的基础"或"二、形成无法表示意见的基础"，说明导致发表非无保留意见的事项，有助于提高使用者的理解和识别存在的异常情况。

(2) 量化财务影响

如果财务报表中存在与具体金额（包括定量披露）相关的重大错报，注册会计师应当在"二、形成审计意见的基础"事项段中说明并量化该错报的财务影响。如果无法量化财务影响，注册会计师应当在"二、形成审计意见的基础"的事项段中说明这一情况。

8.4.6.3 非无保留意见对审计报告要素内容的修改

当发表保留意见或否定意见时，注册会计师应当在形成非无保留意见的基础部分中说明：我们相信，我们获取的审计证据是充分、适当的，为发表非无保留意见提供了基础。

当注册会计师对财务报表发表无法表示意见时，审计报告中不应当包含用于描述注册会计师责任的部分，也不应当说明注册会计师是否已获取充分、适当的审计证据以作为形成审计意见的基础。

当由于无法获取充分、适当的审计证据而无法发表意见时，注册会计师应当对无保留审计报告中对注册会计师责任做出的表述进行修改，仅包含下列内容：

①注册会计师的责任是按照中国注册会计师审计准则的规定，对被审计单位财务报表执行审计工作，以出具审计报告。

②但由于形成无法表示意见的基础部分所述的事项，注册会计师无法获取充分、适当的审计证据以作为发表审计意见的基础。

③关于注册会计师在独立性和职业道德方面的其他责任的声明。

除非法律法规另有规定，当对财务报表发表无法表示意见时，注册会计师不得在审计报告中包含关键审计事项部分，也不得在审计报告中包含其他信息部分。

8.4.6.4 非无保留意见审计报告的参考格式

例 8-2　由于财务报表存在重大错报而发表保留意见的审计报告

背景信息

（1）对上市实体整套财务报表进行审计。该审计不属于集团审计（即不适用《中国注册会计师审计准则第 1401 号——对集团财务报表审计的特殊考虑》）；

（2）管理层按照企业会计准则编制财务报表；

（3）审计业务约定条款体现了《中国注册会计师审计准则第 1111 号——就审计业务约定条款达成一致意见》中关于管理层对财务报表责任的描述；

（4）存货存在错报，该错报对财务报表影响重大但不具有广泛性（即保留意见是恰当的）；

（5）适用的相关职业道德要求为中国注册会计师职业道德守则；

（6）基于获取的审计证据，根据《中国注册会计师审计准则第 1324 号——持续经营》，注册会计师认为可能导致对被审计单位持续经营能力产生重大疑虑的事项或情况不存在重大不确定性；

（7）已按照《中国注册会计师审计准则第 1504 号——在审计报告中沟通关键审计事项》的规定沟通了关键审计事项；

（8）注册会计师在审计报告日前已获取所有其他信息，导致对财务报表发表保留意见

的事项影响了其他信息;

(9) 负责监督财务报表的人员与负责编制财务报表的人员不同;

(10) 除财务报表审计外,注册会计师还承担法律法规要求的其他报告责任,且注册会计师决定在审计报告中履行其他报告责任。

审计报告

ABC 股份有限公司全体股东:

一、对财务报表出具的审计报告

(一) 保留意见

我们审计了 ABC 股份有限公司(以下简称 ABC 公司)财务报表,包括 20×8 年 12 月 31 日的资产负债表,20×8 年度的利润表、现金流量表、股东权益变动表以及相关财务报表附注。

我们认为,除"形成保留意见的基础"部分所述事项产生的影响外,后附的财务报表在所有重大方面按照企业会计准则的规定编制,公允反映了 ABC 公司 20×8 年 12 月 31 日的财务状况以及 20×8 年度的经营成果和现金流量。

(二) 形成保留意见的基础

ABC 公司 20×8 年 12 月 31 日资产负债表中存货的列示金额为××元。ABC 公司管理层(以下简称管理层)根据成本对存货进行计量,而没有根据成本与可变现净值孰低的原则进行计量,这不符合企业会计准则的规定。ABC 公司的会计记录显示,如果管理层以成本与可变现净值孰低来计量存货,存货列示金额将减少××元。相应地,资产减值损失将增加××元,所得税、净利润和股东权益将分别减少××元、××元和××元。

我们按照中国注册会计师审计准则的规定执行了审计工作。审计报告的"注册会计师对财务报表审计的责任"部分进一步阐述了我们在这些准则下的责任。按照中国注册会计师职业道德守则,我们独立于 ABC 公司,并履行了职业道德方面的其他责任。我们相信,我们获取的审计证据是充分、适当的,为发表保留意见提供了基础。

(三) 其他信息

ABC 公司管理层(以下简称管理层)对其他信息负责。其他信息包括 X 报告中涵盖的信息,但不包括财务报表和我们的审计报告。

我们对财务报表发表的审计意见不涵盖其他信息,我们也不对其他信息发表任何形式的鉴证结论。结合我们对财务报表的审计,我们的责任是阅读其他信息,在此过程中,考虑其他信息是否与财务报表或我们在审计过程中了解到的情况存在重大不一致或者似乎存在重大错报。

基于我们已执行的工作,如果我们确定其他信息存在重大错报,我们应当报告该事实。如上述"形成保留意见的基础"部分所述,ABC 公司 20×8 年 12 月 31 日资产负债表中存货没有根据成本与可变现净值孰低的原则进行计量,我们无法确定与该事项相关的其他信息是否存在重大错报。

(四) 关键审计事项

关键审计事项是我们根据职业判断,认为对本期财务报表审计最为重要的事项。这些事项的应对以对财务报表整体进行审计并形成审计意见为背景，我们不对这些事项单独发表意见。除"形成保留意见的基础"部分所述事项外，我们确定下列事项是需要在审计报告中沟通的关键审计事项。[按照《中国注册会计师审计准则第 1504 号——在审计报告中沟通关键审计事项》的规定描述每一关键审计事项。]

（五）管理层和治理层对财务报表的责任

[按照《中国注册会计师审计准则第 1501 号——对财务报表形成审计意见和出具审计报告》的规定报告，见例 8-1。]

（六）注册会计师对财务报表审计的责任

[按照《中国注册会计师审计准则第 1501 号——对财务报表形成审计意见和出具审计报告》的规定报告，见例 8-1。]

二、按照相关法律法规的要求报告的事项

[按照《中国注册会计师审计准则第 1501 号——对财务报表形成审计意见和出具审计报告》的规定报告，见例 8-1。]

××会计师事务所	中国注册会计师：×××（项目合伙人）
（盖章）	（签名并盖章）
中国注册会计师：×××	
（签名并盖章）	
中国××市	20×9 年×月×日

例 8-3　由于合并财务报表存在重大错报而发表否定意见的审计报告

背景信息

（1）对上市实体整套合并财务报表进行审计。该审计属于集团审计，被审计单位拥有多个子公司（即适用《中国注册会计师审计准则第 1401 号——对集团财务报表审计的特殊考虑》）；

（2）管理层按照××财务报告编制基础编制合并财务报表，该编制基础允许被审计单位只列报合并财务报表；

（3）审计业务约定条款体现了《中国注册会计师审计准则第 1111 号——就审计业务约定条款达成一致意见》中关于管理层对合并财务报表责任的描述；

（4）合并财务报表因未合并某一子公司而存在重大错报，该错报对合并财务报表影响重大且具有广泛性（即否定意见是恰当的），但量化该错报对合并财务报表的影响是不切实际的；

（5）适用的相关职业道德要求为中国注册会计师职业道德守则；

（6）基于获取的审计证据，根据《中国注册会计师审计准则第 1324 号——持续经营》，注册会计师认为可能导致对被审计单位持续经营能力产生重大疑虑的事项或情况不存在重大不确定性；

（7）适用《中国注册会计师审计准则第 1504 号——在审计报告中沟通关键审计事项》。然而，注册会计师认为，除形成否定意见的基础部分所述事项外，无其他关键审计事项；

（8）注册会计师在审计报告日前已获取所有其他信息，且导致对合并财务报表发表否

定意见的事项也影响了其他信息;

（9）负责监督合并财务报表的人员与负责编制合并财务报表的人员不同;

（10）除合并财务报表审计外,注册会计师还承担法律法规要求的其他报告责任,且注册会计师决定在审计报告中履行其他报告责任。

审计报告

ABC股份有限公司全体股东：

一、对合并财务报表出具的审计报告

（一）否定意见

我们审计了ABC股份有限公司及其子公司（以下简称ABC集团）的合并财务报表，包括20×8年12月31日的合并资产负债表，20×8年度的合并利润表、合并现金流量表、合并股东权益变动表以及相关合并财务报表附注。

我们认为，由于"形成否定意见的基础"部分所述事项的重要性，后附的合并财务报表没有在所有重大方面按照××财务报告编制基础的规定编制，未能公允反映ABC集团20×8年12月31日的合并财务状况以及20×8年度的合并经营成果和合并现金流量。

（二）形成否定意见的基础

如财务报表附注×所述，20×8年ABC集团通过非同一控制下的企业合并获得对XYZ公司的控制权，因未能取得购买日XYZ公司某些重要资产和负债的公允价值，故未将XYZ公司纳入合并财务报表的范围。按照××财务报告编制基础的规定，该集团应将这一子公司纳入合并范围，并以暂估金额为基础核算该项收购。如果将XYZ公司纳入合并财务报表的范围，后附的ABC集团合并财务报表的多个报表项目将受到重大影响。但我们无法确定未将XYZ公司纳入合并范围对合并财务报表产生的影响。

我们按照中国注册会计师审计准则的规定执行了审计工作。审计报告的"注册会计师对合并财务报表审计的责任"部分进一步阐述了我们在这些准则下的责任。按照中国注册会计师职业道德守则，我们独立于ABC集团，并履行了职业道德方面的其他责任。我们相信，我们获取的审计证据是充分、适当的，为发表否定意见提供了基础。

（三）其他信息

ABC集团管理层（以下简称管理层）对其他信息负责。其他信息包括X报告中涵盖的信息，但不包括合并财务报表和我们的审计报告。

我们对合并财务报表发表的审计意见不涵盖其他信息，我们也不对其他信息发表任何形式的鉴证结论。

结合我们对合并财务报表的审计，我们的责任是阅读其他信息，在此过程中，考虑其他信息是否与合并财务报表或我们在审计过程中了解到的情况存在重大不一致或者似乎存在重大错报。

基于我们已执行的工作，如果我们确定其他信息存在重大错报，我们应当报告该事实。如上述"形成否定意见的基础"部分所述，ABC集团应当将XYZ公司纳入合并范围，并以暂估金额为基础核算该项收购。我们认为，由于×报告中的相关金额或其他项目受到未合并XYZ公司的影响，其他信息存在重大错报。

（四）关键审计事项

除"形成否定意见的基础"部分所述事项外，我们认为，没有其他需要在我们的报告中沟通的关键审计事项。

（五）管理层和治理层对合并财务报表的责任

ABC集团管理层（以下简称管理层）负责按照××财务报告编制基础的规定编制合并财务报表，使其实现公允反映，并设计、执行和维护必要的内部控制，以使合并财务报表不存在由于舞弊或错误导致的重大错报。

在编制合并财务报表时，管理层负责评估ABC集团的持续经营能力，披露与持续经营相关的事项（如适用），并运用持续经营假设，除非管理层计划清算ABC集团、终止运营或别无其他现实的选择。

治理层负责监督ABC集团的财务报告过程。

（六）注册会计师对合并财务报表审计的责任

我们的目标是对合并财务报表整体是否不存在由于舞弊或错误导致的重大错报获取合理保证，并出具包含审计意见的审计报告。合理保证是高水平的保证，但并不能保证按照审计准则执行的审计在某一重大错报存在时总能发现。错报可能由于舞弊或错误导致，如果合理预期错报单独或汇总起来可能影响财务报表使用者依据合并财务报表做出的经济决策，则通常认为错报是重大的。

在按照审计准则执行审计工作的过程中，我们运用职业判断，并保持职业怀疑。同时，我们也执行以下工作：

（1）识别和评估由于舞弊或错误导致的合并财务报表重大错报风险，设计和实施审计程序以应对这些风险，并获取充分、适当的审计证据，作为发表审计意见的基础。由于舞弊可能涉及串通、伪造、故意遗漏、虚假陈述或凌驾于内部控制之上，未能发现由于舞弊导致的重大错报的风险高于未能发现由于错误导致的重大错报的风险。

（2）了解与审计相关的内部控制，以设计恰当的审计程序，但目的并非对内部控制的有效性发表意见。

（3）评价管理层选用会计政策的恰当性和做出会计估计及相关披露的合理性。

（4）对管理层使用持续经营假设的恰当性得出结论。同时，根据获取的审计证据，就可能导致对ABC集团持续经营能力产生重大疑虑的事项或情况是否存在重大不确定性得出结论。如果我们得出结论认为存在重大不确定性，审计准则要求我们在审计报告中提请报表使用者注意合并财务报表中的相关披露；如果披露不充分，我们应当发表非无保留意见。我们的结论基于截至审计报告日可获得的信息。然而，未来的事项或情况可能导致ABC集团不能持续经营。

（5）评价合并财务报表的总体列报、结构和内容（包括披露），并评价合并财务报表是否公允反映相关交易和事项。

（6）就ABC集团中实体或业务活动的财务信息获取充分、适当的审计证据，以对合并财务报表发表审计意见。我们负责指导、监督和执行集团审计，并对审计意见承担全部责任。

我们与治理层就计划的审计范围、时间安排和重大审计发现等事项进行沟通，包括沟通我们在审计中识别出的值得关注的内部控制缺陷。

我们还就已遵守与独立性相关的职业道德要求向治理层提供声明,并与治理层沟通可能被合理认为影响我们独立性的所有关系和其他事项,以及相关的防范措施(如适用)。

从与治理层沟通过的事项中,我们确定哪些事项对本期合并财务报表审计最为重要,因而构成关键审计事项。我们在审计报告中描述这些事项,除非法律法规禁止公开披露这些事项,或在极少数情形下,如果合理预期在审计报告中沟通某事项造成的负面后果超过在公众利益方面产生的益处,我们确定不应在审计报告中沟通该事项。

二、按照相关法律法规的要求报告的事项

[本部分的格式和内容,取决于法律法规对其他报告责任性质的规定。本部分应当说明相关法律法规规定的事项(其他报告责任),除非其他报告责任涉及的事项与审计准则规定的报告责任涉及的事项相同。如果涉及相同的事项,其他报告责任可以在审计准则规定的同一报告要素部分列示。当其他报告责任和审计准则规定的报告责任涉及同一事项,并且审计报告中的措辞能够将其他报告责任与审计准则规定的责任(如存在差异)予以清楚地区分时,可以将两者合并列示(即包含在"对合并财务报表出具的审计报告"部分中,并使用适当的副标题)。]

××会计师事务所　　　　　　　　　　中国注册会计师:×××(项目合伙人)
(盖章)　　　　　　　　　　　　　　(签名并盖章)
中国注册会计师:×××
(签名并盖章)
中国××市　　　　　　　　　　　　　　20×9年×月×日

例8-4 由于注册会计师无法针对财务报表多个要素获取充分、适当的审计证据而发表无法表示意见的审计报告

背景信息

(1)对非上市实体整套财务报表进行审计。该审计不属于集团审计(即不适用《中国注册会计师审计准则第1401号——对集团财务报表审计的特殊考虑》);

(2)管理层按照企业会计准则编制财务报表;

(3)审计业务约定条款体现了《中国注册会计师审计准则第1111号——就审计业务约定条款达成一致意见》中关于管理层对财务报表责任的描述;

(4)对财务报表的多个要素,注册会计师无法获取充分、适当的审计证据。例如,对被审计单位的存货和应收账款,注册会计师无法获取审计证据,这一事项对财务报表可能产生的影响重大且具有广泛性;

(5)适用的相关职业道德要求为中国注册会计师职业道德守则;

(6)负责监督财务报表的人员与负责编制财务报表的人员不同;

(7)按照审计准则要求在注册会计师的责任部分做出有限的表述;

(8)除财务报表审计外,注册会计师还承担法律法规要求的其他报告责任,且注册会计师决定在审计报告中履行其他报告责任。

审计报告

ABC 股份有限公司全体股东：

一、对财务报表出具的审计报告

（一）无法表示意见

我们接受委托，审计 ABC 股份有限公司（以下简称 ABC 公司）财务报表，包括 20×8 年 12 月 31 日的资产负债表，20×8 年度的利润表、现金流量表、股东权益变动表以及相关财务报表附注。

我们不对后附的 ABC 公司财务报表发表审计意见。由于"形成无法表示意见的基础"部分所述事项的重要性，我们无法获取充分、适当的审计证据以作为对财务报表发表审计意见的基础。

（二）形成无法表示意见的基础

我们于 20×9 年 1 月接受委托审计 ABC 公司财务报表，因而未能对 ABC 公司 20×8 年初金额为××元的存货和年末金额为××元的存货实施监盘程序。此外，我们也无法实施替代审计程序获取充分、适当的审计证据。并且，ABC 公司于 20×8 年 9 月采用新的应收账款电算化系统，由于存在系统缺陷导致应收账款出现大量错误。截至报告日，ABC 公司管理层（以下简称管理层）仍在纠正系统缺陷并更正错误，我们也无法实施替代审计程序，以对截至 20×8 年 12 月 31 日的应收账款总额××元获取充分、适当的审计证据。因此，我们无法确定是否有必要对存货、应收账款以及财务报表其他项目做出调整，也无法确定应调整的金额。

（三）管理层和治理层对财务报表的责任

［按照《中国注册会计师审计准则第 1501 号——对财务报表形成审计意见和出具审计报告》的规定报告，参见例 8-1。］

（四）注册会计师对财务报表审计的责任

我们的责任是按照中国注册会计师审计准则的规定，对 ABC 公司的财务报表执行审计工作，以出具审计报告。但由于"形成无法表示意见的基础"部分所述的事项，我们无法获取充分、适当的审计证据以作为发表审计意见的基础。

按照中国注册会计师职业道德守则，我们独立于 ABC 公司，并履行了职业道德方面的其他责任。

二、按照相关法律法规的要求报告的事项

［按照《中国注册会计师审计准则第 1501 号——对财务报表形成审计意见和出具审计报告》的规定报告，参见例 8-1。］

××会计师事务所　　　　　　　　　　　　中国注册会计师：×××（项目合伙人）
（盖章）　　　　　　　　　　　　　　　　（签名并盖章）

中国注册会计师：×××
（签名并盖章）

中国××市　　　　　　　　　　　　　　　　　　　　　　　　20×9 年×月×日

8.4.7 带强调事项段和其他事项段的审计报告

8.4.7.1 强调事项段

（1）强调事项段的含义

审计报告的强调事项段是指审计报告中含有的一个段落，该段落提及已在财务报表中恰当列报或披露的事项，根据注册会计师的职业判断，该事项对财务报表使用者理解财务报表至关重要。

（2）增加强调事项段的情形

如果认为有必要提醒财务报表使用者关注已在财务报表中列报或披露，且根据职业判断认为对财务报表使用者理解财务报表至关重要的事项，在同时满足下列条件时，注册会计师应当在审计报告中增加强调事项段：一是该事项不会导致注册会计师发表非无保留意见；二是该事项未被确定为在审计报告中沟通的关键审计事项。

注册会计师在特定情况下在审计报告中增加强调事项段的情形包括：法律法规规定的财务报告编制基础是不可接受的，但其是基于法律法规做出的规定；提醒财务报表使用者关注财务报表按照特殊目的编制基础编制。注册会计师在审计报告日后知悉了某些事实（即期后事项），并且出具了新的或经修改的审计报告。

注册会计师可能认为需要增加强调事项段的情形举例如下：异常诉讼或监管行动的未来结果存在不确定性；在财务报表日至审计报告日之间发生的重大期后事项；在允许的情况下，提前应用对财务报表有重大影响的新会计准则；存在已经或持续对被审计单位财务状况产生重大影响的特大灾难。

过于广泛使用强调事项段，可能会降低注册会计师对强调事项所作沟通的有效性。

（3）在审计报告中增加强调事项段时注册会计师采取的措施

①使用包含"强调事项"这一术语的适当标题。

②明确提及被强调事项以及相关披露的位置，以便能够在财务报表中找到对该事项的详细描述；强调事项段应当仅提及已在财务报表中列报或披露的信息。

③指出审计意见没有因该强调事项而改变。

8.4.7.2 其他事项段

（1）其他事项段的含义

其他事项段是指审计报告中含有的一个段落，该段落提及未在财务报表中列报或披露的事项，根据注册会计师的职业判断，该事项与财务报表使用者理解审计工作、注册会计师的责任或审计报告相关。

（2）需要增加其他事项段的情形

如果认为有必要沟通虽然未在财务报表中列报或披露，但根据职业判断认为与财务报表使用者理解审计工作、注册会计师的责任或审计报告相关的事项，在同时满足下列条件时，注册会计师应当在审计报告中增加其他事项段：一是未被法律法规禁止；二是当《中国注册会计师审计准则第1504号——在审计报告中沟通关键审计事项》适用时，该事项未被确定为在审计报告中沟通的关键审计事项。

具体来说，需要在审计报告中增加其他事项段的情形包括：

①与使用者理解审计工作相关的情形　在极其特殊的情况下，即使由于管理层对审计范围施加的限制导致无法获取充分、适当的审计证据可能产生的影响具有广泛性，注册会计师也不能解除业务约定。在这种情况下，注册会计师可能认为有必要在审计报告中增加其他事项段，解释为何不能解除业务约定。

②与使用者理解注册会计师的责任或审计报告相关的情形　法律法规或得到广泛认可的惯例可能要求或允许注册会计师详细说明某些事项，以进一步解释注册会计师在财务报表审计中的责任或审计报告。在这种情况下，注册会计师可以使用一个或多个子标题来描述其他事项段的内容。

但增加其他事项段不涉及以下两种情形：一是除根据审计准则的规定有责任对财务报表出具审计报告外，注册会计师还有其他报告责任；二是注册会计师可能被要求实施额外的规定的程序并予以报告，或对特定事项发表意见。

③对两套以上财务报表出具审计报告的情形　被审计单位可能按照通用目的编制基础（如×国财务报告编制基础）编制一套财务报表，且按照另一个通用目的编制基础（如国际财务报告准则）编制另一套财务报表，并委托注册会计师同时对两套财务报表出具审计报告。如果注册会计师已确定两个财务报告编制基础在各自情形下是可接受的，可以在审计报告中增加其他事项段，说明该被审计单位根据另一个通用目的编制基础（如国际财务报告准则）编制了另一套财务报表以及注册会计师对这些财务报表出具了审计报告。

④限制审计报告分发和使用的情形　为特定目的编制的财务报表可能按照通用目的编制基础编制，因为财务报表预期使用者已确定这种通用目的财务报表能够满足他们对财务信息的需求。由于审计报告旨在提供给特定使用者，注册会计师可能认为在这种情况下需要增加其他事项段，说明审计报告只是提供给财务报表预期使用者，不应被分发给其他机构或人员或者被其他机构或人员使用。

需要注意的是：其他事项段不包括法律法规或其他职业准则（如中国注册会计师职业道德守则中与信息保密相关的规定）禁止注册会计师提供的信息。其他事项段不包括要求管理层提供的信息。

如果在审计报告中包含其他事项段，注册会计师应当将该段落作为单独的一部分，并使用"其他事项"或其他适当标题。

8.4.7.3　带强调事项段的审计报告参考格式

例 8-5　包含关键审计事项段、强调事项段及其他事项段的审计报告

背景信息

（1）对上市实体整套财务报表进行审计。该审计不属于集团审计（即不适用《中国注册会计师审计准则第 1401 号——对集团财务报表审计的特殊考虑》）；

（2）管理层按照企业会计准则编制财务报表；

（3）审计业务约定条款体现了《中国注册会计师审计准则第 1111 号——就审计业务约定条款达成一致意见》中关于管理层对财务报表责任的描述；

（4）基于获取的审计证据，注册会计师认为发表无保留意见是恰当的；

（5）适用的相关职业道德要求为中国注册会计师职业道德守则；

（6）基于获取的审计证据，根据《中国注册会计师审计准则第1324号——持续经营》，注册会计师认为可能导致对被审计单位持续经营能力产生重大疑虑的事项或情况不存在重大不确定性；

（7）在财务报表日至审计报告日之间，被审计单位的生产设备发生了火灾，被审计单位已将其作为期后事项披露。根据注册会计师的判断，该事项对财务报表使用者理解财务报表至关重要，但在本期财务报表审计中不是重点关注过的事项；

（8）已按照《中国注册会计师审计准则第1504号——在审计报告中沟通关键审计事项》的规定沟通了关键审计事项；

（9）注册会计师在审计报告日前已获取所有其他信息，且未识别出信息存在重大错报；

（10）已列报对应数据，且上期财务报表已由前任注册会计师审计。法律法规不禁止注册会计师提及前任注册会计师对对应数据出具的审计报告，并且注册会计师已决定提及；

（11）负责监督财务报表的人员与负责编制财务报表的人员不同；

（12）除财务报表审计外，注册会计师还承担法律法规要求的其他报告责任，且注册会计师决定在审计报告中履行其他报告责任。

审计报告

ABC 股份有限公司全体股东：

一、对财务报表出具的审计报告

（一）审计意见

我们审计了 ABC 股份有限公司（以下简称 ABC 公司）财务报表，包括 20×8 年 12 月 31 日的资产负债表，20×8 年度的利润表、现金流量表、股东权益变动表以及相关财务报表附注。

我们认为，后附的财务报表在所有重大方面按照企业会计准则的规定编制，公允反映了 ABC 公司 20×8 年 12 月 31 日的财务状况以及 20×8 年度的经营成果和现金流量。

（二）形成审计意见的基础

我们按照中国注册会计师审计准则的规定执行了审计工作。审计报告的"注册会计师对财务报表审计的责任"部分进一步阐述了我们在这些准则下的责任。按照中国注册会计师职业道德守则，我们独立于 ABC 公司，并履行了职业道德方面的其他责任。我们相信，我们获取的审计证据是充分、适当的，为发表审计意见提供了基础。

（三）强调事项

我们提醒财务报表使用者关注，财务报表附注×描述了火灾对 ABC 公司的生产设备造成的影响。本段内容不影响已发表的审计意见。

（四）关键审计事项

关键审计事项是我们根据职业判断，认为对本期财务报表审计最为重要的事项。这些事项的应对以对财务报表整体进行审计并形成审计意见为背景，我们不对这些事项单独发表意见。

［按照《中国注册会计师审计准则第 1504 号——在审计报告中沟通关键审计事项》的

规定描述每一关键审计事项。］

（五）其他事项

20×7年12月31日的资产负债表，20×7年度的利润表、现金流量表、股东权益变动表以及相关财务报表附注由其他会计师事务所审计，并于20×8年3月31日发表了无保留意见。

（六）其他信息

［按照《中国注册会计师审计准则第1521号——注册会计师对其他信息的责任》的规定报告，参见例8-1。］

（七）管理层和治理层对财务报表的责任

［按照《中国注册会计师审计准则第1501号——对财务报表形成审计意见和出具审计报告》的规定报告，参见例8-1。］

（八）注册会计师对财务报表审计的责任

［按照《中国注册会计师审计准则第1501号——对财务报表形成审计意见和出具审计报告》的规定报告，参见例8-1。］

二、按照相关法律法规的要求报告的事项

［按照《中国注册会计师审计准则第1501号——对财务报表形成审计意见和出具审计报告》的规定报告，参见例8-1。］

××会计师事务所　　　　　　　　　　　　中国注册会计师：×××（项目合伙人）
（盖章）　　　　　　　　　　　　　　　　（签名并盖章）
中国注册会计师：×××
（签名并盖章）
中国××市　　　　　　　　　　　　　　　20×9年×月×日

本章小结

政府审计报告是审计组对审计事项实施审计后，向派出审计组的审计机关提出审计报告，审计机关对审计组的审计报告进行审定后，由审计机关出具的书面审计报告。政府审计报告包括审计机关进行审计后出具的审计报告以及专项审计调查后出具的专项审计调查报告。

内部审计报告，是指内部审计人员根据审计计划对被审计单位实施必要的审计程序后，就被审计事项做出审计结论，提出审计意见和审计建议的书面文件。内部审计报告主要包括下列要素：标题、收件人、正文、附件、签章、报告日期。其中，正文主要包括下列内容：审计概况、审计依据、审计发现、审计结论、审计意见、审计建议。

社会审计报告，是指注册会计师根据审计准则的规定，在执行审计工作的基础上，对财务报表发表审计意见的书面文件。审计报告应当包括下列要素：标题；收件人；审计意见；形成审计意见的基础；管理层对财务报表的责任；注册会计师对财务报表审计的责任；按照相关法律法规的要求报告的事项（如适用）；注册会计师的签名和盖章；会计师事务所的名称、地址和盖章；报告日期。社会审计报告分为无保留意见审计报告和非无保留意见审计报告，非无保留意见审计报告包括保留意见审计报告、否定意见审计报告和无法表示意见审计报告。在某些特定情形下，注册会计师还会出具带强调事项段或其他事项段的审计报告。

思 考 题

1. 政府审计报告的基本要素有哪些？
2. 政府审计报告的主要内容有哪些？
3. 内部审计报告的主要内容有哪些？
4. 审计意见的类型有哪些？保留意见、否定意见或无法表示意见各应在何种情形下出具？
5. 社会审计报告的要素有哪些？
6. 什么是强调事项段？需要增加强调事项段的情形有哪些？
7. 什么是其他事项段？需要增加其他事项段的情形有哪些？

第 9 章 审计工作管理

【学习目标】
1. 了解审计工作管理的基本内容。
2. 明确主要管理工作的具体内容。
3. 掌握主要管理工作的具体要求。

9.1 审计工作管理概述

审计工作是一项技术性很强的专业工作,很有必要进行审计工作管理,本章主要以社会审计和政府审计为例来讨论审计工作管理,具体包括审计工作计划管理、质量管理、信息管理和档案管理四部分。

审计工作计划管理是社会审计工作的第一步,也是整个审计工作的基础和依据。审计计划工作对审计人员能否顺利有效地完成审计工作并控制审计风险具有重要的影响。对于审计人员而言,合理地计划审计工作,不仅有助于关注重点领域,及时发现并纠正问题以及合理组织审计工作,以使审计业务以有效的方式得到执行,而且有助于对项目组成员进行恰当的分工和指导、监督,并复核其工作,还有助于协调其他审计人员和专家的工作。审计计划工作并非审计业务的一个孤立阶段,而是一个持续的、不断修正的过程,贯穿整个审计业务始终。

以社会审计为例,计划审计工作包括针对审计业务制定总体审计策略和具体审计计划。充分的计划审计工作有利于注册会计师执行财务报表审计工作,具体包括:

①有助于注册会计师适当关注重要的审计领域。
②有助于注册会计师及时发现和解决潜在的问题。
③有助于注册会计师恰当地组织和管理审计业务,以有效率和效果的方式执行审计业务。
④有助于选择具备相当专业素养和胜任能力的项目组成员应对预期的风险,并有助于向项目组成员分派适当的工作。
⑤有利于指导和监督项目组成员并复核其工作。
⑥在适用的情况下,有助于协调组成部分注册会计师和专家的工作。

审计工作的质量是其生命线,审计工作质量的好坏关系到能否真正发挥监督和评价的作用,关系到审计自身形象,关系到能否维持自身发展,也关乎审计工作的可信度和权威性,也关系到会计师事务所的生死存亡。建立和保持审计工作质量控制制度(包括政策和程序)是会计师事务所的责任。在会计师事务所质量控制制度的框架下,项目组有责任实施适用于审计业务的质量控制程序,并向会计师事务所提供相关信息,以使质量控制制度中有关独立性的内容发挥作用。所以审计机关和会计师事务所要高度重视审计工作质量问题，要增强质量的紧迫感、责任感、危机感。

审计工作会产生大量的审计信息，这些信息对于审计机关或会计师事务所加强和改善审计效率和效果至关重要，因此，有必要加强审计工作信息管理，及时提供所需要的审计信息。审计信息指审计人员在全面审计相关单位的经济活动过程中，运用一定的技术、方法、手段，加工处理得出来的各种情报、资料，是审计工作情况、做法、经验和成果的具体反映。审计人员通过对经济活动进行监督，将对具体事项审计的结果整理成为一定的审计信息，反馈给决策使用单位，为决策者提供可靠的依据，增强决策者决策的针对性和可操作性。审计信息作为信息的一种，是单位管理部门决策支持信息系统的重要组成部分，其真实性、可靠性、相关性直接影响和制约着决策的科学性和有效性。研究分析审计信息质量的制约因素，在对不同类型的因素进行区分的基础上提出相应的措施，对于建立审计信息质量标准，提高审计信息质量有着重要的意义。

审计档案管理是指审计部门建立审计档案并进行收集、整理、立卷、保管、利用、编研、统计、鉴定和移交的管理活动。为了规范审计档案工作内容，保障审计档案的真实、完整、有效和安全，提高审计档案质量，充分发挥审计档案的重要作用，相关部门需要制定一系列政策加强对审计档案的管理。具体而言，审计档案管理要贯彻执行国家档案工作法律、法规，拟定审计档案工作规章制度；做好审计档案收集、整理、保管、利用、编研和统计工作。项目审计完毕，按照档案管理的有关规定分类整理审计文件材料；定期对审计档案进行移交和处理；建立健全审计档案安全保密制度，加强档案保密工作；开展审计档案工作的检查、总结、培训、研究等活动。

9.2 审计工作计划管理

社会审计工作计划包括初步业务活动和审计计划两部分。具体包括注册会计师应当如何开展初步业务活动、签订审计业务约定书，制定出适当的总体审计策略和具体审计计划。

9.2.1 初步业务活动

初步业务活动具有重要意义，它有助于确保在计划审计工作时达到以下要求：注册会计师已具备执行业务所需要的独立性和专业胜任能力；不存在因管理层诚信问题而影响注册会计师保持该项业务意愿的情况；确保与被审计单位不存在对业务约定条款的误解。

注册会计师应当根据相关审计准则，在本期审计业务开始时开展初步业务活动，针对保持客户关系和具体审计业务实施相应的质量控制程序，评价遵守职业道德规范的情况（包括评价遵守独立性要求的情况），就业务约定条款与被审计单位达成一致意见。

9.2.1.1 初步业务活动的主要内容

为了达到初步业务活动的主要目的，注册会计师需要在本期审计业务开始时，根据相关审计准则的要求，完成下列主要任务：

（1）客户的接受与保持

会计师事务所在确定接受客户的委托、签订业务约定书前，应先对客户的基本情况进行调查和相关评估，确定是否可以接受该项委托。为了避免因接受不当客户的委托而使事务所遭受损失，无论是新客户还是老客户，注册会计师都要对目标客户情况进行审慎考量。

在对目标客户的情况进行调查和评估时，注册会计师必须对以下因素进行评估：目标客户业务性质、经营规模、组织结构和经营情况，是否较之前有所变化，是否存在面临财务困境的情况，甚至破产的风险；目标客户的声誉与形象、管理层的诚信情况，是否有足够理由让注册会计师相信他们不会有意进行重大舞弊或做出违法行为，不会给会计师事务所带来麻烦和损失；目标客户是否能够遵循适用的财务报告准则，编制基础的可接受性，其财务报告能否公允反映公司的财务状况、经营成果和现金流量等；是否存在某些导致风险的特殊因素，如客户正陷入主管机构或政府机构的调查或者客户违反银行债务条约而受到起诉等；以前年度接受审计的情况，接受并完成该项审计业务是否能在合理的风险范围内给会计师事务所带来合理的收益。

（2）评价遵守相关职业道德要求的情况

评价遵守职业道德规范的情况也是一项非常重要的初步业务活动。独立性是注册会计师审计的灵魂，注册会计师只有具备形式上和实质上的独立性才能被社会公众信任。专业胜任能力是审计结果的技术保障。独立性和专业胜任能力共同保证了审计工作的质量。保持客户关系和评价职业道德的工作贯穿于审计业务的全过程，但这两项活动需要安排在其他审计工作之前，以确保注册会计师已经具备执行业务所需要的独立性和专业胜任能力，并不存在因管理层诚信问题而影响注册会计师保持该项业务意愿等情况。

（3）就审计业务约定条款达成一致意见

在做出接受或保持客户关系及具体审计业务的决策后，注册会计师应按照相关审计准则的要求，在审计业务开始前，与被审计单位就审计业务约定条款达成一致意见，签订或修改业务约定书，以避免双方对审计业务的理解产生分歧。

9.2.1.2 审计业务约定书

审计业务约定书，是指会计师事务所与被审计单位签订的，用以记录和确认审计业务的委托与受托关系、财务报表审计的目标和范围、双方的责任以及拟出具审计报告的预期形式和内容等事项的书面协议。注册会计师应当在审计业务开始前，与被审计单位就审计业务约定条款达成一致意见，并签订审计业务约定书，以避免双方对审计业务的理解产生分歧。

签订审计业务约定书的目的是明确约定双方的责任与义务，促使双方遵守约定事项并加强合作，以保护会计师事务所与被审计单位的利益。审计业务约定书的具体内容可能因被审计单位的不同而存在差异，但应当包括下列主要内容：

①财务报表审计的目标和范围　财务报表审计的目标就是注册会计师通过执行审计工作，对财务报表是否按照适用的财务报告编制基础编制以及财务报表是否在所有重大方面公允反映被审计单位的财务状况、经营成果和现金流量发表意见。

②双方的责任　一般来说，管理层的责任包括：按照适用的财务报告编制基础编制财务报表；设计、执行和维护必要的内部控制，以使编制的财务报表不存在由于舞弊或错误而导致的重大错报；为注册会计师提供必要的工作条件。注册会计师的责任是按照注册会计师审计准则的要求实施审计程序，获取充分、适当的审计证据，从而对财务报表发表审

计意见。

③管理层编制财务报表所适用的财务报告编制基础。

④注册会计师拟出具的审计报告的预期形式和内容,以及在特定情况下对出具的审计报告可能不同于预期形式和内容的说明。

⑤审计工作范围,包括提及使用的法律法规、审计准则以及注册会计师协会发布的职业道德守则和其他公告。

⑥对审计业务结果的其他沟通形式。

⑦说明由于审计和内部控制的固有限制,即使审计工作按照审计准则的规定得到恰当的计划和执行,仍不可避免地存在某些重大错报未被发现的风险。

⑧计划和执行审计工作的安排,包括审计项目组的构成。

⑨管理层确认将提供书面声明。

⑩管理层同意向注册会计师及时提供财务报表草稿和其他所有附带信息,以使注册会计师能够按照预定时间完成审计工作。

⑪管理层同意告知注册会计师在审计报告日至财务报表报出日之间注意到的可能影响财务报表的事实。

⑫审计收费的计算基础和收费安排。

⑬管理层确认收到审计业务约定书并同意其中的条款。

9.2.2 总体审计策略与具体审计计划

注册会计师应当根据相关审计准则计划审计工作,使审计业务以有效的方式执行。计划审计工作对于注册会计师顺利完成审计工作和控制审计风险具有非常重要的意义。

9.2.2.1 总体审计策略

注册会计师应当为审计工作制定总体审计策略。总体审计策略是对审计的预期活动范围、实施方式和审计资源调配所作的规划,用以确定审计的范围、时间和方向,并指导具体审计计划的制订。

(1) 制定总体审计策略的考虑

注册会计师在制定总体策略时,应当考虑下列事项:

①确定审计业务的性质,包括被审计单位的经营背景、组织结构、财务管理、管理层情况、采用的会计准则、特定行业的报告要求以及被审计单位的组成部分的分布等,以界定审计范围。

②明确审计业务的报告目标,以计划审计的时间安排和所需沟通的性质,包括提交审计报告的时间要求,预期与管理层和治理层沟通的重要日期等。

③考虑影响审计业务的重要因素,以确定项目组工作方向,包括确定适当的重要性水平,初步识别可能存在较高的重大错报风险的领域,评价是否需要针对内部控制的有效性获取审计证据等。

④考虑初步业务活动的结果,以及被审计单位提供其他服务时所获得的经验。

⑤针对总体审计策略中所识别的不同事项,制定具体审计计划,并考虑通过有效利用审计资源以实现审计目标。

(2)总体审计策略的主要内容

注册会计师应当在总体审计策略中清楚说明下列内容,并根据实施风险评估程序的结果对此予以调整。

①重要会计问题和重点审计领域,这主要是由注册会计师根据被审计单位业务的复杂程度、账户的重要性和对重大错报风险的评价,结合以往的审计经验加以确定。

②向具体审计领域调配的资源,包括向高风险领域分派有适当经验的项目组成员,就复杂的问题利用专家工作等。

③向具体审计领域分配资源的数量,包括安排到重要存货存放地观察存货盘点的项目组成员的数量,对其他审计人员工作的复核范围,对高风险领域安排的审计时间预算等。

④何时调配这些资源,包括是在期中审计阶段还是在关键的截止日期调配资源等。

⑤如何管理、指导、监督这些资源的利用,包括预期何时召开项目组预备会和总结会,预期项目负责人和经理如何进行复核,是否需要实施质量控制复核等。

9.2.2.2 具体审计计划

注册会计师应当为审计工作制定具体审计计划。具体审计计划比总体审计策略更详细,包括下列内容:

①按照有关审计准则的规定,为了合理识别和评估财务报表重大错报风险,注册会计师计划实施的风险评估程序的性质、时间和范围。

②按照有关审计准则的规定,针对评估认定层次的重大错报风险,注册会计师计划实施的进一步审计程序的性质、时间和范围。

③根据审计准则的规定,注册会计师针对审计业务需要实施的其他审计程序。

尽管总体审计策略通常是在具体审计计划之前编制的,但二者是紧密联系在一起的,注册会计师需要根据实施风险评估程序的结果对总体审计策略的内容予以调整。在通常情况下,注册会计师会将总体审计策略和具体审计计划的制订工作结合起来进行,并编制一份完整的审计计划,从而提高审计计划的制订和复核效率。

此外,注册会计师还应当就对项目组成员工作的指导、监督与复核的性质、时间和范围制订计划。一般来说,对项目组成员工作的指导、监督与复核的性质、时间和范围主要取决于以下因素:被审计单位的规模和复杂程度;审计领域;重大错报风险;执行审计工作的项目成员的素质和专业胜任能力。注册会计师应在评估重大错报风险的基础上,计划对项目组成员工作的指导、监督与复核的性质、时间和范围。

9.2.3 审计重要性

在计划和执行审计工作时,注册会计师应当恰当地运用重要性概念并采用合理的方法确定重要性水平。重要性是审计工作中一个非常关键的概念,贯穿于整个审计过程,体现在注册会计师执行的审计业务中。

(1)重要性的含义

重要性取决于在具体环境下对错报金额和性质的判断。如果一项错报单独或连同其他错报可能影响财务报表使用者依据财务报表做出的经济决策,则该项错报是重大的。具体地说,为了正确理解重要性概念,必须明确以下两点:

①重要性是针对财务报表而言的,并且应从财务报表使用者的角度考虑。判断和确定一项业务重要与否,应视其在财务报表中的错报对财务报表使用者所作决策的影响程度而定。如果一项业务在财务报表中的错报足以影响或改变财务报表使用者的判断和决策,那么该项业务就是重要的,否则就不是重要的。

②重要性离不开具体的环境。注册会计师判断和确定重要性时,应当结合具体的环境。不同企业面临的外部环境和具有的内在条件不同,不同的财务报表使用者有着不同的信息需求,判断和确定重要性的标准也不同,因而在这种意义上重要性是相对的。

(2) 重要性水平的确定

注册会计师在运用重要性原则时,应当确定重要性水平,从而应当考虑错报的金额和性质,并考虑财务报表层次和各类交易、账户余额、列报认定层次的重要性。

①对错报的金额和性质的考虑。重要性具有数量和性质两个方面的特征。一般而言,金额大的错报比金额小的错报更重要,在有些情况下,某些金额的错报从数量上看不重要,但从其性质上考虑,则可能是重要的,如涉及舞弊与违法行为的错报,影响收益变动趋势的错报等。

②对财务报表层次和各类交易、账户余额、列报认定层次重要性的考虑。注册会计师必须考虑财务报表层次的重要性,又必须通过验证各个账户、各类交易进而考虑各类交易、账户余额、列报认定层次的重要性,以得出财务报表是否合法、公允的整体性结论。

9.2.4 审计风险

注册会计师开展计划审计工作需要考虑审计风险问题,确定可接受的审计风险水平。审计风险是指被审计单位财务报表存在重大错报,注册会计师却未能发现并发表了不恰当的审计意见的可能性。审计风险取决于重大错报风险和检查风险。注册会计师应当运用职业判断,实施必要的审计程序,评估财务报表层次的重大错报风险,根据评估结果确定总体应对措施,并设计和实施针对认定层次重大错报风险的进一步审计程序,以控制检查风险。在现行的审计理论和实务中,审计风险、重大错报风险及检查风险之间的关系,可以用下列公式表示:

$$审计风险 = 重大错报风险 \times 检查风险$$

重大错报风险是指被审计单位财务报表在审计前存在重大错报的可能性。实际上,重大错报风险包括固有风险和控制风险。其中,固有风险是假设不存在相关内部控制,被审计单位某一账户或交易类别单独或连同其他账户、交易类别产生重大错报的可能性;而控制风险是指某一账户或交易类别单独或连同其他账户、交易类别产生错报,而未能被内部控制防止、发现或纠正的可能性。因此,重大错报风险是固有风险和控制风险的联合,即:

$$重大错报风险 = 固有风险 \times 控制风险$$

检查风险是指被审计单位某一账户或交易类别单独或连同其他账户、交易类别产生错报,而未能被实质性程序发现的可能性。检查风险取决于审计程序设计的合理性和实施的有效性。注册会计师应当合理设计审计程序的性质、时间和范围,并有效实施审计程序,以控制审计风险。

在既定的审计风险水平下,可接受的检查风险水平与认定层次重大错报风险的评估结果成反向关系。一般而言，评估的重大错报风险越高，可接受的检查风险越低；评估的重大错报风险越低，可接受的检查风险越高。同样，在既定的重大错报风险水平下，注册会计师可以接受的审计风险与可以接受的检查风险成正向关系。一般而言，注册会计师可以接受的审计风险越高，可以接受的检查风险的水平就越高；反之，注册会计师可以接受的审计风险越低，可以接受的检查风险的水平就越低。

审计风险与重要性、审计证据之间存在着特定关系。一般而言，审计风险与重要性之间存在反向关系。重要性水平越高，审计风险越低；重要性水平越低，审计风险越高。注册会计师在确定审计程序的性质、时间安排和范围时应当考虑这种反向关系。评估的重大错报风险与所收集的审计证据的数量存在正向关系。一般而言，评估的重大错报风险越高，需要收集的审计证据就越多；评估的重大错报风险越低，所需收集的审计证据越少。

9.3 审计工作质量管理

审计工作质量管理是会计师事务所的重要工作，这主要是通过建立和保持质量控制制度（包括政策和程序）来实现的。在会计师事务所质量控制制度框架下，项目组有责任实施适用于审计业务的质量控制程序，并向会计师事务所提供相关信息，以使质量控制制度中有关独立性的内容发挥作用。

9.3.1 质量控制制度的目标和要素

会计师事务所应当根据相关审计准则制定质量控制制度，以合理保证业务质量。质量控制制度的目标是，在业务层面实施质量控制程序，以合理保证注册会计师：在审计工作中遵守职业准则和适用的法律法规的规定；出具适合具体情况的审计报告。合理保证是指一种高度但非绝对的保证水平。

质量控制制度包括针对下列要素而制定的政策和程序：
①对业务质量承担的领导责任。
②相关职业道德要求。
③客户关系和具体业务的接受与保持。
④人力资源。
⑤业务执行。
⑥监控。

会计师事务所应当将质量控制政策和程序形成书面文件，并传达到全体人员。在记录和传达时，应清楚地描述质量控制政策和程序及其拟实现的目标，包括用适当信息指明每个人都负有各种的质量责任，并被期望遵守这些政策和程序。人员是指会计师事务所的合伙人和员工。

9.3.2 对业务质量承担的领导责任

项目合伙人应当对会计师事务所分派的每项审计业务的总体质量负责。项目合伙人，是指会计师事务所中负责某项审计业务及其执行，并代表会计师事务所在出具的审计报告上签字的合伙人。

会计师事务所应当制定政策和程序，培育以质量为导向的内部文化。这些政策和程序应当要求会计师事务所主任会计师或类似职位的人员对质量控制制度承担最终责任，在制度上保证质量控制制度的地位和执行力，建立强有力的高层基调。为此，会计师事务所的领导层及其做出的示范会对会计师事务所的内部文化有重大影响。会计师事务所各级管理层应当通过清晰、一致及经常的行动示范和信息传达，强调质量控制政策和程序的重要性以及下列要求：

①按照法律法规、相关职业道德要求和业务准则的规定执行工作。
②根据具体情况出具恰当的审计报告。

会计师事务所领导层的行动示范，在某种程度上比控制制度更有影响力。采取的途径通常有培训、研讨会、谈话、发表文章等，通过行动示范和信息传达，可以起到强化质量文化的效果。

会计师事务所的领导层应树立质量至上的意识。会计师事务所应当通过下列措施实现质量控制的目标：

①合理确定管理责任，以避免重商业利益轻业务质量。
②建立以质量为导向的业绩评价、工薪及晋升的政策和程序。
③投入足够的资源制定和执行质量控制政策和程序，以形成相关文件记录。

会计师事务所的领导层必须首先认识到，其经营策略应当满足会计师事务所执行所有业务都要保证质量这一前提条件。会计师事务所针对员工设计的有关业绩评价、工薪及晋升的政策和程序，应当表明会计师事务所最重视的是质量，以形成正确的行为导向。制定和执行质量控制政策及程序需要花费一定的成本，会计师事务所应当投入足够的资源制定和执行质量控制政策及程序，并形成相关文件记录，这对于实现质量控制目标也有直接的重大影响。

会计师事务所应当制定政策和程序，使受会计师事务所主任会计师或类似职位的人员委派负责质量控制制度运作的人员有足够、适当的经验和能力及必要的权限以履行其责任。要求承担质量控制制度运作责任的人员具有足够、适当的经验和能力，是为了使其能够识别和了解质量控制问题；要求其具有必要的权限，是为了保证其能够实施质量控制政策和程序。

9.3.3 相关职业道德要求

相关职业道德要求，是指项目组和项目质量控制复核人员应当遵守的职业道德规范，通常包括中国注册会计师职业道德守则中与财务报表审计相关的规定。

在整个审计过程中，项目合伙人应当通过观察和必要的询问，对项目组成员违反相关职业道德要求的迹象保持警觉。项目组是指执行某些审计业务的所有合伙人和员工，以及会计师事务所聘请的为该项业务实施审计程序的所有人员，但不包括会计师事务所聘请的外部专家。

如果通过会计师事务所质量控制制度或其他途径注意到项目组成员违反相关职业道德要求，项目合伙人应当在与会计师事务所相关人员讨论后，确定采取适当的措施。项目合伙人应当就适用于审计业务独立性要求的遵守情况形成结论。在形成结论时，项目合伙人应当：

①从会计师事务所或网络事务所获取相关的信息，识别、评价对独立性产生不利影响的情形。

②评价识别出的有关违反会计师事务所独立性政策和程序的信息，以确定其是否对审计业务的独立性产生不利影响。

③采取适当的行动，运用防范措施以消除对独立性的不利影响或将其降至可接受的水平，或在必要时解除审计业务约定，对未能解决的事项，项目合伙人应当立即向会计师事务所报告，以便采取适当的行动。

9.3.4 客户关系和具体业务的接受与保持

项目合伙人应当确信，有关客户关系和审计业务的接受与保持的质量控制程序已得到遵守，并确定得出的有关结论是恰当的。会计师事务所应当制定有关客户关系和具体业务接受与保持的政策和程序，以合理保证只有在下列情况下，才能接受或保持客户关系和具体业务：

①能够胜任该项业务，并具有执行该项业务必要的素质、时间和资源。

②能够遵守相关职业道德要求。

③已考虑客户的诚信，没有信息表明客户缺乏诚信。

这些政策和程序应当要求：

①在接受新客户的业务前，或者决定是否保存现有业务和考虑接受现有客户的新业务时，会计师事务所根据具体情况获取必要信息。

②在接受新客户或现有客户的新业务时，如果识别出潜在的利益冲突，会计师事务所确定接受该业务是否适当。

③当识别出问题而又决定接受或保持客户关系或具体业务时，会计师事务所记录问题是如何得到解决的。

如果项目合伙人在接受审计业务后获知了某项信息，而该信息若在接受业务前获知，可能导致会计师事务所拒绝该项业务，项目合伙人应当立即将该信息告知会计师事务所，以使会计师事务所和项目合伙人能够采取必要的行动。

这些政策和程序应当考虑下列方面：

①适用于这种情况的职业责任和法律责任，包括是否要求会计师事务所向委托人报告或在某些情况下向监管机构报告。

②解除业务约定或同时解除约定和客户关系的可能性。

9.3.5 人力资源

会计师事务所应当制定政策和程序，合理保证拥有足够的具有胜任能力和必要素质并承诺遵守职业道德要求的人员，以使：

①会计师事务所按照职业准则和适用的法律法规的规定执行业务。

②会计师事务所和项目合伙人能够出具适合具体情况的报告。

会计师事务所应当对每项业务委派至少一名项目合伙人，并制定政策和程序，明确下列要求：

①将项目合伙人的身份和作用告知客户管理层和治理层的关键成员。
②项目合伙人具有履行职责所要求的适当的胜任能力,必要素质和权限。
③清楚界定项目合伙人的职责,并告知该项目合伙人。

会计师事务所应当制定政策和程序,委派具有必要胜任能力和素质的适当人员,以便使项目合伙人确信,项目组和项目组以外的专家整体上具有适当的胜任能力和必要素质,以便能够按照职业准则和适用的法律法规的规定执行审计业务并出具适合具体情况的审计报告。

9.3.6 业务执行

(1) 项目负责人的责任

会计师事务所应当制定政策和程序,以合理保证按照职业准则和适用的法律法规的规定执行业务,使会计师事务所和项目合伙人能够出具适合具体情况的审计报告。项目合伙人应当对下列事项负责:
①按照职业准则和适用的法律法规的规定指导、监督与执行审计业务。
②出具适合具体情况的审计报告。

项目合伙人应当对项目组按照会计师事务所复核政策和程序实施的复核负责。在审计报告日或审计报告日之前,项目合伙人应当通过复核审计工作底稿和与项目组讨论,确信已获取充分、适当的审计证据,支持得出的结论和拟出具的审计报告。

在涉及咨询时,项目合伙人应当:
①对项目组就疑难问题或争议事项进行适当咨询承担责任。
②确信项目组成员在审计过程中已就相关事项进行了适当咨询,咨询可能在项目组内部进行,或者在项目组与会计师事务所内部或外部的其他适当人员之间进行。
③确信这些咨询的性质、范围以及形成的结论已由被咨询者认可。
④确定这些咨询形成的结论已得到执行。

(2) 项目质量控制复核

会计师事务所在安排复核工作时,应当由项目组内经验较多的人员复核经验较少的人员的工作。会计师事务所应当根据这一原则,确定有关复核责任的政策和程序。对于上市实体财务报表审计以及会计师事务所确定需要实施项目质量控制复核的其他审计业务,项目合伙人应当:
①确定会计师事务所已委托项目质量控制复核人员。
②与项目质量控制复核人员讨论在审计过程中遇到的重大事项,包括在项目质量控制复核过程中识别出的重大事项。
③只有完成了项目质量控制复核,才能签署审计报告。

项目质量控制复核,是指在审计报告日或审计报告日之前,项目质量控制复核人员对项目组做出的重大判断和在编制审计报告时得出的结论进行客观评价的过程。项目质量控制复核适用于上市实体财务报表审计,以及会计师事务所确定需要实施项目质量控制复核的其他审计业务。上市实体,是指其股份、股票或债券在法律法规认可的证券交易所报价或挂牌,或在法律法规认可的证券交易所或其他类似机构的监管下进行交易的实体。

项目质量控制复核人员，是指项目组成员以外的、具有足够、适当的经验和权限，对项目组做出的重大判断和在编制审计报告时得出的结论进行客观评价的合伙人、会计师事务所其他人员、具有适当资格的外部人员或由这些人员组成的小组。项目质量控制复核人员应当客观地评价项目组做出的重大判断以及在编制审计报告时得出的结论。评价工作应当涉及下列内容：

①与项目合伙人讨论重大事项。
②复核财务报表和拟出具的审计报告。
③复核选取的项目组做出的重大判断和得出的结论相关的审计工作底稿。
④评价在编制审计报告时得出的结论，并考虑拟出具审计报告的恰当性。

对于上市实体财务报表审计，项目质量控制复核人员在实施项目质量控制复核时，还应当考虑：

①项目组就具体审计业务对会计师事务所独立性做出的评价。
②项目组是否已经就涉及意见分歧的事项，或者其他疑难问题或争议事项进行适当咨询，以及咨询得出的结论。
③选取的用于复核的审计工作底稿，是否反映了项目组针对重大判断执行的工作，以及是否支持得出的结论。

如果项目组内部、项目组与被咨询者之间、项目合伙人与项目质量控制复核人员之间出现意见分歧，项目组应当遵守会计师事务所处理及解决意见分歧的政策和程序。

（3）审计工作底稿

注册会计师应当就下列事项形成审计工作底稿：

①识别出的与遵守相关职业道德要求有关的问题，以及这些问题是如何得到解决的。
②针对适用于审计业务的独立性要求的遵守情况得出的结论，以及为支持该结论与会计师事务所进行的讨论。
③得出的有关客户关系和审计业务的接受与保持的结论。
④在审计过程中咨询的性质、范围和形成的结论。

针对已复核的审计业务，项目质量控制复核人员应当就下列事项形成审计工作底稿：

①会计师事务所项目质量控制复核政策要求的程序已得到实施。
②项目质量控制复核在审计报告日或审计报告日之前已完成。
③项目质量控制复核人员没有注意到任何尚未解决的事项，使其认为项目组做出的重大判断和得出的结论不适当。

会计师事务所应当制定政策和程序，以使项目组在出具业务报告后及时完成最终业务档案的归整工作。对历史财务信息审计和审阅业务、其他鉴证业务，业务工作底稿的归档期限为业务报告日后60天内。

会计师事务所应当制定政策和程序，以满足下列要求：

①安全保管业务工作底稿并对业务工作底稿保密。
②保证业务工作底稿的完整性。
③便于使用和检索业务工作底稿。
④按照规定的期限保存业务工作底稿。

会计师事务所应当制定政策和程序，以使业务工作底稿的保存期限满足会计师事务所的需要和法律法规的规定。对历史财务信息审计和审阅业务、其他鉴证业务，会计师事务所应当自业务报告日起对业务工作底稿至少保存 10 年。如果组成部分业务报告日早于集团业务报告日，会计师事务所应当自集团业务报告日起对组成报告部分工作底稿至少保存 10 年。

9.3.7 监控

监控，是指对会计师事务所质量控制制度进行持续考虑和评价的过程，包括定期选取已完成的业务进行检查，以使会计师事务所能够合理保证其质量控制制度正在有效运行。有效的质量控制制度应当包括监控过程，以合理保证质量控制制度中的政策和程序具有相关性和适当性，并正在有效运行。

项目合伙人应当根据会计师事务所通报的最新监控信息考虑实施监控过程的结果，并考虑监控信息提及的缺陷是否会对审计业务产生影响。监控过程应当包括：

①持续考虑和评价会计师事务所质量控制制度。

②要求委派一个或多个合伙人，或会计师事务所内部具有足够、适当经验和权限的其他人员负责监控过程。

③要求执行业务或实施项目质量控制复核的人员不参与该项业务的检查工作。会计师事务所应当周期性地选取已完成的业务进行检查，周期最长不得超过 3 年。在每个周期内，应对每个项目合伙人的业务至少选取一项进行检查。

会计师事务所应当评价在监控过程中注意到的缺陷的影响，并确定缺陷是否属于下列情况之一：

①该缺陷并不必然表明会计师事务所的质量控制制度不足以合理保证会计师事务所遵守职业准则和适用的法律法规的规定，以及会计师事务所和项目合伙人出具适合具体情况的报告。

②该缺陷是系统性的、反复出现的或其他需要及时纠正的重大缺陷。

会计师事务所应当将实施监控程序注意到的缺陷以及建议采取的适当补救措施，告知相关项目合伙人及其他适当人员。针对注意到的缺陷，建议采取的适当补救措施应当包括：

①采取与某些业务或某个人员相关的适当补救措施。

②将发现的缺陷告知负责培训和职业发展的人员。

③改进质量控制政策和程序。

④对违反会计师事务所政策和程序的人员，尤其是对反复违规的人员实施惩戒。

如果实施监控程序的结果表明出具的报告可能不适当，或在执行业务过程中遗漏了应有的程序，会计师事务所应当确定采取适当的进一步行动，以遵守职业准则和适用的法律法规的规定。同时，会计师事务所应当考虑征询法律意见。

会计师事务所应当每年至少一次将质量控制制度的监控结果，向项目合伙人及会计师事务所内部的其他适当人员通报。这种通报应当足以使会计师事务所及其相关人员能够在其职责范围内及时采取适当的行动。通报的信息应当包括：

①对已实施的监控程序的描述。

②实施监控程序得出的结论。

③如果相关,对系统性的、反复出现的缺陷或其他需要及时纠正的重大缺陷的描述。

会计师事务所应当制定政策和程序,以合理保证能够适当处理下列事项:

①投诉和指控会计师事务所执行的工作未能遵守职业准则和适用的法律法规的规定。

②指控未能遵守会计师事务所质量控制制度。

作为处理投诉和指控过程的一部分,会计师事务所应当明确投诉和指控渠道,以使会计师事务所人员能够没有顾虑地提出关注的问题。如果在调查投诉和指控过程中识别出会计师事务所质量控制政策和程序在设计或运行方面存在缺陷,或存在违反质量控制制度的情况,会计师事务所应当采取适当行动。

会计师事务所应当制定政策和程序,要求形成适当的工作记录,以对质量控制制度的每项要素的运行情况提供证据。会计师事务所应当制定政策和程序,要求对工作记录保管足够的期限,以使执行监控程序的人员能够评价会计师事务所遵守质量控制制度的情况。会计事务所应当制定政策和程序,要求记录投诉、指控以及应对情况。

9.4 审计工作信息管理

审计工作会产生大量的审计信息,审计单位有必要加强审计工作信息管理。本节以政府审计为例,讨论审计机关的审计工作信息管理。审计工作信息管理的目的是通过对审计信息的管理向审计信息使用者及时、真实地提供审计信息。审计信息工作是利用各种审计信息载体,以审计公文的形式,把审计监督发现的重大事项、重大问题、审计成果和重要情况,及时提供给上级领导机关的一项政务性工作。同时还是各审计机关之间沟通情况的重要渠道。

9.4.1 审计工作信息管理的内容

审计工作信息管理的内容主要有审计信息的收集、加工处理、贮存及传递等。

(1)审计信息的收集

①审计信息收集的原则包括:全面、完整原则,及时、经济、科学原则。

②审计信息收集的内容包括:收集审计部门外部的信息和收集审计部门内部的信息。

③审计信息的收集方法包括:审计资料积累法、审计调查研究法、建立审计网络开发审计信息资源法。

(2)审计信息的处理

审计机关收集到的审计信息,必须加以处理才能被审计机关或审计人员利用。审计信息处理就是指收集到的信息加以分类、整理、筛选、加工,使之形成标准化、数据化、条理化、规范化的信息。审计信息处理的方法通常有:审计情报和简报;文摘和剪辑;计算机处理方法。除以上三种基本方法外,审计信息还可迅速建立信息卡片,图表、表格、台账、档案等方法加以处理,使审计信息处理方法多样化、系列化、简便化,便于信息的及时处理。

(3)审计信息的分析、整理、筛选、编辑

审计信息的分析、整理、筛选指对收集到的信息进行检查、剔除、评定和补充,选择出及时、准确、完整、有效的审计信息。审计信息编辑就是将审计信息进行加工处理，按分类进行编审、编目、编码，使审计信息条理化、文件化，便于利用。

（4）审计信息的贮存和传递

审计信息需要加工处理并符合一定要求后才可以贮存。信息必须符合有价值，满足检索要求，能在一定时期内起作用，而且便于利用现代化手段贮存的要求。审计信息传递是审计信息管理的基本要求。审计信息传递的目的在于为审计组织的各项工作和管理服务。审计信息传递总的要求是多、快、好、省。就是说，审计信息在传递中，信息的数量要尽可能大，传递速度快，讲究时效性，审计信息的质量要高，真实可靠，传递的费用要省，讲求经济效益。要达到这些要求，必须选择适当的传递方式。

9.4.2 审计信息管理的作用

审计工作信息的体裁种类很多，如审计报告、审计调查报告、审计工作报告、审计通知、审计决定等，审计信息是审计公文的一个特殊种类。其作用主要体现在：

①可以为领导决策起到参谋服务的作用　审计机关的每项工作都是围绕各级领导确定的工作重点来开展的，与领导的要求相吻合。而审计信息又是对各项审计工作的开展情况、发现的宏观经济管理中存在问题的反映，向领导及时反馈情况、发出预警，因此可以为领导准确制定决策提供依据。

②可以起到推动工作的作用　通过总结工作中有价值、有指导意义的经验方法，并将这些经验方法利用信息渠道加以推广，使其他地区和单位有所借鉴，从而带动整体工作的开展。如果能够有效地利用这些信息资源，就可以为本地区本单位开展工作找到一条捷径。

③可以为各地区单位互通情况起到媒介作用　审计信息是在信息提供者和它的使用者之间搭起的一座桥梁。各单位对一个阶段的工作进展情况、取得的成绩、遇到的问题、积累的经验等进行总结提炼，将一项重点活动开展的情况、收到的效果及社会各方面的反映等通过审计信息对外进行反映，在部门之间互相交流，可以起到互通情况、取长补短，共同提高的效果。

④可以为提高干部队伍素质起到推动作用　审计信息工作是每一个审计人员都应该参与的一项工作。如果每一个审计人员都带着信息意识开展审计，不仅能带动审计项目的深入开展，而且对培养一个人的观察能力、思索能力、概括能力、综合分析能力、语言运用能力都会起到很好的帮助，提高政策水平和写作能力，有助于培养复合型的审计人才，提高审计队伍的整体素质。

9.4.3 审计信息管理的机构

由于审计信息工作是审计工作的一个重要组成部分，同时它所具有的准确、及时、简洁、有用的特性又决定着这项工作不能在任何环节出现问题。因此建立一个专门的管理机构，保证这项工作的顺利开展十分必要。管理机构应在本单位"一把手"的领导下开展工作。具体负责全系统的审计信息工作。在管理方面具体包括：制订下达审计信息工作计划，督促检查各单位审计信息开展情况，通报全市各单位审计信息的进展，对各单位审计信息开展情况进行评比，组织研讨交流及学习培训等；在日常工作中，要负责撰写、采集、加工、修改、编辑信息,重要信息向上级机关报送,与上级机关沟通联系,反馈报送信息的利用结果,研究解决工作中出现的问题。

审计信息管理机构的工作人员要热爱审计信息工作,有较强的事业心和责任感;熟悉审计业务,有较强的文字表达、综合分析能力及组织能力,能够迅速发现有报道价值的审计信息。只有建立这样一个专门研究、从事审计信息的部门,这项工作才能纳入本单位工作的议事日程,才能做到年初有部署、日常有管理、年终有考核,才能为信息工作的蓬勃开展提供组织保障。

9.4.4 审计信息管理的制度

健全的管理制度是保障审计信息工作正常运行的有效手段。管理制度一般包括信息的组织领导制度、信息报送制度、信息审签制度、定期通报制度、考核奖惩制度等。

(1) 组织领导制度

审计单位要明确信息管理机构在单位"一把手"的领导下,负责审计信息工作的组织和管理,促进审计成果转化;对信息工作与审计工作的衔接进行安排协调,实现审计项目与审计信息同步协调进行。信息管理机构负责审计信息的收集、加工、编发、传递工作,以及拟定信息采编计划,对信息工作开展考核和通报,对信息人员进行培训等。

(2) 信息报送制度

审计机关对各单位报送信息的时间、内容、质量、应履行的签批程序、报送方式等予以明确。

报送信息时间和签批程序是:审计信息上报之前,应严格履行审批手续,逐级审核,局长签发;签发后的信息及时上报上级机关,凡属紧急情况,应在发现后立即报送,并随时续报有关变化情况。

报送信息的内容包括:重要审计工作成果,包括审计查出的重大事项,带有苗头性、倾向性、普遍性的问题,被审计单位违反政策法规的主要手法和倾向,领导关心和社会关注的热点问题等;审计署、本级政府决定的重要事项的贯彻落实情况;各级领导关于审计工作的重要讲话及落实情况;机关精神文明建设、廉政建设、制度建设等;审计机关指导内部审计和检查社会审计工作方面的信息。

对报送信息的质量要求信息主题要鲜明,言简意赅,文理通顺;信息内容要真实可靠、实事求是、准确规范;反映的情况要有深度、有新意、有分析、有建议。

信息报送的报送方式必须通过专门的计算机网络传递,或派专人送达,不得通过因特网或邮寄传递,以确保信息在传递过程中的安全。

(3) 信息审签制度

审计信息作为审计工作成果的一部分,有些内容在一定时间内需要控制其传播范围。一篇信息完成后,其反映的内容、程度是否得当,能否立即报出等,这些问题都需要单位领导决定,这就是信息审签环节。

审签程序包括信息撰稿人将信息编写好以后,交给本部门领导审阅;部门领导同意后,在本部门编号、登记,报送信息管理机构;信息管理机构经修改、整理,报送局领导审签;局领导签发后,由信息管理机构清稿,并按照领导指示报送上级机关或下发到相关单位。

信息审签的内容主要有：信息内容是否真实、完整、准确；是否经得起政策、规章制度的推敲；信息写作角度、分析深度、覆盖的广度是否符合基本要求；报送对象是否准确；是否适应领导和有关部门需求；报送时机是否最佳。

（4）统计分析制度

信息统计工作是通过运用科学的方法，收集、整理信息工作开展过程中形成的相关数字，从而真实反映一定时期信息工作开展的成果和发展变化情况。信息统计工作是信息工作的一个重要环节，它是信息工作开展状况的真实记录，这项工作应设专人负责。信息统计不仅反映数量，更应体现质量。即将信息发挥的效果通过不同分值反映出来，用数字来区分各种信息的质量，为信息通报工作和年终考核评比提供依据，也是制订下一年度信息工作计划的基础。

信息统计的方法：对不同信息载体设定不同分值，以部门或个人为单位，逐篇统计累加；对上级机关采用和领导批示的信息要给予加分，以鼓励多出高质量的信息。

对统计数字进行分析，是直观反映一定阶段信息工作开展状况和效果，直接说明各种问题存在原因的一项工作。此项工作能否真正发挥作用，关键在于分析数据的及时性和全面性。因此，要利用统计数字定期分析本阶段信息工作的开展情况。在分析方法上，可以用实际完成与计划数量进行对比，也可以与其他单位同期数字作比较，还可以与本单位历史同期数字或其他阶段数字作对比，对本阶段信息工作的优劣做出判断。如本期信息统计数字出现萎缩，再进一步查找出现问题的根源，分析形成原因和发展趋势，进而制定措施，扭转局面。

（5）定期通报制度

将一定时期各单位报送信息数量、被采用信息数量、被上级机关采用数量反馈给信息报送单位。能够让各单位不仅了解其他单位的信息工作，更可以清楚本单位在全系统中的位置，有利于开展好这项工作。通报的时间可以按月或季度，也可以半年通报一次；通报的内容，如果各单位报送的信息数量较多，也可以只通报采用数量，具体可根据工作需要而定。

（6）考核奖惩制度

考核奖惩制度是为提高审计信息质量，推动信息工作不断提高水平而制定的激励机制。它的形式有两种：一是在年终通过评选优秀信息工作单位、优秀信息工作者及优秀审计信息将全年在信息工作中成绩突出的单位、表现优秀信息工作人员、质量较高的审计信息评选出来，为其他单位树立榜样。二是将信息完成情况与年终考核、评优挂钩。考核对象为全体人员，未完成信息工作指标的人员将失去评优资格。

（7）跟踪反馈制度

对领导在信息上批示，需要解决落实的问题，有关部门能否在领导要求的时间内、按照领导的意图尽快组织落实，是审计信息工作的职责所在，也是不断推进各项工作深入开展的有效方式之一。

跟踪反馈制度的内容是：明确进行信息跟踪反馈的人员，做到责任到人；责任人要及时掌握领导批示的内容，并尽快通知承办部门组织实施；责任人要对领导批示内容的落实情况连续跟踪，掌握落实进度，并从中不断发现新的问题，将这些新动向继续以信息的形式连续上报，使上级领导不断了解新情况，做出新的决策，持续往复地推进问题的全面解决。

(8) 学习交流制度

学习交流是进一步提高信息工作水平、开阔思路的有效方式，通过不断学习交流，达到取长补短、共同提高的目的。学习交流的方式有很多种，包括举办学习班、召开座谈会、到其他单位学习考察等，这些方式已被实践证明是行之有效的。除此以外，还有以下两种形式：

①网上交流 把可以公开的审计信息通过网络传递给每个人，相互学习借鉴其他同志的信息写作方法。此外，还可以利用局域网建立交流论坛，就信息方面的写作体会、感想，发表个人见解，起到互帮互学的效果。

②参与信息管理工作 各单位根据实际情况，可以委派信息骨干到信息管理部门参与工作。通过与信息管理者一起接收、筛选、编辑信息，了解信息管理部门的工作重点、内容和要求，在实践中得到锻炼。

9.5 审计工作档案管理

审计工作档案管理是一项非常重要的基础性工作，各类审计单位都应当予以高度重视，严格按照相关的审计档案管理办法管理审计档案。本节主要介绍会计师事务所档案管理办法和政府审计档案管理办法，内部审计档案管理可以参考执行。

9.5.1 会计师事务所审计档案管理办法

为规范会计师事务所审计档案管理，保障审计档案的真实、完整、有效和安全，充分发挥审计档案的重要作用，财政部联合国家档案局于2016年1月11日根据《中华人民共和国档案法》《中华人民共和国注册会计师法》《中华人民共和国档案法实施办法》及有关规定，制定了《会计师事务所审计档案管理办法》，要求在中华人民共和国境内依法设立的会计师事务所管理审计档案，适用该办法。会计师事务所从事审阅业务和其他鉴证业务形成的业务档案参照本办法执行。有关法律法规另有规定的，从其规定。该办法自2016年7月1日起施行。

(1) 基本规定

本管理办法所称的审计档案，是指会计师事务所按照法律法规和执业准则要求形成的审计工作底稿和具有保存价值、应当归档管理的各种形式和载体的其他历史记录。审计档案应当由会计师事务所总所及其分所分别集中管理，接受所在地省级财政部门和档案行政管理部门的监督和指导。

会计师事务所首席合伙人或法定代表人对审计档案工作负领导责任。会计师事务所应当明确一名负责人（合伙人、股东等）分管审计档案工作，该负责人对审计档案工作负分管责任。会计师事务所应当设立专门岗位或指定专人具体管理审计档案并承担审计档案管理的直接责任。审计档案管理人员应当接受档案管理业务培训，具备良好的职业道德和专业技能。

会计师事务所应当结合自身经营管理实际，建立健全审计档案管理制度，采用可靠的防护技术和措施，确保审计档案妥善保管和有效利用。会计师事务所从事境外发行证券与上市审计业务的，应当严格遵守境外发行证券与上市保密和档案管理相关规定。

(2) 审计档案归档、保管与利用

会计师事务所从业人员应当按照法律法规和执业准则的要求，及时将审计业务资料按审计项目整理立卷。审计档案管理人员应当对接收的审计档案及时进行检查、分类、编号、入库保管，并编制索引目录或建立其他检索工具。会计师事务所不得任意删改已经归档的审计档案。按照法律法规和执业准则规定可以对审计档案做出变动的，应当履行必要的程序，并保持完整的变动记录。

会计师事务所自行保管审计档案的，应当配置专用、安全的审计档案保管场所，并配备必要的设施和设备。会计师事务所可以向所在地国家综合档案馆寄存审计档案，或委托依法设立、管理规范的档案中介服务机构（以下简称中介机构）代为保管。会计师事务所应当按照法律法规和执业准则的规定，结合审计业务性质和审计风险评估情况等因素合理确定审计档案的保管期限，最低不得少于十年。

审计档案管理人员应当定期对审计档案进行检查和清点，发现损毁、遗失等异常情况，应当及时向分管负责人或经其授权的其他人员报告并采取相应的补救措施。会计师事务所应当严格执行审计档案利用制度，规范审计档案查阅、复制、借出等环节的工作。会计师事务所对审计档案负有保密义务，一般不得对外提供；确需对外提供且符合法律法规和执业准则规定的，应当严格按照规定办理相关手续。手续不健全的，会计师事务所有权不予提供。

（3）审计档案的权属与处置

审计档案所有权归属会计师事务所并由其依法实施管理。会计师事务所合并的，合并各方的审计档案应当由合并后的会计师事务所统一管理。会计师事务所分立后原会计师事务所存续的，在分立之前形成的审计档案应当由分立后的存续方统一管理。会计师事务所分立后原会计师事务所解散的，在分立之前形成的审计档案，应当根据分立协议，由分立后的会计师事务所分别管理，或由其中一方统一管理，或向所在地国家综合档案馆寄存，或委托中介机构代为保管。

会计师事务所因解散、依法被撤销、被宣告破产或其他原因终止的，应当在终止之前将审计档案向所在地国家综合档案馆寄存或委托中介机构代为保管。会计师事务所分所终止的，应当在终止之前将审计档案交由总所管理，或向所在地国家综合档案馆寄存，或委托中介机构代为保管。会计师事务所交回执业证书但法律实体存续的，应当在交回执业证书之前将审计档案向所在地国家综合档案馆寄存或委托中介机构代为保管。

有限责任制会计师事务所及其分所因组织形式转制而注销，并新设合伙制会计师事务所及分所的，转制之前形成的审计档案由新设的合伙制会计师事务所及分所分别管理。会计师事务所及分所委托中介机构代为保管审计档案的，应当签订书面委托协议，并在协议中约定审计档案的保管要求、保管期限以及其他相关权利义务。

会计师事务所及分所终止或会计师事务所交回执业证书但法律实体存续的，应当在交回执业证书时将审计档案的处置和管理情况报所在地省级财政部门备案。委托中介机构代为保管审计档案的，应当提交书面委托协议复印件。

（4）审计档案的鉴定与销毁

会计师事务所档案部门或档案工作人员所属部门（以下统称档案管理部门）应当定期与相关业务部门共同开展对保管期满的审计档案的鉴定工作。经鉴定后，确需继续保存的审计档案应重新确定保管期限；不再具有保存价值且不涉及法律诉讼和民事纠纷的审计档案应当登记造册，经会计师事务所首席合伙人或法定代表人签字确认后予以销毁。会计事务所销毁审计档案，应当由会计师事务所档案管理部门和相关业务部门共同派员监销。销毁电子审计档案的，会计师事务所信息化管理部门应当派员监销。审计档案销毁决议或类似决议、审批文书和销毁清册（含销毁人、监销人签名等）应当长期保存。

（5）信息化管理

会计师事务所应当加强信息化建设，充分运用现代信息技术手段强化审计档案管理，不断提高审计档案管理水平和利用效能。会计师事务所对执业过程中形成的具有保存价值的电子审计业务资料，应当采用有效的存储格式和存储介质归档保存，建立健全防篡改机制，确保电子审计档案的真实、完整、可用和安全。会计师事务所应当建立电子审计档案备份管理制度，定期对电子审计档案的保管情况、可读取状况等进行测试、检查，发现问题及时处理。

（6）监督管理

会计师事务所从业人员转所执业的，离所前应当办理完审计业务资料交接手续，不得将属于原所的审计业务资料带至新所。禁止会计师事务所及其从业人员损毁、篡改、伪造审计档案，禁止任何个人将审计档案据为己有或委托个人私存审计档案。会计师事务所违反本办法规定的，由省级以上财政部门责令限期改正。逾期不改的，由省级以上财政部门予以通报、列为重点监管对象或依法采取其他行政监管措施。会计师事务所审计档案管理违反国家保密和档案管理规定的，由保密行政管理部门或档案行政管理部门分别依法处理。

9.5.2　审计机关审计档案管理规定

为了规范审计档案管理，维护审计档案的完整与安全，保证审计档案的质量，发挥审计档案的作用，根据《中华人民共和国档案法》《中华人民共和国审计法》和其他有关法律法规，审计署联合国家档案局于 2012 年 11 月 28 日发布了《审计机关审计档案管理规定》，该规定自 2013 年 1 月 1 日施行。

（1）基本规定

本规定所称审计档案，是指审计机关进行审计（含专项审计调查）活动中直接形成的对国家和社会具有保存价值的各种文字、图表等不同形式的历史记录。审计档案是国家档案的组成部分。审计机关的审计档案管理工作接受同级档案行政管理部门的监督和指导；审计机关和档案行政管理部门在各自的职责范围内开展审计档案工作。审计机关审计档案应当实行集中统一管理。审计机关应当设立档案机构或者配备专职（兼职）档案人员，负责本单位的审计档案工作。

（2）审计档案的内容

审计档案案卷质量的基本要求是：审计项目文件材料应当真实、完整、有效、规范，并做到遵循文件材料的形成规律和特点，保持文件材料之间的有机联系，区别不同价值，便于保管和利用。审计文件材料应当按照结论类、证明类、立项类、备查类 4 个单元进行排列。审计文件材料归档范围：

①结论类文件材料　上级机关（领导）对该审计项目形成的《审计要情》《重要信息要目》等审计信息批示的情况说明、审计报告、审计决定书、审计移送处理书等结论类报告，及相关的审理意见书、审计业务会议记录、纪要、被审计对象对审计报告的书面意见、审计组的书面说明等。

②证明类文件材料　被审计单位承诺书、审计工作底稿汇总表、审计工作底稿及相应的审计取证单、审计证据等。

③立项类文件材料　上级审计机关或者本级政府的指令性文件、与审计事项有关的举报材料及领导批示、调查了解记录、审计实施方案及相关材料、审计通知书和授权审计通知书等。

④备查类文件材料　被审计单位整改情况、该审计项目审计过程中产生的信息等不属于前三类的其他文件材料。审计文件材料按审计项目立卷，不同审计项目不得合并立卷。

(3) 审计档案的管理

审计文件材料归档工作实行审计组组长负责制。审计组组长确定的立卷人应当及时收集审计项目的文件材料，在审计项目终结后按立卷方法和规则进行归类整理，经业务部门负责人审核、档案人员检查后，按照有关规定进行编目和装订，由审计业务部门向本机关档案机构或者专职（兼职）档案人员办理移交手续。审计机关统一组织多个下级审计机关的审计组共同实施一个审计项目，由审计机关负责组织的业务部门确定文件材料归档工作。审计复议案件的文件材料由复议机构逐案单独立卷归档。为了便于查找和利用，档案机构（人员）应当将审计复议案件归档情况在被复议的审计项目案卷备考表中加以说明。

(4) 审计档案的保管期限和保密管理

审计档案的保管期限应当根据审计项目涉及的金额、性质、社会影响等因素划定为永久、定期两种，定期分为 30 年、10 年。

①永久保管的档案　指特别重大的审计事项、列入审计工作报告、审计结果报告或第一次涉及的审计领域等具有突出代表意义的审计事项档案。

②保管 30 年的档案　指重要审计事项、查考价值较大的档案。

③保管 10 年的档案　指一般性审计事项的档案。审计机关业务部门应当负责划定审计档案的保管期限。执行同一审计工作方案的审计项目档案，由审计机关负责组织的业务部门确定相同保管期限。审计档案的保管期限自归档年度开始计算。

审计文件材料的归档时间应当在该审计项目终结后的 5 个月内，不得迟于次年 4 月底。跟踪审计项目，按年度分别立卷归档。审计机关应当根据审计工作保密事项范围和有关主管部门保密事项范围的规定确定密级和保密期限。凡未标明保密期限的，按照绝密级 30 年、机密级 20 年、秘密级 10 年认定。审计档案的密级及其保密期限，按卷内文件的最高密级及其保密期限确定，由审计业务部门按有关规定做出标识。审计档案保密期限届满，即自行解密。因工作需要提前或者推迟解密的，由审计业务部门向本机关保密工作部门按解密程序申请办理。

(5) 审计档案的保存、鉴定和销毁

审计档案应当采用"年度—组织机构—保管期限"的方法排列、编目和存放。审计案卷排列方法应当统一，前后保持一致，不可任意变动。审计机关应当按照国家有关规定配置具有防盗、防光、防高温、防火、防潮、防尘、防鼠、防虫功能的专用、坚固的审计档案库房，配备必要的设施和设备。审计机关应当加强审计档案信息化管理，采用计算机等现代化管理技术编制适用的检索工具和参考材料，积极开展审计档案的利用工作。审计机关应当建立健全审计档案利用制度。借阅审计档案，仅限定在审计机关内部。审计机关以外的单位有特殊情况需要查阅、复制审计档案或者要求出具审计档案证明的，须经审计档案所属审计机关分管领导审批，重大审计事项的档案须经审计机关主要领导审批。

省级以上（含省级）审计机关应当将永久保管的、省级以下审计机关应当将永久和30年保管的审计档案在本机关保管20年后，定期向同级国家综合档案馆移交。审计机关应当按照有关规定成立鉴定小组，在审计机关办公厅（室）主要负责人的主持下定期对已超过保管期限的审计档案进行鉴定，准确地判定档案的存毁。审计机关应当对确无保存价值的审计档案进行登记造册，经分管负责人批准后销毁。销毁审计档案，应当指定两人负责监销。对审计机关工作人员损毁、丢失、涂改、伪造、出卖、转卖、擅自提供审计档案的，由任免机关或者监察机关依法对直接责任人员和负有责任的领导人员给予行政处分；涉嫌犯罪的，移送司法机关依法追究刑事责任。档案行政管理部门可以对相关责任单位依法给予行政处罚。电子审计档案的管理办法另行规定。

本章小结

本章主要讨论了审计工作管理的四个基本内容：审计工作计划管理、审计工作质量管理、审计工作信息管理和审计工作档案管理。审计计划是审计工作管理的初始工作，非常关键，其成败影响后续的审计工作管理。审计计划包括总体审计策略和具体审计计划，二者关系密切，审计单位需要根据总体审计策略来制定具体的审计计划。总体审计策略是对审计的预期活动范围、实施方式和审计资源调配所作的规划，用以确定审计的范围、时间和方向，并指导具体审计计划的制定。注册会计师在制定总体策略时，应当考虑下列事项：确定审计业务的性质以界定审计范围；明确审计业务的报告目标；考虑影响审计业务的重要因素以确定项目组工作方向；考虑初步业务活动的结果，制订具体审计计划，并考虑通过有效利用审计资源以实现审计目标。注册会计师应当在总体审计策略中清楚说明重要会计问题和重点审计领域，向具体审计领域调配的资源和数量等，并根据实施风险评估程序的结果对此予以调整。审计重要性和审计风险是审计计划工作中至关重要的概念，需要重点关注。

审计质量是审计工作的生命线，审计单位要制定质量控制制度，并分解为具体的要素，逐一制定相关政策和程序来保证提供高质量的审计工作。对会计师事务所而言，这主要是通过建立和保持质量控制制度（包括政策和程序）来实现的。在会计师事务所质量控制制度框架下，项目组有责任实施适用于审计业务的质量控制程序，并向会计师事务所提供相关信息，以使质量控制制度中的有关独立性的内容发挥作用。会计师事务所应当制定政策和程序，要求形成适当的工作记录，以对质量控制制度的每项要素的运行情况提供证据。会计师事务所应当制定政策和程序，要求对工作记录保管足够的期限，以使执行监控程序的人员能够评价会计师事务所遵守质量控制制度的情况。会计事务所应当制定政策和程序，要求记录投诉、指控以及应对情况。

审计工作产生的大量审计信息需要加强管理和应用，为审计信息使用者的决策提供依据。审计工作信息管理的目的是通过对审计信息的管理向审计信息使用者及时、真实地提供审计信息。审计信息工作是利用各种审计信息载体，以审计公文的形式，把审计监督发现的重大事项、重大问题、审计成果和重要情况，及时提供给上级领导机关的一项政务性工作。同时还是各审计机关之间沟通情况的重要渠道。审计工作信息管理的内容主要有审计信息的收集、加工处理、贮存及传递等。健全的管理制度是保障审计信息工作正常运行的有效手段。管理制度一般包括信息的组织领导制度、信息报送制度、信息审签制度、定期通报制度、考核奖惩制度等。

审计档案是代表着审计工作的痕迹，是重要的文件，审计单位要按照相关审计档案的管理办法和规定来管理和使用审计档案。以社会审计为例，审计档案是指会计师事务所按照法律法规和执业准则要求形成的审计工作底稿和具有保存价值、应当归档管理的各种形式和载体的其他历史记录。审计档案应当由会计师事务所总所及其分所分别集中管理，接受所在地省级财政部门和档案行政管理部门的监督和指导。会计师事务所首席合伙人或法定代表人对审计档案工作负领导责任。会计师事务所应当明确一名负责人（合伙人、股东等）分管审计档案工作，该负责人对审计档案工作负分管责任。会计师事务所从业人员应当按照法律法规和执业准则的要求，及时将审计业务资料按审计项目整理立卷。审计档案所有权归属会计师事务所并由其依法实施管理。会计师事务所档案部门或档案工作人员所属部门（以下统称档案管理部门）应当定期与相关业务部门共同开展对保管期满的审计档案的鉴定工作。经鉴定后，确需继续保存的审计档案应重新确定保管期限；不再具有保存价值且不涉及法律诉讼和民事纠纷的审计档案应当登记造册，经会计师事务所首席合伙人或法定代表人签字确认后予以销毁。

▲ 思 考 题

1. 注册会计师在计划审计工作阶段，如何开展初步业务活动？
2. 审计业务约定书的作用和内容有哪些？
3. 注册会计师如何制定总体审计策略？
4. 如何理解审计重要性和审计风险？
5. 如何理解审计工作质量控制目标？其具体要素的核心要求是什么？
6. 如何组织实施审计工作信息管理？
7. 审计档案的具体内容有哪些？如何管理审计档案？

第 10 章　审计职业道德和法律责任

【学习目标】
1. 了解审计职业道德的含义及本质、审计法律关系的含义及特征。
2. 明确审计职业道德的作用、审计法律关系的构成要素、审计法律责任的认定条件。
3. 掌握职业道德的基本内容和法律法规对审计人员法律责任的相关规定。

10.1　审计职业道德概述

10.1.1　审计职业道德的含义

道德是调整社会中人与人、个人与群体、个人与社会之间的行为规范的总和。它依社会舆论、传统习惯和内心信念的约束力量使个人行为规范化，符合社会对个人发展的方向性要求。相应地，职业道德是社会一般道德要求在职业生活中的具体体现，职业道德是同人们的职业活动紧密联系的符合职业特点所要求的道德准则、道德情操与道德品质的总和，它是人们在从事职业的过程中形成的一种内在的、非强制性的约束机制。职业道德把一般的社会道德标准与具体的职业特点进行结合，不仅是从业人员在职业活动中的行为标准和要求，而且是本行业对社会所承担的道德责任和义务，是社会道德在职业生活中的具体化。

就审计职业而言同样拥有自己的职业道德规范。审计职业道德是指审计人员在从事审计工作时所遵循的行为规范，具体包括职业品德、职业纪律、专业胜任能力及职业责任等行为标准。审计职业道德作为社会职业道德的组成部分，在实际生活中发挥着约束个人行为、调整人们在审计工作中所形成的社会关系、促进社会主义市场经济的繁荣和市场秩序的良好运转等其他职业道德无法替代的作用。

10.1.2　审计职业道德的本质

审计是一种依法独立进行的监督活动，它要求审计人员必须依据规范保持较高的独立性，并以客观和公正的态度，实事求是地反映被审计单位的问题，发表审计意见。作为一种道德范畴，审计职业道德依靠审计人员的精神信仰、内心信念和社会舆论的支持，没有强制的约束力。但是由于审计工作的特殊性，国家要求审计人员强制性地服从职业道德规范，以国家认可的方式赋予职业道德规范以法律依据，这样就将本属于道德领域的职业规范提升为法律领域的法律规范。例如，2010 年 9 月 8 日，审计署公布了新修订的《国家审计准则》，并在第二章"审计机关和审计人员"中，详细规定了审计机关审计人员的职业道德；2014年1月1日实施的《第1201号——内部审计人员职业道德规范》中，详细规定了内部审计人员的职业道德；2009年10月，中国注册会计师协会发布了《中国注册会计师职业道德守则》，全面规范了注册会计师的职业道德行为，实现了与国际会计师职业道德守则的全面趋同。可见，审计职业道德本质上是具有法律影响力的审计职业道德标准。

10.1.3 审计职业道德的作用

审计职业道德可以从道德和法制观念上，促使从事审计职业的工作人员保持审计职业应有的态度和行为取向，树立审计事业良好的职业形象，并为审计工作赢得社会公众和相关政府机构的尊重与信赖。

（1）审计职业道德是树立审计专业精神的依靠

在复杂的审计关系中，审计人员需要知道自己的工作方向，需要培养审计的工作精神，这就需要严肃的审计职业道德作为自己工作选择的指引，结合具体的工作准则，培养审计人员的选择能力和沟通能力，树立审计的精神信条和专业原则，鞭策他们以明确的信念处理和协调各种社会关系，做好审计工作。道德为精神提供依靠，精神为行为提供指引，行为则为现实提供直接的结果和影响，对审计工作而言更是如此。

（2）审计职业道德是审计工作质量的重要保证

审计人员的执业能力和主观能动性的程度直接影响着审计工作质量的高低。审计职业道德所强调的忠于职守、勤奋工作、依法审计、客观公正等道德观念，可以对审计人员的思想和行为产生较大的影响，增强审计人员的事业心，培养审计人员的责任感，约束审计人员的工作行为，调整审计组织内部的人际关系。在道德习惯形成审计人员的行为习惯后，就能使审计人员自觉地、正确地处理审计过程当中的具体事务，重视所履行的工作职责，客观公正地处理审计问题，获得相关机构的认可，从而保障审计工作得以顺利完成。

（3）审计职业道德可以补充完善审计规范体系

审计规范包括审计法规和审计职业道德两类。审计法规能够限定审计人员必须做什么和不能做什么，却不能说明审计人员应该以怎样的精神状态和风貌去工作。审计人员的精神状态和风貌只能由审计职业道德提出和倡导。有些不宜纳入审计法规，但又有必要做出规定的事项，可以通过职业道德规范来加以约束，如对审计纪律、职业品德、专业胜任能力要求等等。审计法规是对审计人员的最低要求，而审计职业道德则是对审计人员升华了的要求，它纳入了与审计工作紧密相关但却尚未纳入法规制度的重要规范，以此使审计工作更能获得全面的指引，提升审计工作效率。

10.2 政府审计职业道德

10.2.1 政府审计职业道德的含义

政府审计的职业道德是指政府审计人员在长期从事政府审计工作过程中逐步形成的应当普遍遵守的行为规范，具体包括政府审计人员的职业道德、职业纪律、职业胜任能力和职业责任等内容。

政府审计是一种依法独立进行的监督活动，它要求审计人员必须依据规范保持较高的独立性，并以客观和公正的态度，实事求是地反映被审计单位的问题，发表审计意见，呈报并发布审计报告。

10.2.2 政府审计职业道德的内容

政府审计人员职业道德包括审计机关审计人员的职业品德、职业纪律、职业胜任能力和职业责任。

10.2.2.1 职业品德

政府审计人员应当依照法律规定的职责、权限和程序进行审计工作，并遵守政府审计准则办理审计事项，遵循正直坦诚、客观公正、勤勉尽责的职业品德。

（1）正直坦诚

审计人员应当正直坦诚，维护国家利益和公共利益，坚持原则，不屈从于外部压力；不歪曲事实，不隐瞒审计发现的问题；廉洁自律，不利用职权谋取私利。

（2）客观公正

审计人员应当保持客观公正的立场和态度，以适当、充分的审计证据支持审计结论，实事求是地做出审计评价和处理审计发现的问题。

（3）勤勉敬业

审计人员应当勤勉尽责，爱岗敬业，严谨细致，认真履行审计职责，保证审计工作质量。

10.2.2.2 职业纪律

（1）严格守法

审计人员应当遵守国家的法律、法规和规章以及审计工作纪律和廉政纪律。审计人员应当认真履行职责，维护政府审计的权威，不得有损害审计机关形象的行为，同时审计人员应当维护国家利益和被审计单位的合法权益。

（2）保持独立性

审计人员在执行职务时，必须保持应有的独立性，不受其他行政机关、社会团体和个人的干涉。审计机关应当建立审计人员交流制度，避免审计人员因执行审计业务长期与同一被审计单位接触可能对审计独立性造成的损害。

审计人员遇有下列可能损害审计独立性情形的，应当向审计机关报告：

①与被审计单位负责人或者有关主管人员有夫妻关系、直系血亲关系、三代以内旁系血亲以及近姻亲关系。

②与被审计单位或者审计事项有直接经济利益关系。

③对曾经管理或者直接办理过的相关业务进行审计。

④可能损害审计独立性的其他情形。

审计机关组成审计组时，应当了解审计组成员可能损害审计独立性的情形，并根据具体情况采取下列措施，避免损害审计独立性：

①依法要求相关审计人员回避。

②对相关审计人员执行具体审计业务的范围做出限制。

③对相关审计人员的工作追加必要的复核程序。
④其他措施。

此外,审计人员在执行职务时,还应当忠诚老实,不得隐瞒或者曲解事实。审计人员在执行职务特别是做出审计评价、提出处理处罚意见时,应当做到依法办事,实事求是,客观公正,不得偏袒任何一方。

10.2.2.3 职业胜任能力

(1) 具备与职业相适应的专业知识

审计人员应当具有符合规定的学历,通过岗位任职资格考试,具备与从事的审计工作相适应的专业知识、职业技能和工作经验,同时还应当遵守审计机关的继续教育和培训制度,参加审计机关举办或者认可的继续教育、岗位培训活动,学习会计、审计、法律、经济等方面的新知识,掌握与从事工作相适应的计算机、外语等技能,不断优化知识结构,更新职业技能,积累工作经验,保持持续的职业胜任能力。

(2) 保持应有的职业谨慎

审计人员执行审计业务时,应当合理运用审计知识、技能和经验,合理运用职业判断,保持职业谨慎,对被审计单位可能存在的重要问题保持警觉,并审慎评价所获取审计证据的适当性和充分性,得出恰当的审计结论。不得对没有证据支持的未经核清事实的、法律依据不当的和超越审计职责范围的事项发表审计意见。

此外,为了保障审计工作的顺利进行,弥补审计职业胜任能力的差异,审计机关应当合理配备审计人员,组成审计组,确保其在整体上具备与审计项目相适应的职业胜任能力,以此来保障审计组织整体的胜任能力。审计机关应当建立和实施审计人员录用、继续教育、培训、业绩评价考核和奖惩激励制度,确保审计人员具有与其从事业务相适应的职业胜任能力。

10.2.2.4 职业责任

审计人员应当遵守国家的法律、法规和规章以及审计工作纪律和廉政纪律。审计人员应当认真履行职责,维护政府审计的权威,不得有损害审计机关形象的行为。同时,审计人员还需要对其执行职务时知悉的国家秘密和被审计单位的商业秘密负有保密的义务,尤其是对执行职务中取得的资料和审计工作记录,未经批准不得对外提供和披露,不得用于与审计工作无关的目的。

10.2.3 强化政府审计职业道德的措施

审计人员职业道德建设是一项长期的、艰巨的任务,从教育上多措并举,思想上潜移默化,持之以恒地加强审计人员"责任、忠诚、清廉、依法、独立、奉献"的核心价值观教育,日常工作中积极地加以引导和监督,塑造良好的审计形象,形成良好的道德风尚,营造全员恪守审计职业道德的良好氛围。通过加强审计人员职业道德建设,凝聚力量,形成推动审计工作持续健康发展的动力。

10.2.3.1 加强审计人员职业道德教育

结合审计人员的工作和思想实际,多形式、多渠道宣讲职业道德理论知识和审计职业道德方面的文件法规,开设"道德讲堂"宣讲身边道德模范事迹,促使审计人员树立正确的世界观、人生观、价值观、荣辱观、权力观,在任何时候、任何环境,都能够坚定信念、热爱本职工作,践行审计职业道德操守,做一个思想坚定、道德高尚、作风正派、工作扎实、纪律严明的审计工作者。

(1) 有正确的职业道德认识

审计人员要深刻理解并接受职业道德的基本理论,不断提高对审计职业道德原则、规范、范畴和评价标准的认识。

(2) 有深厚的职业道德情感

审计人员应认识到从事审计工作的价值和意义所在,正确行使国家和人民赋予的职权,尽心尽责做好本职工作。

(3) 有坚强的职业道德意志

审计人员应自觉克服一切困难,敢于冲破各种困难和阻力,秉公办事,不徇私情,不计个人得失。

(4) 树立崇高的职业道德信念

审计人员应树立职业的荣誉感、责任感,忠于职守,尽职尽责,做好工作。

(5) 养成良好的职业道德习惯

审计人员应把监督遵守转化为习惯遵守,养成良好职业道德习惯,并落实到日常工作和行为之中。

10.2.3.2 形成审计人员职业道德自律意识

(1) 积极塑造审计人员正确的人生观

如果没有正确的人生观、强烈的事业心和奉献精神,就很难耐得住清苦、挡得住诱惑。因此,要培养审计工作者的敬业精神和奉献精神,引导他们把人生价值趋向定位于"审为国家,计益人民"上,正确理解奉献和索取的关系,最大限度地发挥个人的积极性和创造性,通过事业的成功来实现个人的人生价值。

(2) 培养审计人员坚持真理的勇气

一个有良知的审计工作者必须将维护审计质量的重要性作为自己的天职,要有审计工作者刚正不阿的正气,敢于同社会不良现象作斗争的勇气。

(3) 制定统一的审计职业道德规范

统一审计职业道德规范既便于审计工作者遵守和执行,也便于组织、领导的监督和互相制约,要在大力发展审计事业的过程中自觉地加强审计职业道德教育,充实完善道德规范,使两者互相促进,相得益彰。

10.2.3.3 营造审计人员恪守职业道德的良好氛围

(1) 优化审计工作的内部环境

在审计组织内形成"团结干事"的良好风气,在审计实践中通过审计人员互帮互助、精诚合作,培养审计人员的团队意识。

(2) 致力于审计外部环境的改善

进一步加强、完善审计立法,为审计人员恪守职业道德提供法律保障,当审计人员受到打击报复时,审计机关要依法加以保护,使之感受到有强大的后盾和支柱。

（3）积极取得当地党委政府对审计工作的理解和支持

通过舆论和审计工作的有所作为，提高审计工作的社会地位，取得当地党委政府对审计工作的理解和支持，使审计人员感受到从事审计这一职业是光荣的，也是大有作为的。

10.2.3.4 切实强化审计监督制约机制

（1）加强审计法制建设

以加强法制建设为重点，加大审计执法力度，认真查处违法案件，维护经济社会运行秩序。以质量求生存和发展，对审计进行全面质量管理，着力打造"精品"审计项目。

（2）加强社会舆论监督

一方面通过信息简报、审计要情等多种渠道营造良好的审计舆论氛围，促进全社会支持理解审计，从而依法治政；另一方面审计工作者要关心社会舆论对自己行为的评价，根据社会舆论的要求，纠正自己的行为。

（3）严格执行审计工作纪律

审计人员要坚守审计职业道德最基本的要求，自觉维护审计机关的良好形象，通过加强廉政教育，规范审计执法权的正确运行，强化对执法活动的监督，促进审计人员廉洁从审，有效防范审计风险。

10.3 内部审计职业道德

10.3.1 内部审计职业道德的含义

内部审计人员职业道德是内部审计人员在开展内部审计工作中应当具有的职业品德、应当遵守的职业纪律和应当承担的职业责任的总称。内部审计人员从事内部审计活动时，应当遵守职业道德规范，认真履行职责，不得损害国家利益、组织利益和内部审计职业声誉。

内部审计是组织内部一种独立、客观的监督、评价活动，其目的是通过对组织的经营活动及内部控制的适当性、合法性和有效性进行审查、评价，促进组织目标的实现。内部审计是专业性较强的职业，这一职业的复杂性，使外部人员难以对内部审计过程做出评价。职业道德规范的建立是内部审计职业取得外界理解与支持的必然要求。相对于组织内部其他人员而言，内部审计人员是以一种独立、公正的"裁判"身份出现，对经营活动及内部控制进行独立审查、评价的。因此树立和维护内部审计人员的职业形象，是维护内部审计工作的权威性，顺利开展内部审计活动的关键。

10.3.2 内部审计职业道德的内容

10.3.2.1 职业品德

（1）诚信正直

内部审计人员在实施内部审计业务时，应当诚实、守信、廉洁、正直。

内部审计人员应诚实地为组织服务，不做任何违反诚信原则的事情。内部审计是组织经营管理过程中的一个重要环节，是为了促进组织目标的实现而服务的。因此，内部审计人员应当尽职尽责、诚实地为组织服务，不能违反诚信原则，从事有损于组织的活动，不能歪曲事实，隐瞒审计发现的问题，进行缺少证据支持的判断，做误导性的或者含糊的陈述。

内部审计人员在履行职责时，应当保持廉洁，不得利用职权谋取私利，不得从被审计单位获得任何可能有损职业判断的利益。从被审计单位获取利益，会使内部审计人员的独立性、客观性受到损害，内部审计人员对被审计单位所作审查和评价的公正性、客观性不可避免地都会受到怀疑，从而与组织的利益相背，甚至带来损害。

内部审计人员在履行职责时应能明辨是非，坚持正确的行为、观点，不屈服于压力，不违反原则，按照法律及其职业要求做出判断和评价。

（2）独立、客观、公正

独立是指内部审计人员应当独立于审计对象，与之不存在任何可能的潜在利益冲突，不能负责被审计单位的经营活动和内部控制的决策与执行。只有保持独立性，才能使内部审计人员做出客观、公正的评价，也才能使内部审计结果为使用者所信。客观公正是指内部审计人员不受外来因素的影响，根据事实、公正、无偏地做出判断和评价。客观公正和独立性密不可分，是审计人员在进行内部审计活动时应坚持的一种精神状态。

内部审计人员实施内部审计业务前，应当采取下列步骤对客观性进行评估：

①识别可能影响客观性的因素。

②评估可能影响客观性因素的严重程度。

③向审计项目负责人或者内部审计机构负责人报告客观性受损可能造成的影响。

内部审计人员应当识别下列可能影响客观性的因素：

①审计本人曾经参与过的业务活动。

②与被审计单位存在直接利益关系。

③与被审计单位存在长期合作关系。

④与被审计单位管理层有密切的私人关系。

⑤遭受来自组织内部和外部的压力。

⑥内部审计范围受到限制。

⑦其他。

内部审计机构负责人应当采取下列措施保障内部审计的客观性：

①提高内部审计人员的职业道德水准。

②选派适当的内部审计人员参加审计项目，并进行适当分工。

③采用工作轮换的方式安排审计项目及审计组。

④建立适当、有效的激励机制。

⑤制定并实施系统、有效的内部审计质量控制制度、程序和方法。

⑥当内部审计人员的客观性受到严重影响，且无法采取适当措施降低影响时，停止实施有关业务，并及时向董事会或者最高管理层报告。

10.3.2.2 职业纪律

内部审计人员在履行其职责时，必须严格遵守《内部审计准则》及中国内部审计协会制定的其他规定，坚持依法审计。办理审计事项时，应当客观公正，实事求是，廉洁奉公，做到正直、独立、客观和勤勉。

内部审计人员不得参与被审计单位的经营活动，不得隐瞒查出的被审计单位违法问题，保证审计资料的真实、合法。内部审计人员与被审计单位或审计事项有利害关系的，应当回避。

10.3.2.3 职业胜任能力

（1）具备履行职责所需的专业知识、职业技能和实践经验

内部审计人员应具备审计、会计、财务、税务、经济、金融、统计、管理、内部控制、风险管理、法律和信息技术等专业知识，以及与组织业务活动相关的专业知识。并应当通过后续教育和职业实践等途径，了解、学习和掌握相关法律法规、专业知识、技术方法和审计实务的发展变化，保持和提升专业胜任能力。

内部审计人员应具备语言文字表达、问题分析、审计技术应用、人际沟通、组织管理等职业技能。

内部审计人员应具备必要的实践经验及相关职业经历。

内部审计工作与组织经营管理的各个方面紧密相连，内部审计人员的知识结构和专业水平不能只限于一个狭窄的范围之内，而应广泛涉猎，吸取多方面的知识。而且内部审计人员身处新经济时代，各类知识的更新与发展很快，只有不断学习，接受后续的教育，才能保持良好的专业水平，胜任内部审计工作。

（2）保持应有的职业谨慎

内部审计人员实施内部审计业务时，应当保持职业谨慎，合理运用职业判断。内部审计人员在实施内部审计活动时，应保持谨慎的态度。根据所审查项目的复杂程度，合理使用职业判断，运用必需的审计程序，警惕可能出现的错误、遗漏、浪费、效率低下和利益冲突等情况，还应小心避免可能发生的违法乱纪的情形。对于审查中发现的内部控制不够有效的环节，应提出合理、可行的改进措施。

应有的职业谨慎只是合理的谨慎，而不是意味着永远正确、毫无差错，内部审计人员只能是在合理的程度上开展检查和核实的工作，而不可能对所有事项都进行详细的检查，内部审计工作并不能保证发现所有存在的问题。

10.3.2.4 职业责任

内部审计人员应当遵守国家法律、法规和规章，严格遵守审计工作纪律，认真履行职责。内部审计人员在审计报告中应客观地披露所了解的全部重要事项，有责任将审计过程中所了解的重要事项如实进行反映，否则可能使所提交的审计报告产生歪曲或使潜在的风险不为组织的管理层所重视。在内部审计活动中，内部审计人员对于发现的一些可能会对组织产生某些重大影响、但是又没有足够充分的证据表明一定会产生影响的事项，应当客观地在审计报告中进行披露，但不能随便得出结论。

内部审计人员对实施内部审计业务所获取的信息保密，非因有效授权、法律规定或其他合法事由不得披露。在社会交往中，审计人员应当履行保密义务，警惕非故意泄密的可能性。不得利用其在实施内部审计业务时获取的信息牟取不正当利益，或者以有悖于法律法规、组织规定及职业道德的方式使用信息。

10.3.3 强化内部审计职业道德的措施

10.3.3.1 加强文化建设，培育诚信意识

诚信正直，是职业道德的根本所在。审计文化是审计人员的精神纽带和精神支柱，能

够潜移默化地培育审计人员的诚信意识，促进审计人员在审计工作中形成良好的道德素养，增强公众对内部审计职业的认识和信心。审计文化建设要以宣贯"责任、忠诚、清廉、依法、独立、奉献"的审计核心价值观为重点，树立从业人员依法审计、科学审计、文明审计、廉洁审计的理念。同时，加强社会公德、职业道德、家庭美德和个人品德教育，将诚实守信、敢说真话、敢于碰硬、清正廉洁的职业品格植入审计人员心田，促进审计人员在审计过程中形成良好的道德素养。

10.3.3.2　加强机制建设，做到客观公正

（1）建立约束机制，增强责任意识

内部审计部门应根据相关的法律法规，强化独立性要求，加强制度约束。审计组长应对审计人员的工作质量进行考评，以增强审计人员的责任意识，促使其能够自觉遵守各项规定，做到胸中始终有激情、脑子里始终有任务、肩膀上始终有责任。

（2）建立自省机制，保持思想独立

独立性是审计的灵魂，只有独立才能客观，只有客观才能公正，只有公正才能减少审计主体道德失范所导致的审计风险。审计不仅要在组织、人员、经费和业务等形式上独立，更重要的还是审计人员思想上的独立，即实质上的独立。要保持思想上的独立，必须让审计人员时刻保持自省，做到以谨慎之心对待权力、以警惕之心对待诱惑，不拿原则做交易、不以私情废公事，秉公用权。

10.3.3.3　加强队伍建设，提高胜任能力

（1）建立审计专家人才库

根据工作实际考虑内部和外部两方面的建设。内部审计专家库，主要是由本级和下属单位中具有专业技术的审计和财务人员组成。外部审计专家库，需要外聘中介机构人员参与内部审计业务，尤其是要聘请工程造价审计方面的专家。

（2）优化审计组团队成员

根据审计项目的特点、专业特征和计划时间，从内、外部审计专家人才库中选取能够实现目标所需具备各方面专业技能的人员组成审计组，合理分工搭配，增强审计组整体胜任能力。

（3）建立完善的培训机制

对于审计人员的后续教育，应当建立持续、有针对性的培训机制。区分内部审计机构负责人、审计项目负责人和审计助理人员三个层次的不同需要，突出重点，按需施教。通过系统学习，提高不同层次审计人员的专业知识、管理能力、风险意识和人际交往协调能力。

10.3.3.4　加强作风建设，树立保密意识

（1）加强经常性的保密学习

做好审计保密工作，是维护审计职业形象，防范审计风险、保障被审计单位合法权益的重要手段。优良的工作作风，是做好保密工作的前提。筑牢思想防线，使审计人员心中有条"红线"，不该说的不说，不该做的不做，增强审计人员保密工作意识，做到慎言慎行。

（2）建立可操作的管理机制，强化制度防线

针对审计人员在工作中可能发生的泄密情况，审计部门应建立相应的管理机制，如审

前培训时组织学习保密知识，审中做到及时提醒可能出现泄密的苗头，审后强化对审计结果的保密。

（3）注重养成好的工作习惯

审计人员需养成严谨、稳健的工作作风，随身携带审计记录、审计底稿、涉密文书等现场审计资料，按照规定程序操作密级文件资料。

10.4 社会审计职业道德

10.4.1 社会审计职业道德的含义

社会审计职业道德是指注册会计师在执业时所应遵循的行为规范，包括在职业品德、职业纪律、专业胜任能力及职业责任等方面所应达到的行为标准。

社会审计职业性质决定了其对社会公众应承担的责任。为使注册会计师切实担负起这项神圣的职责，为社会公众提供高质量的、可信赖的专业服务，就必须大力加强社会审计职业道德的建设。社会审计职业道德水平是关系到整个行业能否生存和发展的大事。

10.4.2 社会审计职业道德的内容

10.4.2.1 职业品德

（1）诚信

诚信，是指诚实、守信。诚信是市场经济的基石，因为市场经济就是信用经济。现在许多行业都将诚信作为其职业道德的一部分，这实际上是适应了市场经济的需要。对社会审计行业来说，将诚信作为其职业道德的重要部分，不仅是为了适应市场经济的需要，更重要的是诚信是其生存之本，没有诚信，这个行业就没有存在的必要。独立审计业务作为社会审计行业最基本的业务，其之所以能够存在几百年，就是因为社会公众对注册会计师比较信任，而社会公众的信任是建立在注册会计师诚信的基础上的。

诚信原则要求注册会计师应当在所有的职业关系和商业关系中保持正直和诚实、秉公办事。注册会计师如果认为业务报告、申报资料或其他信息存在下列问题，则不得与有问题的信息发生牵连：

①含有严重虚假或误导性的陈述。
②含有缺少充分依据的陈述或信息。
③存在遗漏或含糊其辞的信息。

注册会计师如果注意到已与有问题的信息发生牵连，应当采取措施消除牵连。

（2）独立

独立性是注册会计师执行鉴证业务的灵魂，因为注册会计师要以其自身的信誉向社会公众表明，被审计单位的财务报表是真实与公允的。在市场经济条件下，投资者主要依赖财务报表判断投资风险，在投资机会中做出选择。如果注册会计师与客户之间不能保持独立，存在经济利益、关联关系或屈从于外界压力，就很难取信于社会公众。那么，什么是独立性呢？传统观点认为，注册会计师的独立性包括两个方面：实质上的独立和形式上的独立。中国注册会计师协会《职业道德守则》要求注册会计师执行审计和审阅业务以及其他鉴证业务时,应当从实质上和形式上保持独立性,不得因任何利害关系影响其客观性。其中,实质上的独立性是一种内心状态,使得注册会计师在提出结论时不受损害职业判断的因素影响,诚信行事,遵循客观和公正原则,保持职业怀疑态度;形式上的独立性是一种外在表现,使得一个理性且掌握充分信息的第三方,在权衡所有相关事实和情况后,认为会计师事务所或审计项目组成员没有损害诚信原则、客观和公正原则或职业怀疑态度。

(3)客观与公正

客观性是一种思想状态,一种能为注册会计师的服务增加价值的品质,也是一项职业特征。客观性要求注册会计师应当力求公平,不得因为成见、利益冲突或他人影响而损害独立性。也就是说,注册会计师应该按照事物的本质去考察,在执业中要做到一切从实际出发注重调查研究,只有这样,才能取得主观与客观的一致,做到审计结论有理有据。

注册会计师的服务涉及多方利益,因此,不可避免地会受到来自客户或其他方面的压力。公正性要求注册会计师应当具备正直、诚实的品质,在各种压力面前不屈服,能够公平公正、不偏不倚地对待利益各方,不以牺牲一方的利益为条件而使另一方受益。

10.4.2.2 职业胜任能力

(1)专业胜任能力

专业胜任能力是指为提供高质量的专业服务,注册会计师必须具备的职业品德、学识与经验、专业训练以及足够的分析、判断能力。为何要把专业胜任能力提高到道德层次?这是因为,注册会计师如果不能保持和提高专业胜任能力,就难以完成客户委托的业务,也就无法从根本上满足社会公众对注册会计师的需求。事实上,如果注册会计师在缺乏足够的专业知识技能或经验的情况下提供专业服务,就构成了一种欺诈。因此,一个合格的注册会计师不仅要充分认识自己的能力,充满自信心,更重要的是,必须清醒地认识到自己在专业胜任能力方面的不足,不承接自己所不能胜任的业务。

注册会计师应当通过教育、培训和执业实践获取和保持专业胜任能力。注册会计师应当持续了解并掌握当前法律、技术和实务的发展变化,将专业知识和技能始终保持在应有的水平,确保为客户提供具有专业水准的服务。在应用专业知识和技能时,注册会计师应当合理运用职业判断。

(2)职业怀疑态度

职业怀疑态度是指注册会计师以质疑的思维方式评价所获取证据的有效性,并对相互矛盾的证据,以及引起对文件记录或责任方提供的信息的可靠性产生怀疑的证据保持警觉。在审计过程中,注册会计师应当保持职业怀疑态度,运用专业知识、技能和经验,获取和评价审计证据。注册会计师应当保持应有的关注,遵守执业准则和职业道德规范的要求,勤勉尽责,认真、全面、及时地完成工作任务。

10.4.2.3 职业纪律与职业责任

(1)注册会计师应具备良好的职业行为

任何职业的存在和发展都必须对其所提供的服务是否达到社会期望,也就是该职业所承担的责任予以特别关注。对于注册会计师行业来说,这种社会期望集中体现在职业声誉上,良好的职业声誉是整个行业赖以生存的命脉。注册会计师应遵守相关的法律和规章,维护本职业的良好声誉，避免任何损害职业形象的行为。如在推介自己和工作时，注册会计师应当客观、真实、得体，不得损害职业形象；注册会计师不得夸大宣传提供的服务、拥有的资质或获得的经验；不得贬低或无根据地比较其他注册会计师的工作。

（2）对客户信息具有保密的职责

注册会计师能否与客户维持正常的关系，有赖于双方能否自愿而充分地进行沟通和交流，不掩盖任何重要的事实和情况。只有这样，注册会计师才能充分了解情况，并有效地完成保密的工作。但注册会计师与客户的这种沟通，必须建立在对客户信息保密的基础上。这里所说的客户信息，通常是指商业秘密，因为一旦商业秘密被泄露或利用，往往会给客户造成损失。如果注册会计师在接受委托后不能保守客户的秘密，那么客户就会认为其利益没有得到很好的维护，从而使得客户因担心秘密泄露而在是否允许注册会计师检查某些重要文件的时候表现出犹豫不决。客户对注册会计师的这种不信任将导致双方的合约关系很难维持。因此，注册会计师在签订业务约定书时，应当书面承诺对在执行业务过程中获知的客户信息保密。

注册会计师应当对职业活动中获知的涉密信息保密，不得有下列行为：

①未经客户授权或法律法规允许，向会计师事务所以外的第三方披露其所获知的涉密信息。

②利用所获知的涉密信息为自己或第三方谋取利益。

注册会计师在社会交往中应当遵循保密原则。注册会计师应当警惕无意泄密的可能性，特别是向主要近亲属和其他近亲属以及关系密切的商业伙伴无意泄密的可能性。主要近亲属是指配偶、父母或子女。其他近亲属是指兄弟姐妹、祖父母、外祖父母、孙子女、外孙子女。

注册会计师应当对拟接受的客户或拟受雇的工作单位向其披露的涉密信息保密。在终止与客户或工作单位的关系之后，注册会计师应当对以前职业活动中获知的涉密信息保密。如果获得新客户，注册会计师可以利用以前的经验，但不得利用或披露以前职业活动中获知的涉密信息。注册会计师应当明确在会计师事务所内部或工作单位内部保密的必要性，采取有效措施，确保下级员工以及为其提供建议和帮助的人员履行保密义务。

在下列情形下，注册会计师可以披露涉密信息：

①法律法规允许披露，并取得客户的授权。

②根据法律法规的要求，为法律诉讼、仲裁准备文件或提供证据，以及向监管机构报告所发现的违法行为。

③法律法规允许的情况下，在法律诉讼、仲裁中维护自己的合法权益。

④接受注册会计师协会或监管机构的执业质量检查，答复其询问和调查。

⑤法律法规、执业准则和职业道德规范规定的其他情形。

在决定是否披露涉密信息时，注册会计师应当考虑下列因素：

①客户同意披露的涉密信息，是否为法律法规所禁止。

②如果客户同意披露涉密信息，是否会损害利害关系人的利益。

③是否已了解和证实所有相关信息。

④信息披露的方式和对象。

⑤可能承担的法律责任和后果。

10.4.3 可能对职业道德的遵循产生不利的情形

注册会计师对职业道德的遵循可能受到多种因素的不利影响，不利影响因素的性质和严重程度因注册会计师提供服务类型的不同而不同。可能对职业道德产生不利影响的因素包括自身利益、自我评价、过度推介、密切关系和外在压力。

（1）自身利益导致不利影响的情形

①鉴证业务项目组成员在鉴证客户中拥有直接经济利益。

②会计师事务所的收入过分依赖某一客户。

③鉴证业务项目组成员与鉴证客户存在重要且密切的商业关系。

④会计师事务所担心可能失去某一重要客户。

⑤鉴证业务项目组成员正在与鉴证客户协商受雇于该客户。

⑥会计师事务所与客户就鉴证业务达成或有收费的协议。

⑦注册会计师在评价所在会计师事务所以往提供的专业服务时，发现了重大错误。

（2）自我评价导致不利影响的情形

①会计师事务所在对客户提供财务系统的设计或操作服务后，又对系统的运行有效性出具鉴证报告。

②会计师事务所为客户编制原始数据；这些数据构成鉴证业务的对象。

③鉴证业务项目组成员担任或最近曾经担任客户的董事或高级管理人员。

④鉴证业务项目组成员目前或最近曾受雇于客户，并且所处职位能够对鉴证对象施加重大影响。

⑤会计师事务所为鉴证客户提供直接影响鉴证对象信息的其他服务。

（3）过度推介导致不利影响的情形

①会计师事务所推介审计客户的股份。

②在审计客户与第三方发生诉讼或纠纷时，注册会计师担任该客户的辩护人。

（4）密切关系导致不利影响的情形

①项目组成员的近亲属担任客户的董事或高级管理人员。

②项目组成员的近亲属是客户的员工，其所处职位能够对业务对象施加重大影响。

③客户的董事、高级管理人员或所处职位能够对业务对象施加重大影响的员工，最近曾担任会计师事务所的项目合伙人。

④注册会计师接受客户的礼品或款待。

⑤会计师事务所的合伙人或高级员工与鉴证客户存在长期业务关系。

（5）外在压力导致不利影响的情形

①会计师事务所受到客户解除业务关系的威胁。

②审计客户表示，如果会计师事务所不同意对某项交易所做的会计处理，则不再委托其承办拟议中的非鉴证业务。

③客户威胁将起诉会计师事务所。

④会计师事务所受到降低收费的影响而不恰当地缩小工作范围。

⑤由于客户员工对所讨论的事项更具有专长，注册会计师面临服从其判断的压力。

⑥会计师事务所合伙人告知注册会计师，除非同意对审计客户进行不恰当的会计处理否则将影响晋升。

10.4.4 应对不利影响的防范措施

注册会计师应当运用判断，确定如何应对超出可接受水平的不利影响，包括采取防范措施消除不利影响或将其降低至可接受的水平，或者终止业务约定或拒绝接受业务委托。在运用判断时，注册会计师应当考虑一个理性且掌握充分信息的第三方，在权衡注册会计师当时可获得的所有具体事实和情况后，是否很可能认为这些防范措施能够消除不利影响或将其降低至可接受的水平，以使职业道德不受损害。应对不利影响的防范措施，包括法律法规和职业规范规定的防范措施和在具体工作中采取的防范措施。

在具体工作中，应对不利影响的防范措施，包括会计师事务所层面的防范措施和具体业务层面的防范措施。

（1）会计师事务所层面的防范措施

①领导层强调遵循职业道德基本原则的重要性。

②领导层强调鉴证业务项目组成员应当维护公众利益。

③制定有关政策和程序，实施项目质量控制，监督业务质量。

④制定有关政策和程序，识别对职业道德基本原则的不利影响，评价不利影响的严重程度，采取防范措施消除不利影响或将其降低至可接受的水平。

⑤制定有关政策和程序，保证遵循职业道德基本原则。

⑥制定有关政策和程序，识别会计师事务所或项目组成员与客户之间的利益或关系。

⑦制定有关政策和程序，监控对某一客户收费的依赖程度。

⑧向鉴证客户提供非鉴证服务时，指派鉴证业务项目组以外的其他合伙人和项目组，并确保鉴证业务项目组和非鉴证业务项目组分别向各自的业务主管报告工作。

⑨制定有关政策和程序，防止项目组以外的人员对业务结果施加不当影响。

⑩及时向所有合伙人和专业人员传达会计师事务所的政策和程序及其变化情况，并就这些政策和程序进行适当的培训。

⑪指定高级管理人员负责监督质量控制系统是否有效运行。

⑫向合伙人和专业人员提供鉴证客户及其关联实体的名单，并要求合伙人和专业人员与之保持独立。

⑬制定有关政策和程序，鼓励员工就遵循职业道德基本原则方面的问题与领导层沟通。

⑭建立惩戒机制，保障相关政策和程序得到遵守。

（2）具体业务层面的防范措施

①对已执行的非鉴证业务，由未参与该业务的注册会计师进行复核，或在必要时提供建议。

②对已执行的鉴证业务，由鉴证业务项目组以外的注册会计师进行复核，或在必要时提供建议。

③向客户审计委员会、监管机构或注册会计师协会咨询。

④与客户治理层讨论有关的职业道德问题。
⑤向客户治理层说明提供服务的性质和收费的范围。
⑥由其他会计师事务所执行或重新执行部分业务。
⑦轮换鉴证业务项目组合伙人和高级员工。
（3）其他措施
①监管机构、注册会计师协会或会计师事务所建立有效的公开投诉系统，使会计师事务所合伙人和员工以及公众能够注意到违反职业道德的行为。
②法律法规、职业规范或会计师事务所政策明确规定，注册会计师有义务报告违反职业道德的行为。
③注册会计师可以根据业务的性质考虑依赖客户采取的防范措施，但是仅依赖客户的防范措施，不可能将不利影响降低至可接受的水平。客户通过制定政策和程序采取的防范措施主要包括：要求由管理层以外的人员批准聘请会计师事务所；聘任具备足够经验和资历的员工，确保其能够做出恰当的管理决策；执行相关政策和程序，确保在委托非鉴证业务时做出客观选择；建立完善的公司治理结构，与会计师事务所进行必要的沟通，并对其服务进行适当的监督。

10.5　审计法律关系与法律责任

10.5.1　审计法律关系

10.5.1.1　审计法律关系的概念

审计法律关系是指审计法律所规定和调整的审计关系人之间的以权利、义务为内容的社会关系。审计法律关系是以审计法律规范的存在为前提，它产生于行使审计监督权的过程之中，正确理解并恰当处理审计法律关系，对于促进审计责任的履行、提高审计质量具有十分重要的意义。

10.5.1.2　审计法律关系的特征

审计法律关系与其他法律关系一样，是一种社会意志关系，是通过审计法律、法规调整审计关系而形成的。审计法律关系具有以下主要特征：

①发生范围的广泛性　是指在现代社会经济条件下审计法律关系的发生及其处理是广泛存在的。我国已经建立了以政府审计、社会审计和内部审计为审计主体的完备广泛的审计监督体系，审计对象的涉及面非常广，审计的内容和形式也多种多样。凡是有审计活动的地方，就必然有审计法律关系的发生，也就必然要求对审计法律关系进行调整和处理。

②审计权利和义务的对称性　审计法律关系的实质是一种以审计的权利和义务为内容的关系。在审计法律关系中，审计主体的审计权利是由法律所赋予的。一方面，审计主体依法行使审计权利，不受其他任何方面的干扰，另一方面，审计主体还必须承担自己应尽的义务，对不能依法审计所造成的后果承担责任。审计法律关系中的其他有关方都享有相应的与审计有关的权利，并承担相应的责任。

③审计法律关系不等同于审计关系 审计法律关系和审计关系在性质上和内容上是不同的。审计关系是参与审计活动的有关各方之间所形成的关系，它是以审计委托和受托为基本内容的。而审计法律关系是一种社会意志关系，是通过审计法律、法规调整审计关系而形成的。

10.5.1.3 审计法律关系的构成要素

审计法律关系是由审计法律关系主体（审计机构）、审计法律关系客体（审计对象）和审计法律关系主体的权利与义务（内容）三个要素构成的。

①审计法律关系的主体 是指能够独立地参加审计法律关系，并享有权利和承担义务的当事人。

从总体上看，审计法律关系的主体主要有三个方面：一是实施审计一方当事人。审计机构和审计人员作为审计活动的执行人，既是审计主体，又是审计法律关系的主体。二是接受审计一方当事人。被审计单位作为审计活动的接受人，既构成审计对象，又作为审计法律关系的主体。三是审计委托人。审计委托人作为审计活动的主要受益人，也是审计法律关系主体的平等一方。上述三方面也就是主要的审计关系人。此外，审计的其他利害关系人，在某些情况下也构成审计法律关系的主体。如被审计单位的主要债权人，是会计信息和审计报告的主要使用人，他们有权利对审计中的问题提出意见，甚至可以提起审计诉讼。

②审计法律关系的客体 是审计行为的载体，是审计法律关系主体所享有的权利和承担的义务所指向的事物。审计法律关系的客体是由法律所规定的，审计法律关系的最终目的就是为了实现审计法律关系主体的权利和义务。

审计法律关系的客体一般包括三个方面：一是物。从一般意义上讲，物是指人们所能控制的并具有一定经济价值的财富。审计法律关系客体中的物是指审计的具体内容，如被审计单位的货币资金、存货、固定资产等。二是行为。行为一般是指人们有目的的活动以及活动的结果，包括作为和不作为。审计法律关系客体中的行为是指与审计有关的被审计单位的活动以及其他有关单位的活动。三是精神财富。审计法律关系客体中的精神财富，主要是指审计中涉及的有关知识产权等无形资产方面的事项。

③审计法律关系的内容 是指审计法律关系主体所享有的权利和承担的义务，它是审计法律关系的基础，决定着审计法律关系的实质。例如，在注册会计师审计情况下，审计法律关系的内容主要有以下三点：一是注册会计师作为审计执行人，有权向被审计单位和有关方面索取资料，进行审计取证等，并要按规定出具审计报告；二是被审计单位有权了解注册会计师审计的情况，并应按要求提供审计所需要的资料；三是审计委托人和其他审计利害关系人有权得到真实、合法的审计报告，了解审计后的会计信息，同时也有义务遵守审计法规、反映审计情况等。

审计法律关系的主体、客体和内容三者构成一个整体，缺一不可。没有审计主体和客体，就不会产生审计的权利和义务；没有审计客体、审计权利和义务，也就不会出现审计主体。

10.5.1.4 审计法律关系产生、变更和消灭

审计法律关系和其他法律关系一样，有其产生、发展变化和消灭的过程。审计法律关

系的产生、变更和消灭不是随意的，必须具有一定的前提和条件。

（1）审计法律关系产生条件

①必须以相应的审计法律规范的存在为前提。审计法律关系是依法设立的权利义务关系，没有审计法律规范，就不可能产生审计法律关系。

②审计法律事实是审计法律关系产生的直接原因。有了审计法律规范并不意味着具体的审计法律关系就会自动出现。只有当一定的审计法律事实发生以后，才会引起审计法律关系的产生。这种审计法律事实主要体现为具体的审计行为。如审计机关一旦向被审计单位送达审计通知书，具体的审计法律关系便会随之产生。

（2）审计法律关系的变更原因

审计法律关系的三要素（主体、客体、内容）中的一个或一个以上的要素发生变化，审计法律关系也应随之发生变更。例如，审计一方或被审计一方当事人发生变更，权利、义务所指向的对象发生变更，因审计法律规范的修改、废止而发生的审计法律关系内容的变更，都会引起审计法律关系的变更。应当指出的是，审计法律关系的变更只限于审计法律关系的部分变更，如果审计一方或被审计一方当事人已不复存在，审计法律关系的内容发生根本变化，则会引起审计法律关系的消灭。

（3）审计法律关系消灭原因

①审计法律关系主体消亡　审计一方或被审计一方当事人消灭，审计法律关系随之消灭。

②审计法律规范修改或废止　审计法律规范修改或废止，原先设定的权利义务关系随之消亡，该项审计法律关系也会消灭。

③审计法律关系主体的权利、义务所指向的对象消灭，审计法律关系随之消灭。

④因审计法律规范确定的期限到来，审计法律关系也会消灭。

⑤审计法律规范规定的权利义务被充分履行，该项具体的审计法律关系也随之消灭。

10.5.2　审计法律责任

任何一种职业的社会地位与其社会责任都直接相关。对于审计人员而言，为社会公众认可的必要条件之一，是具备承担社会责任的能力并对因其未能满足规定要求而引发的后果负责。审计人员的社会地位和责任犹如一枚硬币的正反两面，相辅相成，缺一不可。审计人员社会责任最主要的表现形式即法律责任。当前，审计人员的法律责任呈现日益强化的趋势。

10.5.2.1　审计法律责任的概念

法律责任是指行为人由于违反法律条款而必须承担的具有强制性、惩罚性的责任，这种责任将给行为人带来不利的法律后果。广义的审计法律责任，是指与审计有关的各种法律责任的总称，包括被审计单位及其有关的直接责任人的法律责任和审计人员的法律责任。本章所阐述的审计法律责任仅涉及审计人员承担的法律责任。

10.5.2.2　审计法律责任的认定

审计人员在何种情形下才需承担法律责任，应看其是否达到承担法律责任的必要条件。

（1）违约、违法行为

违约、违法行为具体表现在两个方面：一是违反合同约定（违约）。例如，在社会审计工作中，客户（委托人）与注册会计师之间是一种委托与被委托的民事关系，他们在平等、自愿、协商一致的基础上拟定合同条款，分别就鉴证事项、双方的权利与义务、保密、收费方式、提交报告的时间、违约责任等内容做出明确规定。如果注册会计师在执行合同过程中没有履行合约中的相关条款，应当承担违约责任。违约行为的法律主体只能是签约当事人，不包括使用审计报告的第三人。二是违反法律法规。这是指审计机构或审计人员直接违反了我国《公司法》《证券法》等法律中规定的义务。例如，注册会计师在执行审计期间买卖该公司的股票，提前泄露公司的财务信息给外人以谋取利益等。

（2）过错行为

过错是指审计人员对其所实施的违法行为所持有的心态，即审计人员违反法律行为时所表现出来的主观状态。过错包括故意和过失两种形式。故意是指审计人员明知或可以预见自己的行为会发生违反法律或者危害社会的后果，并且希望或者放任这种结果发生的主观心理状态。过失是指审计人员能够预见而未预见到自己行为可能造成的损害后果，或虽然已预见却轻信能够避免的心理状态。基于审计人员产生过错的主观心理状态不同，审计人员因违法行为所承担的法律责任也有所差别。

（3）损害后果

审计人员出具不恰当的审计意见会误导报表使用者，改变他们的决策，给他们造成经济上的损失，从而产生损害后果。损害后果被用于评估审计人员的侵权行为对利害关系人造成的损害程度。如果没有引起损害后果，则审计人员不需为侵权行为承担赔偿责任。

（4）因果关系

因果关系是指审计人员的行为与受害人遭受的损害之间的因果关系，因果关系是侵权责任确定的重要条件，因为责任自负规则要求任何人对自己的行为造成的损害后果应负责任，而他人对此后果不负责，由此必然要求确定损害结果发生的真正原因。

（5）法定责任能力

法定责任能力是指达到法定的年龄、具有正常智力的行为主体。审计人员不具有法定的责任能力时，即使其行为构成了违法行为，也不会追究法律责任。

10.5.2.3 审计法律责任的种类

为了提高审计人员的工作质量，国家法律法规对审计人员的行为进行规范和管理，并对其违法行为进行惩罚。我国法律规定的审计人员的法律责任主要有三类：

（1）行政责任

行政责任是行政法律责任的简称，是指审计人员因其行为违反与行政管理相关的法律、法规，但尚未构成犯罪，依法应当承担的法律后果。行政责任可以分为行政处分和行政处罚。

行政处分是对国家工作人员及由国家机关委派到企事业单位任职的人员的行政违法行为，给予的一种制裁性处理。行政处分的种类包括警告、记过、降级、降职、撤职、开除等。

行政处罚是指国家行政机关及其他依法可以实施行政处罚权的组织，对违反行政法律、法规、规章,尚不构成犯罪的公民、法人及其他组织实施的一种制裁行为。根据行政处罚的规定,行政处罚主要有以下几种:警告、罚款、没收违法所得、没收非法财物、责令停产停业、暂扣或吊销许可证、暂扣或吊销执照、行政拘留以及法律、法规的其他行政处罚。实施行政处罚,必须依照法定程序进行。

（2）民事责任

民事责任是指民事主体因违反合同或者不履行其他法律义务,侵害国家、集体的财产,侵害他人财产、人身权利,依法应当承担的民事法律后果。这种法律后果是由国家法律规定并以强制力保证执行的。规定民事责任的目的,就是对已经造成的权利损害和财产损失给予恢复和补救。

违反法律规定应承担的民事责任主要有十种:停止侵害;排除妨碍;消除危险;返还财产;恢复原状;修理、重作、更换;赔偿损失;支付违约金;消除影响、恢复名誉;赔礼道歉。

（3）刑事责任

刑事责任是指由于违反国家的法律、法规,情节严重,构成刑事犯罪而应承担的法律后果。违反法律规定应承担的刑罚种类包括主刑和附加刑。主刑有管制、拘役、有期徒刑、无期徒刑和死刑。附加刑有罚金、剥夺政治权利和没收财产。此外,对于犯罪的外国人,法律规定可以独立适用或者附加适用驱逐出境。

10.5.2.4　法律法规对审计人员法律责任的相关规定

（1）政府审计法律责任

审计人员应当依法执行职务,正确履行职责,办理审计事项应当客观公正、实事求是、廉洁奉公,不得滥用职权、徇私舞弊、玩忽职守,否则就是违法。

根据《审计法》第四十九条和《审计法实施条例》第五十五条规定,审计人员滥用职权、徇私舞弊、玩忽职守,构成犯罪的,依法追究刑事责任;不构成犯罪的,给予行政处分。审计人员违法、违纪取得的财物,依法予以追缴、没收或者责令退赔。关于追究刑事责任的问题,依照《刑法》第三百九十七条第一款规定的滥用职权罪、玩忽职守罪处罚,该款规定:"国家机关工作人员滥用职权或者玩忽职守,致使公共财产、国家和人民利益遭受重大损失的,处三年以下有期徒刑或者拘役;情节特别严重的,处三年以上七年以下有期徒刑。本法另有规定的,依照规定。《刑法》第三百九十七条第二款规定:"国家机关工作人员徇私舞弊,犯前款罪的,处五年以下有期徒刑或者拘役;情节特别严重的,处五年以上十年以下有期徒刑。本法另有规定的,依照规定。"

（2）内部审计法律责任

根据《审计署关于内部审计工作的规定》(审计署令第11号)的规定,内部审计人员有下列情形之一的,由单位对直接负责的主管人员和其他直接责任人员进行处理;涉嫌犯罪的,移送司法机关依法追究刑事责任。

①未按有关法律法规、本规定和内部审计职业规范实施审计导致应当发现的问题未被发现并造成严重后果的。

②隐瞒审计查出的问题或者提供虚假审计报告的。

③泄露国家秘密或者商业秘密的。

④利用职权谋取私利的。

⑤违反国家规定或者本单位内部规定的其他情形。

（3）社会审计人员法律责任

《中华人民共和国注册会计师法》第 39 条的规定：会计师事务所违反《注册会计师法》第 20 条、第 21 条规定的，由省级以上人民政府财政部门给予警告；没收违法所得，可以并处违法所得 1 倍以上 5 倍以下的罚款；情节严重的，可以由省级以上人民政府财政部门暂停其经营业务或者予以撤销。

注册会计师违反《中华人民共和国注册会计师法》第 20 条、第 21 条规定的，由省级以上人民政府财政部门给予警告；情节严重的，可以由省级以上人民政府财政部门暂停其执行业务或者吊销注册会计师证书。

会计师事务所、注册会计师违反《中华人民共和国注册会计师法》第 20 条、第 21 条的规定，故意出具虚假的审计报告、验资报告，构成犯罪的，依法追究刑事责任。

《中华人民共和国注册会计师法》第 42 条的规定：会计师事务所违反本法规定，给委托人、其他利害关系人造成损失的，应当依法承担赔偿责任。

《中华人民共和国公司法》第 207 条规定，承担资产评估、验资或者验证的机构提供虚假材料的，由公司登记机关没收违法所得，处以违法所得 1 倍以上 5 倍以下的罚款，并可以由有关主管部门依法责令该机构停业、吊销直接责任人员的资格证书，吊销营业执照。

承担资产评估、验资或者验证的机构因过失提供有重大遗漏的报告的，由公司登记机关责令改正，情节较严重的，处以所得收入 1 倍以上 5 倍以下的罚款，并可以由有关主管部门依法责令该机构停业、吊销直接责任人员的资格证书，吊销营业执照。

承担资产评估、验资或者验证的机构因出具的评估结果、验资或者验证证明不实，给公司债权人造成损失的，除能够证明自己没有过错的外，在其评估或者证明不实的金额范围内承担赔偿责任。

《中华人民共和国证券法》第 173 条规定，证券服务机构为证券的发行、上市、交易等证券业务活动制作、出具审计报告、资产评估报告、财务顾问报告、资信评级报告或者法律意见书等文件，应当勤勉尽责，对所依据的文件资料内容的真实性、准确性、完整性进行核查和验证。其制作、出具的文件有虚假记载、误导性陈述或者重大遗漏，给他人造成损失的，应当与发行人、上市公司承担连带赔偿责任，但能够证明自己没有过错的除外。

《中华人民共和国证券法》第 193 条规定，发行人、上市公司或者其他信息披露义务人未按照规定披露，或者所披露的信息有虚假记载、误导性陈述或者重大遗漏的，责令改正，给予警告，并处以 30 万元以上 60 万元以下的罚款。对直接负责的主管人员和其他直接责任人员给予警告，并处以 3 万元以上 30 万元以下的罚款。发行人、上市公司或者其他信息披露义务人未按照规定报送有关报告，或者报送的报告有虚假记载、误导性陈述或者重大遗漏的，责令改正，并处以 30 万元以上 60 万元以下的罚款。对直接负责的主管人员和其他直接责任人员给予警告，并处以 3 万元以上 30 万元以下的罚款。

《中华人民共和国证券法》第 201 条规定，为股票的发行、上市、交易出具审计报告、资产评估报告或者法律意见书等文件的证券服务机构和人员，违反本法第 45 条的规定买卖股票的，责令依法处理非法持有的股票，没收违法所得，并处以所买卖股票等值以下的罚款。

《中华人民共和国证券法》第207条规定，违反本法第78条第2款的规定，在证券交易活动中做出虚假陈述或者信息误导的，责令整改，并处以3万元以上20万元以下的罚款；属于国家工作人员的，还应当依法给予行政处分。

《中华人民共和国证券法》第223条规定，证券服务机构未能勤勉尽责，所制作、出具的文件有虚假记载、误导性陈述或者有重大遗漏的，责令改正，没收业务收入，暂停或者撤销证券服务业务许可，并处以业务收入1倍以上5倍以下的罚款。对直接负责的主管人员和其他直接责任人员给予警告，撤销证券从业资格，并处以3万元以上10万元以下的罚款。

《中华人民共和国证券法》第225条规定，上市公司、证券公司、证券交易所、证券登记结算机构、证券服务机构，未按照有关规定保存有关文件和资料的，责令改正，给予警告，并处以3万元以上30万元以下的罚款；隐匿、伪造、篡改或者销毁有关文件和资料的，给予警告，并处以30万元以上60万元以下的罚款。

《中华人民共和国刑法》第229条规定，承担资产评估、验资、验证、会计、审计、法律服务等职责的中介组织的人员故意提供虚假证明文件，情节严重的，处5年以下有期徒刑或者拘役，并处罚金。索取他人财物或者非法收受他人财物，犯前款罪的，处5年以上10年以下有期徒刑，并处罚金。

▲ 本 章 小 结

审计职业道德是指审计人员在从事审计工作时所遵循的道德规范，具体包括职业品德、职业纪律、专业胜任能力及职业责任等行为标准。审计职业道德本质上是具有法律影响力的道德标准。

政府审计的职业道德是指政府审计人员在长期从事政府审计工作过程中逐步形成的应当普遍遵守的行为规范，具体包括政府审计人员的职业道德、职业纪律、职业胜任能力和职业责任等内容。

内部审计人员职业道德是内部审计人员在开展内部审计工作中应当具有的职业品德、应当遵守的职业纪律和应当承担的职业责任的总称。

社会审计职业道德是指注册会计师在执业时所应遵循的行为规范，包括在职业品德、职业纪律、专业胜任能力及职业责任等方面所应达到的行为标准。自身利益、自我评价、过度推介、密切关系和外在压力等因素均可能对社会审计职业道德产生不利影响，因此应从会计师事务所和具体业务两个层面探寻应对不利影响的防范措施，使职业道德不受损害。

审计法律关系是指审计法律所规定和调整的审计关系人之间的以权利、义务为内容的社会关系。审计法律关系是一种社会意志关系，是通过审计法律、法规调整审计关系而形成的。

审计法律关系是由审计法律关系主体（审计机构）、审计法律关系客体（审计对象）和审计法律关系主体的权利与义务（内容）三个要素构成。审计法律关系的主体、客体和内容三者构成一个整体，缺一不可。

我国法律规定的审计人员法律责任包括行政责任、民事责任、刑事责任。政府审计人员滥用职权、徇私舞弊、玩忽职守,构成犯罪的,依法追究刑事责任;不构成犯罪的,给予行政处分;违法、违纪取得的财物,依法予以追缴、没收或者责令退赔。内部审计人员隐瞒审计问题、提供虚假审计报告、泄露国家秘密或者商业秘密、以权谋私,由单位对直接负责的主管人员和其他直接责任人员进行处理;涉嫌犯罪的,移送司法机关依法追究刑事责任。

注册会计师违反有关法律法规,由省级以上人民政府财政部门给予警告;情节严重的,由省级以上人民政府财政部门暂停其执行业务或者吊销注册会计师证书;构成犯罪的,依法追究刑事责任。

思 考 题

1. 如何理解审计职业道德的含义和作用?
2. 政府审计职业道德包括哪些内容?
3. 内部审计职业道德包括哪些内容?
4. 社会审计职业道德包括哪些内容?
5. 审计法律关系的构成要素有哪些?
6. 如何理解审计法律责任的认定条件?
7. 政府审计法律责任有哪些规定?
8. 内部审计法律责任有哪些规定?
9. 社会审计法律责任有哪些规定?

第 11 章 政府审计

【学习目标】
1. 了解政府审计的含义、目标及其分类。
2. 明确各种类政府审计的含义、对象及其特征。
3. 掌握政府审计开展不同种类审计的主要工作内容。

11.1 政府审计概述

11.1.1 政府审计含义

政府审计是指国家审计机关根据有关法律法规，对国家机关、行政事业单位和国有企业执行政府预算收支的情况和会计资料实施检查审核、监督的专门性活动。对政府行政机关而言，政府审计也是行政监督中专业监督的一种，是财政行政不可或缺的组成部分。

政府审计的主要特点是法定性，政府审计是一种法定审计，被审计单位不得拒绝。审计机关做出的审计决定，被审计单位和有关人员必须执行。审计决定涉及其他有关单位的，这些单位应当协助执行。政府审计的目的是通过审计财政、财务收支真实性、合法性和效益性，最终达到维护国家财政经济秩序、促进廉政建设、保障国民经济的健康发展。

11.1.2 政府审计组织和审计人员

11.1.2.1 政府审计组织

我国政府审计组织由各级审计机关构成，各级审计机关是国家行政机关的组成部分，是根据《宪法》《审计法》的规定建立起来并实施审计工作的。从地域而言，审计机关分为中央审计机关和地方审计机关；从组织形式上看，有常设机关，也有派出机关。我国审计机关由审计署和地方审计机关组成，各级审计机关的审计范围按照被审计单位财政财务的隶属关系来划分，如属于中央的企事业单位由审计署负责审计；属于地方的企事业单位，分别由省、市、县审计机关负责审计。我国各级审计机关的法定职责请参见本书第四章第二节的内容。

11.1.2.2 政府审计人员

政府审计人员是指在审计机关中接受政府指令或委托、行使审计监督权并从事具体审计业务的人员。政府审计人员是政府审计组织中最为活跃的因素，它的组成形式和业务素质直接决定着政府审计的质量和效果。

（1）政府审计人员的构成

政府审计拥有其特定的审计人员组成结构和形式。根据我国《宪法》和有关规定，审计署设审计长一人，副审计长若干人。审计长是审计署的行政首长，由国务院总理提名，全国人民代表大会决定人选，国家主席直接任免，副审计长则由国务院任免。县级以上地方各级审计局局长是本级人民政府的组成人员，由本级人民代表大会常务委员会决定任免，副局长由本级人民政府任免。审计机关负责人依照法定程序任免，审计机关负责人没有违法失职或者其他不符合任职条件情况的，不得随意撤换。地方各级审计局局长、副局长的任免、调动和纪律处分，均应事前征得上级审计机关的同意。如此设置审计组织是为了保障审计机关的相对独立性和公允性。

审计机关组成人员具有严格的职业要求。具体而言，审计机关的专业人员主要由熟悉会计、审计、财务的人员组成，也可视工作需要临时聘任工程技术人员、经营管理人员、法律工作人员等。审计人员对其在执行职务中知悉的国家秘密和被审计单位的商业秘密，负有保密的义务；审计人员办理审计事项，与被审计单位或者审计事项有利害关系的，应当回避；审计人员依法执行职务，受法律保护；任何组织和个人不得拒绝、阻碍审计人员依法执行职务，不得打击报复审计人员。

（2）政府审计人员的素质

我国对政府审计人员选任资格条件，从政治素质、业务素质和职业特质三个方面进行了详细的规定。

①政治素质　是指政府审计人员必须坚持正确的政治方向，坚持四项基本原则；具有较高的政策水平，能自觉贯彻执行党的路线方针政策，以及国家的财经法规和制度；热爱审计事业，具有敬业精神和奉献精神；认真履行岗位职责，在审计业务工作中建功立业，为发展社会主义市场经济做出贡献；同时讲究工作方法，正确处理审计工作中各个方面的关系。

②业务素质　是指政府审计人员必须具备与履行职责相适应的专业知识和技能。政府审计人员应当熟悉国家有关政策、法律、法规，以及审计、会计和其他相关专业知识；掌握检查财政财务收支账目、收集证据、评价审计事项的技能；具有调查研究、综合分析、沟通协调和文字表达能力。

我国审计机关的审计人员遵循专业技术资格制度。审计专业技术资格分为初级（审计员、助理审计师）资格、中级审计师资格、高级审计师资格。其中，初级和中级审计专业技术资格，通过参加全国统一考试并达到合格标准后获得；高级审计师资格实行考试与评价相结合的评价办法。不同审计专业职称对应不同的业务素质能力要求，具体要求请参见本书第四章第二节"政府审计人员任职资格要求"的内容。

③职业特质　政府审计人员在具备了政治素质和业务素质之后，能够实施审计工作、完成政府审计的任务，还需要具备政府审计工作所必需的敏感性、洞察性和整合性的职业特质。

政府审计工作本身要求审计人员在发现问题的广度和深度方面具有特殊的敏感性。面对政府审计特定的审计材料，迅速找出审计切入点，依据选定的审计目标及时收集审计证据，并对审计材料所展现的审计敏感问题做出专业的判断。

政府审计工作要求审计人员在敏感性的基础上，洞察所发现问题的实质，发现问题的关键环节，洞察性是对审计对象具体事务的因果关联分析，它能使审计人员准确把握事物的本质，分析事物的发展趋势，深层次挖掘解决问题的关键。

在对审计资料掌握和分析之后，需要审计人员对事物进行综合的分析判断，整合各方面的信息，形成审计判断，并对政府审计目标的实现产生直接影响。整合特质的培养需要政府审计人员具备较强的综合力、分析力和判断力，它直接关系到政府审计的效果。

11.1.3 政府审计的目标和分类

11.1.3.1 政府审计的目标

政府审计目标是指在一定的社会环境下政府审计活动意欲达到的理想境地或预期效果，是审计工作的出发点和归结点。政府审计的目标是受全体人民委托对各级政府及其各部门、使用公共资金的企事业单位、社会团体及其相关个人等受托责任的履行情况进行检查，做出评价而派生出来的，即监督被审计单位财政收支、财务收支及有关经济活动的真实性、合法性和效益性。

（1）真实性

真实性是审计机关对审计事项的真实性进行审计监督，这一目标主要是确定财政财务收支是否与实际情况相符合，是否已经发生，有无差错、虚假、舞弊行为等；各种经济信息是否客观、真实、全面、正确地反映了实际的财政、财务收支状况和经营管理成果，政府各项经济责任是否如实履行，向社会和公众所发布的信息是否真实无误，所作承诺有无如约兑现等。

（2）合法性

合法性是审计机关对审计事项的合法性进行审计监督。这一目标主要是确定各项财政财务收支是否符合法律和规章制度的规定，包括财政财务收支的发生是否违反法律规定，财政财务收支程序是否合法，各项会计处理是否遵循了法律和会计准则的规定，特别是对政府是否依法行政、规范行政，其行政执法行为是否客观、公正等进行审计监督。

（3）效益性

效益性是审计机关对审计事项的经济效益、社会效益和环境效益进行审计监督，着重解决财政财务收支活动是否符合经济性、效率性、效果性。经济性是用以评价实际资金投入或费用列支，与预计资金投入或者费用的列支相比，是节约还是超支的目标。效率性是用以评价实际资金投入或者费用列支与预计相比，是否获利及获利的频率如何的目标。效果性是评价实际所得与预计所得相比的结果优劣程度的目标。

从长远来看，真实性、合法性、效益性三者相互联系，相互影响，其中真实性是合法性、效益性的基础，真实性目标实现了，在很大程度上就解决了合法性问题，被审计单位真实的效益也必然清晰地反映出来。因此，在确保会计信息真实的基础上，揭露查处各种严重违纪违法行为，促进被审计单位加强改善经营管理、提高经济效益和社会效益，逐步实现真实、合法、效益三个审计目标的统一，从而全面实现政府审计的目标。

11.1.3.2 政府审计的分类

政府审计可以从不同的角度,依据不同的标准,划分出不同的类型。

(1) 按审计的内容分类

政府审计按审计的内容分类,可分为财政财务收支审计、财经法纪审计和经济效益审计三类。

①财政财务收支审计 也称为传统审计,是指对被审计单位财政财务收支活动和会计资料是否真实,正确、合法和有效性所进行的审计,财政财务收支审计的主要内容是财政财务收支活动,目的是审查财政财务收支活动是否遵守财经方针、政策、财经法令和财务会计制度、会计原则,是否按照经济规律办事,借以纠正错误,防止弊病,并根据审计结果,提出改进财政财务管理、提高经济效益的建议和措施。

财政财务收支审计按照对象不同,又可以分为财政收支审计和财务收支审计。财政收支审计是指审计机关对本级财政预算执行情况、下级政府财政预算的执行情况和决算,以及预算外资金的管理和使用情况的真实性、合法性进行的审计监督。财务收支审计是对金融机构、企事业单位的财务收支及有关的经济活动的真实性、合法性所进行的审计监督。

②财经法纪审计 财经法纪审计是由审计组织对严重违反财经法纪的行为进行的专项审计。财经法纪审计的目的在于维护国家经济利益,保护国家利益不受侵占和损害。当前,由于财经法规逐步健全,一些单位在执行财经纪律时还不够严格,加之财务管理有些偏松,财产损失浪费、违法乱纪的现象仍普遍存在。因此,加强财经法纪审计活动,有利于加强社会主义法制,维护国家财经法纪,纠正不正之风,遏制腐败现象,切实加强廉政建设和党风建设,保护国家、集体和个人三者的正当权益,保证党和国家各项方针、政策的贯彻执行。财经法纪审计的主要任务是审查被审计单位贯彻执行财经法纪情况及存在问题,彻底查明各种违法乱纪案件,并根据审计结果,提出处理建议和改进财政、财务管理的意见。

③经济效益审计 经济效益审计是对财政财务收支及其有关经济活动的效益进行监督的行为。审计机关对列入审计监督范围的所有单位和项目,都可以进行经济效益审计,其中以审计公共财政资金使用效益最为典型。目前,我国审计机关主要开展对财政收支审计和财务收支审计,随着我国经济增长方式由粗放型逐步向集约型转变和实现可持续发展战略的实施,人们越来越关注经济效益问题。审计机关在对财政收支和财务收支进行监督的同时,将根据客观需要逐步开展经济效益审计。

(2) 按审计实施时间分类

政府审计按其实施时间不同,可以分为事前审计、事中审计和事后审计。

①事前审计 也称防护性审计,是指审计组织在被审计单位某项经济业务发生前进行的审计。它一般用来审查目标、计划、预算、决策、合同、方案等的编制是否可行、经济有效、合理合法,以起到防患于未然的作用。事前审计的着眼点在于促进被审计单位的经济活动达到预期效果和经营决策的实现。加强事前审计将有利于完善被审计单位经济管理工作中的基础工作,有利于严肃执行财政财务管理制度。加强计划的科学性,避免主观决策、盲目决策对经济工作带来的危害。这样,就能做到防患于未然,确保财政财务收支和

经济活动达到预期的目标。

②事中审计 也称期间审计、跟踪审计，是指审计组织在被审计单位某项经济业务发生过程中进行的审计。它一般用来审查目标、计划、预算、决策、合同、方案等的实施情况，以便及时发现和纠正差错，保证目标、计划等的顺利实现。

③事后审计 是指审计组织在被审计单位某项经济业务结束后进行的审计。它一般用来审查目标、计划、预算、决策、合同、方案等的执行结果，以评价经济业务是否合理、合法、有效，有关会计资料是否真实、公允。事后审计是审计活动中通常采用的一种传统审计方式。它可以根据实际需要由审计机关确定时间，包括年后审计和年中审计，也就是说，既可以定期每年、每季或每半年进行一次，也可以不定期根据需要随时进行审计。以事后审计为基础，积极向事前、事中审计的延伸是现代审计的发展方向。

（3）按审计执行地点分类

政府审计按其执行地点不同，可以分为报送审计和就地审计。

①报送审计 也称送达审计，是指被审计单位按照审计机关规定的期限，将需要审查的有关资料送到审计机关所进行的审计，报送审计适用于对行政机关和事业单位等业务量较少，会计资料不多或地域分散的单位进行的审计。这种审计有利于节约审计费用，但不利于彻底查清问题，它一般适用于对行政机关和事业单位的经费预决算审计。

②就地审计 是指审计机关派审计人员或者审计组直接到被审计单位所在地进行的审计。这种审计主要适用于企业，大多数属于定期的年度审计。但对于某些特殊案件，如贪污舞弊案件等临时性的专案审计，也必须到被审计单位进行就地审计，这样有利于审计人员深入现场，调查了解实际情况，进行全面深入的审查，保证审计质量。

（4）按审计组织方式分类

政府审计按其组织方式不同，可分为委托审计、联合审计、驻地审计、巡回审计、预告审计和突击审计。

①委托审计 是指由审计机关委托社会审计组织，按委托方的要求对被审计单位所进行的审计。

②联合审计 是指两个以上的审计组织或审计组织与有关经济监督机构联合进行的审计。

③驻地审计 是指审计机关派出审计机构或审计人员驻在被审计单位对其进行经常性的审计。

④巡回审计 是指审计组织按规定的时间和先后次序轮流到几个被审计单位进行的审计。

⑤预告审计 也称通知审计，是指审计组织在进行审计之前，把将要进行审计的目的及主要内容等预先通知被审计单位及其有关人员的情况下所进行的审计。它主要适用于一般性财务审计和效益审计。

⑥突击审计 是指审计组织在进行审计之前，不预先把审计的目的、日期及主要内容等通知到被审计单位及有关人员，而采用突然袭击的方式所进行的审计。它主要适用于保密性较强的专案审计。

(5) 按审计范围分类

政府审计按其范围不同,可以分为全部审计、局部审计与专项审计。

①全部审计 也称全面审计,是指审计组织对被审计单位在审计期内的全部经营活动及其经济资料所进行的审计。全部审计的业务面广、量大,需要耗费较多的人力、物力与时间,一般情况下,都是年后审计,定期进行,因此全部审计也称为常年审计或年终的财务审计。

②局部审计 是指审计组织对被审计单位审计期内的部分经营活动及其经济资料所进行的审计。

③专项审计 是指对被审计单位特定项目进行的审计。专项审计具有针对性强、审查细致的优点,但往往不够全面彻底。它可以根据需要随时进行。

综上所述,依据不同的标准对政府审计所进行的各种分类,既各有特点、相互区别,又相辅相成,密切相关。审计人员在执行审计任务时,应根据不同的审计目标和要求,结合被审计单位的实际情况,恰当地选用审计类型,更好地完成审计任务,同时可以选用几种审计类型,结合使用,使其相互补充,扬长避短。

11.2 财政审计

11.2.1 财政审计的含义

财政审计是以国家法律法规为依据,对政府财政及其他预算执行部门分配、管理和使用公共资源,提供公共产品和公共服务等履行公共经济责任的行为,进行监督、评价和报告的独立控制活动,是与市场经济条件下公共财政相联系的一种审计形式。

我国《宪法》规定,中央和地方各级审计机关负责对中央和地方各级人民政府财政收支的预算和执行情况进行审计监督,向国务院和本级人民政府提交审计结果报告,并代表政府向全国人大常委会和本级人民代表大会报告审计工作。因此,财政审计是宪法和法律赋予政府审计的基本职责,也是政府审计的永恒主题和首要任务。

11.2.2 财政审计的对象

财政审计的对象是国家财政收支,即国务院各部门和地方各级人民政府及其所属各部门的财政收支。政府的税收和非税收入,政府债务收入,以及社会保险基金、住房公积金等政府负责管理的资金都是政府应该管的资金,其形成的收支都是政府财政的范畴。因此,除了财政预算执行审计和财政决算审计,与此相关的行政事业单位审计、社会保障审计、固定资产投资项目审计、农业资金审计、环境保护基金审计、税务审计、海关审计、国库审计等都是财政审计的重要组成部分,这些内容都属于审计机关对财政收支进行审计监督的职责范围,体现了政府审计领域的广阔性和财政审计大格局的广泛性。由于篇幅的局限,本节重点阐述本级预算执行审计和对下级政府预算执行与决算审计两个方面,这两个方面是财政审计的主要审计对象。

11.2.3 本级预算执行审计

11.2.3.1 本级预算执行审计的概念

本级预算执行审计是指国家审计机关依照法律法规规定，对本级政府主管财政预算执行机关以及其他预算执行机构，在财政预算执行过程中筹集、分配财政资金的活动和预算收支任务完成情况的真实性、合法性、有效性所进行的审计监督。

11.2.3.2 本级预算执行审计的目标

（1）核实财政收支

通过审计，审查预算收支的真实性，为揭露违法违规问题打下基础，为综合评价预算执行情况提供依据。

（2）查处和揭露问题

本级预算执行审计既要查处财税等部门在预算分配、预算收入征收管理、支出资金拨付和使用中存在的问题，也要揭露和反映财政收支管理中存在的不合理、不规范的问题和资金使用效率低下的问题。

（3）综合分析评价

根据审计发现的问题和掌握的情况，从总体上对预算的完成情况、宏观调控措施和财税等政策的贯彻执行情况等进行综合评价，并从制度和管理机制等方面分析问题的成因，指明危害。

（4）提出对策性建议

针对审计查出的问题，分析问题的成因，从完善政策制度、健全财政收支管理机制、增强预算分配透明度、提高预算资金使用效益等方面提出对策性建议。

11.2.3.3 本级预算执行审计的主要内容

预算执行的组织机构涉及财政、税务、海关、国库和其他部门，根据这些部门和单位在预算执行中所承担的职责不同，本级预算执行审计的内容也各不相同。

（1）对财政部门的审计

①预算批复情况 主要对财政部门向本级政府各部门批复预算情况，年终调整变化情况进行审计。一般包括：核实年终预算调整数，审查有无改变预算使用方向；保留待分配预算数是否合理、适度；用当年超收安排的支出预算是否符合全国人大关于预算收入超收部分使用方向的要求。

②预算收入情况 主要对财政部门直接组织的非税性收入的征管情况和预算收入退库情况进行审计。一般包括：各项专项收入是否依法计征、足额入库，有无隐瞒、转移预算收入的情况；企业亏损补贴是否按预算、按实际亏损情况办理收入退库，有无虚列企业亏损补贴，转移财政资金的情况；办理国有企业所得税退库的依据是否合法，有无用非法手段转移预算资金，有无用冲退收入的办法解决应由支出预算安排的资金。

③预算支出情况 主要对财政部门办理的本级预算支出情况进行审计。一般包括：核实本级各项预算支出数同支出列报数依据是否一致；核实财政支持农业、教育、科学事业发展资金的投入情况，以及其他支出的主要内容和资金使用情况；财政部门是否严格按照批准的年度预算和用款计划拨款，有无随意改变支出用途的情况；检查财政部门是否严格

按照批准的年度预算和用款计划拨款，是否有无预算、无计划、超预算、超计划的拨款，以及随意改变支出用途的情况；有无向非预算单位拨款或越级办理预算拨款；有无擅自增加对本机关、本系统拨付资金的情况。

④补助地方支出情况　主要对税收返还、体制补助、专项补助、结算补助和其他补助的年终决算情况进行审计。一般包括：核实每一个结算项目，文件依据是否准确，基础数据是否可靠，结算办法是否合理，有无随意性大，资金分配不公平、不合理的问题；有无将应由预算安排的支出，在年终通过结算解决的问题；有无采取不正当手法，通过结算为本机关、本系统拨付资金的问题。

⑤部门、企业决算批复情况　主要对财政部门及其职能机构批复各部门行政事业经费决算和企业财务收支决算的情况进行审计。

⑥预算资金平衡情况　主要对本级预算当年收支平衡和资金平衡情况进行审计。通过审计核实财政赤字或结余情况和年终资金结存情况。

⑦财政转移支付资金情况　转移支付项目主要包括税收返还收入、原体制补助、一般转移支付、专项拨款补助、结算补助和其他补助。对财政转移支付资金情况进行审计时，重点审查转移支付项目的设置是否合法，是否执行了法定的审批程序；各项转移支付结算是否合规、完整、真实；财政部门有无通过转移支付向本部门、本系统安排行政事业经费。

（2）对税务系统的审计

①税收政策执行情况　主要对税务部门执行国家税收政策情况进行审计。一般包括：税务部门是否依照法律、行政法规的规定，及时、足额征收税款；有无随意变通或自定税收政策、变相扩大减免税等问题；有无受地方政府干预，改变法定税率和侵蚀税基，影响上一级政府税收的问题。

②税收征收管理情况　主要对税务部门执行《中华人民共和国税收征管法》及各项具体税收法律、行政法规和部门规章情况进行审计。一般包括：税务部门是否依照《中华人民共和国税收征管法》严格税收征管，有无扭曲、变通征管办法，低率预征、以缓代免等造成税款流失的问题；有无税收计划完成后不征或缓征税款的问题；税收征管范围和入库级次是否符合国家统一规定，有无混淆征管范围和入库级次挤占上级财政收入的问题。

③税收提退情况　主要对税务部门执行税收提退政策及管理使用情况进行审计。一般包括：税务部门的各项提退是否合法、合理，有无以"超收"和"误收"为名，违规办理退税，人为调节税收收入的问题；有无违反规定，为本部门、本单位办理各项税收分成或增长分成退税的问题；有无多提退滞补罚收入和代征、代扣手续费的问题。

④税收征管制度的运行情况　主要审查各项税收政策和征管制度是否合理、完善，有无漏洞，造成国家税款流失的问题。

⑤税收收入计划完成情况　主要对税务系统负责征收的各项税收的征收数、入库数、财政部门列报数以及企业主管部门决算汇总数等进行审计分析。一般包括：审查税务部门负责征收的各项税收的征收数、入库数、财政部门列报数以及企业主管部门决算汇总数是否真实一致，分析造成超收或短收的主要原因，有无隐瞒、截留或挪用税收收入的问题。

（3）对海关系统的审计

①关税、进口环节税及其他税费征管情况　主要审计海关是否依法征收、及时足额缴

纳税款；是否严格执行进口货物担保制度；是否严格依法办理缓税、退税；是否隐瞒、截留、挪用税收收入或罚没收入以及税收任务的完成情况。

②关税及进口环节税的减免情况　主要对各级海关执行国家的关税减免政策情况进行审计。重点检查海关批准的各类减免税是否严格执行国家规定。

③保税货物监管　主要对海关办理各种到期加工贸易合同核销手续及监管保税仓库、保税货物情况进行审计。重点审查各种加工贸易合同是否严格按政策制度规定及时办理核销手续；对实行进口许可证的货物有无证放行的问题；保税仓存放货物是否合规，有无将费保税货物存入保税仓库，或将保税仓库中的货物擅自转卖的问题。

（4）对国库的审计

①预算收入缴纳情况　主要审查国库是否及时、准确地收纳各项预算收入，有无国库监督不力，把关不严，造成国库库存等预算收入缴库不及时的情况。

②预算收入划分情况　主要审查国库是否根据国家财政管理体制的规定和上级财政机关确定的预算收入级次，将预算收入进行正确的划分，有无审核把关不严致使预算收入错入级次的情况。

③预算收入退库情况　主要审查国库部门办理预算收入退库的项目是否符合规定范围、审批程序和级次，有无办理违反规定退库的情况；预算收入是否真实，有无弄虚作假的行为；国库是否严格把关，认真审计财政、税务部门批准的退库事项，有无超越国家规定范围和审批权限的退库；国库办理的退库项目是否确有缴款单位提出的退库申请，有无弄虚作假，以谋取小团体利益的情况等。

④预算资金拨付　主要审查国库部门是否根据同级财政机关的预算拨款凭证办理；国库部门是否按照款项用途拨款，有无办理财政部门擅自改变用途的拨款，有无办理财政部门无预算、无计划、超预算、超计划和向非预算单位拨款的问题；国库部门有无为财政部门透支的问题；国库部门是否严格按照有关规定把关，是否存在对凭证要素不完整的事项办理拨款的问题。

（5）对本级部门单位的审计

①预算批复情况　在核实财政部门批复预算数的基础上，对主管部门向所属预算单位批复预算情况进行审计。主要检查主管部门是否向所属预算单位及时批复预算，有无层层预留待分配预算指标或将待分配预算转作其他用途的问题。

②转拨预算资金情况　主要检查主管预算单位是否按照预算和财政制度的规定转拨资金，有无资金不及时拨付到位，挤占、挪用的问题；有无超越预算级次拨款和向非预算单位拨款的问题。

③预算资金使用情况　主要审查基层预算单位和主管部门机关是否按照预算、财政制度所规定的支出用途使用预算资金。重点审查资金的使用方向是否合理，是否符合规定的开支范围和标准，有无挪用财政专项资金的问题；资金的使用效益如何，是否达到应有的社会行政效果。

④上缴预算收入情况　主要审查有预算收入上缴任务的部门或单位是否依照法律、法规及时足额地将应上缴的预算收入按规定缴入国库；有无截留、挪用或者拖欠的问题。

⑤政府性债务收支情况　主要审查举债资金的存量和增量，对历史性陈债是否做好清

欠工作，审查新增债务底数，全面、彻底地揭示地方政府的显性债务、隐性债务及或有债务；审查负债结构及偿还能力，揭示债务管理中存在的风险；审查资金使用绩效，揭示资金使用方面存在的问题。

11.2.4 对下级政府预算执行与决算审计

11.2.4.1 对下级政府预算执行和决算审计的概念

对下级政府预算执行审计是审计机关依照国家法律、行政法规对下级政府预算执行的真实、合法和效益情况进行监督的行为，通常称为"上审下"。对下级政府财政决算审计是上级审计机关对下级政府财政收支决算的真实、合法、效益情况进行监督的行为。

11.2.4.2 对下级政府预算执行和决算审计的主要内容

对下级政府预算执行和决算审计侧重于检查违反国家政令统一，侵占上级财政利益和关系国家财政工作全局的问题，它主要包括对税收、非税性收入，财政收入退库、财政支出、财政结算资金等的审计。

（1）对税收的审计

对下级政府预算执行和决算审计时，涉及税收审计的内容主要是地方税务局负责征收和管理的各项税收的征管情况。其中包括：

①税收计划执行及完成情况 主要审计税收计划中各税种税收指标是否全面完成，分析各税种超收和短收的原因，税收计划的各项指标完成情况是否真实，有无采取各种方式虚列收入的问题。

②税收政策执行情况 这是税收审计的一项重要内容。重点审计严格执行国家税收法律、法规和各项制度的情况。主要包括：有无直接或与当地国家税务局联合批准减免税的问题；有无擅自规定从销售收入中征收各种基金、地方附加费的问题；有无违反税法规定，超越税收管理权限，随意增加减免税项目、扩大减免税范围、擅自延长减免税期限、停征应征税种、超额度多减免税收的问题；是否按照先征后退的原则办理减免税退付，有无采取抵扣或降低征税比例的办法减少税收收入的问题。

③税收征管情况 主要审计地方税务机关是否依照税收征管范围的规定依法及时组织税收，有无擅自改变征管范围，将应由国家税务局征收的税收改为地方税务局征收，并作为地方税收缴入地方国库的问题；有无自定政策将中央财政收入或上级财政收入，缴入本级金库作为本级财政收入的问题。地方税务机关是否严格按照税收征管办法的规定，及时为纳税人办理纳税登记手续，有无漏征错征的问题；税款入库级次划分是否正确，有无侵占中央财政收入或上级财政收入的问题。

④税收提退情况 主要审计地方税务机关办理的各项提退是否属于国家规定的范围，是否符合其权限；税务机关提留的各类分成是否严格按规定、按比例、按范围提取，有无扩大范围随意提取，侵占税收收入的问题。

（2）对非税性收入的审计

非税收入是财政部门按国家统一政策、制度的规定直接组织的收入。按照国家预算收支科目，由地方财政部门组织的非税性收入包括国有企业上缴利润、基本建设贷款归还收入、其他收入、罚没收入、行政性收费收入、债务收入等。

上级审计机关对下级政府非税性收入审计时，重点检查政府各部门、各单位是否按照国家规定将非税性收入及时、足额地按规定的预算级次上缴财政，有无截留、坐支的问题；财政部门对各部门、各单位上缴的非税性收入是否纳入预算管理，有无采取挂预算暂存、预算外暂存，在预算之外进行收付核算，逃避监督的问题。

（3）对财政收入退库情况的审计

地方退库项目主要是按规定可以从预算收入中退库拨补的国有企业计划亏损补贴和按照先征后退政策所退的增值税、消费税、企业所得税等各项税收，以及由于技术性差错需办理的退库和改变企业隶属关系办理财务结算所需要的退库。审计重点包括以下内容：

①企业计划亏损补贴　主要检查财政部门是否严格按照国家统一规定，办理企业计划亏损补贴，有无将不属于企业计划亏损补贴范围的开支项目，假借企业亏损补贴名义予以解决的问题；有无自行扩大政策性亏损补贴范围，提高补贴标准的问题；有无以弥补企业计划亏损为名，通过退库将财政资金转到预算外的问题；有无对计划外亏损和超计划亏损给予补贴的问题，有无将各种政策性价格补贴混入计划亏损补贴中，从收入中退库的问题。

②先征后退各项税收的退库情况　重点审查先征后退的范围是否符合国家规定，退税的依据是否真实、完整，退税的级次是否符合财政管理体制的规定。

③预算收入项目更正　主要审计财政部门更正预算收入科目的依据是否真实并符合制度规定，有无以差错更正为名，挤占中央财政和上级财政收入的问题。

（4）对财政支出的审计

①支出列报是否真实　通过审计核实各项预算支出数同支出列报依据是否一致，有无采取以虚列支出的方式转移财政资金的问题。

②执行法律和财政政策的情况　重点检查对农业、教育、科技的投入是否高于经常性收入的增长，有无违反有关法律的规定，不能保证农业、教育、科技的财政投入正常增长的问题；预算收入超收部分是否用于减少财政赤字、解决历史遗留问题、增加对农业的投入、支援经济不发达地区和少数民族地区；是否贯彻国家有关财政政策，从严控制财政支出。

③转移支付资金的管理和使用情况　重点审查是否按规定拨付资金，有无转作预算外管理的问题；审查专项转移支付是否坚持专款专用原则，有无挪作他用的问题。

（5）对财政结算资金的审计

财政结算事项包括体制结算、专项拨款结算、企业事业单位上划下结算、因国家采取的财经政策措施而影响上下级财力变动所需要的单项结算和上下线垫付往来款的结算。

①结算事项的真实性　审查每一结算事项文件依据是否准确，基础数据是否可靠，结算办法是否合规；结算数据是否真实，有无结算基础不实的问题。

②税收返还的结算情况　应区分结算事项的不同情况有重点地进行检查。对分税制体制税收返还收入结算的审计，应重点检查增值税、消费税两税收入有无虚增虚减的问题。

③经费资金情况　审查地方有无采取不正当手法，通过结算为财政、税务系统增加各项经费的问题。

（6）结转下年支出的审计

结转下年支出是预算安排的支出结余,按照专款专用的原则结转下年继续使用的资金。主要审查结转支出是否符合国家的政策规定。

11.3 金融审计

11.3.1 金融审计的含义

金融审计就是审计机关对国家金融机构执行信贷计划、财务计划以及与财务收支的真实性、合法性和效益性进行审计监督的一种经济监督活动。

金融审计在国家金融监督体系中处于非常重要的地位,在维护金融安全、防范金融风险、强化金融管理、打击金融领域的违法犯罪活动等方面发挥着重要的作用。

11.3.2 金融业务的审计特征

与一般企业审计相比,除业务内容的不同之外,金融审计还受到金融业务以下特征的影响。

（1）金融业务综合化

在我国,金融业务综合化经营主要是指商业银行不仅能经营传统业务,还能经营原属于证券、投资银行、保险、信托公司的业务,以及衍生金融业务。传统的金融业务经营内容出现了交叉,业务界限逐渐模糊,这种金融交易结构的复杂化使金融活动的透明度降低,增大了审计风险。

（2）金融活动国际化

金融活动国际化是经济全球化在金融领域的表现。信息、交通技术的发展,使一国金融活动越出国界与世界各国金融业务融合在一起成为了现实,这就要求金融审计人员不仅要了解国内的有关情况,而且对国际形势也应有清醒的认识。

（3）金融交易电子化

目前,我国各银行以网络为基础,在本系统内能够为客户提供跨行、跨地区的金融服务；证券行业经营机构已全部实现计算机网络化运营,这对从事金融审计的人员提出了比较高的计算机水平要求,必要时还需寻求专家的帮助。

（4）金融产品多样化

过去的几十年是全球金融市场借助信息技术急速扩张的阶段,另外全球贸易自由化的趋势和现实也使金融业在世界范围的竞争白热化。商业银行业务除了传统的存贷业务外,新的金融产品也纷纷登场,某些创新产品甚至成为金融市场的新兴主流金融工具。金融创新对金融审计的技术和方法提出了更高的要求。

（5）金融服务个性化

当社会财富积累和经济全球化发展到一定程度之后,企业和居民需要通过个性化金融服务实现资产保值增值,规避市场风险。这就要求金融审计也应对不同的业务采取更有针对性的审计操作。

11.3.3 金融审计的目标

(1) 促进金融业持续健康发展

金融业制定战略发展规划、明确战略重点布局至关重要，对金融企业发展起着统揽性、驾驭性的作用。作为金融审计应全面掌握金融业的战略目标、战略布局及发展措施，并注重分析战略发展的可行性，切实为金融企业发展把好脉。

(2) 提高金融企业竞争力

金融审计应围绕金融企业结构布局状况、决策实施状况和市场营运状况开展效益审计。通过效益审计了解企业在金融市场的占有份额，营销网点覆盖设置水平，并适时提出增强市场辐射力，扩大市场占有率的建议，从而促进金融企业由适应市场向引导、驾驭和开拓市场的转变。

(3) 防范和化解金融风险

金融审计应增强对风险的识别、揭露和排解功能。通过运用相关审计方法和计算机技术，选准风险的存在方位，判断风险的存在几率。特别是关注贷款风险，增强对不良贷款的分辨力、预测力。通过正确、及时、敏锐地识别风险，为化解风险提供导航性信息数据，对发现的问题及时研究整改、纠正措施。同时敦促被审计单位建立复核复审制度，落实责任，严把放贷关口，从而进一步提高贷款投放的安全度，从而有力地防范、化解金融风险。

(4) 提高金融系统运营水平

金融企业运营水平由资产的规模和质量决定的，金融审计应注重对金融资产总量、质量和增量水平的审计，分析金融企业的资产、负债、损益的全貌，真实、及时、全面地反映有效运用资产总量的成果。抓住金融资产质量这个关键，促进金融企业改善资产品质，提高资产质量，优化资产结构。动态地审视资产的增长变化，加强对增量资产的关注和分析，从而判定金融企业发展前景，关注金融业的持续发展。

(5) 促进国家宏观政策落实水平

金融审计应关注投贷公共设施项目实际效果，要从确保信贷资金运行的合规性、安全性的基点出发，努力为国家节约建设成本，提高贷款的使用效果。金融审计应关注投贷民生项目实际效果，应关注投贷重点产业重点项目的实际效果，把握产业政策的扶持重点方向，注重信贷资金使用的具体效果。

11.3.4 金融审计的内容

11.3.4.1 商业银行审计的内容

商业银行审计在各国现代金融风险监管活动中起着重要作用，它与金融法规、金融监管当局的监管、商业银行内部控制以及商业银行内部审计稽核等共同构成一国银行大监管体系。有效的商业银行审计不仅能提高商业银行财务报表的可信度，促进商业银行加强内部管理，提高资产质量和效益，防范和化解金融风险，也为各国金融监管当局实施有效的风险监管提供可靠的第一手资料，大大提高监管效率，为监管当局实施重点监管打下基础。商业银行审计的重点内容包括以下几个方面：

(1) 审计与评价商业银行的内部控制

内部控制是商业银行为实现经营目标，通过制定和实施一系列制度、程序和方法，对风险进行事前防范、事中控制和事后评价的动态过程和机制。内部控制是商业银行防范金融风险的第一道防线，审计部门在实施金融审计时，首先，要对商业银行的经营与管理有关的规章制度是否完善进行评价。其次，要对商业银行主要业务环节内部控制的实施情况进行符合性测试，包括授信业务、资金业务、存款及柜台业务、中间业务、会计业务、计算机信息系统等，并对其有效性做出评价。

(2) 审查资产负债管理的有效性和真实性

审计人员主要对流动资产、固定资产、无形资产、流动负债、长期负债、所有者权益等项目进行审计。对商业银行资产负债质量、盈亏状况，尤其是对资产负债比例的高低、流动资产比例的大小、支付能力的强弱、信贷资产质量的优劣等主要指标做出准确的审计判断。审查资产负债表上所反映的各项资料是否真实可靠，防止资产的高估，确保资产的质量，加强对不良资产的审计。审查负债结构的合理性，商业银行吸收的存款是否符合国家规定的范围，是否严格地执行了利率政策，有无违规拆借资金等。

(3) 审查损益的真实性

针对国有商业银行存在的家底不清、损益不实、会计核算不真实、造假现象等问题，应审查商业银行财务收支的核算是否严格执行国家和行业的有关法律、法规，加大对营业收入与支出、成本费用和损益等项目的审计力度。

(4) 审查有价证券业务的合法性、真实性

审查证券和长短期投资科目中有价证券发生额是否真实合法，有无利用信贷资金购买股票的现象；审查自营、代理或托管证券业务是否经过批准，有无超额代理发行，或以代理或托管之名从事自营活动。重点审查股票资金托管业务的操作是否符合国家的有关规定。

(5) 审查会计报表填列的真实性、合法性

现行的金融企业的财务报表由资产负债表、损益表、财务状况变动表、有关附表及财务情况说明书等组成。审计人员应重点审查商业银行的资产负债表是否真实、规范，有无隐瞒、虚报等人为调节数据的现象。

(6) 审查法定准备金制度和存贷款利率的真实性、合法性

法定准备金和利率政策是金融宏观调控的重要工具。审查法定准备金是否足额缴纳；存贷款利率是否正确、真实，有无为扩大存款而采取不正当竞争手段等行为。

11.3.4.2 保险业务审计的内容

保险业务审计是审计机关依法对保险公司的会计资料及其所反映的相应业务、财务收支情况进行的监督和审查核实。保险业务审计包括以下内容：

(1) 审查内部控制的健全、有效及执行情况

保险企业的内部控制由产品开发、销售管理、核保核赔管理、服务质量管理、再保险管理、单证档案管理、会计业务处理等制度构成。审计部门在实施保险审计时，首先，要对与保险企业的经营与管理有关的规章制度是否完善进行评价。其次，要对主要业务环节内部控制的实施情况进行符合性测试，对其是否有效实施做出评价。

(2）审查保险展业、防灾和理赔工作是否做到合法、合理、真实和有效

审查展业、防灾和理赔工作是否认真地执行国家有关方针政策和法律法规以及保险合同的规定，督促保险企业在提高自身经济效益的同时，也要充分发挥保险促进生产和保障人民生活安定的积极作用。

（3）审查财务收支和各项经济活动是否正确、真实与合法

审查各种凭证、账目、报表等资料所反映的经济活动是否存在虚假不实、营私舞弊或铺张浪费，并根据实际情况提出建议，改善保险业的经营管理。

（4）审查是否管好、用好流动资金

保险企业的流动资金是保证其履行补偿职能的保险基金，它必须在保险企业的全部资金中占相当的比重。审查保险企业是否管好、用好流动资金及有价证券，保证保险企业经营活动的正常进行。

（5）对固定资产管理进行审计监督

通过对固定资产的全面审查，避免国有资产遭受损失，改进管理，提高保险企业的经济效益。

（6）对专项基金进行审计监督

保险企业专项基金有各种业务准备金、利润留成项目下的专项基金等，管好、用好各项专用基金，有利于正确处理保险人与被保险人之间的经济利益关系，稳定保险事业的经营；有利于正确处理国家、企业和个人之间的经济利益关系；有利于调动职工的积极性，促进保险事业的健康发展。在《企业会计准则》所规定的会计科目及报表中，对保险业务的准备金有比较详细的划分，包括"长期健康险责任准备金"科目、"应收分保未到期责任准备金"科目、"应收分保未决赔款准备金"科目、"应收分保寿险责任准备金"科目、"未到期责任准备金"科目、"未决赔款准备金"科目、"寿险责任准备金"科目、"应收分保长期健康险责任准备金"科目、"存出资本保证金"科目、"一般风险准备"科目。在对这些科目进行审计时，除了要注意对各科目金额的核对外，还应测算、分析其提取比例，并与相关规定对照，审核其合规性。审查保险企业是否充足、可靠、客观地提前各类准备金，管好、用好各项专用基金，降低经营风险。

（7）对保险企业偿付能力进行审计监督

保险企业只有有足够的偿付能力，才能承担补偿义务。

11.3.4.3 证券业务审计的内容

（1）证券公司经营的合规性审计

审查证券公司（包括证券营业部）是否有经营经纪业务的许可；重要岗位（如证券营业部负责人、财务主管和电脑主管等）是否在回避的基础上实行委派制和定期轮换制；公司负责经纪业务管理的高级管理人员是否有相应的证券从业资格；公司对所属营业部的客户交易结算资金的管理模式是否适合公司的实际经营状况、保证资金安全；公司的网络系统是否能随时反映或掌握所属营业部的交易情况（及时的或隔天的）；公司下属证券营业部是否存在以承包、租赁方式经营的情况；公司下属证券营业部是否下设证券服务部，下设的证券服务部是否获得中国证监会的批复；公司是否下设其他远程服务终端，是否存在以承包、租赁方式经营的情况，其他远程终端是否有演变成营业场所的情

况等。

（2）经纪业务审计

审查客户的开户证件是否合法，开户手续是否齐全；客户资料的保存是否完备；是否存在法人以个人名义开立账户的情况，是否存在个人开立多个股票账户或资金账户的情况，客户的股票账户和资金账户对应关系是否明确。

审查是否以交易佣金分成（返佣）等不正当竞争方式吸引投资者证券交易；是否有私自买卖客户账户上的证券，或者假借客户的名义买卖证券的情况；是否有为牟取佣金收入，诱使客户进行不必要的证券买卖的情况；公司网上交易有无保密措施；客户的交易结算资金是否全额存入指定的商业银行，并单独立户管理。

（3）投行业务审计

审查证券公司是否建立投行业务的风险责任制；投行业务的操作流程是否根据投行业务和证券品种的不同而制定不同的操作流程、作业标准和风险防范措施；投行业务是否存在内核程序；是否建立发行人质量评价体系；承揽业务时是否为客户提供资金或替客户贷款提供担保。

（4）自营业务控制情况审计

审查经纪业务是否与自营业务、资产管理业务严格分开，是否有制度做保证；公司自营业务的管理部门、操作部门以及资金结算部门与会计核算部门是否相互分离、相互监督；有无挪用客户交易结算资金用于自营业务的情况；自营业务的核算方法是否符合准则要求；有无做庄的情况；自营业务有无保密措施；有无从其他金融机构或企业拆借资金的情况。

（5）资产管理业务审计

审查有无专门部门负责资产管理业务，是否统一承揽业务；受托资金的投资形式是否合法；公司受托资金投资是否有授权、审批程序；资产管理业务的管理部门、操作部门、资金结算部门与会计核算部门是否相互分离、相互监督；受托资产投资股票、债券所使用的账号，是否以个人账户进行受托资产投资业务；有无利用受托资金做庄的情况；有无用受托资金对外拆借的情况；资产管理业务的收益分成方式是否有保底收益；受托资金是否专户存放，并与股民保证金分开。

11.4 国有企业审计

11.4.1 国有企业审计的对象

国有企业审计是政府审计的一项重要工作，从历史角度来看，国有企业在我国经济中具有举足轻重的地位，国有企业审计也一直是政府审计的重点；从发展角度来看，随着国有企业改制和现代企业制度的建立，传统意义上的全资国有企业数量减少，但国有控股企业或国有资本占控制地位或者主导地位的企业，也同样是公有制主体地位的体现。因此，在现阶段，政府审计机关非常有必要进一步深化和完善国有企业审计工作。

根据《中华人民共和国审计法》（2006年修订）及其实施条例，国有企业审计的具体对象包括：一是国有独资企业；二是国有资本占企业资本总额50%以上的企业，以及国有资本占企业资本总额比例不足50%，但是国有资产投资主体实质上拥有控制权的企业；三是国有企业领导人员履行经济责任情况；四是国有资产相关监管机构。

一般而言，政府审计中的国有企业审计主要包括两个方面：一是针对企业财务收支（资产、负债、损益等）的真实、合法、效益审计；二是针对国有企业及国有控股企业领导人员的任期经济责任审计。本节重点阐述国有企业财务收支审计，关于国有企业及国有控股企业领导人员的任期经济责任审计将在本章第四节中阐述。

11.4.2 国有企业审计的目标

《审计署"十二五"审计工作发展规划》中明确指出，国有企业审计以维护国有资产安全，促进国有企业科学发展为目标，坚持"强化管理、推动改革、维护安全、促进发展"的审计思路，加快转变审计方式，加强对国有企业资金、权力和责任的审计，推动其转变发展方式、落实宏观政策、加强经营管理、防控重大风险、创新机制制度和推进反腐倡廉。2017年发布的《关于深化国有企业和国有资本审计监督的若干意见》对国有企业审计提出要求：一是对国有企业、国有资本和国有企业领导人员履行经济责任情况实行审计全覆盖，做到应审尽审、有审必严，做到国有企业、国有资本走到哪里，审计就跟进到哪里，不留死角；二是完善审计监督体制机制，改进审计方式方法，推动审计发现的问题整改到位、问责到位；三是充分发挥审计在党和国家监督体系中的作用，促进党和国家方针政策、重大决策部署在国有企业贯彻执行，促进国有企业深化改革，提高经营管理水平、做强做优做大，为国有企业健康发展保驾护航。

鉴于上述审计要求，国有企业财务收支审计的目标如下：

①真实性 国有企业会计报表反映的事项真实存在，有关业务在特定会计期间确实发生，并与账户记录相符合，没有虚列资产、负债余额和收入、费用发生额。

②完整性 国有企业特定会计期间发生的会计事项均被记录在有关账簿并在会计报表中列示，没有遗漏、隐瞒经济业务和会计事项，无账外资产。

③合法性 国有企业会计报表的结构、项目、内容及编制程序和方法符合《企业会计准则》及国家其他有关会计法规的规定，存货计价、固定资产折旧、成本计算、销售确认、投资、报表合并基础等方法的改变经过财税部门批准，经过调整后没有违规事项。

④准确性 国有企业准确无误地对报表各项目进行分析、汇总并反映在有关会计报表中。

⑤公允性 国有企业会计处理方法的选用上前后期保持一致，各种会计报表之间、报表内各项目之间、本期报表与前期报表之间具有勾稽关系的数字保持一致。

⑥表达与揭示 国有企业会计项目在资产负债表、损益表及现金流量表中被恰当地分类、描述和揭示，并对报表使用者关心或会计报表无法揭示的内容在会计报表附注中予以充分披露。

⑦效益性 对国有企业经营活动的效益性进行评价。

11.4.3 国有企业审计的内容

（1）资产项目的审计

国有企业资产类项目包括货币资金、短期投资、应收票据、应收账款及坏账准备、预付账款、其他应收款、存货、待摊费用、待处理流动资产损溢、长期投资、固定资产及其累计折旧、固定资产清理、在建工程、待处理固定资产损溢、无形资产、递延资产等。

①审查货币资金的存在性，收支的合法性和记录的完整性，余额的正确性，会计报表披露货币资金的恰当性。

②审查短期投资有价证券的存在性，是否归被审计企业所有，短期投资增减变动及其收益（或损失）记录的完整性，计价和年末余额的正确性，在会计报表上披露的恰当性。

③审查应收票据的存在性，是否归被审计企业所有，应收票据增减变动记录的完整性，应收票据的有效性和可收回性，年末余额的正确性，在会计报表上披露的恰当性。

④审查应收账款及坏账准备资金的存在性、增减变动记录的合法性、完整性、可收回性，坏账准备计提的恰当性与充分性，余额的正确性，会计报表披露的恰当性和充分性。

⑤审查预付账款的存在性、增减变动记录的完整性、可收回性和坏账准备计提的恰当性，审查预付账款是否归被审计企业所有，预付账款年末余额的正确性，在会计报表上披露的恰当性。

⑥审查其他应收款的存在性、增减变动记录的完整性、可收回性，其他应收款是否归被审计企业所有，其他应收款年末余额的正确性以及在会计报表上披露的恰当性。

⑦审查存货的存在性、收支的合法性和记录的完整性，存货的品质状况，存货的计价方法和跌价的计提是否恰当、合理，存货年末余额的正确性和会计报表披露的充分性。

⑧审查待处理流动资产损溢发生的真实性、转销的合理性以及发生和转销记录的完整性，待处理流动资产损溢年末余额的正确性，以及在会计报表上披露的恰当性。

⑨审查长期投资的存在性，是否归被审计企业所有，审查长期投资的增减变动及其收益（或损失）记录的完整性，长期投资计价方法（成本法或权益法）的正确性，债券投资溢折价摊销的正确性，长期投资年末余额以及在会计报表上披露的正确性和恰当性。

⑩审查固定资产的存在性，是否归被审计企业所有，审查固定资产及其累计折旧增减变动记录的完整性，适用固定资产计价和折旧政策的恰当性，固定资产及其累计折旧年末余额的正确性以及在会计报表上披露的恰当性。

⑪审查固定资产清理记录的完整性和反映内容的正确性，固定资产清理的期末余额的正确性以及在会计报表上披露的恰当性。

⑫审查在建工程的存在性，是否归被审计企业所有，审查在建工程增减变动记录的完整性，年末余额的正确性以及在会计报表上披露的恰当性。

⑬审查待处理固定资产损溢发生的真实性、转销的合理性以及记录的完整性，审查待处理固定资产损溢年末余额的正确性以及在会计报表上披露的正确性。

⑭审查无形资产的存在性，是否归被审计企业所有，无形资产增减变动及其摊销记录的完整性、适用摊销政策的恰当性，无形资产年末余额的正确性以及在会计报表上披露的恰当性。

⑬审查适用递延资产会计政策的恰当性、入账和转销记录的完整性、年末余额的正确性以及在会计报表上披露的恰当性。

（2）负债项目的审计

国有企业负债类项目包括短期借款、应付票据、应付账款、预收账款、其他应付款、应付工资、应付福利费、未交税金、递延税款、未付利润、其他未交款、预提费用、长期借款、应付债券、长期应付款等。

①审查短期借款借入、偿还及计息记录的完整性，审查短期借款年末余额的正确性，审查短期借款在会计报表上披露的充分性。

②审查应付票据的发生及偿还记录的完整性、年末余额的正确性以及在会计报表上披露的充分性。

③审查应付账款发生及偿还记录的完整性、年末余额的正确性以及在会计报表上披露的充分性。

④审查预收账款的发生及偿还记录的完整性、年末余额的正确性以及在会计报表上披露的充分性。

⑤审查其他应付款的发生及偿还记录的完整性、年末余额的正确性以及在会计报表上披露的充分性。

⑥审查应付工资的发生及支付记录的完整性、年末余额的正确性以及在会计报表上披露的充分性。

⑦审查应付福利费支出记录的完整性，审查应付福利费的年末余额的正确性以及在会计报表上披露的充分性。

⑧审查应计和已缴税金记录的完整性，审查未交税金和递延税款的年末余额的正确性以及在会计报表上披露的充分性。

⑨审查未付利润记录的完整性、年末余额的正确性以及在会计报表上披露的充分性。

⑩审查其他未交款记录的完整性、年末余额的正确性以及在会计报表上披露的充分性。

⑪审查长期借款借入、偿还及计息记录的完整性，审查长期借款年末余额的正确性以及在会计报表上披露的充分性。

⑫审查应付债券发行、偿还及计息记录的完整性以及债券溢折价发行形成的差额摊销的正确性，审查应付债券年末余额的正确性以及在会计报表上披露的充分性。

⑬审查长期应付款发生、偿还及计息记录的完整性，审查长期应付款的年末余额的正确性以及在会计报表上披露的充分性。

（3）所有者权益项目的审计

国有企业所有者权益类包括实收资本、资本公积、盈余公积、未分配利润。

①审查实收资本的增减变动是否符合法律、法规和合同、章程的规定以及记录的完整性，审查实收资本年末余额的正确性以及在会计报表上披露的恰当性。

②审查资本公积的增减变动是否符合法律、法规和合同、章程的规定以及记录的完整性，审查资本公积年末余额的正确性以及在会计报表上披露的恰当性。

③审查盈余公积的增减变动是否符合法律、法规和合同、章程的规定以及记录的完整

性，审查盈余公积年末余额的正确性以及在会计报表上披露的恰当性。

④审查未分配利润增减变动记录的完整性、年末余额的正确性以及在会计报表上披露的恰当性。

（4）损益类项目的审计

国有企业损益类项目包括产品销售收入、产品销售成本、产品销售费用、产品销售税金及附加、其他业务利润、管理费用、财务费用、投资收益、营业外收入、营业外支出、以前年度损益调整、所得税等。

①审查产品销售收入记录的完整性、发生额的正确性、在会计报表上披露的恰当性，以及产品销售退回、销售折让是否经授权批准并及时入账。

②审查产品销售成本记录的完整性、计算的正确性、在会计报表上披露的恰当性，以及产品销售成本与产品销售收入是否配比。

③审查产品销售费用记录的完整性、计算的正确性以及在会计报表上披露的恰当性。

④审查产品销售税金及附加记录的完整性、计算的正确性以及在会计报表上披露的恰当性。

⑤审查其他业务利润记录的完整性、计算的正确性以及在会计报表上披露的恰当性。

⑥审查管理费用和财务费用记录的完整性、计算的正确性以及在会计报表上披露的恰当性。

⑦审查投资收益记录的完整性、计算的正确性以及在会计报表上披露的恰当性。

⑧审查营业外收入和营业外支出记录的完整性、计算的正确性以及在会计报表上披露的恰当性。

⑨审查以前年度损益调整记录的完整性、计算的正确性以及在会计报表上披露的恰当性。

⑩审查所得税记录的完整性、计算的正确性以及在会计报表上披露的恰当性。

（5）会计报表的审计

国有企业的会计报表包括资产负债表、利润表、现金流量表、合并会计报表、汇总会计报表、会计报表附注及相关附表等各类会计报表等。

①会计报表的编制是否符合法律、法规以及《企业会计准则》和国家其他有关财务收支的规定。

②会计处理方法的选用是否符合一致性原则。

③会计报表在所有重大方面是否公允地反映了被审计企业的财务状况、经营成果和资金变动情况。

④会计报表是否根据登记完整、核对无误的账簿编制，账表之间、表内各项目之间、本期报表与前期报表之间具有勾稽关系的数字是否相符，合并会计报表的编制是否符合规定。

⑤会计报表和附注及其编表说明反映的内容是否真实、完整、准确、合规。

（6）其他事项的审计

国有企业的其他事项包括合并、分立、改制、资产重组、债务重组、破产等特殊事项。

①审查企业分立、合并过程中是否存在将国有资产无偿转让非国有企业或者采用租赁形式而少收不收租赁费、占用费的问题；是否存在给非国有企业低价提供产品，造成国有

资产收益流失到非国有企业等问题。

②审查企业改制过程中，评估机构对国有资产评估的真实性、合法性，以及是否存在少估国有资产的问题，是否存在只转移资产和权益，而少转移负债或者将企业潜亏留给国有企业的问题。

③审查企业合资改造中评估机构对各方投资的评估结果的正确性，是否存在人为提高外方出资比例，降低中方投资比例，随意评估资产或者抽回资本的问题。

④审查企业破产时是否存在借机私分、转移、隐匿国家财产和资金，是否存在存货积压、潜亏隐匿不报等问题，查明并分析造成破产的主、客观原因。

⑤审查债务重组的会计核算和相关信息披露的真实性，债务重组会计核算中主要问题的确认和计量以及债务重组形成的损益的真实性、合法性。

11.4.4 国有企业审计的方法

国有企业财务收支审计的方法较多，可以采用监盘法、顺查法、逆查法、内控测评、抽样法、详查法、分析性复核以及函证等基本审计方法，对被审计企业资产、负债、损益进行审计。这里介绍较为适合政府审计机构的几种审计方法。

11.4.4.1 内控测评法

（1）调查了解并记录内部控制，评估控制风险

审计人员应制定内部控制调查方案，明确调查范围、内容和方法，熟悉控制环境和会计系统，判断管理人员对内部控制的态度和重视程度，识别业务处理程序和控制类型，分析其中未存在的控制程序对会计账目的影响，初步评估控制风险程度，明确对被审计企业内部控制的依赖程度，并确定是否继续进行内部控制调查以及调查范围。

（2）符合性测试

符合性测试是指审计人员在对被审计企业实施内部控制调查的基础上，选用恰当的方法对内部控制的执行记录、实物控制设施、制约职能分工、操作状况和控制执行效果进行的测试。

审计人员对国有企业的内部控制进行符合性测试时，可以根据需要采用详查法或者抽样审计法，必要时，还可以选择若干具有代表性的交易事项，采取顺查或者逆查的方法，检查在这些交易事项的业务处理过程中，各控制环节的处理手续是否按规定办理，内部控制是否按规定发挥了作用。

（3）评价内部控制

审计人员应当按照下列参考因素评价被审计企业内部控制的健全程度：

①控制程序存在与否。
②存在的控制程序执行与否。
③失控环节。
④失控的性质和原因。
⑤失控对会计账目的影响。
⑥审计方案对内部控制的依赖程度。
⑦内部审计的工作状况。

⑧内部控制局限性。

控制风险的程度可以用高、中、低表示,控制风险水平越低,表明内部控制情况越好,审计人员可以较多地依赖、利用内部控制,并相应减少实质性测试的数量和范围。否则相反。

11.4.4.2 分析性复核法

分析性复核法是几乎每一个审计项目都要使用的一种方法,是指审计人员对被审计企业会计报表反映的会计信息的重要比率或者趋势进行的分析,调查异常变动,以及这些重要比率或者趋势与预期的数额和相关信息的差异。通过审计人员理性的分析与复核做出具有证明力的审计结论,从而揭示问题存在的真正根源。

11.4.4.3 追踪资金流向法

按照资金的流程实施审计是审计人员最常用的审计方法之一,此方法适用于专项资金或单一资金的追踪检查,通过资金流转的各个环节检查在资金流转过程中是否存在漏洞。

11.4.4.4 走访调查法

当一个企业的管理层共谋舞弊时,企业的内部控制就形同虚设,那么审计人员根据他们取得的资料所得出的审计结论显然是不真实的。在这种情况下,审计人员选择走访调查的审计方法很可能会得到意想不到的审计线索或审计证据。

11.4.4.5 假设问题存在求证法

由于政府审计的目的就是从国家的角度维护国家与人民的利益或社会公众利益,因此这种审计方法符合政府审计存在的前提假设,可以有针对性地解决审计客体舞弊的行为,以较少的政府审计成本支出去阻止甚至挽回因舞弊问题带来的巨大经济损失。而通过假设问题的存在去收集审计证据,从而求证问题的真实结果,也能够提高审计效率。

11.4.4.6 部门行业指标对比法

政府审计中指标对比分析法贯穿于审计活动的始终,是审计分析方法中最常用的方法。在对比分析法中常用的有百分比、比率、绝对比、相对比、倍数比和比重等,审计人员根据审计的具体情况会选择一种或几种进行比较与求证,以保证审计结果的客观真实性。常用的方法主要有纵向对比、横向对比、计划与实际比、整体与部分比和综合对比等。

11.4.4.7 账户切入法

账户切入法是目前实施审计的主要方法之一,主要检查审计截止日银行账户的开设与注销是否正常,其发生额与季节性、临时性等因素是否相吻合等;各明细账户的余额与会计报表所反映的结果相符情况,其明细账户的增设与注销、发生额的可信度与稳定性等,以便全面准确判断会计核算的真实准确。

11.4.4.8 实地观察法

实地观察法是对企业实物资产进行实地观察,看是否为企业本身经营所用,有无出租、出借等经营行为,从而进一步查明租金等收入是否完整及时入账。

11.4.4.9 下审一级法

下审一级法是在对企业进行审计时,将审计延伸至企业内部各部门的核算账簿、进销存台账记录中,以查明下级部门向企业财务部门报送的核算资料的真实准确性。这种方法的应用能有效查明企业的家底情况,从而降低审计风险、使审计结果更为可靠。

11.4.4.10 实物盘点法

实物盘点法是适时对企业库存商品进行实物盘点，查实其存在的真实性，进而确认经营成果核算结果的可靠性。

11.5 经济责任审计

11.5.1 经济责任审计的含义

为健全和完善经济责任审计制度，规范经济责任审计行为，2014年7月27日，国家审计署发布了《党政主要领导干部和国有企业领导人员经济责任审计规定实施细则》，该细则规定：经济责任审计是指审计机关依法依规对党政主要领导干部和国有企业领导人员经济责任履行情况进行监督、评价和鉴证的行为。

经济责任审计应当以领导干部任职期间本地区、本部门（系统）、本单位财政收支、财务收支以及有关经济活动的真实、合法和效益为基础，重点检查领导干部守法、守纪、守规、尽责情况，加强对领导干部行使权力的制约和监督，推进党风廉政建设和反腐败工作，推进国家治理体系和治理能力现代化。

11.5.2 经济责任审计的对象

①地方各级党委、政府、审判机关、检察机关的正职领导干部或者主持工作一年以上的副职领导干部，具体包括：省、自治区、直辖市和新疆生产建设兵团，自治州、设区的市、县、自治县、不设区的市、市辖区，以及乡、民族乡、镇的主要领导干部；行政公署、街道办事处、区公所等履行政府职能的政府派出机关的主要领导干部；政府设立的开发区、新区等的主要领导干部；地方各级人民法院、人民检察院的党政主要领导干部。

②中央和地方各级党政工作部门、事业单位和人民团体等单位的正职领导干部或者主持工作一年以上的副职领导干部；上级领导干部兼任部门、单位的正职领导干部，且不实际履行经济责任时，实际负责本部门、本单位常务工作的副职领导干部。具体包括：中央党政工作部门、事业单位和人民团体等单位的主要领导干部；地方各级党委和政府的工作部门、事业单位和人民团体等单位的主要领导干部；履行政府职能的政府派出机关的工作部门、事业单位、人民团体等单位的主要领导干部；政府设立的开发区、新区等的工作部门、事业单位、人民团体等单位的主要领导干部；上级领导干部兼任有关部门、单位的正职领导干部，且不实际履行经济责任时，实际负责本部门、本单位常务工作的副职领导干部；党委、政府设立的超过一年以上有独立经济活动的临时机构的主要领导干部。

③国有和国有控股企业（含国有和国有控股金融企业）的法定代表人。

根据党委和政府、干部管理监督部门的要求，审计机关可以对国有和国有控股企业（含国有和国有控股金融企业）中不担任法定代表人但实际行使相应职权的董事长、总经理、党委书记等企业主要领导人员进行经济责任审计。

领导干部经济责任审计的对象范围依照干部管理权限确定。遇有干部管理权限与财政财务隶属关系、国有资产监督管理关系不一致时,由对领导干部具有干部管理权限的组织部门与同级审计机关共同确定实施审计的审计机关。

11.5.3 经济责任审计的目标

审计机关对领导人员的经济责任实施审计,目标主要包括三个方面:

①通过对领导人员任职期间财政收支、财务收支以及有关经济活动的真实、合法和效益的审计,分清领导人员的主管责任和直接责任,正确评价领导人员任期经济责任的履行情况,强化领导人员的责任意识,为主管部门考核和奖惩领导人员提供参考。

②检查领导人员守法、守纪、守规、尽责情况,加强对领导人员行使权力的制约和监督,推进党风廉政建设和反腐败工作,推进国家治理体系和治理能力现代化。

③通过企业对领导人员任职期间重大经济决策、经营管理活动及成本、费用、利润等效益指标的审计,促进国有企业和国有控股企业加强经营管理,保障国有资产的保值增值。

11.5.4 经济责任审计的内容

审计机关应当根据领导干部职责权限和履行经济责任的情况,结合地区、部门(系统)、单位的实际,并充分考虑审计目标、干部管理监督需要、审计资源与审计效果等因素,确定审计内容和审计重点。

(1) 地方各级党委主要领导干部经济责任审计的主要内容

①贯彻执行党和国家、上级党委和政府重大经济方针政策及决策部署情况。

②遵守有关法律法规和财经纪律情况。

③领导本地区经济工作,统筹本地区经济社会发展战略和规划,以及政策措施制定情况及效果。

④重大经济决策情况。

⑤本地区财政收支总量和结构、预算安排和重大调整等情况。

⑥地方政府性债务的举借、用途和风险管控等情况。

⑦自然资源资产的开发利用和保护、生态环境保护以及民生改善等情况。

⑧政府投资和以政府投资为主的重大项目的研究决策情况。

⑨对党委有关工作部门管理和使用的重大专项资金的监管情况,以及厉行节约反对浪费情况。

⑩履行有关党风廉政建设第一责任人职责情况,以及本人遵守有关廉洁从政规定情况。

⑪对以往审计中发现问题的督促整改情况。

(2) 地方各级政府主要领导干部经济责任审计的主要内容

①贯彻执行党和国家、上级党委和政府、本级党委重大经济方针政策及决策部署情况。

②遵守有关法律法规和财经纪律情况。

③本地区经济社会发展战略、规划的执行情况,以及重大经济和社会发展事项的推动和管理情况及其效果。

④有关目标责任制完成情况。

⑤重大经济决策情况。
⑥本地区财政管理,以及财政收支的真实、合法、效益情况。
⑦地方政府性债务的举借、管理、使用、偿还和风险管控情况。
⑧国有资产的管理和使用情况。
⑨自然资源资产的开发利用和保护、生态环境保护以及民生改善等情况。
⑩政府投资和以政府投资为主的重大项目的研究、决策及建设管理等情况。
⑪对直接分管部门预算执行和其他财政收支、财务收支及有关经济活动的管理和监督情况,厉行节约反对浪费情况,以及依照宪法、审计法规定分管审计工作情况。
⑫机构设置、编制使用以及有关规定的执行情况。
⑬履行有关党风廉政建设第一责任人职责情况,以及本人遵守有关廉洁从政规定情况。
⑭对以往审计中发现问题的整改情况。

(3) 党政工作部门、审判机关、检察机关、事业单位和人民团体等单位主要领导干部经济责任审计的主要内容

①贯彻执行党和国家有关经济方针政策和决策部署,履行本部门(系统)、单位有关职责,推动本部门(系统)、单位事业科学发展情况。
②遵守有关法律法规和财经纪律情况。
③有关目标责任制完成情况。
④重大经济决策情况。
⑤本部门(系统)、单位预算执行和其他财政收支、财务收支的真实、合法和效益情况。
⑥国有资产的采购、管理、使用和处置情况。
⑦重要项目的投资、建设和管理情况。
⑧有关财务管理、业务管理、内部审计等内部管理制度的制定和执行情况,以及厉行节约反对浪费情况。
⑨机构设置、编制使用以及有关规定的执行情况。
⑩对下属单位有关经济活动的管理和监督情况。
⑪履行有关党风廉政建设第一责任人职责情况,以及本人遵守有关廉洁从政规定情况。
⑫对以往审计中发现问题的整改情况。

(4) 国有企业领导人员经济责任审计的主要内容

①贯彻执行党和国家有关经济方针政策和决策部署,推动企业可持续发展情况。
②遵守有关法律法规和财经纪律情况。
③企业发展战略的制定和执行情况及其效果。
④有关目标责任制完成情况。
⑤重大经济决策情况。
⑥企业财务收支的真实、合法和效益情况,以及资产负债损益情况。
⑦国有资本保值增值和收益上缴情况。
⑧重要项目的投资、建设、管理及效益情况。
⑨企业法人治理结构的健全和运转情况,以及财务管理、业务管理、风险管理、内部

审计等内部管理制度的制定和执行情况，厉行节约、反对浪费和职务消费等情况，对所属单位的监管情况。

⑩履行有关党风廉政建设第一责任人职责情况，以及本人遵守有关廉洁从业规定情况。

⑪对以往审计中发现问题的整改情况。

11.5.5 经济责任审计的方法

经济责任审计的方法较多，除可采用基本的审计方法外，这里介绍几种较适合经济责任审计的方法。

（1）业绩比较法

业绩比较法包括纵向比较法和横向比较法。纵向比较法是将上任时与离任时业绩比较，或先确定比较基期再将比较期与之对比的方法；横向比较法是将相关业绩与同行业一般状况进行比较的方法。

（2）量化指标法

量化指标法是运用能够反映领导干部履行经济责任情况的相关经济指标，分析其完成情况，分析相关经济责任的方法。

（3）环境分析法

环境分析法是将领导干部履行其经济责任的行为放入相关的社会政治经济环境中加以分析，做出实事求是的客观评价的方法。

（4）主客观因素分析法

主客观因素分析法是对具体行为或事项进行主客观分析，推究其具体的主客观成因，分析该具体行为或事项是成因于领导干部主观过错或主观创造力，还是成因于客观因素的影响，进而做出审计评价的方法。

（5）责任区分法

责任区分法包括区分现任责任与前任责任、个人责任与集体责任、主管责任与直接责任、管理责任与领导责任等，正确区分不同责任之间的界限和不同责任人之间的界限，使审计评价做到责任清楚、明确。

▲ 本 章 小 结

政府审计是指国家审计机关根据有关法律法规，对国家机关、行政事业单位和国有企业执行政府预算收支的情况和会计资料实施检查审核、监督的专门性活动。政府审计是一种法定审计，被审计单位不得拒绝。

我国审计机关由审计署和地方审计机关组成，审计机关必须履行法定职责。我国对政府审计人员选任资格条件，从政治素质、业务素质和职业特质三个方面进行了详细的规定。

政府审计总体目标是监督被审计单位财政收支、财务收支及有关经济活动的真实性、合法性和效益性。

财政审计是政府审计机关对国家财政收支的审计，主要包括本级预算执行审计和对下级政府预算执行与决算审计两个方面。本级预算执行审计是对本级政府主管财政预算执行机关以及其他预算执行机构,在财政预算执行过程中筹集、分配财政资金的活动和预算收支任务完成情况的真实性、合法性、有效性所进行的审计监督。对下级政府预算执行和决算审计是审计机关依照国家法律、行政法规对下级政府预算执行和财政收支决算的真实、合法和效益情况进行监督的行为。

金融审计就是审计机关对对国家金融机构执行信贷计划、财务计划以及与财务收支的真实性、合法性和效益性进行审计监督的一种经济监督活动。其审计具体对象包括商业银行、保险业务和证券业务。

国有企业审计是政府审计的一项重要工作,是对国有独资企业、国有控股企业财务收支(资产、负债、损益等)的真实、合法、效益进行审计,并对国有企业及国有控股企业领导人员的任期经济责任进行审计。

经济责任审计是审计机关依法依规对党政主要领导干部和国有企业领导人员经济责任履行情况进行监督、评价和鉴证的行为。针对不同的审计对象审计内容有所差别。较适合经济责任审计的方法有业绩比较法、量化指标法、环境分析法、主客观因素分析法、责任区分法等。

思 考 题

1. 如何理解政府审计的含义和特点?
2. 我国政府审计机构是如何设置的?
3. 对我国政府审计人员的素质有哪些要求?
4. 按照审计内容政府审计是如何分类的?
5. 如何理解财政审计的含义和对象?
6. 本级预算执行审计中对财政部门审计的主要内容是什么?
7. 对下级政府预算执行和决算审计中对税收审计的主要内容是什么?
8. 如何理解金融审计的含义和特征?
9. 商业银行的审计内容是什么?
10. 国有企业财务收支审计的目标是什么?
11. 如何理解经济责任审计的含义和对象?
12. 国有企业领导人员经济责任审计的主要内容有哪些?
13. 适合经济责任审计的方法有哪些?

第 12 章 内 部 审 计

【学习目标】
1. 了解内部审计的含义、内部审计的国际比较。
2. 明确各种类内部审计的含义、对象及其特征。
3. 掌握内部审计开展不同种类审计的主要工作内容。

12.1 内部审计概述

12.1.1 内部审计定义

2018年3月1日起施行的《审计署关于内部审计工作的规定》(审计署令第11号)指出内部审计是对本单位及所属单位财政财务收支、经济活动、内部控制、风险管理实施独立、客观的监督、评价和建议,以促进单位完善治理、实现目标的活动。

中国内部审计协会指出内部审计是一种独立、客观的确认和咨询活动,它通过运用系统、规范的方法,审查和评价组织的业务活动、内部控制和风险管理的适当性和有效性,以促进组织完善治理、增加价值和实现目标。

国际内部审计师协会(Institute of Internal Auditors,IIA)自1941年成立以来,先后七次对内部审计定义,对这些定义的不断修订,标志着随着外部环境、工作方式的不断变化,内部审计也需要不断调整、创新,以适应时代发展的需要。

1947年IIA对内部审计第一次定义,即:内部审计是建立在审查财务、会计和其他经营活动基础上的独立评价活动。它为管理提供保护性和建设性的服务,处理财务与会计问题,有时也涉及经营管理中的问题。

1957年IIA对内部审计第二次定义,即:内部审计是建立在审查财务、会计和经营活动基础上的独立评价活动。它为管理提供服务,是一种衡量、评价其他控制有效性的管理控制。

1971年IIA对内部审计第三次定义,即:内部审计是建立在审查经营活动基础上的独立评价活动,并为管理提供服务,是一种衡量、评价其他控制有效性的管理控制。

1978年IIA对内部审计第四次定义,即:内部审计是建立在以检查、评价组织为基础的独立评价活动,并为组织提供服务。

1990年IIA对内部审计第五次定义,即:内部审计工作是在一个组织内部建立的一种独立评价职能,目的是作为对该组织的一种服务工作,对其活动进行审查和评价。

1993年IIA对内部审计第六次定义,即:此次定义,确认了第五次定义,同时明确内部审计的目的是协助该组织的管理成员有效地履行他们的职责，从而解决了为组织服务是为谁服务的问题。

1999 年 IIA 对内部审计第七次定义，即：内部审计是一种独立、客观的保证工作和咨询活动。其目的在于为组织增加价值和提高组织的运作效率。它通过系统化和规范化的方法，评价和改进风险管理、控制和治理过程的效果，帮助组织实现其目标。

12.1.2 国外内部审计特征

通过研究比较其他国家内部审计，对我国内部审计工作的开展具有现实的指导意义。

（1）澳大利亚的内部审计

澳大利亚的内部审计起源于 20 世纪 20 年代，大中型工商企业开始建立审计委员会，到 50 年代已经具备了现代内部审计的基本框架。澳大利亚的内部审计现阶段主要特点：第一，没有明确的法律规定必须在公司内部设立审计机构，但是大型企业一般都自觉设立审计委员会，并设置内部审计机构、配备专业审计人员，为公司领导提供高效合理的建议。企业进行内部审计管理是一种自觉的、主动的行为，是企业管理不可缺少的重要组成部分。第二，审计部门直接对董事会设立的审计委员会负责，不受公司经营管理者和管理部门影响，建立了审计工作的独立性、权威性和客观性。审计报告直接送首席执行官，同时抄送内部审计协会。第三，澳大利亚规定从事内部审计人员必须是注册会计师，必须具有执业资格证书。第四，审计工作涉及企业管理的各个方面，审计工作已经起到综合管理的作用。第五，外部审计与内部审计具有良好的协调关系。

（2）奥地利的内部审计

奥地利的内部审计现阶段主要特点是审计机构独立、审计结果公开、审计内容丰富，这些是与其他国家的共同点。此外，其主要特点还有：第一，目的十分明确，每个审计项目突出目标、规划、决策、执行、监督五个控制环节。第二，强调经济性、效率性和效果性审计。第三，注重风险审计，分四个步骤：一是确定风险分析对象，把整个企业的风险分为高风险区域、中风险区域等，或者分为战略风险、部门风险和操作层面风险等；二是明确具体风险，即哪些方面会有问题；三是分析风险，即对已明确的具体风险进行评估，排列优先顺序，并确定相关控制措施；四是通过对风险规划来规避风险、监视风险、管理风险、帮助企业渡过难关。

（3）德国的内部审计

1875 年，德国最大企业之一的克虏伯公司（主营采煤、冶金、机械、军火）率先实行内部审计制度。德国的内部审计现阶段主要特点是：第一，总经理领导下的内部审计机构是主要形式，少数企业在董事会下设置内部审计机构且隶属于董事会，西门子公司就是如此。第二，内部审计人员有两种：即专职审计人员和监事，其中专职审计人员是主体。对内部审计人员的学历、专业和经验没有专门法律规定，但实际上对内部审计人员素质要求很高，一般为大学以上学历，熟练掌握外语和计算机技术。以奔驰公司内部审计部为例，其直接隶属于董事长领导，配备约 20 名内部审计人员，公司要求内部审计人员懂得 2～3 门外语，熟悉两国以上的法律和文化及计算机系统，具备专业知识和领导才能等，但对内部审计人员的专业背景没有严格限制，可以来自经济、金融、会计专业。

部门内工程师、会计师和经济管理人才各占据1/3，这一方面是为了满足内部审计范围较广的需要，另一方面是为了发挥不同专业的协同效应。第三，审计范围涉及财务收支审计、内部控制审计、经营审计、人事审计、管理效益审计、舞弊审计、环境保护审计等。第四，在审计方法与程序上，德国的内部审计是风险导向的典型代表，内部审计是根据企业各个领域发生风险的概率大小来确定审计对象、内容和时间，而且内部审计部门还要对审计项目的风险水平与审计投入产出进行分析，力求在确保控制企业主要风险的前提下，实现内部审计的经济效益。第五，注重审计目标，讲求实效，必须做到合法、安全和经济。

（4）法国的内部审计

法国内部审计具有100多年历史，现阶段主要特点：第一，内部审计的主要职责是服务，帮助组织各层次人员实现其工作目标，审计部门与管理层之间是伙伴关系，而不是"警察与小偷"的关系。第二，内部审计部门已经成为创造价值的部门，以风险评估为主要工作内容，及时发现和避免各种风险，提出规避风险的意见和建议。第三，审计机构的独立性很强。内部审计机构的计划由董事会批准实施，不列入企业其他计划。内部审计负责人直接对董事长负责，向董事会、审计委员会报告工作，可以对企业任何部门、个人进行审计，各级管理人员、总经理，甚至董事、董事长都必须接受审计，不得拒绝和设置障碍。对于审计报告提出的意见建议，被审计单位要在限期内予以实施。第四，审计工作注重科学性和实效性。每年制定的审计计划都不是随意的，而是听取多方意见进行评估的结果，一般会提出大于计划一倍以上的项目，然后从中筛选年度审计项目，力求用最经济的方式对最关键的领域进行审计，十分注重实效。第五，对内部审计人员素质要求高，一般要求大学以上学历，具有良好的专业知识和组织能力，熟练掌握1~2门外语及计算机技术，同时具有良好的道德品质。内审部门不仅具有财务、管理专家，而且有技术、计算机、法律方面的专业人才，很多审计人员是复合型人才，内部审计部门实行定期岗位轮换制度，内部审计人员在审计岗位工作3~5年后，要到其他管理岗位工作，以保证工作活力。第六，外部审计与内部审计具有良好的协调关系。

（5）英国的内部审计

英国内部审计历史悠久，内部审计活动的开展可以追溯到诺曼人和古罗马人统治时期。英国的内部审计现阶段主要特点是：第一，内部审计角色由以往的"监督和复核"转化为"保证和建议"，由"内部警察"变为"保健医生"。第二，法律并没有强制性要求各企业建立内部审计机构，但是各企业出于内部管理的需要都建立了内部审计机构。内部审计部门在行政上受总裁领导，在业务上受审计委员会领导。第三，内部审计监督体系为审计委员、内部审计部门和委托外部会计师事务所。审计委员会隶属于董事会，一般至少3名非执行董事，主要职责是审核公司重大财务报告问题，评价公司内部财务控制和风险管理程序的完整性及有效性，评价内部审计工作；监控外部审计师提供的审计服务，关注公司内部的舞弊预警信号。内部审计部门承担具体内部审计事务，内部审计主管随时可以向企业高级管理层和审计委员会报告，并对审计报告全权负责，任何人无权更改审计报告。在审计业务量大时，审计委员会可以决定将某些专项内审业务外包委托给会计师事务所，如企业年度决算报表和纳税审计，内部审计部门和会计师事务所之间可以相互评价对方的审计工作情况。第四，内部审计关注的热点问题有风险与风险管理、公司治理、信息系统审计。第五，内部审计被认为是很好的职业，对初级和中级审计人员需求量很大，内审职业要求严格，不具备一定专业素质、管理水平和实践经验的人员不能到内部审计部门工作，准备提拔的高层管理人员也需要有内部审计的工作经历，内审岗位具有很强的吸引力。第六，内部控制自我评估（CAS）日益受到重视。

（6）美国的内部审计

美国的内部审计可以追溯到20世纪初在铁路系统开展的内部稽核。美国的内部审计现阶段主要特点是：第一，内部审计已经发展为一种公认的职业。第二，世界上第一个内部审计师职业组织成立，并发展为国际性组织。第三，审计师的要求为必须具备丰富的专业知识，必须经过注册内部审计师资格考试，严格遵守职业道德标准。第四，内部审计组织具有较高的地位和较强的独立性。第五，开拓了经营审计，以提高效率、降低成本、增加利润。

12.1.3 内部审计与政府审计、社会审计的区别

（1）审计的独立性和权威性不同

《审计法》规定，政府审计代表国家利益依法独立实施审计监督，不受其他行政机关、社会团体或个人的干涉，具有较强的独立性和权威性。社会审计既独立于被审计单位又独立于委托人，最具独立性；在审计时严格遵照行业标准，能够增强审计报告的权威性。而内部审计受本部门、本单位直接领导，仅仅强调与其他职能部门相对独立，其独立性和权威性在客观上必然受到多方面的影响和制约。

（2）审计动机和审计目的不同

政府审计一般是强制执行的，社会审计则是受托进行；除了上市公司法定的内部审计内容以外，一般单位的内部审计是根据本部门、本单位经营管理的需要自觉施行。随着企业规模的逐步扩大和内部管理的科学化，内部审计将得到更快的发展。

政府审计的主要目的是监督国家各项经济政策和财经纪律的执行情况，社会审计的目的主要是对被审计单位的年度会计报表或受托的其他特定事项进行审计，根据审计结果，就公允性、合法性发表审计意见。内部审计的主要目的则是为了满足监管需要，以及为改善本部门、本单位经营管理状况、提高经济效益服务。

（3）审计职责和具体作用不同

政府审计代表国家和人民的利益，对国家和社会负责。社会审计对委托人负责。政府审计和社会审计对外出具的审计报告具有鉴证作用。而内部审计只对本部门、本单位负责，其审计结果只能作为本部门、本单位改进管理的参考，对外不起鉴证作用。

政府审计、社会审计和内部审计均可通过对被审计单位的财务收支及其经济活动进行审查、监督，对社会经济发展起防护性作用和建设性作用。但具体而言，政府审计和社会审计主要是对已经发生的财政财务收支活动进行审计，以查错防弊、严肃财经纪律，并对已经完成的经济活动进行评价，政府审计主要发挥经济监督作用，社会审计主要发挥经济鉴证作用。而内部审计不但进行事后审计，同时也进行事前和事中审计；通过事前审计，

对经济活动方案的可行性研究进行审查，防患于未然；通过事中审计，既可以及时纠正已经出现的问题，又可以防止类似问题的发生。从某种意义讲，内部审计更能发挥防护性作用和建设性作用。

（4）审计的内容和侧重点不同

政府审计对被审计单位进行财政财务审计、财经法纪审计或经济效益审计，审查的重点是被审计单位的账目和会计报表，除专门进行经济效益审计外，一般不详细审查被审计单位的业务经营状况。社会审计通常侧重财务收支审计，对会计报表发表审计意见。而内部审计以改善本单位的经营状况、提高经济效益为出发点，把内部控制检查、经济效益评价作为重点，审计范围不但涉及财务收支及财经法纪，更重要的是把单位的内部控制制度、经营状况、管理状况作为审计重点。

（5）审计依据和审计方法的灵活性不同

政府审计、社会审计和内部审计均应依据国家的法律、法规和各项财经制度、审计准则进行。而内部审计除此之外，还应以部门、单位内部制定的各种规章制度、经济合同为依据。

从审计机构与被审计单位的关系看，政府审计和社会审计是外部审计力量对被审计单位所进行的审计，故审计人员在审计之前对被审计单位情况了解较少，首次审计时，更是如此。为保证审计质量，一般应严格遵守按照审计准则规定的程序和方法进行审计，灵活性有限。而内部审计人员处于企业内部，熟悉单位各方面的情况，可以根据本行业、本单位的特点灵活选择审计方法，如平时已十分了解单位的内部控制制度，审计过程中便不必花费时间另行了解、评价。

（6）审计报告的编写、签发程序不同

审计报告是审计人员发表审计意见的书面文件，由于注册会计师签发的审计报告对外具有鉴证作用，为避免误解，其格式、措辞必须严格符合独立审计准则的要求；为明确责任，签发之前不需会计师事务所以外的任何单位审定。内部审计是代表部门、单位最高管理当局对下属单位或内部职能部门的监督，审计报告在定稿之前须征求被审计单位意见，在签发之前必须经过内部审计机构审定；根据审计报告做出的审计决定也只有经管理当局审批才能下达，然后由被审计单位执行。

12.1.4 内部审计与外部审计的协调

（1）内部审计与外部审计的协调概述

内部审计与外部审计的协调，是指内部审计机构与社会审计组织、政府审计机关在审计工作中的沟通与协作。在组织董事会或者最高管理层的支持和监督下，内部审计机构负责人具体组织实施内部审计与外部审计的协调工作。内外部审计的协调工作需要由内部审计机构负责人定期进行评估，并根据评估结果及时调整、改进内外部审计协调工作。内部审计机构应当在社会审计及政府审计对本组织开展审计时做好协调工作。内部审计与外部审计的协同工作，以确保下列目标的实现：

①保证审计范围的充分及适当。

②降低重复性审计，提高审计效率。

③共享审计成果，缩小审计成本。
④持续优化内部审计机构工作。
(2) 内部审计与外部审计的协调的方法和内容
①通过定期会议、不定期会面或者其他沟通方式，实现内部审计与外部审计之间的协调。
②内部审计与外部审计的协调工作包括下列方面：一是与外部审计机构和人员的沟通；二是配合外部审计工作；三是分析评价外部审计工作质量；四是共享外部审计工作成果。
③在审计范围上，内部审计与外部审计应当进行充分协调。在考虑双方的工作的基础上，编制年度审计计划和项目审计方案，以确保充分、适当的审计范围，最大限度减少重复性工作。
④在条件允许的情况下，内部审计与外部审计应当在必要的范围内互相交流相关审计工作底稿，以便共享及利用对方的工作成果，提高工作效率。
⑤内部审计与外部审计应当相互参阅彼此的审计报告。
⑥内部审计与外部审计应当在具体审计程序和方法上相互沟通，达成共识，以促进双方的合作。

12.2 内部控制评审

12.2.1 内部控制评价

12.2.2.1 内部控制评价定义

内部控制评价作为优化内部控制自我监督机制的一项重要制度安排，是内部控制体系的核心组成部分。依据《企业内部控制评价指引》第二条相关规定，企业内部控制评价，是指企业董事会或类似权力机构对内部控制的有效性进行全面评价、形成评价结论、出具评价报告的过程。

内部控制评价的主体是企业董事会或类似权力机构，对内部控制评价负最终责任。内部控制评价的对象是内部控制的有效性，即公司的内部控制体系对完成控制目标的保证程度。内部控制的有效性可分为内部控制设计的有效性和内部控制运行的有效性。内部控制评价是持续性的，需要遵循相应的程序，包含计划、执行、报告等多个阶段。

12.2.2.2 内部控制评价的作用

(1) 有助于增强企业外部人对会计信息可靠性的信心

一般而言，一个企业的内部控制系统越健全、越有效，其经营管理就越规范，会计信息也越可靠。由于投资者、债权人以及企业其他的利益相关各方都要依赖企业呈报的会计信息进行决策，因此，对于这些与企业有利益关联的相关各方来说，大家都希望由独立的专业机构和人士对企业内部控制系统进行鉴证并提供书面结论，以此来衡量企业内部控制系统的健全性和有效性，从而判断其所呈报会计信息的可靠性。因此，内部控制评价有助于增强企业外部的各类相关者对企业会计信息可靠性的信心。

（2）有助于企业加强内部控制，改善经营管理

内部控制评价不仅有助于增强外部人士对企业会计信息可靠性的信心，也有助于企业加强内部控制，改善经营管理。内部控制是企业经营管理的重要手段，内部控制系统的构建和实施是随着企业内外部环境的变化而不断变化的一项纷繁复杂的系统工程，任何一个单位内部控制系统的构建都不可能一蹴而就。因此，每个单位都必须定期或不定期地对自身内部控制系统进行评价，以找出自身内部控制系统的薄弱环节，及时修补完善。从本质上说，内部控制评价是内部控制系统本身的一个有机组成部分，是企业内部控制系统的反馈体制，其根本目的在于监督企业内部控制系统是否完整、运行是否正常，以保障企业内部控制体系能有效地展开控制活动，实现控制的目标。

（3）有助于注册会计师提高工作效率，降低控制风险

众所周知，制度基础审计和风险导向审计是在账项基础审计和报表基础审计之后产生的。然而，账项基础审计不仅费工费时，而且效率低下；报表基础审计往往只注重对财务报表中的一些重大事项进行审查，而忽略了大量的业务活动，无法发现和揭示一些对财务报表真实性和公允性有重大影响的舞弊行为和技术性错误。经过长期的尝试和实践，审计人员逐渐认识到，会计信息的可靠与否、企业发生错弊的多少都与企业内部控制系统有着密切的关系，于是便产生了以内部控制评价为基础的制度基础审计和风险导向审计。

内部控制评价是制度基础审计和风险导向审计的一个核心环节。在制度基础审计和风险导向审计中，审计人员首先要对被审计单位内部控制系统进行健全性测试与评价、符合性测试与评价，以评判被审计内部控制系统的完整性和有效性，找出可能存在风险的领域和部门，在此基础上再进一步确定实质性审计的范围和重点。

12.2.2.3　内部控制评价的原则

实施内部控制评价，应当遵循下列原则：

①风险导向原则　内部控制评价应当以风险为导向，首先进行风险评估，根据风险发生几率和对企业宏观或微观控制目标的影响程度来确定需要评价的重点业务单元、重要业务领域或流程。

②一致性原则　内部控制评价采用评价方法和标准应当统一可比，保证评价结果的可比性。

③公允性原则　内部控制评价应当以事实为依据，评价结果需要有适当证据进行佐证。

④独立性原则　在内部控制评价机构的确定及组织实施评价工作的过程中，保持应有的独立性。

⑤成本效益原则　内部控制评价应当平衡适中的成本和科学有效的评价。企业董事会及其审计委员会负责领导本企业的内部控制评价工作。由监事会监督董事会实施内部控制评价。企业可以授权内部审计部门负责组织和实施内部控制评价工作。

12.2.2.4　内部控制评价内容

①内部控制评价内容涵盖了对影响整体控制目标实现的内部环境、风险评估、控制

活动、信息与沟通、内部监督等内部控制要素进行全面系统、有针对性的评价。评价内容包括但不限于：公司中的权责划分的全面性及合理性；各项内部控制制度及相关措施的健全、规范程度，是否与单位内部的组织管理相吻合；各项工作中的业务处理与记录程序是否规范、经济，执行的有效性；各项业务工作中的授权、批准、执行、记录、核对、报告等手续是否齐全；不相容岗位相互分离的原则在各岗位的职权划分中的落实情况，其职权履行是否得到有效控制；是否有落实严格的岗位责任制度和奖惩制度；关键控制点是否均有必要的控制措施，措施的有效执行程度；内部控制制度在执行中受管理层的影响程度。

实施内部控制评价，包括对内部控制设计有效性和运行有效性的评价。内部控制设计有效性是指为实现控制目标所必需的内部控制要素都存在并且设计恰当；内部控制运行有效性是指现有内部控制按照规定程序得到了正确执行。

②企业集团对被评价单位内部控制的有效性进行评价，应当至少涉及下列内容：被评价单位内部控制是否在风险评估的基础上涵盖了企业层面的风险和所有重要的业务流程层面的风险；被评价单位内部控制设计的方法是否适当，内部控制建设的时间进度安排是否科学、阶段性工作要求是否合理；被评价单位内部控制设计和运行的组织是否有效，人员配备、职责分工和授权是否合理；被评价单位是否开展内部控制自查并上报有关自查报告；被评价单位是否建立有利于促进内部控制各项政策措施落实和问题整改的机制；被评价单位在评价期间是否出现过重大风险事故等。

12.2.2.5 内部控制评价的程序

（1）制订工作计划

实行内部控制评价应首先制定评价工作计划，在计划中确定评价的工作范围、任务安排、人员构成、工作进度、预算等内容。工作计划应经董事会或类似机构批准。

（2）成立工作组

成立内部控制评价工作组，成员应具有相关知识经验，并熟知公司的内部控制情况。

（3）现场测试内部控制

对被评价单位进行现场测试，单独或综合采用个别访谈、调查问卷、穿行测试、抽样、实地查验、专题讨论、比较分析等方法。收集单位内部控制方面的证据，在工作底稿中记录，分析内部控制缺陷。

（4）确认内部控制缺陷

对被评价单位内部控制设计和运行存在的缺陷进行认定,按其影响程度分为重大缺陷、重要缺陷和一般缺陷。

（5）汇总评价结果

内部控制评价结果由工作组负责人进行审核，提交评价部门。评价部门编制缺陷汇总表，对内部控制的缺陷，形成原因及影响进行全面的分析复核，给出最终认定意见，与董事会或类似机构沟通。对于董事会认定的重大缺陷，应积极采取风险应对措施，控制风险在可接受范围内。

（6）编制评价报告

编制内部控制评价报告，综合评价被评价单位的内部环境、风险评估、控制活动、信息与沟通、监督等。对内部控制是否有效、内部控制缺陷及其应对措施等进行披露。

12.2.2.6 内部控制评价报告

（1）内部控制评价报告的内容

根据《企业内部控制评价指引》第二十一条和第二十二条的相关规定，内部控制评价对外报告一般包括以下内容：

①董事会声明　针对报告内容的真实性、准确性、完整性，董事会及全体董事声明承担个别及连带责任，保证报告内容不存在任何虚假信息、误导性陈述或重大遗漏。

②内部控制评价工作概况　明确企业内部控制评价工作的组织机构、领导体制、进度安排，包括是否由社会审计对内部控制有效性进行独立审计。

③内部控制评价的依据　依据是指公司内部控制评价所依据的法律、法规和规章制度。

④内部控制评价的范围　内部控制评价的范围指被评价单位，以及评价范围内的业务事项及重点关注的涉风险领域。内部控制评价的范围如有不完整，应陈述理由及其对内部控制评价报告真实完整性产生的重大影响等。

⑤内部控制评价的程序和方法　描述内部控制评价工作所采用的工作流程，以及评价过程中使用的主要方法。

⑥认定内部控制缺陷　描述适用本企业的认定内部控制缺陷的具体标准，如与以前年度一致则声明一致，如有调整则需要列明所作调整及调整原因；根据内部控制缺陷认定标准，认定评价期末存在的重大缺陷、重要缺陷和一般缺陷。

⑦内部控制缺陷的整改情况　对于评价期间发现、期末已完成整改的重大缺陷，以足够的测试样本来说明与该重大缺陷相关的内部控制设计合理并可有效运行。针对评价期末存在的内部控制缺陷，说明公司拟采取的整改措施及预期效果。

⑧内部控制有效性的结论　无重大缺陷时，结论是评价期末内部控制有效；存在重大缺陷，不得做出内部控制有效的结论，并陈述该重大缺陷的性质及其对实现相关控制目标的影响程度，以及可能给公司未来生产经营带来的相关风险等。自内部控制评价报告基准日至内部控制评价报告发出日，发生重大缺陷的，企业须责成内部控制评价机构予以核实，并根据核查结果对评价结论进行相应的调整，说明董事会拟采取的措施。

（2）内部控制评价报告的编制要求

内部控制评价报告可分为对内报告和对外报告，对外报告是以外部信息使用者为对象并满足其需求，在时间上具有强制性、披露内容和格式强调符合披露要求。对内报告主要是为了帮助管理层或治理层改善管控水平，不具有强制性，内容、格式和披露时间由企业自行决定。

企业面对着外部环境和内部条件的时刻变化，一成不变的内部控制系统会给企业带来巨大的风险。内部控制系统是一个不断更新和自我完善的动态体系，因此对内部控制需要经常展开评价，在实际工作中可以采用定期与不定期相结合的方式。

对外报告一般采用定期的方式，公司编制的年度内部控制评价报告经董事会审议通过，并按定期报告相关要求审核后，与年度报告一并对外披露。年度内部控制评价报告应当以 12 月 31 日为基准日。值得说明的是，根据 2014 年证监会同财政部联合制定颁布的《公开发行证券的公司信息披露编报规则第 21 号——年度内部控制评价报告的一般规定》，公司内部控制评价结论认定公司于内部控制评价报告基准日存在内部控制重大缺陷，或者公司内部控制被会计师事务所出具了非标准内部控制审计报告，以及标准内部控制审计报告披露了非财务报告内部控制重大缺陷的，公司应当在年度报告"重要提示"中对以上情况做出声明，并提示投资者注意阅读年度报告内部控制相关章节中内部控制评价和审计的相关信息。

内部报告通常采用不定期的方式，即企业可以持续地开展内部控制的监督与评价，并根据结果的重要性随时向董事会（审计委员会）或经理层报送评价报告。从广义上讲，企业针对发现的重大缺陷等向董事会（审计委员会）或经理层报送的内部报告（内部控制缺陷报告）也属于非定期的报告。

根据《企业内部控制基本规范》《企业内部控制评价指引》的要求，财政部会同证监会联合制定了《公开发行证券的公司信息披露编报规则第 21 号——年度内部控制评价报告的一般规定》，对公开发行证券的公司内部控制信息披露的原则、方法、内容与格式做出了具体规定，对于指导与规范上市公司的内部控制信息披露行为，提高内部控制信息质量，保护投资者的利益，具有重大意义。根据《关于 2012 年主板上市公司分类分批实施企业内部控制规范体系的通知》（财办会〔2012〕30 号）的规定，需要披露内部控制评价报告的上市公司，在发布年度报告时应遵照执行。鼓励自愿披露内部控制评价报告的其他上市公司参照执行。需要说明的是，该规则是对年度内部控制评价报告披露的最低要求，不论规则是否有明确要求，凡对投资者投资决策有重大影响的内部控制信息，公司均应充分披露。

12.3 经营与管理审计

12.3.1 经营审计

12.3.1.1 经营审计的定义及特征

"经营审计"一词最早在 20 世纪 50 年代由优秀内部审计师所采用，泛指他们在审计后为改善企业经营而做的一切工作，它是财务审计和合规审计的延伸。美国 D.J.卡斯勒和 J.R.克劳开特将经营审计定义如下：经营审计是评价一个组织在管理部门控制下的经营活动的效果性、效率性和经济性，并将评价结果和改进意见报告给有关人员的系统过程。其目标是为评价一个组织的绩效提供手段，以及通过改进建议提高该组织的绩效。

经营审计是经济性、效率性、建设性的审计，经营审计要对企业生产、经营、管理的全过程进行审计。其任务是揭露经营管理过程中存在的问题和薄弱环节，探求堵塞漏洞、解决问题的有效途径，提出改善经营管理、提高经济效益的措施。

12.3.1.2 经营审计的一般思路

经营审计的一般思路是：首先，在审查的基础上，全面分析和评价企业已经实现的业绩；其次，通过对企业生产经营状况的调查以及反映业绩的各项指标的分析，初步判断存在的问题和尚可挖掘的潜力;最后,提出为提高经济业绩而应当改进经营或采取进一步行动的建议。按照经营审计的一般思路,其在实施过程中的一般做法如下:

(1) 了解并评价权限与职责

了解并评价权限与职责,即了解被审计单位所拥有的一般权力与特殊权限,以及所承担的职责,并评价其权限与职责是否相匹配,有无权限过大职责更小,或者权限过小职责更大的情况。

(2) 检查并评价业绩

业绩是指被审计单位所从事的业务活动与管理当局或委托人建立的目标相比较的实现程度,一般来说,主要是指经营活动的效果性、效率性和经济性。

(3) 检查并评价方针、程序与做法

在经营审计中,审计师要审查并评价管理当局的方针是否体现了其意图;程序与做法是否与既定目标和方针一致;方针、程序与做法是否被遵照执行;方针、程序与做法本身是否完善等。

(4) 查明原因,做出结论

在前述审计程序的基础上,查明被审计单位是否实现了既定的经营目标。如果被审计单位实现了既定的经营目标,就要评价管理当局的方针、程序与做法为什么能够取得成效,有哪些主要经验,是否还存在什么问题,可从哪些方面进行改进。如果没有实现目标,就要评价管理当局的方针、程序与做法为什么没有取得成效,存在哪些主要问题,应当如何改进这是经营审计的核心问题。

(5) 提出改进建议

经营审计的最终目标是通过提出改进建议而帮助被审计单位提高经营业绩。因此,经营审计的必然程序是审计师在查明原因的基础上提出针对性的改进建议。审计师应当将这些建议的道理及预期结果说透,使人信服并乐于采纳。

(6) 开展后续审计

在经营审计中,审计师应当通过后续审计了解被审计单位改进落实建议的情况,并根据新情况提出新的改进建议,以切实实现经营审计的目标。

12.3.1.3 经营审计的主要内容

在经营审计中,审计师应当从生产力各要素的利用程度和进一步开发的潜力着眼,以供、产、销等业务经营活动的过程和结果作为具体审计对象,审查和评价企业经营审计活动的效果性、效率性和经济性。

(1) 采购业务审计

①采购计划审计 确定采购物资的品种和数量、时间情况,采购计划的编制及实施情况。

②采购合同审计 采购合同管理制度的建立,供货单位的确定,供货价格是否最优,供货合同是否完整,采购合同是否按期履行。

③采购执行情况审计 采购的实际履行情况,实际采购成本价格的最优化情况,实际运输方式是否合理,采购费用是否浪费等。

④存货管理审计 物资入库前质量检验和清点制度,物资保管是否安全有序,有无被

盗、雨淋或火灾威胁的情况，是否采用永续盘存记录，是否定期盘点库存物资，对于盘盈或盘亏物资处理手续是否严格等。

（2）生产业务审计

①生产计划审计　制定的生产计划是否科学，是否按照经济批量来安排生产，是否与企业的销售计划、采购计划相衔接；生产计划是否经过批准，并得到严格执行，有无盲目生产的情况。

②生产过程审计　是否制定了生产过程中的人、财、物的消耗定额，消耗定额是否合理，各车间、各工序之间的生产能力是否相平衡，生产周期、生产批量是否合理可行，生产进度是否正常，生产计划能否如期完成。

（3）销售业务审计

①销售计划审计　销售计划的制定是否根据销售预测做出，是否掌握了市场动态，并充分挖掘了市场潜力，销售计划是否充分考虑了企业的生产能力。

②销售过程审计　企业是否与主要客户签订了销售合同，销售合同是否条款完整、内容齐备、措词准确，并如约履行，定价策略是否科学，能否使企业利益最大化，是否采取了一些营销策略来扩大市场，效果如何等。

③应收账款管理审计　企业赊销政策是否科学合理，放宽信用政策能否增加企业销售量并增加企业利润，是否与客户定期核对应收账款的发生额与余额，是否采取了清理催收措施。

12.3.2　管理审计

12.3.2.1　管理审计的定义及特征

20世纪30至40年代是管理审计的萌芽时期。美国政府在20世纪60年代进行了广泛的管理审计业务，对管理的经济绩效、效率效果进行审查，并将企业管理层的管理责任纳入审查范围。之后在70年代，为缓解能源危机的影响，对于煤电等公用事业单位采取强制性的管理审计。公司治理理论逐步在审计中发挥重要的作用。

管理审计是对受托管理责任进行审计，是以被审计单位为履行受托管理责任而发生的管理活动为对象，通过对管理制度和管理工作的审计，帮助其提高管理水平和管理效率而进行的系统调查、分析、评价与提出建议的过程。

管理审计具有以下特点：全面、综合地研究经营管理；以经营计划为审计对象；采用相应的科学方法和信息审计方法。

12.3.2.2　管理审计分类

管理审计可以分为两大类：一类是服务于组织内部管理层或内部利害关系人的管理审计，即为内向型管理审计；另一类是服务于组织外部利害关系人的管理审计，即为外向型管理审计。

（1）内向型管理审计

内向型管理审计服务于组织内部的各种管理活动。要求审计检查和评价工作具有独立性、客观性、综合性、建设性及前瞻性，以帮助管理层这一资金代理人改进决策，提高获利能力和经营能力，更好地完成受托责任。

(2) 外向型管理审计

外向型管理审计是由独立的社会审计,出于维护股东、投资者、债权人及其他委托人的利益的目标,通过对组织的资金状况、盈利能力及组织机构等的分项研究,来就组织的管理业绩和管理活动的适当性发表批判性意见,并对外报告。

12.3.2.3 管理审计的目标

审计目标是审计活动的既定方向和预期要实现的成果,也是审计理论联系审计实践的桥梁。审计目标是审计与企业外部环境的连接纽带,它直接反映社会环境的需求。影响和制约审计的外部环境的变化,会对审计目标提出调整要求,进而引起审计实践的变革。同时,审计目标对审计人员的审计责任也有直接影响,具体的审计目标对应着相应的审计责任。

关于管理审计的目标多种表述如下:

①开展管理审计的原因表明,有问责才有审计,没有问责就没有审计,问责内容决定了审计业务类型,审计是抑制代理人机会主义行为的机制。所以,总体来说,管理审计的目标是抑制代理人在履行管理责任方面的机会主义行为,从而提高资源的使用效率和效果。

②管理审计的目标是查找组织内部管理中存在的漏洞和不完善之处,从而优化管理、降低风险、增加价值。

③公司治理和公司管理是两个不同的层面。在公司治理和公司管理两个层面下,内部审计相应地分为公司治理层面下的内部审计和公司管理层面下的内部审计,分别称为治理服务型内部审计和管理服务型内部审计。

④管理审计的目标在于为组织增加经济价值和提高组织的经营管理效率。采用系统化和规范化的方法,来评价和改进风险管理、控制及治理过程的效果,帮助组织实现其目标。管理审计目标要反映企业最本质的内生变量的产权属性和公司治理属性。股东的终极目标是实现自身财富的最大化,而在有效的公司治理构架下,经营者与股东的目标趋于一致。在这个组织目标统辖下,管理审计目标就是协助组织成员增加企业价值和提高组织运作效率,帮助组织实现目标。

⑤审计目标是一个审计项目的出发点和归宿点,它直接影响着审计的范围、内容、所需证据类型、审计方法与技术手段,以及审计结论的表达方式和最终处理结果。管理审计的最终目标是提高管理绩效。包括三方面的具体目标:第一,提供有助于被审计单位提高经济有效性或执行有效性的有关政策、有关财政财务和资源管理绩效的独立的信息、咨询意见和建议,同时,开展管理审计也是为决策提供参考的要求。第二,确定被审计单位的管理责任履行情况。第三,确定并分析显示审计项目在经济性、效率性、效果性方面存在的问题,改善被审计单位的经济性、效果性、效率性。

12.3.2.4 管理审计的主要内容

1)管理制度审计

管理制度审计与内部控制审计是同义词,即对被审计单位内部管理制度设计的健全性和合理性及执行的有效性所进行的审计。

2）管理工作审计

管理工作审计有两种划分方法：一是按管理职能进行审计，称为管理职能审计，二是按各管理职能部门的管理对象进行审计，可称为职能部门管理审计。

（1）管理职能审计

管理职能审计是对各种管理职能进行审查，评价各种职能是否健全、合理，是否还有进一步改进之处。通常，结合管理的五种基本职能（即决策、计划、组织、领导、控制）对管理职能进行审计。

①决策职能审计　其主要内容有：有无明确的经营目标；经营目标是否考虑了内外各种环境条件；经营目标的确定是否符合科学决策原则；经营目标是否落实。

②计划职能审计　其主要内容有：查看组织有无与经营目标相适应的长期规划、中期规划和短期计划；计划体系是否已经形成和完整；有无落实计划的措施；是否评价目标和计划的实现程度。

③组织职能审计　其主要内容有：内部机构的设置的合理性，现有的机构是否都需继续存留，是否体现了精简机构的要求；各机构之间的分工和职责是否明确，有无相互推诿、无人负责、内部消耗等现象，上下左右关系是否协调；各级机构的授权是否充分，是否明确了责任和权限，责任和权限是否相当等。

④领导职能审计　其主要内容有：实行的领导体制是否符合该组织的实际情况；最高领导层和各级管理人员是否适应管理工作的需要，是否都有强烈的责任感和敬业精神；在各级管理职责范围以内是否存在着有效领导，并正确处理与职工群众的关系。

⑤控制职能审计　其主要内容有：是否对各管理职能的履行和职工业绩进行定期考核与评价，并给予相应的奖惩；是否对内部控制运行情况进行检查，发现问题及时进行纠正；各下属单位的经营管理行为与组织的总目标不一致时，能否及时发现并及时进行协调和控制等。

（2）职能部门管理审计

职能部门管理审计就是对各职能部门的管理对象所进行的审计，以评价其管理工作是否有效，是否充分履行了各项管理职能。

①计划管理审计　即对计划管理部门编制的企业长期、中期、短期计划及供、产、销计划的审计。

②生产管理审计　即对生产管理部门的生产技术、组织、流程、成本管理、效益及在产品等的审计。

③销售管理审计　即对销售管理部门的营销策略、市场预测、销售计划、销售合同、销售费用及售后服务等的审计。

④质量管理审计　即对质量管理部门对产品质量、工作质量、质量经济及全面质量管理等的审计。

⑤资产管理的审计　即审查资产管理部门对设备与物资采购、保管、维护与使用情况审计。

⑥财务管理审计　即对财务管理部门关于资金筹集、运用、收回、分配以及增收节支等各种措施的审计。

⑦人力资源管理审计 即对人力资源管理部门的人力资源的招聘、培训、考核、奖惩、晋升等的审计。

⑧研发管理审计 即对研发管理部门的新产品、新技术、新工艺等的试制、开发、应用以及知识产权保护等的审计。

⑨信息系统管理审计 即对信息系统管理部门对数据的收集、加工、处理、信息提供与应用以及信息系统安全等的审计。

12.3.2.5 管理审计的步骤

现代内部审计是以管理审计为主的，内部审计步骤实质上主要是管理审计步骤。中国内部审计协会《内部审计基本准则》对内部审计步骤的规定主要体现在作业准则、报告准则和内部管理准则三个方面，大致包括审计计划、审计实施、审计报告三个阶段。

（1）审计计划

第五章内部管理准则第二十八条规定，内部审计机构应当编制中长期审计规划、年度审计计划、本机构人力资源计划和财务预算。

第三章作业准则第十二条规定，内部审计机构应当根据组织的风险状况、管理需要及审计资源的配置情况，编制年度审计计划。

（2）审计实施

第三章作业准则第十四条规定，内部审计机构应当在实施审计三日前，向被审计单位或者被审计人员送达审计通知书，做好审计准备工作。

第三章作业准则第十五条规定，内部审计人员应当深入了解被审计单位的情况，审查和评价业务活动、内部控制和风险管理的适当性和有效性，关注信息系统对业务活动、内部控制和风险管理的影响。

第三章作业准则第十六条规定，内部审计人员应当关注被审计单位业务活动、内部控制和风险管理中的舞弊风险，对舞弊行为进行检查和报告。

第三章作业准则第十七条规定，内部审计人员可以运用审核、观察、监盘、访谈、调查、函证、计算和分析程序等方法，获取相关、可靠和充分的审计证据，以支持审计结论、意见和建议。

第三章作业准则第十八条规定，内部审计人员应当在审计工作底稿中记录审计程序的执行过程，获取的审计证据，以及做出的审计结论。

（3）审计报告

第四章报告准则第二十条规定，内部审计机构应当在实施必要的审计程序后，及时出具审计报告。

第四章报告准则第二十一条规定，审计报告应当客观、完整、清晰，具有建设性并体现重要性原则。

第四章报告准则第二十二条规定，审计报告应当包括审计概况、审计依据、审计发现、审计结论、审计意见和审计建议。

第四章报告准则第二十三条规定，审计报告应当包含是否遵循内部审计准则的声明。如存在未遵循内部审计准则的情形，应当在审计报告中做出解释和说明。

12.3.3 管理审计与经营审计的关系

(1) 管理审计与经营审计的联系

二者直接目标相同；主要职能都是咨询性和建设性的；对象不能截然分开；其基本程序与思路也相似。

(2) 管理审计和经营审计的区别

管理审计主要审查企业管理制度和管理工作，如审查管理组织是否合理，管理机构是否健全，各项管理职能如决策、计划、领导、控制等是否有效。经营审计主要审查企业的业务经营活动，审查企业是否努力改善和充分利用其现有的物质条件和技术条件，审查利用生产力各要素的具体方式和手段的有效性。

12.4 战略审计与风险管理审计

12.4.1 战略审计

战略审计（也称战略管理审计）的出现应该在 20 世纪 70 年代，由于董事会受托责任的扩大，投资者和利益相关者对于公司战略进行监督的需求增加，导致了战略审计的兴起，成为公司治理的重要工具。21 世纪，战略审计被引入我国，重点在于评价公司与内外部环境的相互作用，发现公司战略执行过程中存在的问题。战略审计从公司宏观视角上对企业战略管理概况进行有效地评估，对企业战略决策制定的过程进行全面考察，成为企业公司治理的有利工具。战略审计对于管理者具有重要意义，战略审计所提供的信息能够帮助他们缩小战略执行过程中的偏差、减少战略决策的不确定性和失误、降低经营风险并提高经济效益。战略审计对于投资者同样重要，企业的战略管理对于公司绩效有着相当重要的影响，并进而决定着投资者的投资能得到多少回报，他们需要加强对于企业战略管理过程的监督和控制，确保能够为投资者创造利益的战略得到制定和执行。其他利益相关者也需要战略审计，因为战略审计能够直接或者间接地维护他们的权益。一个公司的战略管理决定着公司的未来，有效的战略管理监督能提前发现问题，并能判断公司是否进行着有效和有序的公司治理。

战略审计的主体主要是内部审计部门、管理咨询人员等。战略审计人员应具备较高的职业素质和能力，熟知公司经营运作模式，并且具备战略思维、战略管理理论及战略管理经验。同时，战略审计主体应具有高度独立性，由独立董事组成的审计委员会领导，内部审计机构人员实施。公司战略审计的对象是董事会和管理层的战略管理活动和战略管理全部流程，涵盖公司各层次的战略活动，以整体层次战略活动为重点。战略管理流程从确认公司战略目标、进行内外部环境分析，到制定战略规划方案、选择战略方案，再到实施战略方案及评估战略效果的全过程，都是战略审计应覆盖的审计范围。战略审计的重点在于确认评价战略选择的合理性和战略实施的有效性，在此方面发挥重要作用。

战略管理审计的职能是分析、评价与监督。首先，战略审计分析贯穿企业战略制定的全过程；分析企业管理者所制定的战略决策是否与当前经济发展趋势、行业状况以及企业自身的特点相契合；分析企业的重点经营领域及相应的资源调配。战略管理审计的第二个重要职能是评价，综合评价战略选择的合理性以及战略实施的有效性是战略审计的重要内容。战略审计的评价职能发挥着重要的作用，是战略审计的核心环节，精准的战略评价是战略审计行使监督职能的基础。战略审计同时具有监督的职能，从企业战略决策制定初始进行监督，及时纠正战略决策存在的问题，减少企业决策失误的风险。战略审计的监督职能会对管理者施加约束，从另一方面发挥风险防范作用。

12.4.1.1　战略审计的内容

战略审计的内容是公司的战略管理，即对一个公司的宏观发展目标与方向，经营决策和资源配置的管理。战略管理分为两部分内容：一是战略的制定及形成，二是战略的实施。战略的制定和形成应综合考虑企业的外部环境及内部条件。战略的有效实施则需要企业内部资源及能力的合理调配作为支撑。战略审计则是对战略制定到战略落实的整个过程进行控制，评估和监督，以确保战略目标的实现。

（1）关于战略制定基础和制定过程的审计

第一，审查公司战略的制定基础是否在内外部环境全面认识的基础上制定的，如对公司目标、市场、环境、竞争者和内部资源的认识基础上等。公司的外部环境主要包括政治环境、经济趋势、技术要求、社会、行业形势、供需状况等宏观因素；以及供应商、顾客、现有竞争者、潜在竞争者、替代品等微观环境。公司的内部环境包括：核心技术、市场占比、人力、财力、物力等内部资源；生产能力、研发水平、营销能力、组织领导、规划调控、企业文化等内部因素。例如，审查战略目标是否符合国家宏观经济状况；反映市场的需求；与环境变化趋势保持协调；与公司内部资源的应变能力保持平衡。公司应时刻关注监控内外部环境的变化情况，审核环境变化与公司战略的协调性和一致性，内外部条件的变化对公司发展有着直接的影响，必要时需及时调整企业战略选择。

第二，审查公司战略层次的制定。战略一般划分为三个层次：公司层次战略、事业部层次战略和职能部门层次战略。公司层次战略主要涉及优化资源配置，集中优势资源投入企业的重点竞争领域及核心产品，形成核心竞争力。公司层次战略的逐步细化形成事业部层次战略和职能部门层次战略。从整体上为保证战略实施效果，三个层次的战略要保持方向一致，相互支持。战略管理审计应能覆盖各层次的战略管理活动，特别是公司整体层次的战略管理。战略管理过程一般划分为确定公司使命和目标、明确战略意图、分析公司内外环境以确定公司面临的机会与威胁以及公司相对于这些机会和威胁的优势与劣势（SWOT分析），制订并选择战略计划，实施战略计划与评估战略效果。

（2）关于战略类型的选择背景和选择过程的审计

公司选择的战略类型、选择此类战略的原因及其与公司内外部条件的契合度是战略审计的重要内容。战略类型分为增长战略、利润战略、集中战略、转变战略和退出战略五种类型。增长战略主要审查该战略的提出和进行是否符合企业实际情况；是否采用增长战略取决于是否发生在公司产品或市场发展的成长阶段，公司是否设法获取市场资源、努力融通资金、为对付更加激烈的竞争采取更有效的竞争手段。审查利润战略的适当性，重点审查其提出和进行是否发生在公司产品或市场发展的成熟阶段，公司是否将经营重心从市场开发和筹集资金转向市场细分与资产利用。对集中战略主要审查该战略的提出和进行是否发生在公司产品或市场发展成熟阶段及开始衰退阶段，公司是否开始稳妥地压缩经营规模、减少投资，把战略重点集中于具有最大优势的细分市场上。对转变战略主要审查该战略的提出和进行是否发生在公司产品和市场的衰退时期，公司是否考虑改善原战略的执行方法，或考虑重新制订新战略方案。对退出战略主要审查该战略的提出和进行是否发生在公司万不得已时，公司是否削减费用、减少资金投放、削减产品、进行清理。

战略选择过程是否合规也是战略审计审核的一方面。战略选择过程主要包括设计战略选择具体方案，分析评估拟采用的战略方案，选择最佳战略并进行实施规划和进度安排。

（3）关于战略实施过程的审计

战略实施过程是指通过相应的关键决策来确保战略能切实地落实的过程。在实施过程中，通过持续性的监督及反馈信息加以促进战略分析的准确性。对战略实施过程应进行持续性的审计。第一，对实施过程的审计首先应判断各职能部门是否制定了与上市公司发展战略相适应的分战略。第二，还要检查上市公司内部是否存在灵活的沟通机制，能否保证各职能战略之间的相互支持；实施过程中各种信息的传递是否畅通，能否将相关信息迅速反馈给战略制定者。第三，审查战略实施过程是否沿着制定战略总目标、分解出战略具体目标、评价和选择战略方案、制定年度目标和财务策略、配置资源、度量和评价业绩的方向进行。第四，审查战略实施的规划、方法、组织保证及控制和报告系统是否健全并实施。

（4）关于战略实施结果的审计

审查增长战略是否带来公司市场份额的增加，是否增强或提高了公司在行业或市场上的地位。审查利润战略是否带来公司现有资源和经济效益的增长，使利润最大化。审查集中战略是否使公司重新安排生产经营规模和财务力量，以提高短期盈利和长期效益。审查转变战略是否尽快控制或扭转了公司的衰退局面。审查退出战略是否使公司谨慎退出市场并最大限度地收回投资。

12.4.1.2 战略审计的关键

（1）战略管理系统审计的第一个关键是分析被审计单位的战略管理

对公司的战略管理进行审计主要包含对外部竞争、市场份额、产品市场和顾客网络的分析，而这四个方面的审计和分析可以集中到一个关键问题——对公司的R&D（研究和开发）战略进行分析。要特别关注研究开发支出的激增，因为为了构筑公司的核心竞争力和保持公司持久的竞争优势，公司特别是高科技公司，往往积极致力于研究和开发活动，导致这种情况。在优胜劣汰的市场经济环境中，R&D支出实际上是公司面对同行业其他公司的外部竞争的反应性策略，也是公司争夺市场份额、扩展和占领产品市场制高点的重要举措，最终将带来顾客网络的繁荣，顾客网络是公司一项重要的无形资产、利润增加点和价值驱动因素（如今，国外很多公司已经将顾客网络看作公司最重要的无形资产之一），确保公司经营的良性运作。

（2）战略管理系统审计的第二个关键是对公司经营环境以及经营环境的主要因素（战略管理、核心能力、人力资源和决策权）进行审计

该层面的审计关键是对公司的人力资源（尤其是对管理层人员）进行审计，对公司人力资源的战略管理是战略管理最为核心的环节，而公司核心能力的建立必须依赖于人力资

源的积极参与，也正是有了管理层人员的智力投入和正确的决策，才带来物质财富的增长。在知识经济的背景下，人力资源已成为公司最关键的价值驱动因素，对管理层人员的审计是战略管理审计的关键。

此外，公司管理层人力资源计量是对其进行审计的基础，对其计量确定了账面价值，而审计的结果将有助于确定管理层人员的市场价值。管理层人员计量应该采纳与生产型人力资源截然不同的计量模型和审计方法，即期权计量和机会成本法，同时要更看重他们在工作中的执行力度与面对危机和机会时的管理能力。

（3）战略管理系统审计的第三个关键是对管理绩效、财务持久性、资源配置效率和内部控制等因素进行审计

对这四项要素的审计可以归总到对公司商誉的审计上去。因为商誉本身就意味着超额的盈利能力，它是优异的管理绩效和良好的财务适应性或弹性，以及高于同行业平均水平的资源配置效率共同作用的结果，也是良好的内部控制环境带来公司内部运行机制"摩擦力"减小而产生的节约。

12.4.1.3 战略审计的程序

不同的审计模式，由于其要达到的审计目标存在着差异，在具体审计程序的内容上也有所不同，一般程序如下：

（1）确立战略审计的框架

①通过调查、分析等方法确定审计目标和范围，评估识别重要的战略风险。

②编制审计方案和预算　根据初步认定的审计风险、审计目标和范围，确定审计需要收集的证据的大致数量，从而预计所需要的人力和大致的费用。编制方案时，较为困难的是选择适当的战略审计依据和测试手段。审计人员应尽可能地选择与被审计单位所使用的标准和考核手段相适应的审计依据和测试手段。这样可以减少所需收集资料的数量，并减少和被审计单位之间对所选依据的争议。

③配备审计人员并组织审计人员培训　根据第二步确定审计所需人力。为审计小组配备审计人员，包括确定主审人、现场审计人员和非现场审计人员以及战略管理和分析专家。在对审计小组成员进行组合时，要注意合理搭配各类专业人员。

（2）充分收集和整理基本信息

①收集资料　所需收集的材料主要包括：被审计对象的年度经营管理信息，包括但不限于年度经营计划，年度内对资产、利润产生较大影响的经营决策，年度决算报告，年度工作总结；外部审计监管报告；媒体报道的相关信息；审计人员认为需要了解的其他信息。

②同时整理和深入分析信息　审计人员在收集基本信息的基础上，应对这些信息进行仔细的整理、筛选和初步分析，确定风险点和审计切入点以及需要延伸的评价信息。必要时，审计评价人员可以通过现场和非现场的方式进一步开展审计工作，以补充相关信息，支持审计结论。

③与管理层和外部审计监督部门进行信息沟通与交流　战略审计应十分重视内外部审计信息的汇集，通过与管理层或外部监管部门的会谈访问，获取更多的相关信息，充分了解被评价机构经营管理、内部控制等方面的情况。

(3) 实施审计

①综合分析　主要是根据战略审计工作方案确定的审计范围、内容、目标和方法，对收集到的所有评价信息进行综合整理分析。通过检查、取证进行分析和评价，对于被评价机构不愿意提供的信息，应视其为不利于被审计机构的信息；对于不能确定有利于被审计机构的情况，应视其为不利于被审计机构的情况；对于可能导致被审计机构遭受损失甚至发生重大问题的明显迹象，审计人员应当做出合理的判断和审慎的预测。

②确定初步的评价结果　审计人员依据审计方案，在综合分析评价信息的基础上，合理准确判断被评价机构的战略执行过程中的风险状况，初步确定各个单项审计内容和综合审计结果，并参考其他审计内容的有关因素和对风险的影响程度，对审计结果做出判断。

③复核与交流　实施阶段的最后，由主审人将审计人员的意见编写成文并加以复核，确保审计过程中根据客观的、相关的、可接受的标准进行衡量，以得出客观的结论和建议。针对审计结果与被审计机构进行交流，在充分沟通的基础上撰写审计报告，对于提出异议的审计结果，审计组通过内部审核程序并结合被评价机构提供的相关资料进行再次评定。

④撰写战略审计报告并向董事会反馈　战略审计报告是审计人员在完成战略审计任务之后，针对其审计过程中所发现的情况发表审计意见并做出审计评价的一种书面文件，具有很重要的意义，是审计人员发表战略审计意见的重要途径，也是审计人员提出改进意见和建议的重要方式。

战略审计报告的目的是传达对事实和审计人员结论所依据的基本原理的理解，指出企业战略执行过程中存在的各种问题及解决问题的办法和建议，供被审计单位参考。企业战略审计报告通常要描述所从事企业战略审计约定的目的、范围、委托的方式和具体的调查结果及建议。战略审计作为一种管理审计，它的报告通常没有固定的格式，其所包含的内容也存在一定的差异，但通常都对企业战略审计的范围和具体调查结果以及建议尽可能清楚、准确地加以描述，具体包括以下内容：

审计目的、范围和方法。审计人员应报告审计目的、范围和方法。

审计结果。审计人员应报告重大的调查结果，在适当的情况下报告审计结论。

建议。审计人员应当提出审计建议，报告为改正企业战略制定过程中存在的问题和改善企业战略应采取的行动。

管理层的意见。审计人员应当报告被审计单位负责人对审计人员的审计结果、审计结论和计划改进措施的看法。

显著的成就。审计人员需要报告那些值得注意的成绩，特别是当某个企业战略制定过程的改进能够大幅度增加企业的价值时。

需要进一步研究的问题。审计人员应向负责制定未来审计工作计划的审计人员提及有关需要进一步审计的重大问题。

报告的陈述。报告的陈述应当是完整的、准确的、客观的、有说服力的，并且应尽可能清楚和简明。

报告的分发。审计组织应将书面审计报告交给相关的董事会成员、战略委员会以及审计委员会成员及其他相关人员。

12.4.1.1.4 战略审计的方法

考虑到战略审计对象的特殊性，审计方法和一些战略管理方法同样适用于战略审计，在此引进了一些体现战略审计特点的审计方法：

（1）风险评估法

企业战略审计是以减少企业的战略决策失误、规避风险为目的的，审计风险的评估贯穿于企业战略审计的整个过程。审计人员希望能将企业战略执行风险降到最低，以维持企业战略实施效果。进行审计时，对审计人员而言，最关键的是要按审计程序执行，以便把战略制定风险降到最低。审计程序的性质很重要，对于特定的企业战略制定过程，确认使用适当的审计程序，工作效率会更高。在对一个特定的企业战略执行过程进行审计时，可采用以下两种方法：

①确保该企业战略执行过程中的内部控制架构的有效性，控制环境、风险评估、控制活动、信息与沟通及监督，使该战略决策执行中的可操作性风险最低，进而设计审计程序。

②为直接证实这个企业的战略执行过程可以使审计人员有确切把握将该战略执行过程的重大错报查出来而设计审计程序。

审计人员可以同时使用以上两种审计程序。

（2）成本—效益分析法

成本—效益分析法是对社会经济的投入（成本）与产出（收益）之间的关系进行分析评价的一种基本方法。使用这种方法对经济活动进行评价，可以更直观和科学地反映某种经济行为可能产生的结果，从而为决策者提供是否实施该经济活动的依据。因此，成本—效益分析法是企业战略审计方法中最为适用的一种。成本—效益分析可以确保企业战略审计制定的科学合理性，使企业能以最小的投资成本取得最大的效益，即达到经济上最佳状态的收益水平。

成本与效益是相对目标而言的，效益是为实现目标所做出的贡献，成本是为实现目标所付出的代价。因此，明确项目的基本目标，是识别成本与效益的基本前提。成本计算较为复杂，如涉及对于分支机构的成本计算，需考虑资金转移定价、成本分摊、预期损失和资本分摊等多种因素。可以引入股东价值增加值（SVA）和风险调整资本收益率（RAROC）加以衡量。

股东价值增加值，即资产收益扣除作为财务成本的融资成本、经营成本和预算损失，以及作为风险成本或资本成本的分配于特定资产的经济资本所要求的最低收益。实现股东价值增加至少应解决好三个问题：一是资产定价能充分反映对应的风险并实现股东的风险溢价，使资产收益可以抵补所有分配的成本；二是对面临各种风险的各类资产或业务单元进行一致的业绩判断，获得不同资产或业务单元对股东价值贡献的具体信息；三是在此基础上确定总体的以及不同资产或业务单元的风险承担水平，并分配经济资本，继而调整资产或业务发展结构。

风险调整资本收益率表示特定资产或业务单元在扣除预期损失后的净收益与所占用经济资本的比值，RAROC较好地反映了任何资产或资产组合的资本回报水平。利用RAROC指标，可以清楚地观察到不同产品和业务单元是否在增加股东价值，以便对收益过低的项目进行取舍,将有限的资本投入到具有良好业绩和发展前景的项目之中,提高资本的整体利用效率,并有效防范风险。

(3) 平衡计分卡

平衡计分卡是一种有效的战略管理体系,它能够使战略实施变得容易、把战略目标与评价指标进行分解和联系,以确保公司的战略与愿景能够贯彻和达到。而战略执行的有效性和实施效果同样是战略审计的重点,因此在战略审计中引入平衡计分卡的理念制定评价标准可以更有效地达到战略审计的目标。

平衡计分卡提供了一个全面的衡量框架,以企业的战略目标为出发点,从最关键的四个方面来评价业绩:客户维度,客户如何看我们;内部维度,如何改进流程;学习与成长维度,任何提高应变能力和创新能力的方法;财务维度,怎样满足股东。

平衡计分卡由财务、客户、内部经营过程、学习与成长等四个具有因果关系的维度构成,通过权重来平衡四个维度以及各项指标之间的关系,以一种深刻而一致的方法描述了战略在公司各个层面的具体体现,为战略管理提供了有力的支持。

从范围来看,战略审计的审计内容应能覆盖战略管理的各个层面和全过程,包含公司层战略、经营层战略和职能层战略三个层次,而平衡计分卡一般在一个战略业务单元进行应用,也有少数企业选择从总公司层次开发平衡计分卡。平衡计分卡的作用范围在战略审计范围内,且能满足战略审计的运用需要。从职能来看,平衡计分卡的主要职能是进行绩效评价和战略管理,直接帮助企业制定、实现和调整战略目标,而战略审计的职能是分析、评价与监督,通过战略审计,得出公司战略执行的有效性和战略实施的结果评价,并监督有关的责任人认真履行与战略管理有关的受托责任,战略审计也包含了平衡计分卡的职能。

以上无论是从职能,还是从运用范围上分析,平衡计分卡都是适用于战略审计的,而战略审计在平衡计分卡的实施基础上还可以对战略管理过程进行分析和监督,可以有效地帮助经营管理层实现既定的战略目标。

12.4.2 风险管理审计

12.4.2.1 风险与风险管理

(1) 风险

现代公司所处的经营环境日趋复杂多变,使得公司在经营活动中面临越来越多的不确定因素,最终影响公司实现其经营目标。实际经营效果与预期经营目标之间的差值便是风险。风险由不确定事件所导致,一是指损失的不确定性,二是指盈利的不确定性。中国国务院国有资产监督委员会总结了风险的含义,指出风险是未来的不确定性对公司实现经营目标的影响。

公司进行风险管理,首先要清楚风险的不同类型和来源。依据风险来源的不同可分为外部风险和内部风险。外部风险是外部环境所带来的不确定性,如法律风险、经济风险等;内部风险则是内部环境的不确定性,如战略风险、财务风险等。依据是否具有盈利机会可分为纯粹风险和机会风险。纯粹风险是无盈利可能性的损失机会的风险,机会风险则是损失可能性和盈利可能性并存的风险。依据风险是否可控可分为可控风险和不可控风险。

依据国资委对风险的分类,企业风险有五种类别:战略风险、财务风险、市场风险、运营风险和法律风险。战略风险是指公司战略制定或战略实施过程中，出现的与预期不符的不确定因素。例如，投资并购风险，市场定位失误风险等。财务风险是指企业的融资筹资风险和财务报表错报引发的风险。市场风险是外部市场环境变化对企业产生的不利影响，如市场份额流失或市场竞争风险。运营风险是企业生产经营过程中，由于未能准确识别及分析应对潜在的不良影响而造成的损失，如安全生产、产品质量管理、信息系统管理等风险。法律风险则是企业违法法律法规的行为，如商业纠纷、知识产权等方面的风险。

（2）风险管理

美国反虚假财务报告委员会下属的发起人委员会（COSO）在2004年发布的《企业风险管理整合框架》中，定义风险管理为由董事会、经理层及其他成员全员参与的，应用于战略制定并贯穿公司运营管理始终的一个过程。目的是识别有可能影响公司的潜在事项，管理风险使其在可容忍范围内，并为公司实现其目标提供合理保证。框架中将风险管理的要素分为内部环境、事项识别、风险评估、风险应对、控制活动、信息沟通及监督。

依据中国内部审计协会在2005年发布的《内部审计具体准则16号——风险管理审计》，风险管理是"对影响组织目标实现的各种不确定性事件进行识别和评估，并采取应对措施将其影响控制在可接受范围内的过程。风险管理旨在为组织目标的实现提供合理保证"。

可见，风险管理是以实现公司整体目标为主导，建立健全全面风险管理机制，在公司运营及管理的全过程中采取识别、评估、应对及控制等措施，从而降低不确定性事件产生的影响，为实现风险管理的总体目标提供合理保证。

12.4.2.2 风险管理审计的含义

《国际内部审计专业实务框架》2120条明确规定：内部审计活动必须评估风险管理过程的有效性，并对其改善做出贡献。国际内部审计师协会推进内部审计由早期的财报审计为导向向由风险管理审计为导向的转变，从而使内部审计符合现代企业的发展要求，以及内部审计行业发展的内力需求。在中国内部审计协会发布的《中国内部审计规范——风险管理审计准则》第七条中指出：内部审计机构和人员应当充分了解组织的风险管理过程，审查和评价其适当性和有效性，并提出改进建议。中国内部审计协会在2013年内部审计准则中指出，风险管理审计是内部审计的必要审计程序，审核并评价风险识别过程，关注组织对内外部风险的确认是否充分适当。可见，国内的内部审计也在由传统单一的财务审核向风险管理转型，风险管理机制的适当性和风险管理过程的有效性已经成为内部审计不可或缺的关注点。风险管理审计采用审计手段对风险管理的全过程进行审核及评价，是适应企业风险管理需求的必要产物，是企业进行风险防范的最后一道防线。

风险管理审计就是一个组织的内部审计机构采用系统化、规范化的方法，对该组织风险管理信息系统、各业务循环及相关职能部门的风险识别、分析、评价、管理及处理等过程进行测试，并在此基础上开展的一系列审查、评价和咨询活动。风险管理审计通过对组织的风险管理、控制及监督过程进行评价和提供咨询，提高管理层对风险管理内容的认识，了解企业内外部环境的变化，进而提高组织管理层所实施的风险管理过程的效率和做出决策的准确性，最终帮助组织实现其预期的经营目标。

不同于传统财务报表审计主要审核企业经济交易记录的公允性及内部控制的合理性，风险管理审计着眼于公司是否有恰当的风险管理政策及行之有效的风险管理程序。为确保企业整体经营目标的实现，关键风险点的识别至关重要，通过专业的识别技术手段甄别对公司有重要影响的现存风险和潜在风险。再采用计算机审计辅助技术及数理统计手段进行风险评估，采取措施加强风险的预警及管控，从而降低并防控风险。

12.4.2.3 风险管理审计程序

内部审计在风险管理审计中主要实施的程序包括：审计计划阶段，审计实施阶段，审计报告阶段和期后审计阶段。

（1）审计计划阶段

在审计计划阶段，审计人员首先要进行前期调查，全面了解企业的人员构成、公司治理、战略规划、财务状况、主要经营活动及风险管理情况。采用定性及定量的方法对潜在和现有风险事项进行风险评估。依据风险评估结果，确定审计范围，主要审核风险水平较高以及对企业总体经营目标影响较大的事项。最后确定审计方案，在方案中对审计人员构成、审计资源分配、审计进度安排、审计调查取证及审计方法等进行具体的说明。

（2）审计实施阶段

在审计实施阶段，首先要审计企业是否有建立风险管理机制与其有效性、是否有明确的风险管理目标及流程，风险管理体系中是否有明确的职责划分。依据不同的风险类别，企业是否有与其对应的风险评价标准，如市场风险的评价标准、财务风险的评价标准等。并且，审计人员需要实施必要的审计程序来审查企业的风险识别机制、风险评估机制和风险分析机制是否科学有效。最后，审计风险应对措施。风险应对措施主要包括回避风险、接受风险、降低风险和分担风险。审计内容主要包括评价风险应对策略的适当性与效果，评价企业的风险应对计划是否切实可行。

（3）审计报告阶段

汇总在前期审计工作的审计结果，陈述企业的风险管理状况，存在的问题及原因，描述重要问题对企业的影响，总结风险评估的结果。做好准备工作之后，撰写审计报告。

（4）期后审计阶段

较为严重或影响较大的风险管理问题需要后续的审计跟进，追踪问题的改进及相关责任认定。

12.4.2.4 风险管理审计内容

由于风险管理主要包括风险识别、风险评估和风险应对三个重要组成部分。内部审计师对风险管理的审查和评价应主要包括如下几个方面：

（1）了解被审计单位环境

审计人员了解公司环境，首先要确认公司治理结构、董事会的独立性和专业性、公司职责的划分等基本情况。审计人员要了解企业文化的类型，企业文化对企业的使命、组织行为及员工的价值观都有着深刻地影响。同时，审计人员需要对董事会及经理层对于风险的偏好程度做职业判断。他们的风险偏好代表着公司对预期收益及风险的平衡关系，决定着公司进行风险管理的基准线。充分了解内部环境之后，审计人员重点审查董事会及经理层制定的公司总体目标、战略规划及经营模式是否合理，是否与企业文化、企业风险偏好相适应，是否存在潜在的风险。

（2）审查与评价风险管理机制

风险管理机制是企业进行风险管理的基础，良好的风险管理机制是企业风险管理是否有效的前提，因此，内部审计部门或人员需要审查以下方面，以确定企业风险管理机制的健全性及有效性。

①审查风险管理组织机构的健全性　企业应该在全员参与和专业管理相结合的基础上，根据自身生产经营的性质、规模的大小，管理水平，风险程度等特点，建立一个含有风险管理负责人、专业管理人员、非专业风险管理人员以及外部风险管理人员等的风险管理体系。并且这个风险管理体系需要根据产生风险的原因和阶段进行动态调整。

②审查风险管理程序的合理性　企业风险管理机构应当采用合理的风险管理程序以确保风险管理的有效性。

③审查风险预警系统的存在及有效性　风险管理的首要工作是建立风险预警系统，即通过对风险进行科学的预测分析，预计可能发生的风险，并提醒企业相关部门，采取措施，以达到规避风险，减少风险的目的。

（3）审查与评价风险识别的适当性及有效性

风险识别是指对企业面临的以及潜在的风险加以判断、归类和鉴定风险性质的过程。内部审计师可以采取各种必要的审计程序审查风险识别过程，重点关注组织面临的内、外部风险是否得到充分、适当的确认。

内部审计师在对风险识别的适当性和有效性进行审查和评价时，应该注意以下内容：

①风险识别原则的合理性　企业进行风险管理审计、风险评估的前提是对风险的识别和分析，正确地识别风险是审计成功的关键性的一步。

②风险识别方法的适当性　内部审计师在进行实地调研后，需要运用各种风险识别方法归类并总结企业面临的各种风险。风险识别方法需要解决的问题包括：分析风险要素、风险性质以及这些风险可能导致的后果。内部审计人员在分析风险识别方法的适当性时可以采取各种方法，例如，可行性分析、决策分析、投入产出分析、流程图分析、资产负债分析、专家调查法、风险清单分析法（包括调查表法、资产—损失分析法、保单对照法等）、财务报表分析法等以识别确保公司经营模式的成功所必须管理的风险，在此基础上，通过利用产业结构分析、竞争对手分析等方法进一步分析更深层次的原因、根源，以便深化对企业相关风险的全面认识和理解。

③风险识别的充分性　审计人员在充分了解企业总体目标及主要业务的基础上可以从战略风险、运营风险、财务风险、信息风险等四个层面评估已经识别的风险的充分性，审查在企业面临的主要风险是否均被识别出来，并找出未识别的主要风险。

（4）审查与评价风险评估方法的适当性及有效性

风险评估的方法包括定性和定量两种。其中定性方法是指运用定性术语评估并描述风险发生的可能性及影响程度。定量方法是指运用数量的方法评估并描述风险发生的可能性及影响程度，定量方法主要包括：专家打分法、层次分析法、计分法、风险价值法等。在对两种风险评估方法有了初步的了解后，审计人员对风险评估方法的适当性和有效性进行评价时，还应该坚持如下的原则：

①定性方法的使用需要充分考虑相关部门及人员的意见。从对定性方法的描述中，很

容易发现定性方法相对于定量方法来说，受评估人员主观判断的影响比较大，为了更加接近客观事实，提高评估结果的客观性，内部审计人员应多方面的收集相关风险资料，在充分考虑相关部门及人员的意见后，得出多方面的综合意见。例如，我们在评估市场风险对企业的影响时，不能只考虑市场调查部门的意见，还需要结合营销部门、客户服务部门的意见。

②在风险难以量化、定量评价所需数据难以获取时，一般应采用定性方法。在运用定量方法的前提条件不具备时，如没有定量分析所需的数据，如果仍然要进行定量分析，那么就会导致评估结果的无意义和失效。例如，员工不胜任岗位要求会导致工作效率低以及组织名誉损失风险。在这种情况下，应该采用定性方法对风险进行相对模糊的描述和评估，以提高风险评估结果的有效性。

审计人员在充分了解风险评估方法和原则的前提下，对管理层所采取的风险评估方法的适当性和有效性进行审查和评估，并应该重点考虑如下要素：

①已识别的风险的特征　内部审计师应当考虑使用已识别风险的特征来判断风险评估方法的适当性。如果已经识别的风险可以用定量的方法表示，则可以用定量的方法表示评估风险的影响程度，此时，内部审计师需要判断的是描述风险事件影响的金额是否恰当。

②相关历史数据的充分性与可靠性　与某些风险相关的历史数据容易获得并比较可靠，可以在此基础上进行定量分析，但如果某些风险的发生具有偶发性，不具有相关历史数据，则很难进行定量分析，如火灾、地震等意外事故带来的风险。

③管理层进行风险评估的技术能力　定量分析的方法需要可靠的历史数据，还需要一定的数学模型和现代信息技术，并非任何人员都能掌握，如果管理层没有该方面的技术能力，则定量方法评估结果的适当性是值得怀疑的。对定性方法来说，不仅依靠管理人员的主观判断，还需要依赖所获得的各种信息和资料，评估人员需要具备丰富的经验。

④成本效益的考核与衡量　定性方法运用较为简便，成本较低，但其结果较为主观，效果有时不太好，而定量方法虽然较为客观和准确，但是因为定量方法的运用比较复杂，有时需要信息技术的辅助，所以成本与定性方法相比会较高。管理层在运用定性与定量方法时需要考虑方法的成本—效益性。

（5）审查和评价风险应对措施的适当性及有效性

①风险应对措施　指针对经过识别和衡量而确定的关键风险，从一系列风险管理工具中挑选出能够最大限度地降低风险损失或取得风险报酬的集合。根据风险评估结果做出的风险应对措施主要包括以下几个方面：

回避。退出会产生的风险活动。如果风险评估的结果表明风险发生可能性较大，后果较严重，组织往往会采取回避的风险应对措施。它特别适用于重大的项目决策。风险回避可能包括退出一条产品线、拒绝向一个新的地区拓展市场等。

降低。采取措施降低可能发生的风险或降低风险对目标影响的可能性，或同时降低两者。"降低"策略是组织采取适当措施降低风险的举措，是最普遍与常用的风险应对措施。"降低"策略的具体运用有多种方法，但其中最主要的是通过内部控制来控制风险。风险降低并非是完全消除风险，因为完全消除风险是不可能的也是不必要的。

分担。通过转嫁风险或与他人分担风险,来降低可能发生的风险或降低风险影响的可能性。常见的技术包括购买保险产品、从事避险交易或外包业务活动。

承受。不采取任何措施而接受可能发生的风险或风险对目标影响的可能性。事实上,组织更愿意承受现有风险水平,而不是消耗昂贵的资源以实施某种风险应对措施。

②评价风险应对措施的适当性和有效性应考虑的因素 审计人员评估风险应对措施的有效性,就是对有关部门针对风险所采取的应对措施进行检查。检查其效果和效率是否有助于企业目标顺利实现。审计人员可以通过将现有风险应对措施与最佳实务对比、将现有风险应对措施的实施情况与预计期望对比,并将分析对比得出的差距,来系统评估特定风险应对措施的有效性。对于风险缺乏有效的控制措施的情况,审计人员还应进一步分析差距产生的原因,从而提出改进措施和建议,以强化企业的风险管理,降低风险损失。在内部审计人员评价风险应对措施的适当性和有效性时,应当考虑以下因素:

采取风险应对措施之后的剩余风险水平是否在组织可以接受的范围之内。剩余风险水平是指采取风险管理措施管理风险之后现有的风险的程度,剩余风险水平对应的是未采取任何措施时风险的原始水平。风险应对措施的有效性首先表现在采取了改进措施后是否能够将风险控制在组织可以接受的程度。内部审计师需要对剩余风险水平评估,确定评估结果是否在组织可接受的范围之内。

采取的风险应对措施是否适合本组织的经营、管理特点。除了风险应对措施的有效性,还需要强调风险应对措施的适当性。换句话说,组织采取的风险应对措施应该符合组织的经营、管理特点。如针对由于员工胜任能力有限带来的工作效率效果损失风险,企业可以采取在岗培训的方式提高员工胜任能力。

成本效益的考核与衡量。评估风险应对措施的适当性应当衡量其成本效益性。组织应该选择令自己满意的风险应对措施,如果某种风险应对措施的效果达到最佳,但其成本非常高,这种措施未必是适合的。

(6)审查与评价控制活动的合理性

科学的经营管理计划可以帮助企业规避许多形式的风险。公司的内部控制程序和活动是否独立有效决定着企业风险控制的水平。以下控制活动的相关事项应被审计人员审查。

①经济交易过程的控制 审查企业的经济交易凭证。良好的内部控制设计中,企业的任何一项经济交易中都需要对应的凭证或文件来证明交易的合法性。

②多重控制措施 单一的内部控制措施,有可能在实际控制环境中失效或被架空,所有多项内部控制措施相互重叠是有必要的。例如,授权、职责分离、财产清查与凭证等几种内控措施同时进行的控制。

③控制活动的成本效益原则 审计应符合成本效益原则,实施控制活动的成本应小于无控制活动下导致的经济损失。

(7)审查与评价信息沟通的有效性

公司运营中,低效的信息沟通或缺少沟通渠道将会导致风险的产生。在这种情况下,公司整体的战略目标无法被管理层正确理解,也无法传递到每一个部门,战略目标的实则会面临阻碍。同时，员工的意见和问题向上层传达也会十分困难，基层的问题长时间得不到解决，会给公司增加风险。扫清沟通障碍、建立有效的沟通机制是企业的安全保证。审计人员应关注公司现有的沟通渠道的数量及质量，以及自下而上的沟通得到反馈的频率。

（8）审查与评价风险监控的有效性

在此过程中，主要审查董事会和管理层在风险管理方面取得的绩效。对于涉风险事项及其环境的变化进行持续的监控是常见方法。审计人员也可能采用分解方法监控风险的情况变化，将计量系统记载的业绩与预期值进行比较、与同期竞争者的业绩进行比较。审计人员对差值的原因进行量化并分析，与董事会及经理层沟通，提出提高风险管理业绩的建议，提供咨询以实现内部审计的增值性。

12.4.2.5 风险管理审计方法

风险管理审计从审计工作的开始就需要考虑可能影响企业目标实现的风险，并且风险管理审计强调在整个审计过程中保持这种风险意识。根据上述风险管理审计的程序和内容，本部分将对在风险管理审计中可能使用的方法和技巧进行简单的介绍，为内部审计师进行风险管理审计提供一定的帮助。

（1）风险识别

风险识别是对企业面临的以及潜在的风险加以判断、归类和鉴定风险性质的过程。风险评估作为企业风险管理审计的重要步骤，应遵循全面性、系统性、制度化和经常化等原则。

进行风险识别，可以借鉴的方法很多，每种方法都有自己的优势和局限，内部审计师在进行风险识别时可以根据具体情况综合使用。其中，风险识别的方法有：环境分析法、财务报表分析法、流程图法、幕景分析法、决策分析法、动态分析法、文献检查法、实地勘察法、专家调查法、分解分析法等。其中使用最广泛的方法是分解分析法。在对影响企业风险的主要因素进行分析后，可以将企业风险分为：战略风险、经营风险、财务风险、人力资源风险等。然后对每一种风险从不同角度、不同层次进行分析。

（2）风险分析与评估

风险评估是对已识别的内部和外部风险的分析确认和衡量，风险评估能帮助确定何处存在风险、风险的大小、确定风险预警的级别以及需要采取何种措施，也是风险管理审计的基础。风险评估包括两个方面，即风险损失频率的估计和风险损失程度的估计。

①风险损失频率的估计主要是通过计算损失次数的频率分布。在计算时主要考虑三个因素：风险暴露数，损失形态和危险事故。如果企业建有完善的风险管理信息系统，也可根据信息系统提供的历史数据来估计损失频率。

②风险损失程度的估计需要考虑的三个事项包括：同一危险事故所致各种损失的形态、一个危险事故牵连的风险暴露数与损失的时间性和金额。而对于财务风险损失程度的估计，最新的方法是风险值法。风险值法是在既定的风险容忍度下，市场状况最坏时确认投资组合最大的不可预期损失。

风险评估系统的方法可以借鉴如下几种：风险坐标图、蒙特卡罗法、关键风险管理指标、压力测试法、模糊综合评价法、指标评价法。

(3) 审计实施

审计测试是审计实施阶段的主要内容，意味着通过将选择的项目变成证据。审计测试主要是通过抽样、观察、提问、分析、证实、调查与评估等方法获取有关风险的审计证据并揭示出它们的内在品质或特征，以便为内部审计师形成审计意见提供基础。风险管理审计的测试中可以实施穿行测试和小样本测试两个阶段。其中穿行测试的实现途径主要包括："凭证穿行测试"，即根据组织的记录来追踪整个活动过程："程序穿行测试"，即由审计人员对活动进行的每一步进行一次到两次的测试。穿行测试是从控制点的分析开始的，审计人员针对项目建设活动中的控制点，对项目建设活动分层进行测试。小样本测试的实质是选择少量的活动进行测试，检测风险管理策略及内部控制实施的有效性程度，即实际活动效果是否达到了预期的目标。

(4) 审计报告

因不确定性的存在，风险管理审计报告也存在风险，为了更好地实现风险审计报告的前瞻性和可用性，风险管理审计报告应该注意如下几点：

①提高风险管理质量　在实践中，常规的审计报告更加侧重微观层面，针对审计发现的问题提出审计建议，更加具有针对性。但风险管理审计报告应该在此基础上，侧重于战略管理层面以及方案选择等方面，以便指导被审计单位的高层领导在今后的工作中，关注企业的风险管理工作，为实现风险管理审计的增值功能奠定基础。

②披露风险表现和风险排序　与主要表达业务执行过程的真实性、合规性及效益性方面存在的问题及原因分析的常规审计业务相比，风险管理审计报告披露的内容还应包括被审计事项的风险点，并对这些风险点风险的大小进行排序，指出关键风险点和重要风险点。

③披露被审计单位利用风险、防范风险的制度、措施及执行情况　常规业务审计报告一般不涉及这方面，但风险管理审计的审计报告需要从公司治理、内部控制、全面风险管理的整体系统中寻找与具体风险防范、风险利用有关的规定并表达这些规定的执行情况。

④披露风险管理审计的方法、风险评价的条件和标准　结合被审计单位的特点，使用恰当的方法和标准，是风险管理审计的必然要求。为提高审计信息的对称性，风险管理审计报告应该对这些内容有所披露，这样也有助于降低审计报告的风险。

▲ 本章小结

内部审计是一种独立、客观的确认和咨询活动，它通过运用系统、规范的方法，审查和评价组织的业务活动、内部控制和风险管理的适当性和有效性，以促进组织完善治理、增加价值和实现目标。

内部控制评价作为优化内部控制自我监督机制的一项重要制度安排，是内部控制体系的重要组成部分。企业内部控制评价，是指企业董事会或类似权力机构对内部控制的有效性进行全面评价、形成评价结论、出具评价报告的过程。

经营审计是评价一个组织在管理部门控制下的经营活动的效果性、效率性和经济性，并将评价结果和改进意见报告给有关人员的系统过程。其目标是为评价一个组织的绩效提供手段，以及通过改进建议提高该组织的绩效。

管理审计是对受托管理责任进行审计，是以被审计单位为履行受托管理责任而发生的管理活动为对象，通过对管理制度和管理工作的审计，帮助其提高管理水平和管理效率而进行的系统调查、分析、评价与提出建议的过程。

战略审计从公司宏观视角上对企业战略管理概况进行有效地评估，对企业战略决策制定的过程进行全面考察，成为企业公司治理的有利工具。战略管理审计的职能是分析、评价与监督。战略管理审计的主要方法有风险评估法，成本—效益分析法及平衡记分卡。

风险管理是以实现公司整体目标为主导，建立健全全面风险管理机制，在公司运营及管理的全过程中采取识别、评估、应对及控制等措施，从而降低不确定性事件产生的影响，为实现风险管理的总体目标提供合理保证。

风险管理审计是一个组织的内部审计机构采用系统化、规范化的方法，对该组织风险管理信息系统、各业务循环及相关职能部门的风险识别、分析、评价、管理及处理等过程进行测试，并在此基础上开展的一系列审查、评价和咨询活动。

思 考 题

1. 简述内部审计与政府审计、社会审计的区别。
2. 简述内部控制评价的原则与作用。
3. 试述经营审计的定义与特征，开展经营审计的一般思路。
4. 试述经营审计的主要内容。
5. 试述管理审计的定义与特点，管理审计的主要内容。
6. 简述管理审计与经营审计的关系。
7. 简述战略审计的方法。
8. 简述风险管理审计方法。

第 13 章 社会审计

【学习目标】
1. 了解社会审计的含义、特征及其分类。
2. 明确各种类社会审计的含义、对象及其目标。
3. 掌握社会审计开展不同种类审计的主要工作内容。

13.1 社会审计概述

13.1.1 社会审计的内涵

美国注册会计师协会（AICPA）在《审计准则公告第 1 号》中，就注册会计师审计下了一个较为狭义的定义："独立审计人员对财务报表加以检查，搜集必要证据，其目的是对这些报表是否按照公认会计原则公允的反映财务状况，经营成果和现金流量变化情况表示意见。"

美国会计学会颁布的《基本审计概念公告》（ASOBAC）对注册会计师的认定如下：审计是一个客观地获取和评价与经济活动和经济事项认定有关的证据以确定这些认定与既定标准之间的符合程度，并将审计结果传达给有利害关系的使用者的系统的过程。

上述定义可以从以下几个方面理解：
①审计的主体是具有专业胜任能力的独立审计人员，独立性是审计的灵魂。
②审计的对象是"经济活动和经济事项认定"。
③审计的依据是"既定标准"。会计与审计的关联就是这个"既定标准"。这里的"既定标准"，在财务报表审计中通常是会计准则和会计制度。
④审计目标是审计人员对"经济活动和经济事项认定"与"既定标准"的符合程度进行审计证据的获取和评价。
⑤审计报告是审计人员把审计结果传递给审计报告使用者的书面文件。
⑥审计的本质是一个系统化的过程，这个系统化过程中涉及审计主体、审计对象、审计依据、审计目标和审计结论。

13.1.2 社会审计的种类

对审计进行科学的分类，有助于正确理解审计的内涵和审计的不同形态。按照不同的分类标准，可以产生不同的分类结果。例如，按审计主体的不同，可以划分为政府审计、内部审计与社会审计；按审计范围的不同，可以划分为全面审计和局部审计，综合审计与专题审计;按审计时间的不同,可以划分为事前审计、事中审计、事后审计;按审计地点不同可以划分为就地审计和报送审计;按照审计目的、内容的不同,可以划分为财务报表审计、经营审计、合规性审计和内部控制审计等。

13.1.2.1 财务报表审计

财务报表审计是注册会计师通过执行审计工作,对财务报表是否按照适用的财务报告编制基础发表审计意见。财务报表编制基础分为通用目的编制基础和特殊目的编制基础,其中通用目的编制基础主要是指会计准则和会计制度。财务报表通常包括资产负债表、利润表,现金流量表,所有者权益(或股东权益)变动表及财务报表附注。

13.1.2.2 经营审计

经营审计是注册会计师为了评价被审计单位经营活动的效率和效果而对其经营程序和方法进行的审计。注册会计师在完成经营审计工作后,一般要向被审计单位管理层提出经营管理建议。在经营审计中,审计对象不限于会计,还包括组织机构、市场营销以及注册会计师能够胜任的其他领域。在某种意义上,经营审计更像是管理咨询。

13.1.2.3 合规性审计

合规性审计是注册会计师确定被审计单位是否遵循特定的法律、法规、程序或规则,或者是否遵守将影响经营或报告的合同的要求。合规性审计结果通常报送给被审计单位管理层或外部特定使用者。

注册会计师在对财务报表进行审计时,也应当充分关注被审计单位违反法律法规、程序、规则或合同可能对财务报表产生的重大影响。如果特定的法律法规、程序、规则或合同对财务报表有直接和重大的影响,通常构成注册会计师财务报表审计的一部分。

13.1.2.4 内部控制审计

内部控制审计是指会计师事务所接受委托,通过系统、规范的方法对被审计单位特定基准日内部控制设计和运行的有效性进行审计。2002年美国萨班斯法案(SOX)颁布后,内部控制审计成为令人瞩目的注册会计师新业务。近年来,随着全球金融危机的加剧以及向实体经济的蔓延,一些基础薄弱、内部控制不严的银行、证券公司和实体企业纷纷倒闭,经济舞弊诈骗案件频频曝光,内部控制审计问题再度成为社会普遍关注的焦点。

13.1.3 社会审计与政府审计、内部审计的关系

13.1.3.1 社会审计与政府审计的关系

①在审计方式上,政府审计是强制审计;社会审计是任意审计。

②在审计对象上,政府审计的对象主要是各级政府及其部门的财政收支或财务收支;社会审计的对象包括一切盈利及非盈利单位。

③在审计监督的性质上,政府审计可以根据审计结果发表审计处理意见,被审计单位如拒不采纳,政府审计机关可以依法强制执行;社会审计则根据其审计结论发表独立、客观、公正的审计意见,以合理保证审计报告使用人确定已审计的被审计单位财务报表的可靠程度。

④在实施审计的手段上,政府审计是经济监督,是政府行为,所以是无偿审计;社会

审计是由中介组织会计师事务所进行的，是有偿审计。

⑤在审计独立性上，政府审计是单向独立；社会审计是双向独立。

⑥在依据的审计准则上，政府审计依据国家审计准则；社会审计依据中国注册会计师执业准则。

13.1.3.2 社会审计与内部审计的关系

①在审计独立性上，内部审计是相对独立；社会审计是双向独立。

②在审计方式上，内部审计是根据本单位、本部门经营管理的需要自行安排施行的；社会审计则是受托进行的。

③在审计的内容和目的上，内部审计的主要内容是对内部控制的健全、有效，会计及相关信息的真实、合法完整，经营绩效以及经营合规性等进行检查、监督和评价；而社会审计依据注册会计师执业准则，主要围绕财务报表进行，对财务报表发表意见。

④在审计的职责和作用上，内部审计的结果只对本部门、本单位负责，只能作为本部门、本单位改进管理的参考，对外不起鉴证作用，并向外界保密；而社会审计需要对投资者、债权人及社会公众负责，对外出具的审计报告具有鉴证作用。

13.1.4 西方社会审计的起源与发展

13.1.4.1 西方社会审计的起源

社会审计产生的根源在于所有权和经营权的分离，是市场经济发展到一定阶段的产物，其产生和发展与资本市场密切相关。在历史上，英国是资本市场发展最早、注册会计师审计制度确立最早的国家。一般认为，1720年英国南海公司舞弊案例的出现是注册会计师职业产生的"催产剂"，这事件中第一次出现了独立向社会公众发表审计意见的职业会计师，催生了以验证资本市场的会计信息、发表审计意见为职业的现代注册会计师审计制度的形成和确立。

1720年，名噪一时的南海公司（the South Sea Company）倒闭的消息传来，犹如晴天霹雳，惊呆了正陶醉在黄金美梦中的债权人和投资者。当这些"利害关系者"证实数百万英镑的损失将由自己承担的时候，他们一致向议会发出了严罚欺诈者并赔偿损失的呼声。而对舆论的压力，英国议会组织了一个由13人组成的特别委员会，调查南海公司破产事件。经过秘密查证，特别委员会发现该公司的会计记录严重失实，明显存在着蓄意篡改数据的舞弊行为。于是，英国议会决定聘请实践经验丰富、理论基础扎实、在伦敦地区享有盛誉的查尔斯·斯内尔（Charles Snell）先生对南海公司的分公司"索布里奇商社"的会计账目进行检查。查尔斯·斯内尔先生接受议会委托以后，对南海公司事件的背景和原因进行了调查，并应议会特别委员会的要求，于1721年编制了一份审计报告书，指出了企业存在的舞弊行为，但没有就企业出于何种目的编制虚假会计记录表明自己的意见。英国议会根据该审计报告，除没收全部董事的个人财产以外，还将一名负直接责任的经理逮捕，押进了伦敦塔，同时，颁布了《泡沫公司取缔法》，旨在防止不正常的股份投机、禁止设立舞弊性质的股份公司、禁止非股份公司采用股份公司形态、禁止股份公司从事特许证规定的业务范围以外的经营活动。

英国议会于1844年颁布了《公司法》，规定股份公司必须设立监事会来审查会计账簿和报表,并将审查结果报告给股东,1845年又对《公司法》进行修订,再次明确:监事是股东的代表,监事可以用公司的费用聘请有记账技能的会计师和其他人员协助办理审计业务;监事和会计师应根据公司的账簿编制报告书。这些措施有力地促进了注册会计师审计的发展。与此同时,英国政府对一批注册会计师进行了资格确认。1853年苏格兰爱丁堡会计师协会成立,这是世界上第一个会计师职业团体,标志着注册会计师审计职业的诞生。

13.1.4.2 西方社会审计的发展

社会审计是市场经济的产物,并随着市场经济的发展而发展。在审计发展的历史长河中,审计模式的发展起着相当重要的作用。由于审计活动总是为达到一定的目的、完成一定的审计目标而设计,因而审计模式的发展就必然要受到审计目标变化的深刻影响。随着社会经济的发展,按照审计形成和发展的历史顺序,与审计目标的变化相适应,审计模式的发展大体可以分为三个阶段,即账项基础审计阶段、制度基础审计阶段、风险导向审计阶段。

1)账项基础审计阶段

账项基础审计(transaction-based auditing),也称数据导向审计,是审计模式发展的第一阶段。账项基础审计适应了早期审计查错防弊的目的要求。这种方法以公司的账簿和凭证作为审查的出发点,检查各项分录的有效性和准确性,以及账簿的加总和过账是否正确,总账与明细账是否一致。该模式最大的优点是审计误差小、风险小、可靠性高,在企业规模不大、经济业务比较简单的情况下,这种审计模式能适应企业的实际需要。

但账项基础审计存在以下缺点:不对审计工作进行整体规划,只是机械地对各种会计文件进行审查。因此,很难使审计计划切实可行,以有效指导审计工作;采用有限的并且主要建立在主观判断基础上的抽样审计技术,盲目性较大,可能遗漏重要项目或事项,存在较大的风险;主要围绕会计报表、会计账簿及有关凭证进行审计,审计人员虽然可以发现一些技术性的错误或舞弊情况,但很难对其进行深入分析、查找原因,以避免该类现象的发生。因此,这种审计模式并不总能达到预期的效果,特别是在经济业务规模较大、业务复杂的情况下,更是难以保证审计质量。

2)制度基础审计阶段

1929—1933年爆发了世界范围内的大规模经济危机,审计报告使用人由股东、债权人扩大到整个社会公众。随着股份有限公司的发展壮大,社会公众更为关注整个会计报表的公允性、真实性。在审计实践过程中,审计人员发现,许多企业为了与其迅速增长的业务量相适应,在管理上建立了内部控制制度,这些内部控制制度是否严密有效,直接影响到企业会计报表的真实性、公允性。在这种情况下,注册会计师审计就演变出一种从审查内部控制制度着手的审计方法,即制度基础审计(system based auditing),或称系统导向审计(system oriented auditing)。制度基础审计要求以评审内部控制为着眼点,在评估被审计单位内部控制及其发挥作用情况的基础上,根据内部控制的可信赖程度,确定抽样审计的范围和重点,以合理安排审计力量和时间,恰当地运用各种审计方法,获取充分、适当的审计证据。

进入20世纪后半期,制度基础审计的缺陷逐渐暴露出来。众多的诉讼案件表明,内部控制制度存在着固有的局限性，即使是设计最完美的内部控制制度，也可能因为执行人员的粗心大意、判断失误、管理层舞弊等造成控制失效。一旦被审计单位的高级管理人员串通舞弊，或最高管理层超越控制而蓄意造假，但从表面上看内部控制依然存在并运行良好，但实际内部控制所要求的相互制约却已经不再存在，而且有可能做到掩盖舞弊造假的迹象。此时，检查内部控制制度往往无法发现这种刻意隐瞒的舞弊造假行为。

3) 风险导向审计阶段

(1) 传统风险导向审计阶段

1957 年，《蒙哥马利审计学》(第八版) 第一次将"风险"这概念与审计程序的设计紧密联系起来，开始探索审计风险控制的措施和审计方法的改进。至 20 世纪 70 年代，审计风险模型开始在审计实务中被陆续采用。1981 年，美国审计准则委员会发布了《第 39 号审计准则——审计抽样》在其附件中提出了仅供参考的审计风险模型；1983 年该委员会又发布了《第 47 号审计准则——审计风险与重要性》，将审计风险模型包含在正文中，可以说这是对传统风险导向审计的最终确认。传统风险导向审计主要是通过对会计报表固有风险和控制风险的定量评估来确定检查风险，进而确定实质性测试的性质、时间和范围，以提高审计效率与效果。传统风险导向审计第一次将"风险"引入审计，具有里程碑的意义、它使得审计效率与效果有了实质性的提高，为现代风险导向审计的产生和发展奠定了基础。

(2) 现代风险导向审计阶段

自 20 世纪 90 年代开始，国际性的大会计师事务所联合学术界对审计基本方法进行了全面研究，开发出一种新的审计方法，并逐步得到学术界与实务界的认可。这一审计方法以被审计单位中的战略和经营风险分析为导向，因此也被称为风险导向审计 (risk-based audit)。为了区别于传统风险导向审计，我们将这种新的审计方法称为现代风险导向审计。

现代风险导向审计代表了现代审计方法发展的最新趋势，它更系统地研究了审计授权和委托人的内外环境，更切实地保证了审计质量，它以被审计单位的经营环境为出发点，综合运用内部控制评审、分析程序等高效率审计方法，兼顾了其他审计模式的一些特点。与其他审计模式相比较，现代风险导向审计具有以下四方面的特征：

①审计责任、重心前移　账项基础审计的特点是详细检查，因而对风险的反应是滞后的；传统风险导向审计的重点主要是放在对内部控制的评审上，将审计重心移到对控制风险的评估上，使审计方法向前迈进了一步；现代风险导向审计则将重心再次前移，以风险为导向。由于现代公司治理的缺失以及管理舞弊是审计风险的集中来源，以固有风险为主要内容的重大错报风险就成为审计人员关注的焦点。而固有风险并不是孤立存在的，其与企业的战略管理目标、经营环境、公司治理结构及内部控制等密切相关，故以"重大错报风险"涵盖包括固有风险在内的诸多因素，便成为现代风险导向审计的核心。

②转变审计思维定式，引入环境变量　在传统风险导向审计模式中，审计人员即使对内部控制制度进行符合性测试，仍然无法把握审计项目的总体风险程度，难以解决审计风险控制的问题。与此相对照，现代风险导向审计从系统论和战略管理理论出发，从战略风

险入手,按照"从经营环境和主要产品入手,分析经营模式和经营风险"的基本思路,在源头上和宏观上判断并发现会计报表存在的重大错报。将环境变量引入审计风险的评估,确立了现代审计的战略审计观。

③分析程序的广泛运用 分析程序,是指注册会计师通过分析不同财务数据之间以及财务数据与非财务数据之间的内在关系,对财务信息做出评价。分析程序还包括在必要时对识别出的、与其他相关信息进行分析,风险评估分析也更加多样化,如战略分析、绩效分析等。

④审计的目标是鉴证会计报表中是否存在重大错报,增强会计报表的可信性。为达到此目标,注册会计师应当假定整体会计报表是不可信的,从而保持全方位的职业态度,在审计过程中排除质疑。如果说传统风险审计主要靠标准化表格等工具计划和实施审计工作,是为了审计而审计,那么现代风险导向审计则是在选择和实施审计程序时考虑更多的未预料因素,主张个性化的审计程序,如出其不意的盘点等。总之,根据具体的审计项目,额外的、追加的或进一步的审计程序往往比常规审计程序更有效。

13.1.5 我国社会审计的起源与发展

(1) 我国注册会计师审计始于辛亥革命之后

1918年9月,北洋政府农商部颁布了我国第一部注册会计师法规——《会计师暂行章程》。同年,批准著名会计学家谢霖先生为中国第一位注册会计师,谢霖先生所创办的中国第一家会计师事务所——"正则会计师事务所"也获准成立。1925年"全国会计师公会"在上海成立。1927年,潘序伦先生创办了"潘序伦会计师事务所"(后改称"立信会计师事务所")。1930年,国民政府颁布了《会计师条例》,确立了会计师的法律地位。随后,上海、天津、广州等地也相继成立了多家会计师事务所,至1947年,全国已拥有注册会计师2 619人。

(2) 我国注册会计师审计的发展

1949年以后,注册会计师审计在我国经济恢复工作中发挥了积极作用。注册会计师审计通过对工商企业的审计,很好地打击了不法资本家囤积居奇、投机倒把、偷税漏税等行为。在当时对平抑物价、保证国家税收、争取国家财政经济状况好转等做出了突出贡献。

社会主义三大改造期间以及后来推行前苏联高度集中的计划经济模式期间,中国的注册会计师审计便暂时地退出了历史舞台,我国注册会计师审计陷入了停滞状态。

1978年党的十一届三中全会以后,我国实行"对外开放、对内搞活"的方针,将工作重心转移到社会主义经济建设上来,商品经济得到迅速发展,为注册会计师制度的恢复重建创造了客观条件。

1980年12月14日,财政部颁布了《中华人民共和国中外合资经营企业所得税法实施细则》,规定外资企业财务报表要由注册会计师进行审计,这为恢复我国注册会计师制度提供了法律依据。

1980年12月23日,财政部颁布了《关于成立会计顾问处的暂行规定》,标志着我国注册会计师职业开始复苏。

1981年1月1日,中国第一家由财政部批准独立承办注册会计师业务的会计师事务所——上海会计师事务所宣告成立。

1984年9月25日，财政部印发了《关于成立会计咨询机构问题的通知》明确了注册会计师应该办理的业务。

1985年1月实施的《中华人民共和国会计法》规定："经国务院财政部门批准组成会计师事务所，可以按照国家有关规定承办查账业务。"

1986年7月3日，国务院颁布了《中华人民共和国注册会计师条例》同年10月1日起实施。

1988年11月，财政部领导下的中国注册会计师协会正式成立。

1993年10月31日，第八届全国人大常委会第四次会议审议通过了《中华人民共和国注册会计师法》，自1994年1月1日起实施。

1995年6月，中国注册会计师协会统一法律规范、统一职业标准和统一监督管理。自1995年至2003年中国注册会计师协会先后制定了6批审计准则，包括1项准则序言、1项独立审计基本准则、28项独立审计具体准则、10项独立审计实务公告和5个执业规范指南，另外还制定了中国注册会计师职业道德基本准则，质量控制基本准则和后续教育准则。

1996年10月4日，中国注册会计师协会加入亚太会计师联合会，并于1997年4月在亚太会计师联合会第四十八次理事会上当选为理事。

1997年5月8日，国际会计师联合会（IPAC）全票通过，接受中国注册会计师协会为正式会员。按照国际会计师联合会章程的规定，中国注册会计师协会同时成为国际会计准则委员会的正式成员。

2006年初实现与国际审计准则的趋同，建立了一套既适应社会主义市场经济建设需求又与国际准则相接轨的审计准则体系。2010年11月，又对38项审计准则进行了修订，保持了与国际准则持续全面趋同。

2016年12月23日，财政部颁布了《在审计报告中沟通关键审计事项》等12项中国注册会计师审计准则。2017年2月28日，中国注册会计师协会印发新审计报告准则应用指南。本次发布的指南包括《中国注册会计师审计准则第1504号——在审计报告中沟通关键审计事项》应用指南等共16项，实施时间和范围与新审计报告准则保持一致。

截至2016年6月30日，中国注册会计师协会有团体会员（会计师事务所）8 411家，其中，有40家证券期货资格会计师事务所，11家获准从事H股企业审计业务的内地大型会计师事务所。个人会员超过22万人，其中，注册会计师101 855人，非执业会员119 719人。中国注册会计师协会现有资深会员1 442人，普通会员17人。目前，全国具有注册会计师资质的人员超过25万人，全行业从业人员超过30万人。注册会计师行业服务于包括2 800余家上市公司在内的420万家以上企业、行政事业单位。2015年度全行业业务收入超过680亿元。

13.2 财务报表审计

13.2.1 财务报表审计的定义

财务报表审计是指对企业资产负债表、损益表、现金流量表、会计报表附注及相关附表所进行的审计，是最常规的审计业务。通常提供给公司的股东、上级单位，以及政府主管部门。

财务报表审计是对被审计单位的财务报表（如资产负债表、利润表和现金流量表）、财务报表附注及相关附表进行的审计。财务报表审计的目的在于查明被审计单位的会计报表是否按照一般公认会计准则（中国是《企业会计准则》和国家其他有关财务会计法规），公允地反映其财务状况、经营成果和现金流量情况。财务报表审计是股份公司出现后，由于公司的所有权和经营权的分离，以及股份的社会化而逐渐发展起来的一种审计方式。在西方国家，从名义上讲，财务报表审计是保护股东权益的一种手段，但从实际效果看，财务报表审计所涉及的范围包括了与被审计单位有财务联系的各个方面。例如，在美国注册会计师协会颁布的《审计准则说明书》中，就详细规定了审计人员所应考虑的有关事项。财务报表审计是现代审计中理论最完备，方法最先进的一种审计方式。

财务报表审计就是对公司的财务报表由会计师事务所进行审计，最后出具合理的审计报告。这主要是对公司的一个监督，是对股东，对投资者的一个报告，也是一些公司年检必须要的材料。

13.2.2 财务报表审计总体目标的演变

审计目标是在一定历史环境下，人们通过审计实践活动所期望达到的境地或最终结果。它包括财务报表审计的总目标以及各类交易、账户余额、列报相关的具体审计目标两个层次。

注册会计师审计的发展主要经历了详细审计、资产负债表审计和财务报表审计三个阶段。审计总目标也随之有所变化。

在详细审计阶段，注册会计师审计通过对被审计单位一定时期内会计记录的逐一审查，判定有无错误和舞弊行为。查错防弊是此阶段的审计目标。

在资产负债表审计阶段，注册会计师审计通过对被审计单位一定时期内资产负债表所有项目余额的真实性、可靠性进行审查，判断其财务状况和偿债能力。在此阶段，审计目标是对历史财务信息进行鉴证，查错防弊这一目标依然存在，但已退居第二位，审计的功能从防护性发展为公证性。

在财务报表审计阶段，注册会计师判定被审计单位一定时期内的财务报表是否公允地反映其财务状况、经营成果和现金流量，并在出具审计报告的同时，提出改进经营管理的意见。在此阶段，审计目标不再限于查错防弊和历史财务信息公证，而是向管理领域有所深入和发展。

13.2.3 我国财务报表审计的总目标

《中国注册会计师审计准则第1101号——注册会计师的总体目标和审计工作的基本要求》规定，在执行财务报表审计工作时，注册会计师的总体目标如下：

①对财务报表整体是否不存在由于舞弊或错误导致的重大错报获取合理保证，使得注册会计师能够对财务报表是否在所有重大方面按照适用的财务报告编制基础编制发表审计意见。

②按照审计准则的规定，根据审计结果对财务报表出具审计报告，并与管理层和治理层沟通。

适用的财务报告编制基础是会计主体进行会计核算和编制财务报告的标准。它是指法律、法规要求采用的财务报告编制基础，或者管理层和治理层（如适用）在编制财务报表时，就被审计单位性质和财务报表目标而言，采用的可接受的财务报告编制基础。

适用的财务报告编制基础可以分为通用目的编制基础和特殊目的编制基础。通用目的编制基础，是指用以满足广大财务报表使用者共同的财务信息需求的财务报告编制基础，主要是指会计准则和会计制度。

特殊目的编制基础，是指用以满足财务报表特定使用者对财务信息需求的财务报告编制基础，包括计税核算基础、监管机构的报告要求和合同的约定等。

两类编制基础都需要注册会计师对财务报表是否按照适用的财务报告编制基础编制发表审计意见。但是对于特殊目的审计，注册会计师还需要做出许多特殊考虑。例如，需要在审计报告中增加强调事项段，说明财务报表的编制目的和适用范围。

为实现总体目标，注册会计师采取了化整为零的方法，即注册会计师将财务报表涉及的交易与账户划分为若干审计分块（也就是若干交易循环），然后，找出被审计单位管理层对每循环中的交易类别、账户余额和列报做出了哪些认定，最后，针对每类认定确定具体审计目标，收集充分、适当的审计证据。其逻辑是，如果能合理保证构成报表的每类交易、账户余额和列报实现了具体目标，那么财务报表整体目标也就得以实现。

13.2.4 财务报表审计循环

财务报表审计的组织方式大致有两种：一是对报表的每个账户余额单独进行审计，此法称为账户法（account approach）。此法下对审计工作的"分块"（segmenting）通常使工作效率低下，因为该法将紧密联系的相关账户（如存货和产品销售成本）人为分开，从而会造成整个审计工作的脱节和重复。二是将财务报表分成几大块进行审计，即把紧密联系的交易种类（含事项，下同）和账户余额归入同一块中，此法称为循环法（cycle approach）。如销售、销售退回、收现及坏账冲销是导致应收账款增减的四种交易，把这四种交易及应收账款划入"销售与收款循环"进行审计。类似地，工薪交易和应付工资可以划入"生产循环"。循环法不仅使审计工作更便于管理，而且有助于更好地对审计小组的不同成员分派任务。通过考察交易被记录于各种记账凭证乃至汇总到总账和财务报表的方式，可以发现使用循环法具有逻辑合理性。实际上，循环法是将记录于不同记账凭证中的交易同这些交易所影响的总账余额合并起来考虑，从而更有效地安排审计工作。

不同行业的企业经营性质不同，因此可将其财务报表分为不同的循环，即使是同一企业，不同审计师也有可能有不同的循环划分方法，表13-1以生产企业财务报表划分为四个循环（销售与收款循环、购货与付款循环、生产循环、筹资与投资循环）为例来说明。

注册会计师在划分循环时应注意将财务报表的所有总账账户和记账凭证包括在相应的循环中，同时还应注意各循环之间有一定联系，比如筹资与投资循环同购货与付款循环（也称支出循环）紧密联系，生产循环与其他所有循环紧密联系。各循环之间的流转关系如图13-1所示。

表 13-1　生产企业循环划分表

循环	每个循环包括的记账凭证的主要种类	每个循环包括的总账项目举例	
		资产负债表项目	利润表项目
销售与收款循环	收款、转账	应收账款、坏账准备、预收款项、代销商品款、应交税费、其他应交款等	营业收入、营业税金及附加、销售费用、所得税费用等
购货与付款循环	付款、转账	预付款项、固定资产、累计折旧、在建工程、工程物资、固定资产清理、应付票据、应付账款等	
生产循环	转账、付款	存货（包括在途材料、原材料、包装物、材料成本差异、低值易耗品、库存商品、委托加工物资、委托代销商品、受托代销商品、分期收款发出商品、生产成本、制造费用、存货跌价准备）、应付职工薪酬等	营业成本、管理费用等
筹资与投资循环	转账、收款、付款	短期投资、投资性房地产、持有至到期投资、交易性投资、应收股利、应收利息、其他应收款、长期股权投资、长期债权投资、长期投资减值准备、无形资产、长期待摊费用、短期借款、其他应付款、应付股利、长期借款、应付债券、长期应付款、递延税款、股本、资本公积、盈余公积、未分配利润等	财务费用、投资收益、非流动资产处置收益等

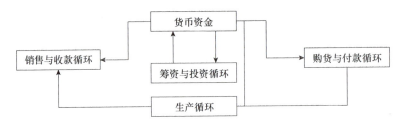

图 13-1　各交易循环之间的关系

企业的生产经营过程是由各业务循环共同组成的，各业务循环之间是密不可分的。因此，尽管注册会计师可以相对独立地对各业务循环进行审计，但在最终形成结论时，必须综合考虑各业务循环审计所发现错误对财务报表的影响。而且，在单独执行某业务循环的审计时，注册会计师也应该经常将该循环与其他循环的审计情况结合起来加以考虑。

13.3　资产评估和管理咨询

13.3.1　资产评估

13.3.1.1　资产评估的概念

市场经济的核心问题是交易，既包括商品交易，也包括生产商品的资产的交易，而且后者往往更加重要。在市场经济条件下，资产持有人的经济活动十分复杂，有的是交易资产的全部，有的是交易资产之中的某一部分；交易的资产既可能是有形资产，也可能是无形资产当中的某一类型，但不管交易的资产属于什么类型，交易双方都必须准确掌握资产的合理价格。因为在交易状态下，人们更为关注该资产在使用了一段时间后或在其他某些原因后现在的真实价值，因此对资产的合理价格进行评估是市场经济交易中极为关键的步骤。

资产评估简单地说，是按照特定目的对被评估资产某一时点的价格进行评定、估算，从而确定其价格的经济活动。具体地说，就是由专门的评估机构和人员，依据国家规定和有关资料，根据特定的目的，遵循适用的原则和标准，按照法定的程序，运用科学的方法，对资产进行评定和估价。这是一项动态化、市场化的社会经济活动，是市场经济条件下客观存在的经济范畴。资产评估是维护社会主义市场经济秩序、促进公平交易、防止国有资产流失的重要手段，因此，认真做好事业单位的国有资产评估工作是非常必要和重要。

资产评估作为我国社会经济活动中一个重要的服务行业，在社会主义经济体制改革中发挥着十分重要的作用，已成为社会主义市场经济不可或缺的重要组成部分。当前，国家对包括资产评估在内的市场中介行业高度重视，为我国资产评估行业的发展提供了前所未有的良好政策环境，同时也对注册资产评估师队伍素质的全面提升提出了更高的要求。

就我国目前来看，资产评估主要用于资产产权转让、企业重组、破产清算、资产抵押、资产纳税等经济行为。在上述经济行为中，人们所关注的是资产在某一时点的现行市场价值，而不是资产的账面历史价值，因此，为了满足人们的需要，就必须对经济行为中的资产价值进行评估。

13.3.1.2 资产评估的方法

资产评估的方法主要有现行市价法、重置成本法和收益现值法，其他方法都是这三种方法的延伸。现行市价法、重置成本法和收益现值法是从不同的角度对资产的价值进行的评估。

（1）现行市价法

现行市价法也称市场比较法，是基于同类资产或类似资产在市场上的成交价来推算被评估对象的价格的一种方法，简称市场法，适用于流动资产、房地产等交易情况比较活跃的资产评估。市场法之所以是一种最简单、有效的方法，是因为评估过程中的资料直接来源于市场，同时又为即将发生的资产行为估价。但是，现行市价法的应用，与市场经济体制的建立和发展，资产的市场化程度密切相关。在我国，随着社会主义市场经济体制的建立和完善，为现行市价法提供了有效的应用空间，现行市价法日益成为一种重要的资产评估方法。

（2）重置成本法

重置成本法是基于资产重新购置成本或价格来确定被评估资产价值的方法，适用于一切可以重置的资产价格评估，如机器设备、房地产等估价。运用重置成本法对资产进行评估的理论依据主要是：

①资产的价值取决于资产的成本　资产的原始成本越高，资产的原始价值越大，反之则小，二者的质和量内涵上是一致的。根据这原理，采用成本法对资产进行评估，必须首先确定资产的重置成本。在其他条件既定时，资产的重置成本越高，其重置价值越高。

②资产的价值是一个变量，随资产本身的运动和其他因素的变化而相应变化　影响资产价值量变化的因素，除了市场价格以外，还有：资产投入使用后，由于使用磨损和自然力的作用，其物理性能会不断下降，价值会不断减少。这种损耗一般被称为资产的物理损耗或有形损耗，也称实体性贬值；新技术的推广和使用，使得企业原有资产与社会上普遍推广和运用的资产相比较，在技术上明显落后、性能降低，其价值也就相应减少。这种损

耗被称为资产的功能性损耗，也称功能性贬值。由于资产以外的外部环境因素（包括政治因素、宏观政策因素等）变化，导致资产价值降低。比如，政府实施新的经济政策或发布新的法规限制了某些资产的使用，使得资产价值下降。这种损耗一般称为资产的经济性损耗，也成经济性贬值。

（3）收益现值法

收益现值法是指通过估算被评估资产未来预期收益并折现，以此来确定被评估资产价值的一种资产评估方法。收益现值法是基于资产在未来年份产生的收益的状况来进行的，适用于有收益或潜在收益的资产评估。收益现值法所确定的资产价值，是指为获得该项资产已取得预期收益的权利所支付的货币总额。资产的评估价值与资产的效用或有用程度密切相关，资产的效用越大，获利能力越强，价值就越高。

用收益现值法评估资产必须具备以下前提条件：

①被评估资产必须是能用货币衡量其未来期望收益的单项或整体资产。

②资产所有者所承担的风险也必须是能用货币衡量的。

收益现值法是站在投资者的角度，重置成本法更多的是站在生产者的角度，而现行市价法是基于供求双方已经达成的一种平衡价格。用收益现值法求出的价格我们一般称之为收益价格，用重置成本法求出的价格称之为成本价格，用现行市价法求得的价格称之为比准价格。在正常情况下，收益价格大于比准价格，而比准价格大于成本价格。在市场状况疲软时，情况正好相反，成本价大于比准价格，比准价格大于收益价格。

13.3.1.3 资产评估的价值类型

资产评估的价值类型与资产评估的方法是两个既相互联系又有区别的概念。资产评估的方法则是评估价值的量化过程，而资产评估的价值类型说明的是资产评估的价值内涵，具有质的规定性。在价值类型确定的前提下，尽管各种方法之间具有替代性，但不能以方法的可替代性模糊价值类型的唯一性，更不能以评估方法代替价值类型。资产评估价值对资产评估方法的运用具有约束性。

资产评估的价值类型指的是资产评估价值质的规定性，即价值内涵。价值类型需要与资产行为的发生相匹配，这主要是由于资产在价值形态上的计量可以有多种类型的含义，分别从不同角度反映资产的价值特征。同一资产如果所选计量尺度不同，其最终评估价值也可能有所不同。因此，正确认识资产评估尺度具有十分重要的意义。

不同的评估目的，决定了不同的价值类型。一般而言，公开市场条件下的资产评估适用的计价尺度有：重置成本、收益现值、现行市价；非公开市场条件下的资产评估适用的计价尺度有：清算价格。

（1）重置成本

重置成本也称现行成本或重置价值，是在当前条件下，按资产原有功能重新购置、建造全新相同资产并使之处于使用状况所需要的全部成本。如果说，投资价值是从产出角度评估资产价值，重置价值则是从投入角度评估资产价值。就一个企业而言，如果企业的收益率与行业的平均收益率相同的话，其投资价值与重置价值趋向一致。如果企业收益率超过行业平均收益率，其投资价值就会高于重置。价值重置成本与历史成本一样，也是反映购买、建造、运输、安装、调试等全过程费用的价格，只不过它是按现有的技术条件和物价水平计算的。资产在全新状态下，其重置成本与历史成本是等额的。由于资产在企业中会存在一个或长或短的时期，因此，这个时期由于价格、损耗、技术等因素的变化，使资产的重置成本与历史成本发生差异。

以重置成本计价需满足的条件包括：资产能够重置，否则无法用重置成本加以计量；资产处于使用状态，包括在用续用、转用续用和异地续用；随着使用资产出现贬值。

（2）收益现值

收益现值也称折现价值或投资价值，是指将资产未来预期收益折算成评估基准日的现值，以收益现值为计量尺度来衡量资产价值，按照"将本求利"的逆向思维——"以利索本"，以适当的折现率或本金化率将未来收益折成的现值。

资产的投入和产出往往存在较大的差异，有的资产投入量较高，但产出较小。收益现值是以产出效率为依据衡量其价值的。

以收益现值计价需满足的条件包括：资产在未来能获得收益，且未来收益能计量；资产未来收益期能确定；资产未来收益所承担的风险可预测。

（3）现行市价

现行市价，是指在正常的生产经营活动过程中，企业取得资产所支付的现金或现金等价物。现行市价源于公平市场，它有如下规定性，即有充分的市场竞争，买卖双方都没有垄断和强制，双方都有足够的时间和能力了解实情，具有独立的判断和理智的选择。

决定现行市价的基本因素有：

①基础价格　即资产的生产成本价格。一般情况下，一项资产的生产成本高低决定其价格的高低。

②供求关系　资产价格与需求量成正比例关系，与供应量成反比例关系。当一项资产有多个买主进行竞买时，资产价格就会上升，反之则会下降。

③质量因素　主要是指资产本身功能、精度等技术参数。根据优质优价市场经济的法则，在资产评估中，质量因素对资产价格的影响必须予以充分考虑。

（4）清算价格

清算价格是指资产在非公开市场条件下，其所有者迫于某种压力在市场上被迫出售其资产的价值。这种情形下，资产价值往往低于公开市场条件下正常交易的价值，这是由市场供求情况决定的。第一，因经营失利而导致破产的企业，必然急于将资产转让或拍卖；第二，这种交易活动主要取决于买方，占有主动权的买方定会极力压低成交价格，以从中获取更多利益。由于市场条件不同，清算价格与市场价格存在根本区别：现行市价是公平市场价格，而清算价格则是一种拍卖价格。因此，清算价格一般取决于下列两个因素：

①资产的通用性　专用设备的清算价格一般会较大幅度地低于市场价格，一项具有某"特殊性质"（使用价值）的财产对于所有者来说并不具有特殊价值。

②清算时间的限制　一般地，清算时间越长，在市场上讨价还价的余地越大，清算价格会越高。

13.3.1.4　管理咨询

相关服务包括对财务信息执行商定程序、代编财务信息、税务服务、管理咨询。管理咨询服务是注册会计师与非注册会计师激烈竞争的一个领域。从 20 世纪 50 年代起，注册会计师的管理咨询服务收入开始增长，并保持着强劲的增长势头。其原因主要是：首先，管理咨询服务是增值服务；其次，企业内部结构重组给注册会计师带来了无限商机。最近几年，大型会计师事务所越来越明显地成为管理咨询服务的主要提供者。管理咨询服务范围很广，主要包括对公司治理结构，信息系统，预算管理，人力资源管理，财务会计，经营效率、效果和效益等提供诊断及专业意见与建议。

13.4 验资和税务代理

13.4.1 验资

13.4.1.1 验资的含义

验资，是指注册会计师依法接受委托，对被审验单位注册资本的实收情况或注册资本及实收资本的变更情况进行审验，并出具验资报告。验资是注册会计师的法定业务。随着我国社会主义市场经济的发展和改革开放的不断深入，有关法律、法规对注册会计师验资业务的规定与日俱增，如《中华人民共和国公司法》《中华人民共和国中外合资经营企业法》《中华人民共和国中外合作经营企业法》《中华人民共和国外资企业法》《公司登记管理条例》《企业法人登记管理条例》等法律、法规对此均有涉及。《中华人民共和国注册会计师法》明确将验资业务列为注册会计师的法定业务之一。

1）验资类型及设立验资和变更验资的含义

验资分为设立验资和变更验资。

（1）设立验资的含义

设立验资是指注册会计师对被审验单位申请设立登记时的注册资本实收情况进行的审验。需要注册会计师进行设立验资的情况主要包括以下几点。

①被审验单位向公司登记机关申请设立登记时全体股东的一次性全部出资和分次出资的首次出资。

②公司新设合并、分立，新设立的公司向公司登记机关申请设立登记。

（2）变更验资的含义

变更验资是指注册会计师对被审验单位申请变更登记时的注册资本及实收资本的变更情况进行的审验。

需要注册会计师进行变更验资的情况主要包括以下几点。

①分次出资的非首次出资，增加实收资本，但注册资本不变。

②被审验单位以资本公积、盈余公积、未分配利润转增注册资本及实收资本。

③被审验单位因吸收合并变更注册资本及实收资本。

④被审验单位因派生分立，注销股份或依法收购股东的股权等减少注册资本及实收资本。

⑤被审验单位整体改制，包括由非公司制企业变更为公司制企业或由有限责任公司变更为股份有限公司时，以净资产折合实收资本。

需要指出的是，公司因出资者、出资比例等发生变化，注册资本及实收资本金额不变，需要按照有关规定向公司登记机关申请办理变更登记，但不需要进行变更验资。

2）被审验单位的含义

被审验单位是指在中华人民共和国境内拟设立或已设立，依法应当验资的有限责任公司和股份有限公司。主要包括以下内容。

（1）拟设立和已设立公司

拟设立公司是指处于筹备阶段中，已经向公司登记机关办理了公司名称预先核准，或已办理了审批手续（对法律、行政法规规定设立公司必须报经批准的）正准备向公司登记机关申请设立登记的公司。已设立公司是指已经办理了公司登记，领取了营业执照正式成立的公司。

（2）依法应当接受验资

依法接受验资是指根据《公司法》《中外合资经营企业法》《中外合作经营企业法》《外资企业法》《公司登记管理条例》《公司注册资本登记管理规定》等法律法规的规定，拟设立或已设立公司应当聘请注册会计师对其注册资本的实收情况或注册资本及其实收资本的变更情况进行审验。

3）出资者和被审验单位的责任

按照法律法规以及协议、合同、章程的要求出资，提供真实、合法、完整的验资资料，保护资产的安全、完整，是出资者和被审验单位的责任。

4）注册会计师的责任

按照《中国注册会计师审计准则第 1602 号——验资》准则的规定，对被审验单位注册资本的实收情况或注册资本及实收资本的变更情况进行审验，出具验资报告，是注册会计师的责任。

注册会计师的责任不能减轻出资者和被审验单位的责任。

5）对注册会计师执行验资业务的职业道德要求

注册会计师执行验资业务，应当遵守相关的职业道德规范，恪守独立、客观、公正的原则，保持专业胜任能力和应有的关注，并对执业过程中获知的信息保密。

13.4.1.2 验资业务约定书

注册会计师应和被审验单位签订验资业务约定书。业务约定书签订前的准备工作及签订业务约定书的程序如下。

（1）了解被审验单位基本情况与初步评估验资风险

注册会计师应当了解被审验单位基本情况，考虑自身独立性和专业胜任能力，初步评估验资风险，以确定是否接受委托。

了解被审验单位的基本情况，主要是指在接受委托前，注册会计师应当与委托人、被审验单位管理层沟通。实地查看被审验单位的住所和主要经营场所，了解被审验单位基本情况，获取有关资料，填写被审验单位基本情况表。

被审验单位基本情况主要包括：被审验单位的设立审批、变更审批；名称预先核准；经营范围；公司类型，组织机构和人员；申请设立或变更登记的注册资本、实收资本；出资方式、出资时间；全体出资者指定代表或委托代理人等基本情况。

对于变更验资，注册会计师应当查阅被审验单位的前期验资报告、近期财务报表、审计报告和其他与本次验资有关的资料,以了解被审验单位以前注册资本的实收情况。

验资风险主要源自两个方面,一是被审验单位管理层的诚信程度,所提供验资资料的真实性与完整性;二是注册会计师的专业胜任能力和职业道德水平。下列事项通常导致注册资本实收情况或注册资本及实收资本变更情况发生重大错报风险,需要注册会计师予以评估。

①验资业务委托渠道复杂或不正常。
②验资资料存在涂改、伪造痕迹或验资资料相互矛盾。
③被审验单位随意更换或不及时提供验资资料,或只提供复印件不提供原件。
④自然人出资、家庭成员共同出资或关联方共同出资。
⑤出资人之间存在意见分歧。
⑥被审验单位拒绝或阻挠注册会计师实施重要审验程序,如被审验单位拒绝或阻挠注册会计师实施银行存款函证、实物资产监盘等程序,或不执行法律规定的程序,如非货币财产应当评估而未评估等。
⑦被审验单位处在高风险行业。
⑧非货币财产计价的主观程度高或其计价需要大量的主观判断。
⑨验资付费远远超出规定标准或明显不合理。

(2) 与委托人的沟通

注册会计师应当就委托目的、出资者和被审验单位的责任以及注册会计师的责任、审验范围、时间要求、验资收费、报告分发和使用的限制等主要事项与委托人沟通,并达成一致意见。

沟通的目的,是避免双方对验资业务的理解产生分歧。如果委托人不是被审验单位,在签订业务约定书前,注册会计师应当与委托人,被审验单位就验资业务约定相关条款进行充分沟通,并达成一致意见。

(3) 签订业务约定书

如果接受委托,注册会计师应当与委托人就双方达成一致的事项签订业务约定书。

验资业务约定书的具体内容可能因被审验单位的不同、验资类型的不同而存在差异,但至少应当包括:业务范围与委托目的、双方的责任与义务、验资收费、验资报告的用途及使用责任、业务约定书的有效期间、约定事项的变更及违约责任等条款。业务约定书应当由会计师事务所与委托人签订。

验资业务约定书的参考格式如下。

验资业务约定书

甲方:思鑫达贸易公司

乙方:宏达会计师事务所

兹由甲方委托乙方对甲方截至2018年12月31日止注册资本的实收情况进行审验。经双方充分协商,达成验资约定如下:

一、业务范围与委托目的

1. 乙方接受甲方委托,对甲方截至2018年12月31日止的出资者、出资币种、出资金额、出资时间、出资方式和出资比例等进行审验。并出具验资报告。

2. 甲方委托乙方验资的目的是为申请设立登记及向出资者签发出资证明。

二、甲方的责任与义务

1. 确保出资者按照法律法规以及协议、章程的要求出资。
2. 及时提供真实、合法、完整的验资资料，保护资产的安全、完整，将所有对审验结论产生影响的事项如实告知乙方。
3. 按时足额支付验资费用。
4. 及时为乙方的验资工作提供必要的条件和合作，包括其所要求的全部资料和其他有关资料，并保证所提供资料的真实性、合法性和完整性。

三、乙方的责任与义务

1. 依照《独立审计实务公告第1号——验资》的要求，对甲方注册资本的实收情况进行审验的基础上，按时出具验资报告，如实反映审验情况。
2. 对在执行验资业务过程中知悉的甲方信息及甲方提供的验资资料保密。

四、时间要求

甲方在本验资业务约定书签订日后5个工作日内，向乙方提供必要的验资资料。乙方在执行验资业务时需要补充验资资料的，甲方应根据乙方的要求及时提供。

乙方在甲方提供验资资料后的5个工作日内，完成审验工作，向甲方出具验资报告。

五、验资收费

1. 验资收费依据乙方各级别工作人员在本次验资服务中的工作时间为基准计算，预计乙方执行本次验资业务收取人民币**元。
2. 甲方应在本验资业务约定书签订日后**个工作日内预付乙方**%的验资费用，共计人民币**元；其余款项于乙方向甲方出具验资报告时支付。
3. 甲方承担乙方在执行验资业务时发生的必要支出，包括交通费、食宿费等。

六、验资报告的用途及使用责任

1. 乙方向甲方出具验资报告一式**份，供甲方申请设立登记及向出资者签发出资证明时使用。
2. 验资报告只能合理地保证已验证的甲方注册资本的实收情况符合国家相关的规定和协议、合同、章程的要求，不应被视为是甲方验资报告日后资本保全、偿债能力和持续经营能力等的保证。
3. 甲方及其他第三方因使用验资报告不当造成的后果，乙方不承担任何责任。

七、业务约定书的有效期间

本业务约定书一式两份，甲乙方各执一份，具有同等法律效力。

本业务约定书自双方签章之日起生效，在约定事项全部完成后失效。

八、约定事项的变更

一方因特殊情况需要变更本业务约定书中的审验范围、时间要求、验资收费等事项，应及时通知另一方，并由双方协商确定。

九、违约责任

甲乙双方应当严格遵守上述约定事项。任何一方违约，致使另一方不能履行约定事项时，另一方可以解除本约定，并要求违约方赔偿经济损失，依法承担相应的法律责任。

甲方：　　　　　　　　　　　　　乙方：

法定代表人或委托代理人：　　　　法定代表人或授权代表：
（签章）　　　　　　　　　　　　（签章）

　　年　　月　　日　　　　　　　　年　　月　　日

13.4.1.3 验资计划、方法与记录

1）验资计划

注册会计师执行验资业务应当编制验资计划，对验资工作做出合理安排。

（1）验资计划的种类

验资计划包括总体验资计划、具体验资计划。总体验资计划是注册会计师对验资业务做出的总体安排，具体验资计划是注册会计师对拟实施审验程序的性质、范围和时间做出的具体安排。

（2）验资计划的内容

①总体验资计划的内容　总体验资计划通常包括下列主要内容：验资类型、委托目的和审验范围；以往的验资和审计情况；重点审验领域；验资风险评估；对专家工作的利用；验资工作进度及时间、收费预算；验资小组组成及人员分工；质量控制安排。

②具体验资计划的内容　具体验资计划通常包括与各审验项目有关的下列主要内容：审验目标；审验程序；执行人及完成工作日期。

2）审验方法

（1）审验方法及要求

注册会计师应当关注出资者的出资金额、出资时间、出资方式、出资比例等内容是否符合法律法规以及协议、章程的规定。

对于出资者投入的资本及其相关的资产、负债，注册会计师应当分别采用下列方法进行审验。

①以货币出资的，应当在检查被审验单位开户银行出具的收款凭证、对账单及银行询证函回函等的基础上，审验出资者的实际出资金额，并关注全体股东的货币出资额占注册资本的比例是否符合法定要求。对于股份有限公司向社会公开募集的股本，还应当检查证券公司承销协议、募股清单和股票发行费用清单等。

②以实物出资的，应当观察、检查实物，审验其权属转移情况，并按照国家有关规定在资产评估的基础上审验其价值。如果被审验单位是外商投资企业，注册会计师应当按照国家有关外商投资企业的规定，审验实物出资的价值。

③以知识产权、土地使用权等无形资产出资的，应当审验其权属转移情况，并按照国家有关规定在资产评估的基础上审验其价值。如果被审验单位是外商投资企业，注册会计师应当按照国家有关外商投资企业的规定，审验无形资产出资的价值。

④以净资产折合实收资本的，或以资本公积、盈余公积、未分配利润转增注册资本及

实收资本的,应当在审计的基础上按照国家有关规定审验其价值。

⑤以货币、实物、知识产权、土地使用权以外的其他财产出资的,注册会计师应当审验出资是否符合国家有关规定。

⑥外商投资企业的外方出资者以上述第①~⑤项所述方式出资的,注册会计师还应当关注其是否符合国家外汇管理有关规定,向企业注册地的外汇管理部门发出外方出资情况询证函,并根据外方出资者的出资方式附送银行询证函回函、资本项目外汇业务核准件及进口货物报关单等文件的复印件。以询证上述文件内容的真实性、合规性。

（2）对非货币财产作价出资的审验要求

对于出资者以实物、知识产权和土地使用权等非货币财产作价出资的,注册会计师应当在出资者依法办理财产权转移手续后予以审验。

这里需要注意,无论是设立验资还是变更验资,对出资者以实物、知识产权、土地使用权等非货币财产出资的,注册会计师都应当检查上述出资财产办理财产权转移手续的证明文件,验证其出资前是否归属于出资者,出资后是否归属于被审验单位。

（3）对于设立验资的首次验资注册会计师应当关注的事项

对于设立验资,如果出资者分次缴纳注册资本,注册会计师应当关注全体出资者的首次出资额和出资比例是否符合国家有关规定。

这里需要关注两种情形,一是关注有限责任公司全体股东的首次出资额是否不低于公司注册资本的20%,且不低于法定的注册资本最低限额。二是关注发起设立的股份有限公司全体发起人的首次出资额是否不低于公司注册资本的20%。

（4）对于变更验资注册会计师应当关注的事项

对于变更验资,注册会计师应当关注被审验单位以前的注册资本实收情况,并关注出资者是否按照规定的期限缴纳注册资本。

关注被审验单位以前的注册资本实收情况,注册会计师主要是通过查阅前期验资报告;关注前期出资的非货币财产是否办理财产权转移手续;关注被审验单位与其关联方的有关往来款项有无明显异常情况;查阅近期财务报表和审计报告,关注被审验单位是否存在由于严重亏损而导致增资前的净资产小于实收资本的情况。

关注出资者是否按照规定的下限缴纳注册资本,主要是关注出资者首次出资后,其余部分是否由出资者自公司成立之日起2年内缴足,其中投资公司在5年内缴足。

（5）利用专家工作

注册会计师在审验过程中利用专家协助工作时,应当考虑其专业胜任能力和客观性,并对利用专家工作结果所形成的审验结论负责。

注册会计师在执行验资业务时,利用专家工作的领域主要包括以下方面。

①对用以出资的房屋、建筑物、机器设备等实物资产,知识产权、土地使用权等无形资产,工艺品、宝石等特殊资产的估价及该类资产评估价值的审查。

②对特定资产的数量和实物状况的测定,如地下矿藏储备、成分、等级的测定与估算,房屋、建筑物及设备剩余使用年限的测算等。

③未完成合同中已完成和未完成工作的计量。

在拟利用专家的工作时,注册会计师应当根据《中国注册会计师审计准则第1421

号——利用专家的工作》的要求评价专家的专业胜任能力和客观性。

（6）验资事项声明

注册会计师应当向出资者和被审验单位获取与验资业务有关的重大事项的书面声明。与验资业务有关的重大事项的书面声明通常包括下列内容：

①出资者及被审验单位的责任。

②非货币财产的评估和价值确认情况。

③出资者对出资财产在出资前拥有的权利，是否未设定担保及已办理财产权转移手续。

④净资产折合实收资本情况及相关手续办理情况。

⑤验资报告的使用。

⑥其他对验资产生重大影响的事项。

验资事项声明书标明的日期通常与验资报告日一致。

13.4.1.4 设立验资的审验程序

1）货币出资的审验程序

（1）审验目标

审验出资者是否按照协议、章程的规定将其认缴的货币资金如期、足额存入被审验单位在其所在地银行开设的账户。

（2）审验程序

以货币出资的，注册会计师应当在检查被审验单位开户银行出具的收款凭证、对账单及银行询证函回函等的基础，审验出资者的实际出资金额和货币出资比例是否符合规定，具体审验程序如下：

①检查货币出资清单填列的出资者、出资币种、出资金额、出资时间、出资方式和出资比例等内容是否符合协议、章程的规定。

②检查入资账户（户名及账号）是否为被审验单位在银行开设的账户。

③检查收款凭证的金额、币种、日期等内容是否与货币出资清单致。

④检查收款凭证是否加盖银行收讫章或转讫章。

⑤检查收款凭证的收款人是否为被审验单位，付款人是否为出资者。

⑥检查收款凭证中是否注明该款项为投资款。

⑦检查截至验资报告日的银行对账单（或具有同等证明效力的文件）的收款金额、币种、日期等是否与收款凭证一致并关注其中资金往来有无明显异常情况。

⑧向银行函证，检查出资者是否缴存货币资金，金额是否与收款凭证一致。

⑨核对货币出资清单与注册资本实收情况明细表是否相符。

⑩检查全体股东或者发起人的货币出资金额是否不低于注册资本30%（此程序仅适用于出资者一次足额出资，如出资者分次出资则在末次验资时予以关注）。

2）实物出资的审验程序

（1）审验目标

审验出资者是否按照协议、章程的规定将其认缴的实物出资如期、足额投入被审验单位，并已办理有关财产权转移手续的证明文件。

（2）审验程序

以实物出资的注册会计师应当观察、检查实物，审验其权属转移情况，并按照国家有关规定在资产评估的基础上审验其价值，具体审验程序如下。

①检查实物出资清单填列的实物品名、数量、作价、出资日期等内容是否符合协议、章程的规定。

②检查实物资产出资是否按国家规定进行资产评估，查阅其评估报告。了解评估目的、评估范围与对象、评估基准日、评估假设等有关限定条件是否满足验资的要求，关注评估报告的特别事项说明和评估基准日至验资报告日期间发生的重大事项对验资结论产生影响；检查实物资产作价是否存在显著高估或低估，检查投入实物资产的价值是否经各出资者认可。

③观察、检查实物数量并关注其状况，验证其是否与实物出资清单一致。

④检查房屋、建筑物的平面图、位置图，验证其名称、坐落地点、建筑结构、竣工时间、已使用年限及作价依据等是否符合协议、章程的规定。

⑤检查机器设备、运输设备、材料等实物的购货发票、货物运输单、保险单等单证验证其权属及作价依据。

⑥检查实物是否办理交接手续，交接清单是否得到出资者及被审验单位的确认，实物的交付方式、交付时间、交付地点是否符合协议、章程的规定。

⑦检查须办理财产权转移手续的房屋、车辆等出资财产是否已办理财产权转移手续，验证其出资前是否归属出资者。出资后是否归属被审验单位。

⑧检查相关文件确认出资的实物是否设定担保。

⑨核对实物出资清单与注册资本实收情况明细表是否相符。

3）知识产权、土地使用权出资的审验程序

（1）审验目标

审验出资者是否按照协议、章程的规定将其认缴的知识产权、土地使用权等无形资产如期、足额投入被审验单位，并办理有关财产权转移手续。

（2）审验程序

以知识产权、土地使用权等无形资产出资的，注册会计师应当验证其权属转移情况，并按照国家有关规定在资产评估的基础上审验其价值。具体审验程序如下。

①检查知识产权、土地使用权等无形资产出资清单填列的资产名称、有效状况、作价依据等内容是否符合协议、章程的规定。

②检查知识产权、土地使用权等无形资产出资是否按国家规定进行资产评估，查阅其评估报告，了解评估目的、评估范围与对象、评估基准日、评估假设等有关限定条件是否满足验资的要求；关注评估报告的特别事项说明和评估基准日至验资报告日发生的重大事项是否对验资结论产生影响；检查无形资产作价是否存在显著高估或低估；检查投入资产的价值是否经各出资者认可。

③以专利权出资的。如专利权人为全民所有制单位，检查专利权转让是否经过上级主管部门批准；以商标权出资须经商标主管部门审批的，检查是否经其审查同意。

④检查各项知识产权出资是否以其整体作价出资。

⑤检查土地使用权证和平面位置图,并现场察看,以审验土地使用权证载明的有关内容是否真实,土地使用权的作价依据是否合理。

⑥检查知识产权、土地使用权等无形资产是否办理交接手续,交接清单是否得到出资者及被审验单位的确认。

⑦检查须办理财产权转移手续的知识产权、土地使用权等出资财产是否已办理财产权转移手续,验证其出资前是否归属出资者,出资后是否归属被审验单位。

⑧检查相关文件确认出资的知识产权、土地使用权等无形资产是否存在。

⑨核对无形资产出资清单与注册资本实收情况明细表是否相符。

4) 以净资产折合实收资本的审验程序

(1) 审验目标

审验出资者是否按照协议、章程的规定将与以净资产折合实收资本相关的资产和负债如期、足额转入被审验单位,并办理有关财产权的转移手续。

(2) 审验程序

以净资产折合实收资本的,注册会计师应当在审计的基础上按照国家有关规定审验其价值。具体审验程序如下:

①检查被审验单位以净资产折合实收资本是否符合国家有关规定。

②检查以净资产折合实收资本的金额是否符合协议、章程的规定。

③对以净资产折合实收资本相关的资产和负债进行审计,以验证净资产折合实收资本的金额是否准确;如果相关资产和负债已经其他会计师事务所审计,在利用其工作时,应当参照《中国注册会计师审计准则第 1401 号——利用其他注册会计师的工作》的有关要求执行。

④检查与以净资产折合实收资本相关的资产、负债是否按国家规定进行资产评估,查阅评估报告。了解其评估目的、评估范围与对象、评估基准日、评估假设等有关限定条件是否满足验资的要求;关注评估报告的特别事项说明和评估基准日至验资报告日期间发生的重大事项对验资结论产生的影响;检查净资产作价是否存在显著高估或低估;检查以净资产折合实收资本的金额是否经各出资者认可。

⑤检查与以净资产折合实收资本相关的资产、负债的交接清单。

⑥检查与以净资产折合实收资本相关的资产和负债的转移方式、期限是否符合协议、章程的规定。

⑦检查新设合并的合并各方是否按照国家有关规定及时通知债权人。发布公告,进行债务清偿或提供债务担保。

⑧检查国有企业以净资产折股金额是否与政府有关部门的批准文件的规定一致,未折股部分的处理是否符合国家有关规定。

⑨检查评估基准日至以净资产折合实收资本日期间的净资产变动情况。并检查是否对其进行了适当的会计处理。

⑩检查以净资产折合实收资本的金额是否与注册资本实收情况明细表一致。

5) 外商投资企业设立验资的特殊审验程序

(1) 以货币出资

以货币出资的,除货币出资的审验程序外,注册会计师还应当实施下列审验程序。

①检查外方出资者是否以从境外汇入的外币出资;检查外商投资企业的外汇登记证,以确定外币是否汇入经外汇管理部门核准的资本金账户。并向该账户开户银行进行函证。

②外方出资者用其从中国境内举办的其他外商投资企业获得的人民币利润和因清算、股权转让、先行收回投资、减资等所得的货币资金在境内再投资的。检查该外商投资的已审计财务报表和审计报告、董事会有关利润分配的决议、利润再投资的货币资金获取地外汇管理部门的批准文件和"国家外汇管理局资本项目外汇业务核准件"原件以及主管税务机关出具的完税证明,以确定其再投资行为和金额是否与外汇管理部门核准的相一致。

③当出资的币种与注册资本的币种、记账本位币不一致时,检查实收资本的折算汇率是否按收到出资当日汇率折算。

④出资者将出资款直接汇入被审验单位在境外开立的银行账户的检查被审验单位注册地外汇管理部门的批准文件。

(2) 以进口实物出资

以进口实物出资的,除实施本实物出资的审验程序外,注册会计师还应当实施下列审验程序。

①按照国家规定须办理价值鉴定手续的,查阅各地出入境检验检疫局或经国家质量监督检验检疫总局和财政部授予资格的其他价值鉴定机构出具的外商投资财产价值鉴定证书。

②检查财产价值鉴定证书所列的实物是否与购货发票、货物运输清单、货物提单,进口货物报关单、海关查验放行清单、保险单据、实物出资清单及验收清单等一致;检查实物是否来源于境外。

③观察、检查实物。验证其品名、规格、数量、价值等是否与财产价值鉴定证书的有关内容一致。

④当实物出资的币种与注册资本的币种、记账本位币不一致时。检查实收资本的折算汇率是否按收到出资当日汇率折算。

(3) 外方以货币、实物出资

外方以货币、实物出资的,注册会计师应当按照国家有关规定向企业注册地外汇管理部门发出外方出资情况询证函。并根据外方出资者的出资方式附送银行询证函回函、国家外汇管理局资本项目外汇业务核准件及进口货物报关单等文件的复印件,以询证上述文件内容的真实性和合规性。

上述出资中涉及外方出资者以外币出资但在境内原币划转的,注册会计师还需要检查原币划转是否经外汇管理部门核准。

(4) 以无形资产出资

以无形资产出资的,除实施知识产权、土地使用权出资的审验程序外,当无形资产出资的币种与注册资本的币种、记账本位币不一致时,注册会计师还需要检查实收资本的折算汇率是否按收到出资当日汇率折算。

(5) 以实物、知识产权、土地使用权等作价出资

以实物、知识产权、土地使用权等非货币财产作价出资须办理财产权转移手续的,注册会计师应当检查有关财产权的转移手续是否办理完毕。

注册会计师应当检查与注册资本实收情况相关的会计处理是否正确。

注册会计师应当关注被审验单位注册资本与投资总额的比例、出资期限、外方出资者的出资比例是否符合有关协议、合同、章程、审批机关的批准文件及国家相关法规的规定。

6) 其他应当关注的事项

注册会计师执行设立验资业务除按上述以货币、实物等不同出资方式实施相关的审验程序外，还需要关注下列事项。

① 被审验单位申请的注册资本是否达到国家规定的最低限额。

② 有限责任公司全体股东的首次出资额是否不低于公司注册资本的20%。且不低于法定的注册资本最低限额。对其余部分，章程是否规定由股东自公司成立之日起2年内缴足，其中投资公司在5年内缴足。

发起设立的股份有限公司全体发起人的首次出资额是否不低于公司注册资本的20%，对其余部分，公司章程是否规定发起人自公司成立之日起2年内缴足，其中投资公司在5年内缴足。

③ 募集设立的股份有限公司发起人认购的股份是否不少于公司股份总数的35%。

④ 出资者是否以自己的名义出资。

⑤ 出资的实物、知识产权、土地使用权等非货币财产是否可以用货币估价并可以依法转让；以货币、实物、知识产权、土地使用权以外的其他财产出资的，是否符合国家工商行政管理总局会同国务院有关部门制定的有关规定。

⑥ 被审验单位为有限责任公司的，其出资者是否为自然人，有限责任公司出资者是否一次足额缴纳公司章程规定的出资额。

7) 获取重大事项声明书

注册会计师应当获取出资者及被审验单位签署的与验资业务有关的重大事项声明书。

13.4.2 税务代理

税务服务包括税务代理和税务筹划。税务代理是注册会计师接受企业或个人委托，为其填制纳税申报表，办理纳税事项。税务筹划是由于纳税义务发生范围和时间不同，注册会计师从客户利益出发，代替纳税义务人设计可替代或不同结果的纳税方案。其所得税的纳税筹划业务，现已扩展到财产税、遗产税等诸多税种。

13.4.2.1 税务代理的条件及权利、义务和责任

（1）税务代理的条件

会计师事务所需要开展税务代理业务的，必须在本机构内设置专门的税务代理部，配备5名以上经税务机关审定注册的税务师，并报经国家税务总局或省级国家税务局批准，方能从事税务代理业务。国家对税务师实行资格考试和认定制度。但对取得注册会计师资格者，可不参加全国税务师资格考试，其代理资格由省级国家税务局考核认定。

（2）税务代理的权利和义务

具体如下：

① 税务代理人有权按规定代理由纳税人、扣缴义务人委托的税务事宜。

②税务代理人依法履行职责，受国家法律保护，任何机关、团体、单位和个人不得非法干预。

③税务代理人有权根据代理业务需要，查阅被代理人的有关财务会计资料和文件，查看业务现场和设施，被代理人应当向代理人提供真实的经营情况和财务会计资料。

④税务代理人可向当地税务机关订购或查询税收政策、法律、法规和有关资料。

⑤税务代理人对税务机关的处理决定不服的，可依法向税务机关申请复议或向人民法院起诉。

⑥税务代理人在办理代理业务时，必须向有关的税务工作人员出示税务师执业证书，按照主管税务机关的要求，如实提供有关资料（不得隐瞒、谎报），并在税务文书上署名盖章。

⑦税务代理人对被代理人偷税，骗取减税、免税和退税的行为，应予以制止，并及时报告税务机关。

⑧税务代理人在从事代理业务期间和停止代理业务以后，都不得泄露因代理业务而得知的秘密。

⑨税务代理人应当建立税务代理档案，如实记载各项代理业务的始末和保存计税资料及涉税文书，税务代理档案至少保存5年。

（3）税务代理的责任

具体如下：

①税务师未按照委托代理协议书的规定进行代理或违反税收法律、行政法规的规定进行代理的，由县以上国家税务局处以2 000元以下罚款。

②税务师在一个会计年度内违反规定从事代理业务两次以上的，由省级国家税务局注销税务师登记，收回税务师执业证书，停止其从事税务代理业务2年。

③税务师知道被委托代理的事项违法仍进行代理活动或知道自身的代理行为违法仍进行的，由省级国家税务局吊销其税务师执业证书，禁止其从事税务代理业务。

④税务师在代理过程中触犯刑律，构成犯罪的，由司法机关依法惩处。

⑤税务代理机构（包括从事地方税务代理业务）违反规定的，由县以上国家税务局根据情节轻重，给予警告、处以2 000元以下罚款、停业整顿、责令解散等处分。

⑥税务机关对税务师和税务代理机构进行惩戒处分时，应当制作文书，通知当事人，并予以公布。

13.4.2.2 税务代理的程序

（1）签订委托书

注册会计师承办税务代理业务，由其所在的会计师事务所统一受理，并与被代理人签订委托代理协议书。委托代理协议书应当载明代理人和被代理人名称代理事项。代理权限、代理期限及其他应明确的内容，并由注册会计师及其所在的会计师事务所和被代理人签名盖章。

（2）办理税务代理业务

税务代理人可以接受纳税人、扣缴义务人的委托从事下列范围内的业务代理：

①办理税务登记、变更税务登记和注销税务登记。

②办理发票领购手续。

③办理纳税申报或扣缴税款报告。

④办理缴纳税款和申请退税。
⑤制作涉税文书。
⑥审查纳税情况。
⑦建账建制，处理账务。
⑧开展税务咨询、受聘税务顾问。
⑨申请税务行政复议或税务行政诉讼。
⑩其他业务。

纳税人、扣缴义务人可以根据需要委托税务代理人进行全面代理、单项代理或临时代理、常年代理。

税务代理人应按委托协议书约定的代理内容和代理权限、期限进行税务代理。代理超出协议书约定范围的业务时，必须事先修订协议书。

税务代理人在税务代理过程中，应当书面记录各项代理业务的始末，整理好有关的计税资料。

（3）税务代理关系的终止

税务代理期限届满，委托协议书届时失效，税务代理关系自然终止。在一些特定情形下，被代理人或税务代理人在委托期限内可单方终止代理业务，单方终止委托代理关系的，终止方应及时通知另一方，并向当地税务机关报告，同时公布终止决定。

13.5 其他鉴证业务

目前，在全球范围内，除了审计和审阅业务外，注册会计师还承办其他鉴证业务，如财务信息审核业务、网誉认证和系统鉴证等，这些鉴证业务可以增强使用者的信赖程度。我国注册会计师承办的业务范围较为广泛，既有针对历史财务信息的审计和审阅业务，又有历史财务信息以外的其他鉴证业务，例如，内部控制审核、预测性财务信息的审核等。

13.5.1 内部控制审计

13.5.1.1 内部控制审计的含义

内部控制审计是针对公司内部控制在设计及运行上的有效性进行测试、审查和评价的活动，目的在于完善内部控制，保证控制目标的实现。内部控制审计应当以风险评估为基础，根据风险发生的可能性和对组织单个或者整体控制目标造成的影响程度，确定审计的范围和重点。审计人员应当关注串通舞弊、滥用职权、环境变化和成本效益等内部控制的局限性。内部控制审计应当在对内部控制全面评价的基础上，关注重要业务单位、重大业务事项和高风险领域的内部控制。内部控制审计应当真实、客观地揭示经营管理的风险状况，如实反映内部控制设计和运行的情况。

13.5.1.2 内部控制审计的内容

内部控制审计按其范围划分，分为全面内部控制审计和专项内部控制审计。全面内部控制审计，是针对组织所有业务活动的内部控制，包括内部环境、风险评估、控制活动、信息与沟通、内部监督五个要素所进行的全面审计。专项内部控制审计，是针对组织内部控制的某个要素、某项业务活动或者业务活动某些环节的内部控制所进行的审计。

（1）内部控制环境

评价由公司的组织结构、宏观政策、管理模式、权责划分等方面形成的整体内部控制环境，及其对公司经营活动的影响。

（2）风险评估

对公司的风险评估进行审计，具体包括，风险控制目标的设置是否科学合理，风险评估范围是否涵盖了所有潜在风险，风险评估过程是否精准有效及风险应对措施是否恰当。

（3）控制活动

针对风险评估结果所设置的内部控制活动是内部控制审计的重要内容，控制活动的科学性和有效性直接影响企业内部控制的效果。

（4）内部控制信息和沟通

评价公司对于内部控制相关的信息收集及信息处理，运用信息技术辅助信息传递及沟通的有效性。

（5）内部监督制度

分析评价公司内部监督制度的有效性，具体包括内部监督的权责划分，程序方法的科学合理。

13.5.1.3 内部控制审计的目标

2007年6月12日，PCAOB发布的AS5第3段规定，财务报告内部控制审计的目标是对公司财务报告内部控制的有效性发表意见。如果存在重大缺陷，则被审计单位的财务报告内部控制是无效的。因此，注册会计师必须计划并执行审计，以取得在管理层评估日被审计单位内部控制是否存在重大缺陷的证据。

COSO认为，如果董事会和管理层能够合理保证下述事项，那么就可以认为内部控制是有效的：他们了解公司的经营目标在何种程度上得到了实现；公布的财务报表是可信赖的；使用的法律和规章得到了遵循。

我国《企业内部控制审计指引》中规定注册会计师应当对财务报告内部控制的有效性发表审计意见。

财务报告内部控制的有效性也可以根据其目标来理解，即如果共同的财务报告内部控制为财务报告的可靠性和对外财务报表的编制符合公认会计原则提供了合理保证，就可认为是有效的。一般来说，财务报告内部控制的有效性包括设计和运行两个方面。

（1）设计有效性

设计有效性是指公司是否适当地设计了能够防止或发现财务报表中存在重大错报的有关控制政策和程序。设计有效的财务报告内部控制，有助于防止或及时发现引起财务报表产生重大错报的错误或舞弊，使合理保证财务报表公允性的所有控制政策和程序都处在其位并由称职的人执行和监督。当缺乏实现控制目标的必要控制或即使按照设计的控制运行仍无法实现控制目标时，财务报告内部控制的设计就存在缺陷。

判断设计有效性的根本标准是设计出来的内部控制制度是能否能为内部控制目标的实现提供合理保证。

(2) 执行有效性

执行有效性是指有关的控制政策和程序是否能够如其设计的一样发挥机能，它涉及公司是如何运用这些控制政策和程序及谁来执行这些政策和程序等。当设计合理的控制没有按照设计要求运行，或者执行控制者没有必要的授权或资格，财务报告内部控制的运行就存在缺陷。

具体而言，在评价内部控制的执行有效性时，应当着重考虑以下三个方面：内部控制由谁执行；内部控制以何种方式执行（例如，手工控制还是自动控制）；内部控制在所评价期间内的不同时点是如何运行的，是否得到了一贯执行。

13.5.1.4 内部控制审计的时间范围界定

内部控制审计时间的确定，主要有以下三种方式：

一是对特定基准日内部控制的有效性进行审计，针对特定时点的相关内部控制的有效性发表意见。

二是对特定时期内部控制的有效性进行审计，针对特定时期的相关内部控制的有效性发表意见。

三是对特定时期内部控制设计与运行的有效性进行审计，针对特定基准日的相关内部控制的有效性发表意见。

我国《企业内部控制审计指引》从多种方式的互动中寻求平衡，从程序上要求注册会计师应在特定期间对内部控制进行了解和有效测试，从结果上要求注册会计师针对特定时点的内部控制的有效性发表意见。

因此，注册会计师基于基准日（如12月31日）内部控制的有效性发表意见，而非对财务报表涵盖的整个期间（如一年）的内部控制有效性发表意见。但这并不意味着注册会计师只关注企业基准日当天的内部控制，而是要考察企业一个时期内（足够长的一段时间）内部控制的设计和运行情况。例如，注册会计师可能在5月份对企业的内部控制进行测试，发现问题后提请企业进行整改，如6月份整改，企业的内部控制在整改后要运行一段时间（假设至少需要1个月），8月份注册会计师再对整改后的内部控制进行测试。因此，虽然是对企业该年度12月31日内部控制的设计和运行发表意见，但这里的基准日不是一个简单的时点概念，而是体现内部控制这个过程向前的延续性。注册会计师所采用的内部控制审计的程序和方法，也体现了这种延续性。

13.5.1.5 内部控制审计计划

1) 审计业务约定书

只有当内部控制审计的前提条件得到满足，并且会计师事务所符合独立性要求，具备专业胜任能力时，会计师事务所才能接受或保持内部控制审计业务。

(1) 内部控制审计的前提条件

在确定内部控制审计的前提条件是否得到满足时，注册会计师应当：

①确定被审计单位采用的内部控制标准是否适当。

②就被审计单位认可并理解其责任与治理层和管理层达成一致意见。

(2) 签订单独的内部控制审计业务约定书

如果决定接受或保持内部控制审计业务，会计师事务所应当与被审计单位签订单独的内部控制审计业务约定书。业务约定书应当至少包括下列内容：

①内部控制审计的目标和范围。
②注册会计师的责任。
③被审计单位的责任。
④指出被审计单位采用的内部控制标准。
⑤提及注册会计师拟出具的内部控制审计报告的形式和内容,以及对在特定情况下出具的内部控制审计报告可能不同于预期形式和内容的说明。
⑥审计收费。

2)审计项目小组成员安排

在计划审计工作时,项目合伙人需要统筹考虑审计工作,挑选相关领域的人员组成项目组,同时对项目组成员进行培训和督导,以合理安排审计工作。

审计项目小组成员应当符合以下要求:
①具有性质和复杂程度类似的内部控制审计经验。
②熟悉企业内部控制相关规范和指引要求。
③掌握《企业内部控制审计指引》和中国注册会计师执业准则的相关要求。
④拥有与被审单位所处行业相关的知识。
⑤具有职业判断能力。

3)评估重要事项及其影响

在计划审计工作时,注册会计师需要评价下列事项对财务报表和内部控制是否有重要影响,以及有重要影响的事项将如何影响审计工作。

①与企业相关的风险,包括在评价是否接受与保持客户和业务时。注册会计师了解的与企业相关的风险情况以及在在执行其他业务时了解的情况。
②相关法律、法规和行业概况。
③企业组织结构、经营特点和资本结构等相关重要事项。
④内部控制最近发生变化的程度。
⑤与企业沟通过的内部控制缺陷。
⑥重要性、风险等与确定内部控制重大缺陷的相关因素。
⑦对内部控制有效性的初步判断。
⑧可获取的、与内部控制有效性相关的证据的类型和范围。

4)贯彻风险评估原则

在内部控制审计中,注册会计师应当以风险评估为基础,确定重要账户、列报及其相关认定,选择拟测试的控制,以及确定针对所选定控制所需收集的证据。实施风险评估时,可以考虑固有风险及控制风险。在计划审计工作阶段,对内部控制的固有风险进行评估,作为编制审计计划的依据之一。根据对控制风险评估的结果,调整计划阶段对固有风险的判断,这是个持续的过程。内部控制的特定领域存在重大缺陷的风险越高,给予该领域的审计关注就越多。内部控制不能防止或发现并纠正由于舞弊导致的错报风险,通常高于其不能防止或发现并纠正错误导致的错报风险。注册会计师应当更多地关注高风险领域,而没有必要测试那些即使有缺陷、也不可能导致财务报表重大错报的控制。在进行风险评估以及确定审计程序时,企业的组织结构、业务流程或业务单元的复杂程度可能产生的重要影响均是注册会计师应当考虑的因素。

5）总体审计策略

注册会计师应当在总体审计策略中体现下列内容：

①确定内部控制审计业务特征，以界定审计范围。例如，被审计单位采用的内部控制标准、注册会计师预期内部控制审计工作涵盖的范围、对组成部分注册会计师工作的参与程度、注册会计师对被审计单位内部控制评价工作的了解以及拟利用被审计单位内部相关人员工作的程度等。

②明确内部控制审计业务的报告目标，以计划审计的时间安排和所需沟通的性质。例如，被审计单位对外公布或报送内部控制审计报告的时间、注册会计师与管理层和治理层讨论内部控制审计工作的性质、时间安排和范围，注册会计师与管理层和治理层讨论拟出具内部控制审计报告的类型和时间安排以及沟通的其他事项等。

③根据职业判断，考虑用以指导项目组工作方向的重要因素。例如，财务报表整体的重要性和实际执行的重要性、初步识别的可能存在重大错报的风险领域、内部控制最近发生变化的程度、与被审计单位沟通过的内部控制缺陷、对内部控制有效性的初步判断、信息技术和业务流程的变化等。

④考虑初步业务活动的结果，并考虑对被审计单位执行其他业务时获得的经验是否与内部控制审计业务相关（如适用）。

⑤确定执行内部控制审计业务所需资源的性质、时间安排和范围。例如，项目组成员的选择以及对项目组成员审计工作的分派、项目时间预算等。

6）具体审计计划

注册会计师应当在具体审计计划中体现下列内容：

①了解和识别内部控制的程序的性质、时间安排和范围。

②测试控制设计有效性的程序的性质、时间安排和范围。

③测试控制运行有效性的程序的性质、时间安排和范围。

7）对舞弊风险的考虑

在计划和实施内部控制审计工作时，注册会计师应当考虑财务报表审计中对舞弊风险的评估结果。在识别和测试企业整体层面控制以及选择其他控制进行测试时，注册会计师应当评价被审计单位的内部控制是否足以应对识别出的、由于舞弊导致的重大错报风险，并评价为应对管理层和治理层凌驾于控制之上的风险而设计的控制。

8）利用其他相关人员的工作

在计划审计工作时，注册会计师需要评估是否利用他人（包括企业的内部审计人员、内部控制评价人员、其他人员以及在董事会及其审计委员会指导下的第三方）的工作以及利用的程度，以减少可能本应由注册会计师执行的工作。

（1）利用内部审计人员的工作

如果决定利用内部审计人员的工作，注册会计师应当按照《中国注册会计师审计准则第1411号——利用内部审计人员的工作》的规定办理。

（2）利用他人的工作

如果拟利用他人的工作，注册会计师则需要评价该人员的专业胜任能力和客观性。专业胜任能力即具备某种专业技能、知识或经验,有能力完成分派的任务;客观性则是公正、诚实地执行任务的能力。专业胜任能力和客观性越高,可利用程度就越高,注册会计师就可以越多地利用其工作。当然,无论人员的专业胜任能力如何,注册会计师都不应利用那些客观程度较低的人员的工作。同样,无论人员的客观程度如何,注册会计师都不应利用那些专业胜任能力较低的人员的工作。通常认为,企业的内部审计人员拥有更高的专业胜任能力和客观性,注册会计师可以考虑更多地利用这些人员的相关工作。

在内部控制审计中,注册会计师利用他人工作的程度还受到与被测试控制相关的风险的影响。与某项控制相关的风险越高,可利用他人工作的程度就越低,注册会计师就需要更多地对该项控制亲自进行测试。

如果其他注册会计师负责审计企业的一个或多个分部、分支机构、子公司等组成部分的财务报表和内部控制,注册会计师应当按照《中国注册会计师审计准则第1401号——对集团财务报表审计的特殊考虑》的规定,确定是否利用其他注册会计师的工作。

9)编制审计工作底稿

内部控制审计工作底稿,是注册会计师对制订的审计计划、实施的审计程序、获取的相关审计证据,以及得出的审计结论等的记录。注册会计师编制审计工作底稿可以为审计工作提供充分、适当的记录,作为出具审计报告的基础。同时,也为注册会计师证明其按照指引的规定执行了审计工作提供证据。

《中国注册会计师审计准则1131号——审计工作底稿》规定,注册会计师应当在审计工作底稿中记录下列内容:

①内部控制审计计划及重大修改情况。
②相关风险评估和选择拟测试的内部控制的主要过程及结果。
③测试内部控制设计与运行有效性的程序及结果。
④识别的控制缺陷的评价。
⑤形成的审计结论和意见。
⑥其他重要事项。

13.5.1.6 内部控制审计实施

在实施审计工作阶段,按照自上而下的方法,注册会计师的工作主要包括识别整体层面控制,识别重要账户、列报及其相关认定,了解错报的可能来源,选择拟测试的控制,测试控制设计的有效性,测试控制运行的有效性。

13.5.1.7 内部控制缺陷的认定

内部控制缺陷按其成因分为设计缺陷和运行缺陷,按其影响程度分为重大缺陷、重要缺陷和一般缺陷。注册会计师应当评价其识别的各项内部控制缺陷的严重程度,以确定这些缺陷单独或组合起来,是否构成重大缺陷。

在确定一项内部控制缺陷或多项内部控制缺陷的组合是否构成重大缺陷时,注册会计师应当评价补偿性控制(替代性控制)的影响。企业执行的补偿性控制应当具有同样的效果。

表明内部控制可能存在重大缺陷的迹象,主要包括:
①注册会计师发现董事、监事和高级管理人员舞弊。

②企业更正已经公布的财务报表。
③注册会计师发现当期财务报表存在重大错报，而内部控制在运行过程中未能发现该错报。
④企业审计委员会和内部审计机构对内部控制的监督无效。

13.5.1.8 内部控制审计报告

注册会计师在完成内部控制审计工作后，应当出具内部控制审计报告。标准内部控制审计报告应当包括下列要素：标题、收件人、引言段、企业对内部控制的责任段、注册会计师的责任段、内部控制固有局限性的说明段、财务报告内部控制审计意见段、非财务报告内部控制重大缺陷描述段、注册会计师的签名和盖章、会计师事务所的名称、地址及盖章、报告日期。

符合下列所有条件的，注册会计师应当对财务报告内部控制出具无保留意见的内部控制审计报告：企业按照《企业内部控制基本规范》《企业内部控制应用指引》《企业内部控制评价指引》以及企业自身内部控制制度的要求，在所有重大方面保持了有效的内部控制；注册会计师已经按照《企业内部控制审计指引》的要求计划和实施审计工作，在审计过程中未受到限制。

注册会计师认为财务报告内部控制虽不存在重大缺陷，但仍有一项或者多项重大事项需要提请内部控制审计报告使用者注意的，应当在内部控制审计报告中增加强调事项段予以说明。注册会计师应当在强调事项段中指明，该段内容仅用于提醒内部控制审计报告使用者关注，并不影响对财务报告内部控制发表的审计意见。

注册会计师认为财务报告内部控制存在一项或多项重大缺陷的，除非审计范围受到限制，应当对财务报告内部控制发表否定意见。注册会计师出具否定意见的内部控制审计报告，还应当包括重大缺陷的定义、性质及其对财务报告内部控制的影响程度。

注册会计师审计范围受到限制的，应当解除业务约定或出具无法表示意见的内部控制审计报告，并就审计范围受到限制的情况，以书面形式与董事会进行沟通。注册会计师在出具无法表示意见的内部控制审计报告时，应当在内部控制审计报告中指明审计范围受到限制，无法对内部控制的有效性发表意见。注册会计师在已执行的有限程序中发现财务报告内部控制存在重大缺陷的，应当在内部控制审计报告中对重大缺陷做出详细说明。

注册会计师对在审计过程中注意到的非财务报告内部控制缺陷，应当区别具体情况予以处理：一是注册会计师认为非财务报告内部控制缺陷为一般缺陷的，应当与企业进行沟通，提醒企业加以改进，但无需在内部控制审计报告中说明。二是注册会计师认为非财务报告内部控制缺陷为重要缺陷的，应当以书面形式与企业董事会和经理层沟通，提醒企业加以改进，但无需在内部控制审计报告中说明。三是注册会计师认为非财务报告内部控制缺陷为重大缺陷的，应当以书面形式与企业董事会和经理层沟通，提醒企业加以改进；同时应当在内部控制审计报告中增加非财务报告内部控制重大缺陷描述段，对重大缺陷的性质及其对实现相关控制目标的影响程度进行披露，提示内部控制审计报告使用者注意相关风险。

在企业内部控制自我评价基准日并不存在、但在该基准日之后至审计报告日之前（以下简称期后期间）内部控制可能发生变化，或出现其他可能对内部控制产生重要影响的因素。注册会计师应当询问是否存在这类变化或影响因素，并获取企业关于这些情况的书面声明。注册会计师知悉对企业内部控制自我评价基准日内部控制有效性有重大负面影响的期后事项的，应当对财务报告内部控制发表否定意见。注册会计师不能确定期后事项对内部控制有效性的影响程度的，应当出具无法表示意见的内部控制审计报告。

13.5.2 预测性财务信息审核

在经济决策中，除了历史财务信息外，还经常需要面向未来的预测性信息。例如，在对一项投资进行可行性研究时需要该项投资的未来的现金流量信息；按照证券发行相关信息披露规范的要求，在招股说明书、募集说明书中向潜在投资者提供关于发行人未来发展前景的信息；申请贷款时向银行提供未来现金流量的预测。注册会计师接受委托对预测性财务信息实施审核并出具报告，可增强该信息的可信赖程度。

13.5.2.1 预测性财务信息审核的含义

预测性财务信息是指被审核单位依据对未来可能发生的事项或采取的行动的假设而编制的财务信息。预测性财务信息可以表现为预测、规划或者两者的结合，可能包括财务报表整体（即包含资产负债表、利润表、股东权益变动表和现金流量表以及财务报表附注在内的一套完整的财务报表）或者财务报表的一项或者多项要素（其中，一张报表或者一张报表中的一个或者多个要素项目等。）

所谓预测是指管理层在最佳估计假设的基础上编制的预测性财务信息。最佳估计假设，是指截至编制预测性财务信息日，管理层对预期未来发生的事项和采取的行动做出的假设。盈利预测是一种最典型的预测，是指被审核单位（如证券发行人）的管理层在对未来经营业绩所作最佳估计假设的基础上编制的预测性财务信息。

所谓规划是指管理层基于推测性假设，或同时基于推测性假设和最佳估计假设编制的预测性财务信息。推测性假设，是指管理层对未来事项和采取的行动做出的假设，该事项或行动预期在未来未必发生。例如，企业尚处于营业初期，未来经营状况的不确定性较大，或者管理层正在考虑进行重大的业务转型，而该转型的效果尚有较大的不确定性等。规划信息多见于"如果……那么……"的分析中，即在给定的推测性假设下估算相关财务指标的可能结果。例如，假定市场占有率分别为8%、19%和26%，在此基础上分别推算各种情况下可能获得的净利润。这时，假定的市场占有率数据属于推测性假设，所预测的财务信息属于规划。

对于那些以一套完整的财务报表形式出现的预测性财务信息，通常称为预测性财务报表。在列报预测性财务报表时，一般需要在附注中提供编制该预测性财务报表所依据的重要假设和会计政策。预测性财务信息所涵盖的期间可以有一部分是历史期间（例如，在2010年3月编制2010年全年的预测性财务报表时，其中1~2月份的数据是已实现数），但不能全部是历史期间，必须至少有一部分属于未来期间。

由于预测性财务信息所涉及的是截至目前尚未发生的事项，因此不可避免地带有高度的主观性，并且在编制过程中需要做出大量的估计和判断。这是预测性财务信息的一项重要特征。

13.5.2.2 预测性财务信息审核的目标

预测性财务信息审核的目标是注册会计师对被审核单位预测性财务信息所依据的最佳

估计假设是否合理、推测性假设与信息的编制目的是否相适应、预测性财务信息是否在假设的基础上恰当地编制、预测性财务信息是否恰当列报、预测性财务信息的编制基础与历史财务报表是否一致,是否选用了恰当的会计政策进行判断,并发表审核意见。

具体来说,注册会计师在执行预测性财务信息审核业务时,应当就下列事项获取充分、适当的证据。

①管理层编制预测性财务信息所依据的最佳估计假设并非不合理;在依据推测性假设的情况下,推测性假设与信息的编制目的是相适应的。

②预测性财务信息是在假设的基础上恰当编制的。

③预测性财务信息已恰当列报,所有重大假设已充分披露,包括说明采用的是推测性假设还是最佳估计假设。

④预测性财务信息的编制基础与历史财务报表一致,并选用了恰当的会计政策。

13.5.2.3 责任与保证程度

1) 管理层与注册会计师的责任

管理层负责编制预测性财务信息,包括识别和披露预测性财务信息依据的假设。但是由于预测性财务信息所涉及的是截至目前尚未发生的事项,其能否实现取决于多个因素的共同作用,甚至有些因素对于管理层而言是不可控的,因此管理层无法对预测性财务信息未来能否实现做出保证。

注册会计师接受委托对预测性财务信息实施审核并出具报告,可增强该信息的可信赖程度。在执行预测性财务信息审核业务的过程中,注册会计师应当遵守相关的职业道德规范,恪守独立、客观、公正的原则,保持专业胜任能力和应有的关注,并对执业过程中获知的信息保密,并在了解被审核单位的情况以及预测性财务信息的涵盖期间的基础上,实施相应的审核程序,获取充分、适当的审核证据,作为形成审核结论和发表审核意见的基础。注册会计师的责任包括:对管理层采用假设是否合理发表有限保证审核意见,对预测性财务信息是否依据这些假设恰当编制并按照适用的会计准则和相关会计制度的规定进行列报发表合理保证的审核意见,但是注册会计师的责任并不包括对预测性财务信息的结果能否实现发表意见。

注册会计师与管理层应当通过审核业务约定书以及管理层声明书明确各自的责任,并且注册会计师应当在出具的预测性财务信息审核报告中对管理层的责任做出清晰的界定,借以提示预测性财务信息的使用者。

2) 保证程度

(1) 不对预测性财务信息的结果能否实现发表意见

预测性财务信息是被审核单位管理层对未来所作的预测和规划,所涉及的是截至目前尚未发生的事项因此不可避免地带有高度的主观性,在编制过程中需要做出大量的估计和判断。所涉及的事项和行动通常并非如预期的那样发生,并且变动可能重大,实际结果可能与预测性财务信息存在差异。所以,注册会计师不应对预测性财务信息的结果能否实现发表意见。

(2) 对管理层采用假设的合理性提供有限保证

鉴证业务的保证程度分为合理保证和有限保证,有限保证的保证程度低于合理保证。

注册会计师在对预测性财务信息所依据假设的合理性进行评价时,由于根据所能获取的支持性证据不能从正面断定假设的合理性,而只能判断有无任何证据表明假设不合理。因此,注册会计师对管理层采用的假设的合理性发表意见时,仅提供有限保证而非合理保证。

(3)提供合理保证的事项

在执行预测性财务信息审核业务中,注册会计师对预测性财务信息是否依据假设恰当编制,并按照适用的会计准则和相关会计制度的规定进行列报发表意见时,通常提供合理保证而并非有限保证。

因此,在同一份预测性财务信息审核报告中往往会出现两种保证共存的情况,即对于假设的合理性提供有限保证,同时对预测性财务信息的编制与假设的一致性,以及是否按照适用的会计准则和相关会计制度的规定进行列报提供合理保证。注册会计师应当注意区分不同性质的保证及其各自的适用范围,以免发生混淆。

13.5.2.4 预测性财务信息审核的流程

1)接受业务委托并签订业务约定书

注册会计师在接受预测性财务信息审核业务委托之前,应当与委托人商谈预测性财务信息审核的目的与范围,双方的责任、义务,考虑自身的能力和能否保持独立性,并考虑下列因素:信息的预定用途;信息是广泛分发还是有限分发;假设的性质,即假设是最佳假设还是推测性假设;信息中包含的要素;信息涵盖的期间,以确定是否接受委托。

注册会计师在承接预测性财务信息业务时,或者在业务执行的过程之中,如果发现被审核单位的假设明显不切实际,或者认为预测性财务信息并不适合预定用途,应当拒绝接受业务委托或者解除业务约定。

注册会计师应当与被审核单位就业务约定条款达成一致意见,并签订业务约定书。

2)了解被审核单位情况

(1)了解管理层是否识别出编制预测性财务信息所要求的全部重要假设

注册会计师应当充分了解被审核单位情况,以评价管理层是否识别出编制预测性财务信息所要求的全部重要假设。例如,在盈利预测审核业务中,注册会计师需要重点了解的事项包括:

①能否获得开展经营活动所需的资源,以及获取这些资源所需付出的成本。

②被审核单位提供的产品或劳务的销售状况和市场状况。

③与被审核单位所处行业有关的特定风险因素。

④有关被审核单位过去的经营业绩的情况,或与被审核单位具有可比性的其他企业的过去经营业绩的情况。

(2)了解预测性财务信息的编制过程

在了解被审核单位基本情况的基础上,注册会计师还应当通过考虑下列事项,熟悉被审核单位编制预测性财务信息的过程:

①与编制预测性财务信息相关的内部控制,以及负责编制预测性财务信息的人员的专业技能和经验。

②支持管理层做出假设的文件的性质。

③运用统计、数学方法及计算机辅助技术的程度。

④形成和运用假设时使用的方法。
⑤以前期间编制预测性财务信息的准确性，及其与实际情况出现重大差异的原因。

3）了解编制预测性财务信息时对历史财务信息的依赖

注册会计师应当考虑被审核单位编制预测性财务信息时依赖历史财务信息的程度是否合理。

注册会计师应当了解被审核单位的历史财务信息，以评价预测性财务信息与历史财务信息的编制基础是否一致，并为考虑管理层假设提供历史基准。这里的编制基础包括会计主体的确定、合并财务报表范围的确定、资产和负债的计量基础，以及所采用的其他会计政策等。如果编制基础不一致，就会降低管理层编制的预测性财务信息的可信赖程度。了解被审核单位的历史财务信息，还可以为让注册会计师考虑管理层假设的合理性提供历史基准。

注册会计师应当确定相关财务历史财务信息是否已经审计或者审阅，是否选用了恰当的会计政策。

13.5.2.5 预测性财务信息审核的程序

（1）确定审核程序的性质、时间和范围时应考虑的因素

实施审核程序的目标是获取充分、适当的审核证据，出具审核报告，增强所审核的预测性财务信息的可信赖程度。注册会计师应当通过确定和实施恰当的审核程序来实现这目标。在确定审核程序的性质、时间和范围时，注册会计师应当考虑下列因素。

①重大错报的可能性。
②以前期间执行业务所了解的情况。
③管理层编制预测性财务信息的能力。
④预测性财务信息受管理层判断影响的程度。
⑤基础数据的恰当性和可靠性。

（2）评估最佳估计假设与推测性假设

注册会计师应当评估支持管理层做出最佳估计假设的证据的来源和可靠性。注册会计师可以从内部或外部来源获取支持这些假设的充分、适当的证据。

内部来源主要包括预算、劳动合同、专利许可使用协议、已签订但尚未履行的购销合同、债务协议和董事会拟订的公司战略计划等；外部来源主要包括政府公报、专业机构的研究报告、行业出版物、宏观经济预测、相关法律法规（包括正处于立法进程中的新法律法规），以及关于技术进步问题的报告等。

当使用推测性假设时，注册会计师应当确定这些假设的所有重要影响是否已得到考虑。对推测性假设，注册会计师不需要获取支持性的证据，但应当确定这些假设与编制预测性财务信息的目的相适应，并且没有理由相信这些假设明显不切合实际。

在确定推测性假设时，不能出于不当目的而选取过于乐观或者过于谨慎的假设，其他假设必须建立在该推测性假设成立的前提下，并且各假设之间不存在矛盾，也就是说，其他假设应当可以描述在该推测性假设成立的前提下可能出现的情况。

如果推测性假设与编制预测性财务信息的目的不相适应，或者有理由相信这些假设明显不切合实际，注册会计师应提请管理层修正这些假设。如果管理层拒绝做出修正，注册

会计师应当考虑这些假设对审核报告的影响，出具保留或否定意见的审核报告或者解除业务约定。

注册会计师在评价编制预测性财务信息所依据的假设时，应当重点关注具有以下特征的假设：

①对预测性财务信息具有重大影响的假设。

②对内外部因素的变化特别敏感的假设。

③与历史模式或趋势不相符的假设。

④存在重大不确定性的假设。

注册会计师可以通过下列程序，识别具有上述特征的假设。

①分析被审核单位的有关文档资料及其中的原始数据，确定可能对被审核的预测性财务信息产生重大影响的关键因素。

②获取与被审核单位类似单位的预测性财务信息，识别这些单位的预测性财务信息中的关键假设。

③分析以前期间的经营成果，识别可能对经营成果产生重要影响的因素。

④获取和查阅已批准报出的财务报表、公开媒体报道、正式计划、董事会会议纪要等文件，注意其中是否包含关于将来的计划、合同或者具有法律约束力的协议等事项的信息。

⑤询问管理层，确定是否还存在其他需要考虑的因素，以及已做出的关于这些关键因素的假设是否可能发生变化。

⑥利用对被审核单位及其所处行业的了解，分析被审核单位经营活动中风险特别高或者特别敏感的领域。

⑦与相关行业的专家讨论，确定所依据的假设哪些存在上述情形，以帮助判断这些假设的合理性。

（3）评价预测性财务信息是否依据管理层确定的假设恰当编制

注册会计师应当通过检查数据计算准确性和内在一致性等，确定预测性财务信息是否依据管理层确定的假设恰当编制。

（4）关注敏感领域对预测性财务信息的影响

注册会计师应当关注对变化特别敏感的领域，并考虑该领域影响预测性财务信息的程度。

"对变化特别敏感的领域"是指那些一旦发生变化（可能只是很微小的变化）就可能对预测性财务信息及其所依据的假设产生重大影响的领域。例如，被审核单位的销售高度依赖于少数重要客户，且其所处行业内各企业争夺客户的竞争相当激烈，而在编制预测性财务信息时，被审核单位依据的假设是能够在预测期留住现有的所有重要客户。注册会计师对这一领域就应当特别关注。

如果被审核单位存在对变化特别敏感的领域，注册会计师通常应当实施更详细的审核程序，以获取适当的证据；同时还应当提请被审核单位在预测性财务信息中充分披露该领域的有关情况。

（5）审核预测性财务信息时的特别考虑

①审核预测性财务信息的一项或多项要素时的考虑　当接受委托审核预测性财务信息

的一项或多项要素时,注册会计师应当考虑该要素与财务信息其他要素之间的关联关系。

②预测性财务信息包含本期部分历史信息时的考虑　当预测性财务信息包括本期部分历史信息时,注册会计师应当考虑对历史信息需要实施的程序的范围。

如果预测性财务信息的涵盖期间有一部分是历史期间,且针对该历史期间的历史财务数据是可以获取的,注册会计师应当考虑该历史财务数据相对于预测性财务信息整体的重要性。例如,该历史期间的长度占预测性财务信息的整个涵盖期间的比例。

如果该历史期间构成了预测性财务信息涵盖期间的重要组成部分,注册会计师应根据相关审计、审阅准则的规定,对该历史期间的财务数据实施必要的审计或者审阅程序,并提请管理层将已经过审计或审阅的历史财务数据作为预测性财务信息中该历史期间的数据。

③假设的有效性取决于信息使用者的行动时的考虑　在某些情况下,预测性财务信息依据的某项重要假设与该预测性财务信息的使用者未来将采取的行动直接相关。例如,某项假设可能涉及股票或者债券发行后公司的财务状况、经营业绩,而编制该预测性财务信息本身就是为了此次募集资金;又如,某项假设可能涉及某项议案被股东大会通过后公司的有关状况,而编制该项预测性财务信息就是供股东在股东大会上对该议案投票的决策依据之一。在此情况下,注册会计师可能难以获取关于该项假设的支持性证据。

如果该假设涉及事项最终可能有多种结果,注册会计师应当要求被审核单位提供对该假设的支持性证据,否则不能出具无保留意见的审核报告。

如果该假设涉及事项最终结果只有两种,则只要该假设不存在明显不合理的情形,注册会计师就可以在不要求获取关于该假设的支持性证据的情况下出具审核报告。在此情况下,如果信息使用者并未实际采取假设所涉及的行动(因而假设并未实现),信息使用者就不应当继续依赖该预测性财务信息;相应地,只要在预测性财务信息中披露了对该信息有用性和用途的上述限制,注册会计师所出具的审核报告就可以免受该假设缺乏支持性证据这一事实的影响。

(6) 出具预测性财务信息审核报告

注册会计师应当在实施必要的审核程序后,以经过核实的证据为依据,形成审核意见,出具审核报告。

13.5.2.6　审核报告

(1) 审核报告的要素

注册会计师对预测性财务信息出具的审核报告应当包括下列内容:

①标题　标题一般统一规范为"审核报告"。

②收件人　收件人是注册会计师致送审核报告的对象。

③指出所审核的预测性财务信息　即对预测性财务信息做出的界定与描述。应特别注意的是,审核报告中提及的预测性财务信息的各项识别特征(如报表或者所涉及项目的名称、日期、涵盖期间等)应与后附的管理层签署的预测性财务信息一致。

④提及审核预测性财务信息时依据的准则。

⑤说明管理层对预测性财务信息(包括编制该信息所依据的假设)负责。

⑥适当时,提及预测性财务信息的使用目的和分发限制。指明预测性财务信息仅限于

已经明确识别的特定主体使用，或者仅限用于在业务约定书中明确的用途。

⑦以消极方式说明假设是否为预测性财务信息提供合理基础。

⑧对预测性财务信息是否依据假设恰当编制，并按照适用的会计准则和相关会计制度的规定进行列报发表意见。

⑨对预测性财务信息的可实现程度做出适当警示。典型的措辞如："由于预期事项通常并非如预期那样发生，并且变动可能重大，实际结果可能与预测性财务信息存在差异。"该警示表明注册会计师不对该预测性财务信息未来的可实现程度做出保证。

⑩注册会计师的签名及盖章。

⑪会计师事务所的名称、地址及盖章。

⑫报告日期　报告日期应为完成审核工作的日期。报告日期不应早于被审核单位管理层批准和签署预测性财务信息的日期。

（2）预测性财务信息的列报不恰当时的处理

在评价预测性财务信息的列报（包括披露）时，注册会计师除考虑相关法律法规的具体要求外，还应当考虑下列事项：

①预测性财务信息的列报是否提供有用信息且不会产生误导。

②预测性财务信息的附注中是否清楚地披露会计政策。

③预测性财务信息的附注中是否充分披露所依据的假设，是否明确区分最佳估计假设和推测性假设；对于涉及重大且具有高度不确定性的假设，是否已充分披露该不确定性以及由此导致的预测结果的敏感性。

④预测性财务信息的编制日期是否得以披露，管理层是否确认截至该日期止，编制该预测性财务信息所依据的各项假设仍然适当。

⑤当预测性财务信息的结果以区间表示时。是否已清楚说明在该区间内选取若干点的基础，该区间的选择是否不带偏见或不产生误导。

⑥从最近历史财务信息披露以来，会计政策是否发生变更、变更的原因及其对预测性财务信息的影响。

如果认为预测性财务信息的列报不恰当。注册会计师应当对预测性财务信息出具保留或否定意见的审核报告，或解除业务约定。

（3）当假设不能为预测性财务信息提供合理基础时的处理

当假设不能为预测性财务信息提供合理基础时，由于注册会计师对两类预测性财务信息发表的意见不同，因此注册会计师所需考虑的问题也相应地有所不同。

在预测性财务信息属于预测的情况下，如果认为一项或者多项重大假设不能为依据最佳估计假设编制的预测性财务信息提供合理基础，注册会计师应当对预测性财务信息出具否定意见的审核报告，或解除业务约定。

在预测性财务信息属于规划的情况下，通常并不能验证推测性假设是否为规划提供一个合理的基础，但注册会计师应当考虑除推测性假设以外的其他重要假设是否能在推测性假设成立的前提下为规划提供合理的基础。在给定的推测性假设下，如果认为一项或者多项重大假设不能为依据推测性假设编制的预测性财务信息提供合理基础，注册会计师应当对预测性财务信息出具否定意见的审核报告，或解除业务约定。

（4）审核范围受到限制时的处理

如果审核范围受到限制，导致无法实施必要的审核程序，注册会计师应当解除业务约定，或出具无法表示意见的审核报告，并在报告中说明审核范围受到限制的情况。

注册会计师的审核范围受到限制可能是由于以下两方面的原因：

①被审核单位施加的限制，导致一项或多项必要的审核程序无法实施。

②外部环境因素导致的限制。例如，难以获取适当的支持性证据以评价假设的合理性。

13.5.3 网络认证服务

13.5.3.1 网络认证的含义

网络认证是一种被用来为顾客和企业之间进行网上交易建立信任、信心的综合性的认证服务。注册会计师通过在网站上进行个人电子网络签章来为网站使用者提供相关保证。这种签章使网站的使用者相信，该网站的经营者在业务实践、保证交易的完整性以及信息处理过程上均符合既定标准。网络认证签章是一种标志，它代表了注册会计师关于管理当局对电子商务活动的披露所作的认定出具的报告。

网络认证源于电子商务的发展。随着互联网的发展，电子商务得到了飞速发展。电子商务不仅为人们带来了诸多的便利，如使商业信息更有效地实现企业之间的传递、节约社会活动成本，而且也使商品物资更便捷、迅速地从厂商送到消费者手中。但是同时，电子商务也带来了相应的风险。网上交易的安全性问题和消费者私人信息的保密问题逐渐成为人们关注的焦点，同时人们对交易的有效性和合法性持怀疑态度。为提高消费者群体对电子商务的信心，就需要独立的第三方对电子商务的安全性和合法性进行监测认证，从而促使了一项新业务网络认证的诞生。

为了指导网络认证业务的发展，加拿大特许会计师协会和美国注册会计师协会于1997年9月发起网络认证业务，并于1999年率先发布了网络认证准则。在美国和加拿大等许多国家和地区的会计师事务所都已开展了此项业务。

13.5.3.2 网络认证的原则

根据美国注册会计师协会和加拿大特许会计师协会2001年发布的《鉴证服务原则和标准》（第1版）的规定，网络认证准则包括以下五项原则。

（1）安全性原则

安全性原则是指保护系统的逻辑的和物理的组成部分，防止未经授权者进入。在电子商务系统中，各方都希望确保提供的信息只有那些需要完成交易或服务者才可使用。当这些信息存放在其他人的系统中或进行传输时很容易遭到未经授权的接触。

对系统组成部分的接触性限制有助于防止系统功能和软件的滥用、资源的盗窃及信息的非法使用、更改、破坏和泄漏。

（2）有效性原则

有效性原则是指系统、产品或服务符合广告的内容或可达到合同、服务标准或其他协议的规定。本原则强调计算机系统在需要进行业务处理、监控和维护时是否可以使用，同时也关注在进行例行处理时系统是否具有可接触性，以及系统生成的信息在需要时是否能够及时得到。

（3）处理的完整性

处理的完整性是指系统过程的完全、准确、及时和授权。其中，完全是指所有的交易或服务被正常地执行，交易和服务的处理不多于一次。准确是指保证与交易相关的信息在全部交易处理过程中被准确地保存。服务提供的及时性和货物运送的及时性是对如承担运送这样的任务而言的。授权包括保证电子商务的处理遵循系统管理政策要求的许可和特许。

（4）在线私人信息原则

在线私人信息原则是指要保护一个组织通过电子商务系统从它的客户那里可能收集到的个人信息隐私，即按照事先的承诺或约定收集、使用、披露和保存这些信息。个人信息包括客户的姓名、地址、电子信箱及信用卡等信息。但是，这并不意味着要对所有的个人信息在任何时候进行保护。

（5）保密性原则

保密性原则主要关注的是被指定作为保密的信息。企业要披露其与保护授权进入、使用、分享制定作为保密信息的方式相关的实务。

13.5.4 系统认证服务

13.5.4.1 系统认证的含义

鉴于众多组织依靠信息技术，因此计算机系统的安全性、可获用性及准确性就非常重要。一个不可靠的系统可能引发一系列对公司顾客、供应商及其他商业伙伴产生负面影响的商业事件。系统认证服务是为管理层、董事会或第三方提供关于用于产生实时信息的信息系统可靠性保证的业务。注册会计师根据拟订的原则和标准，对客户信息系统的可靠性进行认证，并提出无保留意见或保留意见的认证报告的过程。它不是其他鉴证服务的简单延伸，而是完成了从实质鉴证到过程鉴证的质的飞跃。系统认证使内部和外部使用者都受益。可靠信息对内部而言显然十分重要，因为管理层需要用它来制定战略目标，监测组织的发展情况。而战略伙伴间的实质整合趋势，也使得对内部系统可靠性进行外部认证的需要不断加强，这在内部系统与外部组织有联系时表现得尤为突出。当独立组织需要依赖对方的信息系统时，系统可靠性问题就特别关键。互联网使这一趋势更加明显，而注册会计师最适合为依赖对方信息系统的各独立方提供系统可靠性的认证服务。

由于公司中影响决策的大量信息来自传统的财务报告系统外部，因此有必要定期监测和评价这类信息的可靠性。系统认证并不要求管理层对可靠性做出具体认定，同时它也不限于财务报告。一般而言，注册会计师在受聘评价系统可靠性时会测试信息系统的完整性，并指出系统可能不可靠的各种情况。

在系统认证业务中，拥有系统认证执照的注册会计师应用确信服务原则和标准评价公司的计算机系统，以确定系统内部控制是否存在。然后，注册会计师执行相关测试以确定这些控制在既定期间是否得到有效运行。如果系统符合确信服务原则和标准的要求，就可根据注册会计师的鉴证业务准则出具无保留意见的鉴证报告。这类报告可以就单一确信服务原则或若干个确信服务原则的组合签发。

一个组织可能需要对运行前的系统执行一个网络认证鉴证业务。对于这种业务，注册会计师只对控制设计的合适性出具报告，且该类报告是针对一个时点而不是一段期间的。

13.5.4.2 系统认证的原则与标准

美国注册会计师协会与加拿大特许会计师协会一起共同制定了信息系统可靠性方面的验证业务（称为系统认证）准则。一般而言，注册会计师可以受聘审查管理层的认定——它在特定时期对系统可靠性进行了有效的控制。此外，注册会计师还可以受聘直接验证控制的有效性。

可靠的系统是指能够在某一特定时期的特定环境下正常运行，不出现重大错误或疏漏。系统认证评价依据的4个原则和相关标准：系统可用性、安全性、完整性和可维护性。系统可用性是指系统能否按计划随时使用。安全性则涉及未经授权就使用、接触系统或其数据的问题。系统的完整性是指信息处理的完整、准确、及时和授权。可维护性则涉及系统变更或升级问题以及在进行变更或升级时是否对系统的可用性、安全性或完整性产生负面影响。针对每一个原则，注册会计师都要确定公司是否制定了适当的政策和准则，是否利用计算机资源和员工去实施相关政策和准则，是否监测相应政策和准则的遵守情况？如果注册会计师认为公司在所有重大方面符合系统认证的标准，就可以签发无保留意见的报告。在其他情况下，注册会计师就希望签发保留或否定意见的报告。

本章小结

财务报表审计是指对企业资产负债表、损益表、现金流量表、会计报表附注及相关附表所进行的审计，是最常规的审计业务。通常提供给公司的股东、上级单位，以及政府主管部门。我国财务报表审计总体目标是对财务报表整体是否不存在由于舞弊或错误导致的重大错报获取合理保证，使得注册会计师能够对财务报表是否在所有重大方面按照适用的财务报告编制基础编制发表审计意见；并根据审计结果对财务报表出具审计报告，并与管理层和治理层沟通。

资产评估是由专门的评估机构和人员，依据国家规定和有关资料，根据特定的目的，遵循适用的原则和标准，按照法定的程序，运用科学的方法，对资产进行评定和估价。资产评估的方法主要有现行市价法、重置成本法和收益现值法。

验资，是指注册会计师依法接受委托，对被审验单位注册资本的实收情况或注册资本及实收资本的变更情况进行审验，并出具验资报告。验资是注册会计师的法定业务。

税务服务包括税务代理和税务筹划。税务代理是注册会计师接受企业或个人委托，为其填制纳税申报表，办理纳税事项。税务筹划是由于纳税义务发生范围和时间不同，注册会计师从客户利益出发，代替纳税义务人设计可替代或不同结果的纳税方案。

其他鉴证业务包括内部控制审核，预测性财务信息的审核等。内部控制审计是针对组织内部控制设计和运行的有效性进行审查和评价的活动。内部控制审计通过审查内部环境、风险评估、控制活动、信息与沟通、内部监督等要素，对组织层面内部控制的设计与运行情况进行审查和评价。预测性财务信息审核是指审核被审核单位依据对未来可能发生的事项或采取的行动的假设而编制的财务信息。

思 考 题

1. 简述政府审计与内部审计的关系?
2. 财务报表审计的总目标是什么?
3. 怎样理解资产评估中资产的概念?资产与财产的最大差别是什么?
4. 设立验资与变更验资有何不同?
5. 结合实际案例分析我国注册会计师验资失真的深层原因?
6. 什么是预测性财务信息审核的目标?
7. 什么是系统认证?系统认证的原则、标准有哪些?

参考文献

陈静然,2017. 内部审计案例教程[M]. 西安:西安电子科技大学出版社.
邓川,2015. 审计[M]. 3版. 大连:东北财经大学出版社.
郭艳萍,傅贵勤,孟腊梅,2016. 审计学:原理与案例[M]. 北京:清华大学出版社.
国务院审计署,2010. 中华人民共和国国家审计准则[M]. 北京:中国法制出版社.
李凤鸣,2011. 审计学原理[M]. 上海:复旦大学出版社.
李凤鸣,2014. 审计学原理[M]. 6版. 上海:复旦大学出版社.
李敏,2016. 审计学[M]. 2版. 上海:上海财经大学出版社.
李晓辉,金彪,2013. 中央企业领导人员经济责任审计现状及其特征研究[J]. 审计研究(6):33-37.
李晓慧,2017. 审计学:理论与案例[M]. 3版. 大连:东北财经大学出版社.
李雪,2017. 注册会计师审计实务[M]. 2版. 上海:立信会计出版社.
李雪,房巧玲,刘学华,2011. 审计学原理[M]. 上海:立信会计出版社.
李越冬,2017. 内部审计理论与实务[M]. 北京:清华大学出版社.
梁素萍,2009. 审计学原理[M]. 上海:上海财经大学出版社.
刘成立,伦旭峰,史玉贞,2017. 审计学[M]. 大连:东北财经大学出版社.
刘明辉,史德刚,2017. 审计[M]. 大连:东北财经大学出版社.
秦荣生,卢春泉,2017. 审计学[M]. 北京:中国人民大学出版社.
审计署审计干部职业教育培训教材编审委员会,2012. 国家审计准则释义[M]. 北京:中国时代经济出版社.
史元,2017. 审计学[M]. 2版. 北京:高等教育出版社.
宋常,2014. 审计学[M]. 7版. 北京:中国人民大学出版社.
孙宝厚,2010. 国家审计新准则解读[J]. 审计研究(6):3-9.
唐钟琦,2004. 现代审计学原理[M]. 3版. 上海:立信会计出版社.
田民浩,2014. 浅议内部审计人员职业道德问题及对策[J]. 中国内部审计(8):23-25.
王宝庆,张庆龙,2017. 内部审计[M]. 2版. 大连:东北财经大学出版社.
王李,2017. 企业内部控制[M]. 北京:高等教育出版社.
王学龙,2010. 审计学原理[M]. 上海:立信会计出版社.
邢风云,刘国常,2017. 审计学[M]. 1版. 大连:东北财经大学出版社.
徐筱凤,2008. 现代审计学原理[M]. 2版. 上海:复旦大学出版社.
杨智慧,2015. 以审计责任为主线的政府审计质量控制研究[J]. 财会通讯(34):77-79.
杨茁,2005. 现代审计学[M]. 北京:北京大学出版社.
尹平,郑石桥,2012. 审计学通论[M]. 北京:高等教育出版社.
张川,娄祝坤,朱梦娇,2015. 国家审计人员职业道德控制机制有效吗?——以审计廉政承诺、岗位轮换和违规处罚为例[J]. 审计研究(6):37-47.
张芳,2011. 资产评估学[M]. 北京:科学出版社.
张庆龙,沈征,2015. 政府审计学[M]. 北京:中国人民大学出版社.
郑石桥,吴青川,2017. 审计学[M]. 大连:东北财经大学出版社.
郑石桥,2017. 管理审计方法[M]. 2版. 大连:东北财经大学出版社.

中国注册会计师协会，2010. 中国注册会计师执业准则应用指南 [M]. 北京：中国财政经济出版社.

中国注册会计师协会，2018. 2018年注册会计师全国统一考试辅导教材·审计 [M]. 北京：中国财政经济出版社.

中国注册会计师协会，2018. 审计 [M]. 北京：中国财政经济出版社.

朱锦余，陈红，2012. 审计报告理论与范例（中国注册会计师实务丛书）[M]. 哈尔滨：东北财经大学出版社.

http://www.ciia.com.cn/docs/fg_xg_nszz/2013-08-29/1377736357548.html 第2303号内部审计具体准则.